陆河年鉴

2017

陆河县人民政府地方志办公室　主编

光明日报出版社

图书在版编目（CIP）数据

陆河年鉴.2017/陆河县人民政府地方志办公室主编.--北京：光明日报出版社，2019.12
ISBN 978-7-5194-5284-1

Ⅰ.①陆… Ⅱ.①陆… Ⅲ.①陆河县—2017—年鉴 Ⅳ.①Z526.54

中国版本图书馆CIP数据核字（2019）第292060号

陆河年鉴.2017

LUHE NIANJIAN.2017

主　　编：陆河县人民政府地方志办公室

责任编辑：陆希宇	责任校对：李　荣
封面设计：中联学林	责任印制：曹　诤

出版发行：光明日报出版社
地　　址：北京市西城区永安路106号，100050
电　　话：010-63139890（咨询）010-63131930（邮购）
传　　真：010-63131930
网　　址：http://book.gmw.cn
E - mail：luxiyu@gmw.cn
法律顾问：北京德恒律师事务所龚柳方律师

印　　刷：三河市华东印刷有限公司
装　　订：三河市华东印刷有限公司

本书如有破损、缺页、装订错误，请与本社联系调换，电话：010-63131930

开　　本：210mm×285mm	
字　　数：570千字	印　　张：20
版　　次：2019年12月第1版	印　　次：2019年12月第1次印刷
书　　号：ISBN 978-7-5194-5284-1	

定　　价：128.00元

版权所有　　翻印必究

编辑说明

一、《陆河年鉴》是中共陆河县委、陆河县人民政府主办的大型地方综合年鉴，是一部融思想性、科学性和资料性于一体的实用工具书，由《陆河年鉴》编辑委员会组织实施，陆河县人民政府地方志办公室、陆河县年鉴编辑部编辑。

二、《陆河年鉴·2017》以马克思列宁主义、毛泽东思想、邓小平理论和"三个代表"重要思想为指导，全面贯彻落实科学发展观，坚持辩证唯物主义和历史唯物主义的立场、观点和方法；坚持实事求是的原则，全面、系统、翔实地记述2016年陆河县自然、政治、经济、文化、社会的基本面貌和发展情况，为"资治、存史、教化"服务，为各级领导决策服务，为各级领导决策服务，为广大读者掌握信息，积累资料，了解陆河服务。

三、本卷年鉴采用分类编辑法，主体内容实行条目化设计，框架结构分为篇目、类目、分目、条目4个层次。栏目有"陆河风采"图片专辑、概况、大事记、政治、政法、经济、教科文卫体、社会生活、人物、各镇概况、附录、索引。

四、本卷年鉴在"陆河风采"图片专辑设"数字陆河"专页，旨在突出反映陆河县2016年国民经济和社会发展的重要数据。

五、本卷年鉴所记述的资料，分别由陆河县各有关部门负责提供，并经所在单位领导审定。年鉴所用的统计数字，采用县统计局年报数或撰稿单位数据。

六、本卷年鉴的编纂工作得到县委、县政府的高度重视，以及县直各单位、各镇、社会各界的大力支持，谨此表示真诚的感谢。由于年鉴编纂工作涉及面广，时间紧迫，书中纰漏之处在所难免，敬请各界人士批评指正。

陆河年鉴编纂委员会

主　任： 陈壮勇（县政府）

副主任： 郑少琴（县政府）

委　员： 罗少刊（县委办）　　叶海鹏（县府办）　　朱水清（县人大办）

　　　　　叶子源（县政协办）　游永健（县纪委办）　叶佐然（县委政法委）

　　　　　林海川（县人武部）　李招健（县发改局）　胡治营（县经信局）

　　　　　叶佐展（县教育局）　黄国振（县财政局）　罗洪声（县住建局）

　　　　　钟裕村（县农业局）　庄成帆（人行陆河支行）彭国城（县地方志办）

　　　　　朱振江（河田镇府）　叶志帆（南万镇府）　刘兴熬（螺溪镇府）

　　　　　彭志义（水唇镇府）　叶晓丽（东坑镇府）　余代治（河口镇府）

　　　　　刘春华（上护镇府）　罗伟雄（新田镇府）

《陆河年鉴·2017》编辑部

主　编： 彭国城

编　辑： 朱小娟　黎志维

《陆河年鉴·2017》撰稿人名单

柏振江	蔡潍操	曹祥建	曾俊欣	陈婵丝	陈辉媚	陈丽莎	陈　敏
陈庆澳	陈伟燕	陈晓丹	陈志远	范世欢	傅木洪	黄定深	黄国振
黄海锚	黄凯伦	黄梦琼	黄娘水	黄舒祺	黄伟燥	黄显韶	黄晓春
黄玉华	蒋思考	孔俊豪	黎建兴	黎志策	黎志维	李　满	李志妙
林海川	林奇标	刘达生	刘汉庭	刘晋伟	刘立强	刘伟刚	刘志扬
罗冬菊	罗桂林	罗洪灶	罗惠雄	罗　杰	罗丽娟	罗丽君	罗丽琼
罗丽莎	罗名倍	罗秋锦	罗秋平	罗瑞庆	罗王明	罗伟柳	罗　旋
吕海平	马文欢	欧　容	欧阳碧绸	欧阳婷	彭碧光	彭　翠	彭广剑
彭海滥	彭浩伟	彭华伟	彭惠东	彭金轮	彭军科	彭　凯	彭康胜
彭丽思	彭美玲	彭美琼	彭木招	彭娘江	彭秋蓓	彭秋瑾	彭思程
彭思丹	彭思思	彭素美	彭伟科	彭伟泉	彭武略	彭武年	彭武晓
彭晓柳	彭意城	彭　颖	彭永旺	彭志干	彭志源	丘洪祥	丘志辉
邱文达	邱　焱	邱志欢	汪　玥	吴远辉	谢林振	谢志龙	谢志雄
杨瑞造	叶春霞	叶翠女	叶帝飞	叶国活	叶国球	叶国澡	叶海钗
叶海苏	叶吉星	叶丽萍	叶茂彩	叶木校	叶思柳	叶素琴	叶伟振
叶文燚	叶向阳	叶子海	游永健	余广海	张汉祥	张秋玲	张世猛
张小柳	张小玉	张秀琼	张益龄	张　玉	郑超颖	郑飞跃	郑桂颂
钟带河	朱凤台	朱国伟	朱华斌	朱建柱	朱少怀	朱水清	朱婷婷
朱伟东	朱伟峰	朱文创	朱锡轩	朱学环	朱雨霏	朱玉祥	

目 录

编辑说明
陆河年鉴编纂委员会
《陆河年鉴·2017》编辑部
《陆河年鉴·2017》撰稿人名单
数字陆河·2016

要闻特辑

在县委七届五次全会上的报告……………… 2
打造优雅陆河 实现绿色崛起
努力建设宜居宜业宜游客家新山城
　　——在中国共产党陆河县第八次代表大会上的报告…………………………………… 13
在陆河县第七届人民代表大会第六次会议上的政府工作报告…………………………………… 23
在陆河县第八届人民代表大会第一次会议上的政府工作报告…………………………………… 32

概况

基本概况……………………………………… 44
建置区划……………………………………… 44
　·建置沿革
　·行政区划
自然地理……………………………………… 44
　·位置面积
　·地形地貌
　·气候特征
资源物产……………………………………… 45
　·土地资源

　·水资源
　·矿产资源
　·生物资源
　·野生动物
环境质量……………………………………… 46
　·环境质量
人口·语言…………………………………… 46
　·人口
　·语言
民族·宗教…………………………………… 46
　·民族
侨乡侨情……………………………………… 46
　·侨乡侨情
社会组织……………………………………… 46
　·社会组织
广东省古村落·文物保护单位…………… 47
墩仔寨………………………………………… 47
莲心湖………………………………………… 47
时雍楼………………………………………… 47
五星祠………………………………………… 47
石下坝村……………………………………… 47
　·陆河县非物质文化遗产
　·陆河县文物保护单位
国家地理标志产品………………………… 49
　·陆河青梅
　·陆河木瓜
经济建设…………………………………… 49
综述………………………………………… 49

- 概况
- 县城设施
- 社会民生
- 平安建设
- 生态建设
- 法治建设

重点项目建设……50
- 重点项目建设

科技创新……51
- 园区科技
- 专业镇建设
- 科技研发机构建设
- 科技成果

新河工业园区……51
- 产业共建
- 基础设施
- 营商环境

交通设施……52
- 潮惠高速公路通车
- 普通公路建设

政治建设……52

依法治县……52
- 人大监督
- 法治政府
- 平安陆河
- 司法执法
- 司法体制改革
- 综合治理
- 基层法制建设
- 法制宣传

依法行政……54
- 依法行政规划
- 提升依法行政意识
- 放管服改革

政务公开……54
- 信息公开
- 网上办事
- "五公开"工作

- 舆情回应
- 公开平台建设
- 公开制度建设
- 社会共同参与

廉政建设……56
- 政务整治
- 政务监督
- 政务服务
- 惩治腐败

精神文明建设……57

综述……57
- 概况
- 社会主义核心价值观教育
- 志愿者服务

思想道德建设……57
- 道德模范
- 文明理念培养
- 加强未成年人思想道德教育

文明县城、卫生县城创建……58
- 县镇村联创工作
- 专项整治工作
- 督查考评
- 舆论宣传
- 创文创卫志愿者服务

社会建设……59

综述……59
- 概况
- 社工队伍建设
- 综合考核工作

社会组织管理……59
- 概况
- 社会组织管理制度改革
- 社会组织专项治理
- 社会组织监管工作
- 社会组织行为规范工作

社会体制改革……59
- 概况
- 公共服务均等化

目录

- ·教育均衡化
- ·就业创业机制
- ·社会保障制度
- ·医疗卫生制度改革
- ·农村综合改革

社会管理创新·················61
- ·概况
- ·基层管理创新
- ·食品安全监督

生态文明建设

生态环境保护·················61
- ·概况
- ·城乡生态环境
- ·饮用水源保护
- ·节能减排工作

林业生态建设·················62
- ·概况
- ·造林绿化
- ·自然保护区

大事记

2016年大事记················64

年度关注

胡春华书记来陆河视察···········68
螺洞世外梅园··················68
广东省产业转移、坪山区合作共建园区陆河县新河工业园区简介··················69

政治

中共陆河县委员会领导成员
- ·2016年中共陆河县委领导名录

县委工作机构··················72
- ·2016年中共陆河县委工作机构设置

重要会议······················72
- ·县委七届五次全会
- ·县委七届六次会议
- ·中国共产党陆河县第八次代表大会
- ·县委八届一次全会
- ·全县领导干部大会
- ·县委理论学习中心组（扩大）学习会

重大决策······················73
- ·全面落实从严治党
- ·推动经济建设新发展
- ·强化城乡建设管理
- ·补齐民生事业短板
- ·激发振兴发展新活力
- ·净化环境凝聚力量

县委工作······················79
- ·机构设置
- ·督察督办
- ·保密工作
- ·调研工作
- ·信息工作
- ·附：2016年中共陆河县委办公室领导名录

组织工作······················79
- ·概况
- ·党组织管理工作
- ·干部任用与监督工作
- ·干部培训工作
- ·县镇换届选举
- ·"两学一做"学习教育
- ·驻点联系工作
- ·基层党建创新"书记"项目
- ·"扬帆计划"申报工作
- ·组织部门自身建设
- ·附：2016年中共陆河县委组织部领导名录

老干部工作····················82
- ·概况
- ·落实老干部政治待遇
- ·落实老干部生活待遇
- ·老干部精神文化生活
- ·附：2016年中共陆河县委老干部局领导名录

宣传工作······················82
- ·概况
- ·理论武装

- 网络宣传
- 主题宣传
- 外宣活动
- 舆情引导
- 文体活动
- 文体设施建设和管理
- 整治文化市场
- 文物和非遗的普查申报、保护及利用
- 深化文化体制改革工作
- 人才队伍建设
- 附：2016年中共陆河县委宣传部领导名录

统战工作·······················84
- 概况
- 全县统一战线工作会议
- 换届工作
- 民族宗教
- 附：2016年中共陆河县委统一战线工作部领导名录

机构编制·······················85
- 概况
- 推开行政审批标准化工作
- 推进一门一网式政府服务模式
- 推行政府工作部门权责清单制度
- 清理行政审批中介服务事项
- 控编减编　加强机构编制管理工作
- 推行机构编制实名制各项工作
- 推进县级行政体制改革
- 综合行政执法体制改革
- "三证合一、一照一码"制度
- 完善事业单位法人登记管理
- 推进网上名称管理工作
- 县机构编制委员会成员

信访工作·······················88
- 概况
- 来访
- 附：2016年陆河县信访局领导名录

党校工作·······················88
- 概况

- 公务员培训
- 附：2016年中共陆河县委党校领导名录

党史工作·······················89
- 概况
- 党史宣教工作
- 附：2016年中共陆河县委党史研究室领导名录

陆河县人大常委会领导成员·······89
- 2016年换届前县人大常委会正、副主任名录
- 2016年换届后县人大常委会正、副主任名录

重要会议·······················89
- 县七届人大六次会议
- 县八届人大一次会议
- 县人大常委会会议

重要工作·······················91
- 议案建议办理
- 选举任免

重要活动·······················91
- 代表视察

主要工作·······················92
- 人大监督工作
- 依法履职发挥代表作用
- 县镇换届任务
- 队伍建设
- 2016年陆河县第八届人大常委会办公室各工作委员会领导名录

陆河县人民政府领导成员·······93
- 2016年10月县换届前人民政府县长、副县长名录
- 2016年11月县换届后人民政府县长、副县长名录

县政府工作机构·················93
- 2016年陆河县人民政府工作机构设置

重要会议·······················94
- 县政府常务会议
- 重点工作、重点项目推进会议

重要决策·······················94
- 农业农村发展
- 园区工业建设

目 录

2017 ·陆河年鉴·
LUHE YEARBOOK

- 基础设施建设
- 产业调整优化
- 发展生态旅游
- 建设美丽城乡
- 实施脱贫攻坚
- 社会民生发展
- 政府效能建设

综合政务 ································ 96
- 办文办会
- 民生实事
- 政务督办
- 自身建设
- 机关事务
- 附：2016年陆河县人民政府办公室领导名录
- 附：2016年陆河县机关事务局领导名录

外事·侨务 ····························· 97
- 概况
- 侨乡侨情
- 联谊交流
- 侨务管理
- 加强因公出国（境）签证管理
- 附：2016年陆河县外事侨务局领导名录

政务服务中心 ························ 98
- 概况
- 主要职责
- 便民、高效服务
- 附：2016年政务服务中心领导名录

应急管理 ································ 98
- 概况
- 机构人员
- 应急管理"一案三制"建设
- 应急保障体系建设
- 应急知识宣教培训工作
- 政府值班工作
- 预测预警和风险隐患排查评估工作
- 突发事件应对处置工作
- 附：2016年陆河县人民政府应急管理办公室领导名录

政协陆河县委员会领导成员 ········· 99
- 2016年政协陆河县委员会正、副主席名录
- 换届前正、副主席名录
- 换届后正、副主席名录

县政协工作机构 ····················· 99
- 机构设置

重要会议 ································ 100
- 县政协七届六次会议开幕
- 委员发言大会
- 县政协七届六次会议闭幕
- 政协陆河县第八届委员会第一次会议开幕
- 政协陆河县八届一次会议闭幕

主要工作 ································ 100
- 议政协商
- 调研视察
- 民主监督
- 提案工作
- 关注民生 服务群众
- 联谊活动
- 队伍建设
- 附：2016年县政协办公室及各工作委员会领导名录

中国共产党陆河县纪律检查委员会陆河县监察局领导成员 ··· 102
- 2016年中共陆河县纪律检查委员会书记、副书记、常委名录
- 2016年陆河县监察局局长、副局长名录

重要会议 ································ 102
- 中国共产党陆河县第七届纪律检查委员会第六次全体会议
- 陆河县纪律教育学习月活动动员会
- 中国共产党陆河县第八届纪律检查委员会第一次全体会议

主要工作 ································ 103
- 执纪审查工作
- 政务整治工作
- 落实"两个责任"
- 宣传教育工作

- 队伍建设工作

人民团体 ·· 105

陆河县总工会 ·· 105
- 概况
- 文体活动
- 帮扶职工行动
- "春风行动"招聘会
- 安全生产竞赛
- 评优选树活动
- 附：2016年陆河县总工会领导名录

共青团陆河县委员会 ································· 105
- 概况
- 基层团组织建设
- 青少年权益维护工作
- 服务青年创业就业
- 送医下乡巡回义诊活动
- "青春情暖"走进陆河
- 开展城乡环境整治志愿活动
- 开展植树护绿活动
- 召开团务工作会议
- 广东省红领巾示范校创建评审
- 举办"两学一做"党团知识竞赛
- 开展关爱孤残儿童活动
- 开展关爱智障儿童活动
- 开展关爱留守儿童活动
- 开展禁毒宣传活动
- 省青农会调研活动
- 开展扶贫济困活动
- 开展"圆梦"助学走访活动
- 开展中秋慰问活动
- 文明劝导志愿活动
- 开展爱心助学活动
- 部署全面参与创文工作
- 传达学习贯彻党的十八届六中全会精神
- 开展应急知识宣讲活动
- 争做文明先锋，共建文明县城
- 凝聚全县团员之力深入推进文明创建
- 开展送金融知识进校园活动
- "情暖陆河"志愿服务活动
- 举办"广东i志愿平台陆河县志愿者管理员"培训班
- 开展禁毒·创文宣传志愿服务活动
- 附：2016年共青团陆河县委员会领导名录

陆河县妇女联合会 ···································· 110
- 概况
- 推动妇女创业就业
- 妇女儿童节日庆祝活动
- 开展家庭教育大讲堂活动
- 帮扶困难妇女儿童
- 妇女儿童发展规划
- 妇女维权工作
- 推进文明建设
- 组织干部学习培训
- 附：2016年陆河县妇女联合会领导名录

陆河县科学技术协会 ································ 111
- 概况
- 科技活动
- 科普进校园活动
- 举办粤东西北地区科学家科普报告校园行活动
- 附：2016年陆河县科学技术协会领导名录

陆河县文学艺术界联合会 ························· 112
- 文联文艺活动

县残联 ·· 112
- 概况
- 扶贫助残
- 推行下乡办证服务
- 两项津贴补贴
- 康复工作
- 残疾人事业其它工作
- 基础设施建设
- 南粤扶残助学工程
- 附：2016年陆河县残疾人联合会领导名录

陆河县工商联 ·· 113
- 概况
- 基层分会建设
- 商会活动

目 录

- 参政议政
- 社会公益活动
- 附：2016年陆河县工商业联合会领导名录

政法

政法 ………………………………… 116
综述 ………………………………… 116
- 概况
- 维护社会稳定
- 网格化建设
- 救治救助工作
- 社会治安防控建设
- 司法体制改革
- 政法队伍建设
- 附：2016年中共陆河县委政法委员会领导名录

审判 ………………………………… 117
- 概况
- 受理案件情况
- 刑事审判
- 民事审判
- 行政审判
- 执行工作
- 深化司法体制改革
- 党风廉政建设
- 附：2016年陆河县人民法院领导名录

检察 ………………………………… 118
- 概况
- 打击刑事犯罪
- 控告申诉工作
- 职务犯罪查处和预防工作
- 诉讼监督工作
- 检察体制改革工作
- 检务公开工作
- 附：2016年陆河县人民检察院领导名录

公安 ………………………………… 119
- 概况
- 维稳工作
- 禁毒缉枪工作
- 打击刑事犯罪
- 治安管控工作
- 交通安全整治工作
- 消防安全管理工作
- 便民服务
- 队伍建设
- 附：2016年陆河县公安局领导名录

司法行政 …………………………… 121
- 概况
- 普法工作
- 法律援助与公证工作
- 基础维稳工作
- 推进信息化建设
- 附：2016年陆河县司法局领导名录

军事

军事 ………………………………… 124
人民武装 …………………………… 124
- 概况
- 思想政治建设
- 军事训练管理
- 国防动员
- 安全管理工作
- 后勤保障
- "双拥"共建
- 附：2016年陆河县人民武装部领导名录

武警中队 …………………………… 126
- 概况
- 按纲建队
- 思想政治教育和文化建设
- 做好经常性思想工作
- 执勤战备工作
- 提升官兵军事素质
- 后勤保障工作
- "双拥"工作
- 武警部队履行职责
- 附：2016年武警陆河县中队领导名录

人民防空 …………………………… 127

·概况
·防空警报试鸣
·人防"结建"工作
·法制宣传教育工作
·机关建设
·附：2016年陆河县人民防空办公室领导名录

经济

综合经济管理……………………………… 130
发展和改革………………………………… 130
  ·概况
  ·经济体制改革
  ·年度计划编制与经济运行监测
  ·工业经济发展
  ·现代农业
  ·打造旅游产业
  ·发展现代服务业
  ·附：2016年陆河县发展和改革局领导名录
国有资产监督管理………………………… 132
  ·概况
  ·企业监管
  ·企业改制改革
  ·融资工作
  ·附：2016年陆河县国有资产监督管理公司领导名录
审计………………………………………… 133
  ·概况
  ·民生项目资金审计
  ·财政资金审计
  ·政府投资建设项目审计
  ·经济责任审计
  ·专项资金审计
  ·附：2016年陆河县审计局领导名录
物价管理…………………………………… 133
  ·概况
  ·规范价费管理
  ·加强价格和收费监管
  ·价格认证工作

  ·价费调整工作
国土资源管理……………………………… 134
  ·概况
  ·土地规划
  ·耕地保护
  ·不动产权颁证
  ·地灾防治
  ·测绘管理
  ·执法监察
  ·国土信访
  ·附：2016年陆河县国土资源局领导名录
市场和质量监督管理……………………… 135
  ·概况
  ·机构人员
  ·商事制度改革
  ·企业管理
  ·质量监管体系
  ·计量器具检定
  ·强化市场监管
  ·附：2016年陆河县市场和质量监督管理局领导名录
食品药品监督管理………………………… 136
  ·概况
  ·简化许可审批
  ·食药专项整治
  ·监督检测工作
  ·投诉举报、稽查打假工作
  ·食品安全追溯系统的推广和应用
  ·推进餐饮企业量化分级管理和"明厨亮灶"
  ·社会共治格局深化
  ·附：2016年陆河县食品药品监督管理局领导名录
安全生产监督管理………………………… 137
  ·概况
  ·机构设置
  ·安全事故调查处理
  ·强化责任落实
  ·强化宣传教育培训力度
  ·隐患排查治理行动

目 录

- 重点行业（领域）专项治理
- 强化安全科技支撑
- 强化应急管理
- 附：2016年陆河县安全生产监督管理局领导名录

统计 ································ 138
- 概况
- 全国农业普查工作
- "两学一做"学习教育活动
- 城乡一体化住户调查
- "四上"企业培育
- 创文工作
- 统计执法工作
- 附：2016年陆河县统计局领导名录

财政·税务 ···················· 139

财政 ································ 139
- 概况
- 财政收入
- 财政支出
- 财政运行
- 财政保障
- 财政管理
- 财政改革
- 附：2016年陆河县财政局领导名录

国家税务 ··························· 140
- 概况
- 税收征管
- 税收管理
- 税收法制建设
- 拓展纳税服务举措
- 营改增试点改革稳步实施
- 组织收入
- 主税种三增一降
- 各税种占国内税收收入比例
- 附：2016年陆河县国税局领导名录

地方税务 ··························· 142
- 概况
- 依法治税

- 国地合作示范县
- 税收服务
- 党廉建设
- 队伍建设
- 附：2016年陆河县地税局领导名录

金融 ································ 143

综述 ································ 143

银行 ································ 143
- 中国人民银行陆河县支行
- 附：2016年中国人民银行陆河县支行领导名录
- 中国农业银行陆河县支行
- 附：2016年中国农业银行陆河县支行领导名录
- 中国工商银行陆河支行
- 附：2016年中国工商银行陆河支行领导名录
- 中国建设银行陆河支行
- 附：2016年中国建设银行陆河支行领导名录
- 中国邮政储蓄银行陆河县支行
- 附：2016年中国邮政储蓄银行陆河县支行领导名录
- 陆河县农村信用合作联社
- 附：2016年陆河县农村信用合作联社领导名录

保险 ································ 149
- 中国人民财产保险股份有限公司陆河支公司
- 附：2016年中国人民财产保险股份有限公司陆河支公司领导名录
- 中国人寿保险股份有限公司陆河县支公司
- 附：2016年中国人寿保险股份有限公司陆河县支公司领导名录

民营经济 ······················· 151

综述 ································ 151
- 概况
- 发展情况

个体经济 ··························· 151
- 概况
- 发展情况

私营经济 ··························· 151
- 概况
- 发展情况

农业 ……152
综述 ……152
- 概况
- 农村体制改革
- 农村集体资产清理核实工作
- 农村产业化经营
- 新农村建设

种植业 ……152
- 概况
- 粮食生产
- 青梅生产
- 农田基本建设
- 农业技术推广
- 农业品牌建设
- 农产品质量安全管理

现代农业 ……153
- 概况
- 发展农业观光旅游
- 附：2016年陆河县农业局领导名录

畜牧业 ……154
- 概况
- 畜牧业生产
- 畜牧业面源污染治理
- 畜禽屠宰管理
- 畜牧科技助农
- 疫病防控工作
- 附：2016年陆河县畜牧兽医局领导名录

林业 ……154
- 概况
- 林业重点生态工程
- 森林抚育工程
- 乡村绿化美化工程
- 义务植树
- 森林资源保护工作
- 森林防火工作
- 林业有害生物防治检疫工作
- 附：2016年陆河县林业局领导名录

吉溪林场 ……155
- 概况
- 林业生产情况
- 森林资源管护
- 森林防火工作
- 安全生产工作
- 林场体制改革
- 附：2016年吉溪林场领导名录

红锥林自然保护区 ……156
- 概况
- 地理环境
- 野生植物资源
- 野生动物资源
- 水资源
- 自然景观
- 资源管护
- 科研宣教
- 基础设施建设
- 社区建设
- 附：2016年广东陆河南万红锥林省级自然保护区领导名录

水产业 ……157
- 概况
- 渔业经济稳定发展
- 保护区建设管理工作
- 水产品质量安全监管
- 水生动物防疫检疫
- 附：2016年陆河县水产局领导名录

水利 ……158
- 概况
- 农田水利产权制度和创新运行
- 河塘整治工程
- 灌区加固改造工程
- 高效节水灌溉工程
- 自来水工程
- 三防工作
- 附：2016年陆河县水务局领导名录

目 录

农业机械化……………………………… 159
· 概况
· 落实强农惠农政策
· 发展农机 安全生产
· 开展技术培训工作
· 附：2016年陆河县农业机械化管理局领导名录
气象……………………………………… 160
· 概况
· 机构人员
· 气象现代化建设
· 附：2016陆河县气象局领导名录

工业…………………………………… 160
综述……………………………………… 160
· 概况
· 节能减排工作
· 附：2016年陆河县经济和信息化局领导名录
电力工业………………………………… 161
· 南告水电有限责任公司
· 附：2016年汕尾市南告水电厂有限责任公司领导名录
制造业…………………………………… 161
· 新河工业园区

交通·通信…………………………… 162
交通……………………………………… 162
· 概况
交通设施建设…………………………… 162
· 重点公路建设
· 农村公路建设（含县道、乡道）
· 交通教育与科技（节能减排、环保）建设
交通生产………………………………… 162
· 运输生产
交通管理………………………………… 162
· 运输管理
· 交通行业安全生产管理
· 附：2016年陆河县交通运输局领导名录
公路……………………………………… 163
· 概况

· 路政执法管理
· 公路养护
· 应急抢险
· 安全生产
· 附：2016年陆河县公路局领导名录
地方公路………………………………… 164
· 概况
· 地方公路养护
· 公路建设
· 安全管理
· 附：2016年陆河县地方公路管理站领导名录
邮政……………………………………… 164
· 概况
· 储蓄业务发展
· 提升服务水平
· 安全工作
· 企业文化建设
· 附：中国邮政集团公司广东省陆河县分公司领导名录
电信……………………………………… 165
· 概况
· 市场运营
· 电信设施
· 文明创建
· 企业建设与文化
· 附：2016年中国电信股分有限公司陆河分公司领导名录
移动通信………………………………… 165
· 概况
· 网络建设
· 客户服务
· 聚焦4G发展
· 全业务发展
· 企业管理
· 附：2016年中国移动通信集团广东有限公司陆河分公司领导名录
联通通信………………………………… 166

· 11 ·

- 概况
- 腾讯公司联合中国联通推出腾讯王卡
- 企业团队建设
- 附：2016年中国联通陆河县分公司领导名录

城乡建设·房地产业 167
综述 167
- 概况
城乡规划 167
- 县城总体规划
- 垃圾收运建设
- 污水处理设施建设
房地产建设 167
- 房地产管理
村镇建设 167
- 宜居村镇建设
- 农村危房改造
建设管理 167
- 燃气市场管理
- 建筑工程管理
建筑业 168
- 健全招标投标制度
- 健全质量监管体系
- 附：2016年陆河县住房和城乡建设局领导名录
房地产业 168
- 概况
- 吉康商贸大厦项目
- 附：2016年陆河县房地产开发总公司领导名录

环境保护 169
- 概况
- 生态文明建设
- 生态环境保护
- 环境污染治理
- 环境监测
- 污水处理
- 附：2016年陆河县环境保护局领导名录

商贸流通 170
批发零售业 170
- 批发零售业

粮食储备供应 170
- 粮食宏观调控
- 粮食储备与管理
- 附：2016年陆河县粮食局领导名录
石油销售 171
- 石油销售
商品供销 171
- 概况
- 服务三农
- 构建和谐供销
- 附：2016年陆河县供销合作联社领导名录
生活服务业 171
- 生活服务业
市场物业管理 172
- 概况
- 新城市场
- 市场管理条例
- 附：2016年陆河县市场物业局领导名录
商业集团 172
- 概况
烟草专卖 172
- 概况
- 卷烟营销
- 卷烟打假及市场监管
- 附：2016年陆河县烟草局（分公司）领导名录
食盐专卖 173
- 概况
- 加强内部管理
- 盐政执法
- 食盐安全宣传
- 附：2016年广东省盐业集团汕尾有限公司陆河分公司领导名录

对外贸易 174
- 概况
- 进出口贸易
- 利用外资

旅游业 175
- 概况

目 录

- 旅游宣传推介
- 申请资金建设旅游项目
- 开展旅游规划编制工作
- 罗洞世外梅园景区建设项目
- 规范行业管理
- 附：2016年陆河县旅游局领导名录

教育·科学

教育·························178
综述·························178
- 概况
- 教育园区
- 推进教育现代化先进县建设
- 实施强师兴教工程
- 教育科研

各类教育·····················178
- 学前教育
- 特殊教育
- 义务教育
- 高中阶段教育
- 民办教育
- 附：2016年陆河县教育局领导名录

学校选介·····················179
- 陆河县广播电视大学
- 附：2016年陆河县广播电视大学领导名录
- 陆河县河田中学
- 附：2016年陆河县河田中学领导名录
- 陆河中学
- 附：2016年陆河中学领导名录
- 陆河县职业技术学校
- 附：2016年陆河县职业技术学校领导名录

科学技术·····················181
综述·························181
- 概况

科技工作·····················181
- 科技示范基地建设
- 科技攻关课题立项
- 科技宣传培训

知识产权·····················182
- 知识产权宣传与保护
- 专利申请与授权

地震测防·····················182
- 日常维护工作和GPS基准站道路建设
- 地震烈度台网选址成功
- 附：2016年陆河县科技局领导名录
- 附：2016年陆河县地震局领导名录

文化·卫生·体育

文化·························184
综述·························184
- 概况

文化设施建设·················184
- 公共文体建设
- 基层文体设施建设
- 文化艺术

群众文艺·····················184
- 节日文体活动
- 对外文化交流活动
- 农村电影任务

文化产业·····················184
- 文化产业
- 体育彩票

文化市场·····················185
- 文化市场管理

文化遗产保护·················185
- 文物保护
- 非物质文化遗产保护
- 附：2016年陆河县文化广电新闻出版局领导名录

档案工作·····················185
- 概况
- 修订档案馆收集细则
- 加强档案业务指导
- 档案保护和利用工作
- 附：2016年陆河县档案局（馆）领导名录

地方志工作···················186

- 概况
- 自然村落历史人文普查
- 古驿道普查工作
- 地方志信息化
- 附：2016年陆河县人民政府地方志办公室领导名录

广播电视……………………………………… 186
- 电视新闻中心
- 有线电视网络传输中心
- 微波站
- 广播电视"村村通"
- 附：2016年陆河县广播电视台领导名录

医疗卫生……………………………………… 187
综述…………………………………………… 187
- 概况
- 医药卫生体制改革
预防与保健…………………………………… 187
- 疾病预防控制
- 妇幼保健
公共卫生……………………………………… 188
- 公共卫生
医疗卫生……………………………………… 188
- 医疗卫生
中医药………………………………………… 189
- 中医药
- 附：2016年陆河县卫计局领导名录

体育…………………………………………… 190
- 群众体育
- 国民体质监测
- 体育产业

社会生活

人口·生育…………………………………… 192
综述…………………………………………… 192
- 人口
- 异地务工人员管理
- 残疾人
人力资源·社会保障………………………… 192

- 概况
- 就业工作
- 劳动监察工作
- 社保精准扶贫与就业技能培训工作
- 人事管理
- 异地务工人员管理
- 社会保险工作
- 重点项目建设
- 附：2016年陆河县人力资源和社会保障局领导名录

市场物价……………………………………… 194
- 概况
- 规范价费管理
- 加强价格和收费监管
- 价格认证工作
- 价费调整工作

住房保障……………………………………… 195
- 概况
- 租赁住房建设与补贴发放
- 城市棚户区改造

民政事务……………………………………… 196
- 概况
- 基层建设
- 社会组织
- 低保、五保与救灾救助
- 优抚安置和"双拥"工作
- 纪念英烈活动
- 婚姻登记工作
- 老龄工作
- 殡葬改革
- 革命老区建设
- 机关建设
- 附：2016年陆河县民政局领导名录

关心下一代工作……………………………… 198
- 概况
- 法制宣传
- 红色文化教育
- 留守儿童

目录

- 助学圆梦
- 附：2016年陆河县关心下一代工作委员会领导名录

人物

中国共产党陆河县委员会领导成员基本情况 200
陆河县人大常委会领导成员基本情况……… 208
陆河县人民政府领导成员基本情况………… 213
陆河县政协领导成员基本情况……………… 218
陆河县纪委领导成员基本情况……………… 222
陆河县人民法院院长基本情况……………… 224
陆河县检察院检察长基本情况……………… 225

- 2016年陆河县受省、部级以上表彰的劳动模范工作者名录
- 2016年陆河县受省、部级以上表彰的荣誉称号工作者名录
- 2016年陆河县受市、厅级以上表彰的荣誉称号工作者名录
- 2016年度单位集体获得省、部级荣誉称号名录
- 2016年度单位集体获市、厅级荣誉称号名录

各镇概况

河田镇……………………………………… 228
- 概况
- 资源优势
- 经济社会发展
- 附：2016年河田镇党委、政府、人大领导名录

行政村选介………………………………… 228
- 内洞村
- 共联村

南万镇……………………………………… 229
综合概况…………………………………… 229
- 概况
- 资源优势
- 人文优势
- 经济社会发展
- 重点项目建设
- 创文创卫
- 禁毒工作
- 教育事业
- 林业管护
- 道路基础设施
- 信息公开
- 附：2016年河田镇党委、政府、人大领导名录

行政村选介………………………………… 230
- 万东村

螺溪镇……………………………………… 231
综合概况…………………………………… 231
- 概况
- 产业经济
- 创文创卫
- 新农村建设
- 精准扶贫
- 民生事业
- 综合治理
- 文教卫事业
- 附：2016年螺溪镇党委、政府、人大领导名录

行政村选介………………………………… 233
- 书村村

东坑镇……………………………………… 234
综合概况…………………………………… 234
- 概况
- 资源优势
- 人文优势
- 经济社会发展
- 附：2016年东坑镇党委、政府、人大领导名录

行政村选介………………………………… 234
- 共光村

水唇镇……………………………………… 235
综合概况…………………………………… 235
- 概况
- 资源优势
- 人文优势
- 荣誉称号
- 经济社会发展
- 附：2016年水唇镇党委、政府、人大领导名录

行政村选介……………………………… 236
- 新丰村

河口镇………………………………… 237
综合概况………………………………… 237
- 概况
- 资源优势
- 人文优势
- 附：2016年河口镇党委、政府、人大领导名录

行政村选介……………………………… 238
- 新华村

上护镇………………………………… 238
综合概况………………………………… 238
- 概况
- 资源优势
- 经济社会发展
- 城乡建设
- 社会治理
- 精准扶贫
- 行政工作
- 附：2016年上护镇党委、政府、人大领导名录

行政村选介……………………………… 239
- 洋岭村

新田镇………………………………… 240
综合概况………………………………… 240
- 概况
- 资源优势
- 人文优势
- 经济社会发展
- 附：2016年新田镇镇党委、政府、人大领导名录

行政村选介……………………………… 240
- 激石溪村

附录

陆河县国民经济和社会发展第十三个五年规划纲要……………………………………… 244
序　言…………………………………… 244
第一章　实现振兴发展的新阶段………… 244
- 第一节　"十二五"时期发展成就
- 第二节　发展机遇与挑战
- 第三节　发展目标
- 第四节　空间发展战略

第二章　推进交通基础设施建设,……… 252
- 第一节　加快建设外联内通的区域交通网络
- 第二节　提升城乡交通运输能力

第三章　构建特色产业体系，迈出创新发展新步伐…………………………………………… 253
- 第一节　加快发展生态型特色工业
- 第二节　做大做强"生态＋"特色农业
- 第三节　塑造"生态＋"旅游品牌
- 第四节　提升现代服务业发展水平
- 第五节　培育"互联网＋"新业态
- 第六节　加快创新创业发展

第四章　加强城镇扩容提质，构筑特色宜居的城乡环境……………………………………… 257
- 第一节　建设生态新县城
- 第二节　建设特色宜居城乡
- 第三节　完善城乡基础设施

第五章　推动绿色低碳发展，夯实青山绿水的生态环境…………………………………… 259
- 第一节　加快推进生态建设
- 第二节　加强环境保护
- 第三节　倡导绿色低碳生产生活方式
- 第四节　构建生态文明新机制

第六章　加快社会事业发展，营造稳定和谐的社会环境…………………………………… 262
- 第一节　大力实施脱贫攻坚工程
- 第二节　推进新农村建设
- 第三节　完善社会保障体系
- 第四节　建设教育强县
- 第五节　推进卫生创强
- 第六节　完善公共文化体育服务
- 第七节　保障社会稳定发展
- 第八节　推进依法治县

第七章　深化改革开放，构建融珠发展新格局 268
- 第一节　拓展区域合作新空间
- 第二节　提升对外开放水平

目 录

- 第三节　推进全面深化改革
- 第八章　加强规划实施保障……………… 270
  - 第一节　建立"多规融合"的规划体系
  - 第二节　加强载体支撑
  - 第三节　建立科学合理的考核机制

陆河县创建广东省文明县城工作实施方案… 271
- 一、总体目标
- 二、主要任务
- 三、工作步骤

陆河县创建文明镇街工作实施方案………… 275
- 一、指导思想
- 二、工作目标
- 三、创建内容
- 四、实施步骤

陆河县全面开展文明创建工作总体方案…… 279
- 一、指导思想
- 二、目标要求
- 三、主要任务

- 四、保障措施
- 五、工作要求

社会经济统计资料………………………… 282

2016年陆河县国民经济和社会发展统计公报…282
- 一、综合
- 二、农业
- 三、工业和建筑业
- 四、固定资产投资
- 五、国内贸易
- 六、对外经济和旅游
- 七、交通和邮电业
- 八、财政金融
- 九、人民生活、社会保障
- 十、教育和科学技术
- 十一、文化和卫生
- 十二、资源、环境与安全生产

索引………………………………………… 287

数字陆河·2016

总面积：986平方千米

常住人口：28.97万人

户籍人口：354371人

本地生产总值：625557万元 其中：第一产业：122388万元

第二产业：176401万元

第三产业：326768万元

第一、第二、第三产业结构比为：19.6:28.2:52.2 ）

人民币存款余额：715518万元

人民币贷款余额：277678万元

居民储蓄存款余额：451533万元

职工人均工资：42650元

城镇居民人均可支配收入：17786.6元

城镇居民人均消费性支出：13519.4元

农村民居人均可支配收入：9662.6元

规模以上工业总产值：127210万元

人均本地生产总值：21649元

地方财政一般预算收入：26550万元

地方财政一般预算支出：216539万元

全社会固定资产投资：398987万元

社会消费品零售总额：345651万元

商品出口总额：3804万美元

商品进口总额：867万美元

实际利用外资：128万美元

货物运输量：113万吨

医院床位数：915张

卫生技术人员：960人

全县全社会用电量：25420万千瓦时

全县总用水量：10366万立方米

陆河

要闻特辑

LUHE YEARBOOK

在县委七届五次全会上的报告

（2016年1月28日）

林少文

同志们：

这次县委全会，主要任务是深入贯彻党的十八届五中全会、省委十一届五次、六次全会和市委六届五次、六次全会精神，回顾总结"十二五"时期的发展成就，以新理念谋划"十三五"时期新发展，研究提出《中共陆河县委关于制定国民经济和社会发展第十三个五年规划的建议》，全面部署2016年工作，进一步动员全县上下坚定信心、后发追赶，不断增创发展新优势，确保如期实现全面建成小康社会的宏伟目标。

党的十八届五中全会，是在我国全面建成小康社会进入决胜阶段召开的一次重要会议。全会审议通过了《中共中央关于制定国民经济和社会发展第十三个五年规划的建议》，就"十三五"时期经济社会发展作出全面部署，对我国全面建成小康社会，实现"两个一百年"奋斗目标、实现中华民族伟大复兴的中国梦，具有重大而深远的意义。习近平总书记代表中央政治局所作的工作报告和在全会上的重要讲话，实事求是地总结了党的十八届四中全会以来中央政治局的工作，深刻分析了当前形势和任务，为我们做好各项工作指明了方向。中央关于"十三五"规划的建议，明确了"十三五"时期我国发展的指导思想、基本原则、目标要求、基本理念、重大举措，体现了"四个全面"战略布局和"五位一体"总体布局，反映了党的十八大以来党中央决策部署，顺应了我国经济发展新常态的内在要求，具有很强的思想性、战略性、前瞻性、指导性，是动员全党全国各族人民夺取全面建成小康社会伟大胜利的纲领性文件。

在省委十一届五次全会上，春华书记就深入学习党的十八届五中全会精神、推动我省"十三五"时期经济社会发展有关工作作专题讲话，审议通过了《中共广东省委关于制定国民经济和社会发展第十三个五年规划的建议》。春华书记所作的专题讲话，提出要补齐粤东西北地区发展、民生社会事业、扶贫开发"三大短板"，坚持五大发展理念引领和指导发展，加快形成以创新为主要引领和支撑的经济体系和发展模式，进一步打造市场、化国际、化法治化发展环境，不断提高党领导经济社会发展的能力水平，确保实现率先全面建成小康社会的宏伟目标。全会审议通过的《建议》完全符合中央精神和广东实际，是确保广东2018年率先全面建成小康社会的纲领性文件。

在市委六届五次全会上，奇珠书记就深入学习贯彻党的十八届五中全会和省委十一届五次全会、科学谋划我市"十三五"时期经济社会发展作专题讲话，审议通过了《中共汕尾市委关于制定国民经济和社会发展第十三个五年规划的建议》。奇珠书记在专题讲话中指出，要进一步认清形势，树立信心，切实增强责任感，抢抓机遇，不换频道，咬定目标，坚持五大发展理念，扭住"三大抓手"，狠抓"三大民生"，打造"三大环境"，心无旁骛向西发展，全面融入深莞惠经济圈，加快深汕一体化发展，确保如期全面建成小康社会。

我们一定要把学习贯彻党的十八届五中全会、省委十一届五次全会和市委六届五次全会精神作为当前和今后一个时期的一项重要政治任务，把思想和行动统一到中央和省委、市委的决策部署上来，全面贯彻落实好各项工作任务和部署要求，科学谋划我县"十三五"时期发展，努力推动陆河经济社会发展再上新台阶。

县委高度重视我县"十三五"时期《建议》起草工作。去年以来，县委、县政府按照中央和省、市的要求，对《建议》起草工作进行全面部署，组织专门力量集中开展起草工作，通过广泛征求意见，并经县委常委会同意，形成了提交这次县委全会的讨论稿。许伟明同志将对《建议（讨论稿）》作说明，希望大家高度重视，认真审议，提出修改意见。这次全会审议通过后，县政府将根据《建议》编制"十三五"时期《规划纲要》。各地各部门要认真贯彻落实，做好规划纲要和专项规划的编制工作。

下面，我代表县委常委会，就贯彻落实党的十八届五中全会、省委十一届五次、六次全会和市委六届五次、六次全会精神，科学谋划"十三五"时期陆河经济社会发展，安排部署2016年工作，强调三点意见。

一、充分肯定"十二五"时期发展成就

"十二五"时期，是不平凡的五年，是全县上下奋力拼搏、攻坚克难，各项工作取得新进步的五年。特别是县委七届二次全会召开以来，我们在上级党政的正确领导下，全面贯彻落实党的十八大和十八届三中、四中、五中全会精神，深入学习贯彻习近平总书记系列重要讲话精神，紧紧抓住省委、省政府促进粤东西北地区加快振兴发展的历史机遇，扭住"三大抓手"，坚守"两条底线"，深入开展"四大行动"，按照"一县两园四特色"的发展思路，围绕"一轴三圈"，全面实施"园区工业、基地农业、生态旅游、美丽城乡、活力陆河"方略，全面推进依法治县，全面推进深化改革，全面推进从严治党，主动作为，迎难而上，基本完成"十二五"规划确定的各项目标任务，经济社会持续保持良好的发展态势。

——经济实力显著增强。五年来，主要经济指标稳步增长，预计全县地区生产总值年均增长9.9%；人均地区生产总值年均增长9.8%；规模以上工业总产值实现翻番目标，年均增长25%；地方财政一般预算收入年均增长10.3%；城乡居民储蓄存款年均增长15.4%；全社会固定资产投资年均增长23.9%；社会消费品零售总额年均增长12.3%；外贸出口总值实现翻两番目标，年均增长29.8%；农民人均可支配收入年均增长11.6%。

——产业结构不断优化。三次产业结构由2010年的21.8∶29.4∶48.9调整为2015年的21.1∶19.6∶59.3。基地农业不断壮大，被评为"全国油茶产业发展重点县"和"国家有机产品认证示范创建县"，"陆河木瓜"获得国家地理标志产品称号；重信公司获得"国家核准灵芝健字号证书"和"省级现代农业示范园区"称号。园区工业快速发展，新河工业园被纳入省产业集聚区管理，基础设施不断完善，陆河首创竣工投产，投资百亿的比亚迪等项目动工建设，全县规上工业企业增至22家，比"十一五"期末翻了一番。阿里巴巴农村淘宝项目顺利推进，县级服务中心和21家村淘服务站建成投入运营。生态旅游蓬勃发展，"十二五"期间全县接待旅游总人数约202万人次，同比增长270%；旅游总收入近6亿元，同比增长280%。

——各项改革任务稳步推进。基层治理机制改革试点工作成效显著，县政务服务中心、8个镇便民服务中心和69个村（社区）便民服务站建成投入使用，网格化管理模式、基层治理运行机制基本形成。在全市率先完成农村集体经济组织登记发证和土地所有权确权登记工作，农村土地承包经营权确权登记工作全面铺开，8个镇"三资"交易平台建成投入使用。农村普惠金融试点、行政审批制度、商事登记和公务用车等各项改革任务顺利推进。

——扶贫脱困成效显著。累计投入扶贫资金3.4亿元，实施村级集体帮扶项目1146个，贫困户帮扶项目13471个，53个贫困村4785户26442名贫困人口基本实现脱贫，"两不具备"村庄整村搬迁和水库移民工作有序开展，新一轮扶贫开发任务顺利完成。底线民生有效保障，城乡低保、农村五保、孤儿供养全面提标。全面完成保障性住房建设任务，农村危房改造工作顺利推进。

——基础设施日臻完善。累计完成固定资产投资67.93亿元，统筹推进城乡基础设施建设。陆河大道、人民路、朝阳路、环城路等城市框架道路基本形成，以县城为中心的商住、物流、金融、文化等行业保持健康发展势头，相继建成吉康华苑二期、润达花园、吉祥华庭等商住项目；螺河半岛、螺河湾、梓轩华府、商贸城、泰裕广场、泰安花园等项目稳步推进；吉康街旧城改造实现新突破，县城综合承载能力不断提升。交通环境大大改善，潮

惠高速公路陆河"县县通"段竣工通车，省道S335线新田至海丰段改造项目、揭紫公路建设项目基本完成。五年来，公路通车里程增至1563公里，公路密度同比由每百平方公里130公里提高到158公里。

——社会事业长足进步。教育事业加快发展，在全市率先通过"广东省教育强县"和国家"义务教育发展基本均衡县"的督导验收；教育园区不断完善，完成县职校、党校（电大）、文体综合馆等项目建设。基本公共卫生服务逐步实现均等化，城乡居民养老保险和基本医疗保险实现全覆盖，县人民医院综合大楼完成主体建设。应急管理水平稳步提升，防灾抗灾能力明显增强，成功应对2013年"8·16"特大洪灾和"天兔"超强台风。平安建设深入推进，禁毒暨打击非法枪支专项行动卓有成效，社会治安明显好转。积极开展"社会矛盾化解年"工作，落实县、镇两级领导班子包案制度，有效化解社会矛盾纠纷和信访积案，连续多年没有出现进京越级上访和群体性恶性事件。安全生产"一岗双责"有效落实。

——生态建设富有成效。新一轮绿化大行动扎实推进，全县森林覆盖率达73.27%，比"十一五"期末增长5.56%。螺河、榕江源头有效整治，集中式饮用水源监测、环境监测实现常态化。城乡环境卫生管理走上规范化轨道，农村生活垃圾处理"四有"机制实现全覆盖，"门前三包"制度逐步铺开，河口、螺溪污水处理厂动工建设。大力开展市容环境整治专项行动，坚决查处"两违"建筑，全县违建势头得到有效遏制。水唇镇列入省新型城镇化"2511"试点，河口生态宜居示范区被列为省重点项目并全面启动，螺溪镇省级新农村示范片项目加快推进，全县成功创建4个省级生态示范镇、8个生态示范村。

——全面依法治县开局良好。加强和改进党对全面推进依法治县工作的领导，进一步夯实法治根基，把改革发展各项事业纳入法治化轨道。法治政府建设有效推进，县政府法律顾问室挂牌成立，政府依法行政水平和执法司法公信力不断提升。积极拓宽法律援助工作领域，加大法律援助工作力度，行政复议委员会试点和一村（社区）一法律顾问工作稳步推进。深化法治宣传教育工作，开展禁毒法制教育第一堂课和"小手拉大手"活动，圆满完成"六五"普法任务，全民法治观念和法律素养进一步提高。

——宣传文化工作进一步提升。牢牢掌握意识形态工作的主导权，积极培育和践行社会主义核心价值观。开通陆河宣传网，建立了"陆河宣传"和各镇微信公众发布平台，进一步提升网络宣传和舆论引导能力。大力开展精神文明创建活动，扎实推进广东省文明县城创建工作，市民素质、城市文明程度有效提升。文化惠民活动深入开展，公共文化设施建设不断完善，文化软实力全面提升。

——党的建设全面加强。深入学习贯彻习近平总书记系列重要讲话精神，扎实开展党的群众路线教育实践活动和"三严三实"专题教育，大力推进政务整治、正风肃纪集中行动，突出抓好农村基层党员干部违纪违法集中排查整治活动，坚决清理清查发生在群众身边的腐败现象和不正之风，层层传导压力，"四风"和"不严不实"问题得到有效遏制，党群干群关系更加紧密，党风政风进一步好转。统筹推进基层治理机制改革和驻点联系工作，有效解决了服务群众"最后一公里"问题。坚持全面从严治党，从严管理干部队伍，坚定不移推进党风廉政建设各项工作，全县各级党组织的创造力、凝聚力和战斗力进一步得到提升。

刚刚过去的2015年，我们把学习贯彻习近平总书记系列重要讲话精神贯穿于"三严三实"专题教育全过程，坚持用讲话精神指导实践。始终把加快发展摆在突出位置，切实加强对经济工作的领导，紧紧围绕全面完成"十二五"规划目标任务，强化工作措施，细化目标责任，狠抓任务落实，全县保持了主要经济指标稳步增长。2015年，全县实现地区生产总值48.8亿元，比增8.2%；农业总产值17.5亿元，比增4.3%；规上工业总产值18亿元，比增23%；公共财政一般预算收入2.6亿元，剔除调整因素，实际增长15%；全社会固定资产投资17.5亿元，比增11.3%；社会消费品零售总额31.7亿元，比增

8.8%；农民人均可支配收入9084元，比增8%。

五年来，县委坚定不移走生态文明发展道路，全力支持人大、政协依法履职，积极发挥工会、共青团、妇联等人民团体的作用，加强民族、宗教、港澳台和外事侨务工作，不断巩固壮大爱国统一战线，加强和改进党管武装工作，推动形成加快振兴发展的强大合力。

这些工作的开展和各项成绩的取得，是上级正确领导的结果，是全县各级党组织、广大党员和人民群众同心同德、顽强拼搏的结果，这与历届县委班子打下的良好基础，上级部门、外出乡贤和社会各界朋友的关心支持、鼎力相助密不可分。在此，我代表县委表示衷心的感谢！

在充分肯定成绩的同时，我们也清醒地看到，我县发展仍面临一些困难和不足，主要是：发展不充分的问题仍然突出，经济总量还不够大，产业结构还不够优，创新驱动发展和重大项目支撑发展的能力还不够强；经济发展环境有待进一步优化，土地、金融等要素制约尚未得到根本缓解；城乡建设和社会事业欠账较多，改善保障民生和依法治理社会的任务还很繁重；工作推进的体制机制有待优化，党员干部服务发展、引领发展的能力水平有待提升，党风廉政建设和作风建设有待进一步加强。对此，我们必须采取更加有力的措施，在今后工作中认真加以解决。

二、坚决打赢"十三五"全面建成小康社会决胜仗

党的十八届五中全会向全国各族人民吹响了夺取全面建成小康社会伟大胜利的响亮号角，省委十一届五次全会确立了在2018年率先全面建成小康社会的目标。根据省委、省政府的部署要求，市委提出了"十三五"时期的发展目标，具体分两步走：第一步，到2018年，实现地区生产总值和城乡居民人均收入比2010年翻一番以上；第二步，到2020年，实现全市人均GDP接近或达到全国平均水平。以陆河目前的经济情况，要在2020年实现人均GDP达到全国平均水平，我县"十三五"期间GDP年均增长必须达到16%以上，任务艰巨、压力巨大。为此，我们一定要按照中央和省、市的部署要求，把全面建成小康社会作为"十三五"时期最重要的政治任务，全力以赴推进经济社会各项工作，确保如期完成目标任务。

（一）准确研判"十三五"时期我县发展形势

"十三五"期间，我们既处于大有作为的重要战略机遇期，也面临诸多严峻挑战。总的来说，我县的有利条件比制约因素多，面临的机遇比挑战多。一是政策扶持力度空前。党的十八届五中全会提出全面建成小康社会的目标任务，着力解决区域发展不平衡问题，出台了《关于打赢脱贫攻坚战的决定》，全力实施脱贫攻坚，为欠发达地区的发展提供了新的历史性机遇；海陆丰革命老区有望纳入国家和省扶持范围，我县将享受革命老区发展政策扶持。省委、省政府提出补齐粤东西北地区振兴发展、民生社会事业发展、扶贫开发"三大短板"，安排深圳坪山新区全面对口帮扶陆河，与我县合作共建新河工业园区，为我县加快发展提供了强大动力。二是发展基础更加扎实。"十二五"期间，我们紧紧扭住"三大抓手"，全力推进交通基础设施建设，潮惠高速"县县通"段竣工通车，我县的区位、交通综合优势更加凸显，为我们更好地对接珠三角、承接产业转移，提供了有利条件。新河工业园区经过几年不懈努力，已初具规模，被正式纳入省产业集聚区管理，发展的平台更加扎实；随着比亚迪"重磅级"项目落地投产，"十三五"前三年全县GDP年均可望达到16%以上的增长，后两年有望形成加速度增长。大力推进中心城镇扩容提质，统筹产业发展布局，一批基础工程、重点项目陆续落地见效，中心城镇承载能力和聚集效应日益显现，新的增长点进一步形成。三是人心思进愿望强烈。我县政治大局安定团结，求进思变发展氛围前所未有。一大批外出乡贤积极为家乡经济社会发展建言献策，心甘情愿为家乡发展牵线搭桥；全县人民群众求发展、盼富裕、奔小康的愿望强烈，全心全意支持我们的工作，县内外形成了加快发展的良好态势。

站在新的历史起点上，我们既要有强烈的忧患意识，看到经济下行压力持续加大，区域竞争更加激烈等挑战；更要着眼全局找准定位，以新的思维拓展新局面，以新作为推进新发展，着力稳增长调结构，着重从供给侧发力，促进经济中高速增长，奋力开启振兴发展新征程。

（二）坚持五大发展理念，引领指导陆河新发展

坚持创新、协调、绿色、开放、共享五大发展理念，是"十三五"乃至更长时期我国发展思路、发展方向、发展着力点的根本体现。面对新形势新变化新机遇新挑战，我们一定要用新理念引领指导新发展，准确把握五大发展理念的内涵要义，全面贯彻落实到"十三五"时期的工作实践中，切实加快陆河振兴发展的步伐。

一是坚持创新发展，提高发展质量和效益。要进一步优化劳动力、资本、土地、技术、管理等要素配置，激发创新创业活力，推动大众创业、万众创新，推动新技术、新产业、新业态蓬勃发展，实现发展动力转换。推动政府职能向创新服务转变，坚持战略和前沿导向，瞄准瓶颈制约问题，制订系统性技术解决方案，激发创新活力。强化企业创新主体地位和主导作用，促进政企合作；鼓励支持比亚迪、首创、重信等重点企业加强研发，打造新能源汽车、建筑装饰、生态农业等产业综合发展基地。着力构建现代农业产业体系、生产体系、经营体系，加大青梅、灵芝等产业技术改造和转型升级，提高农业质量效益和竞争力，推动种养加一体、一、二、三产业融合发展，提升产业化发展水平，走产出高效、产品安全、资源节约、环境友好的农业现代化道路。要紧密结合"互联网+"新业态，促进我县物联网、电子商务、证券金融等行业快速发展。

二是坚持协调发展，促进城乡均衡发展。要牢牢把握省委、省政府实施进一步促进粤东西北地区振兴发展战略的契机，继续扭紧"三大抓手"不放松，以潮惠、兴汕两条高速公路带动县域交通路网建设，以新河工业园区建设实现产业集聚发展，以河口生态宜居示范区、螺溪镇省级新农村示范片、水唇镇省新型城镇化"2511"试点等项目建设加快中心城镇扩容提质，推动县域经济实现跨越发展。继续深化农村综合改革，深入推进土地确权、基层治理改革等试点工作。要把精神文明建设摆在更加突出位置，加大传统村落民居和历史文化名镇名村保护力度，加强公共文化服务体系建设，推动客家特色文化事业繁荣发展。要加强网上思想文化阵地建设，推动传统媒体和新兴媒体融合发展，创新对外传播、文化交流、文化贸易方式，切实提高陆河文化知名度。

三是坚持绿色发展，建设美丽陆河。绿色发展是我们一直坚持的前进方向。要继续牢固树立绿色发展理念，按照"一县两园四特色"发展思路，加快推进生态文明建设，以人与自然和谐发展为目标，全面建设美丽陆河。继续严守资源环境生态红线，深入开展新一轮绿化大行动，推进生态修复和生态建设。深入推进全社会节能减排降耗，大力实施能源和水资源消耗、建设用地等总量和强度双控行动，大力发展抽水蓄能、风电等低碳技术和低碳产业。充分利用绿色资源，大力推进绿色长廊、生态工业、生态农业建设，做好花海观光和温泉度假两大文章，促进生态旅游业发展，打造"珠三角"地区的后花园。继续加大生态环境保护力度，努力创建国家级生态功能保障区。

四是坚持开放发展，激发发展新活力。要紧紧把握深圳对口帮扶陆河，比亚迪落户园区，陆河外出乡贤众多等有利契机，立足"傍深圳大款，抱比亚迪大腿，拉外出乡贤大手"，充分激发发展新活力。要扩大与深圳坪山合作共建优势，加强与深圳地区在技术、人才、管理、金融等方面的交流合作。要抓住中央建设"一带一路"倡议机遇大力开拓新兴市场，走开放创新发展路子，鼓励更多企业"走出去、引进来"，让产品接受国际市场竞争的检验，倒逼企业自身不断提升能力水平。要进一步加大招商引资力度，做到以"诚"招商、以"情"招商、以"优"招商、以"商"招商，以更优惠的投资政策和红利，创造更良好的投资软硬环境，加快外向型经济的发展。要坚持以开放的理念、市场的

办法、商业的模式，着力破解经济社会发展难题，全方位提升产业、交通、生态等方面水平，以开放促发展。

五是坚持共享发展，让发展成果惠及全县人民。要坚持把增进人民福祉作为发展的出发点和落脚点，使全县人民在共建共享发展中有更多获得感。抓住基本公共服务均等化这个主攻方向，进一步加强医疗卫生服务体系建设，实施食品安全战略，统筹优化教育资源配置，加大就业创业政策扶持力度，加强对灵活就业、新就业形态的支持；提高底线民生保障水平，切实解决好人民群众关心的教育、就业、医疗卫生、社会保障等问题，确保改革发展成果更多、更公平地惠及全县人民群众。要发展人民民主，健全重大决策群众参与机制，创新群众工作体制机制和方式方法，支持推动人大、政协、人民团体和行业协会、志愿者等工作，鼓励外出乡贤支持参与家乡建设，调动广大人民群众参与改革发展的积极性、主动性和创造性，形成全县人民共建小康、共谋发展的强大合力。

五大发展理念相互贯通、相互促进，是具有内在联系的集合体，是经济发展新常态下指导发展的根本指南。我们要深刻认识其丰富内涵，并使之在我县落地开花结果，更好地引领和指导我县经济社会发展。

（三）实现"四大突破"，促进加快振兴发展

陆河基础差、底子薄、产业层次低，要实现省委提出的"打赢全面小康攻坚战，努力实现与全国同步小康"的目标，必须在经济、社会、扶贫、改革等方面取得新的突破。

一要实现经济发展取得新突破。要牢牢扭住"三大抓手"这个"牛鼻子"，鼓足干劲加快发展。在交通基础设施建设上，要加快潮惠高速和兴汕高速公路建设，构筑"一纵一横"的交通网络格局，提高县镇村公路等级，构建县域快捷路网。在产业园区建设上，新河工业园区已初步形成了以新能源汽车、建筑装饰材料、机械设备、电子制造等为主导的产业格局。未来五年的建设十分关键，要抓住深圳对口帮扶陆河的契机，充分利用外出陆河人创办的企业优势、行业协会良好互动优势、与坪山新区共建的优势，用深圳的发展理念指导园区建设，抓好社会管理和征地拆迁工作，全力服务项目落地，完善服务配套，加快产城融合，力争在"十三五"期末，园区年产值达到300亿元以上。在中心城区扩容提质上，要围绕"一轴三圈"，集中资源优势，制订项目实施计划，力争在"十三五"期末，基本完成城市框架，人口聚集初具规模，实现中部服务发展圈更加精致，北部生态涵养圈更加优美，南部产业聚合圈更加强大。

二要实现社会事业取得新突破。与社会需求相比，我县公共服务和产品供给不足，人民群众在教育、就业、社保、医疗、养老、住房等方面还存在不少困难。"十三五"时期要按照人人参与、人人尽力、人人享有的要求，着力保障基本民生，建设惠及全县人民的小康。要加大教育投入，不断拓展、完善教育园区建设。要鼓励引导社会力量办学，支持推动创办民办优质学校，加快心里程智慧教育和建筑装饰学校建设。要加强师资队伍建设，着力提升教育教学水平，让全县学生接受更好的教育。要完善医疗卫生基础设施建设，建立健全覆盖城乡居民的基本医疗卫生服务体系。要加大对弱势群体的医疗卫生服务和保障，发展残疾人和养老事业，体现党和政府的关怀。要围绕推进基本公共服务均等化，从群众最期盼、最关注的领域做起，扎实办好民生实事，切实保障底线民生，使社会事业发展与全面建成小康社会相适应。

三要实现扶贫攻坚取得新突破。中央提出要在"十三五"期末，我国现行标准下农村贫困人口实现脱贫，贫困县全部摘帽。省委提出要补齐扶贫开发的短板，举全省之力打赢扶贫开发攻坚战。按照我省现行标准统计，我县目前还有20个贫困村，2402户12575名贫困人口。全县各级党政和领导干部要以高度的政治自觉，落实主体责任，按照精准扶贫、精准脱贫要求，全力实施三年脱贫攻坚计划。要用好用足中央和省加大支持革命老区发展的政策，着力推进扶贫项目建设，加快脱贫奔康步伐。要立足陆河实际，引导贫困地区群众大力发展

特色产业，加快贫困人口自主脱贫。要加强农村实用技术培训，实现贫困户劳动力转移就业，提高农民收入。要健全完善扶贫开发工作机制，大力开展扶贫"双到"，广泛动员社会各界力量参与扶贫开发，确保2018年我县贫困人口全部脱贫。

四要实现深化改革取得新突破。要全面深化改革，着力在重要领域和关键环节改革上取得决定性成果。要突出投融资体制改革，大力推进金融创新，扩大金融开放，放宽投资准入，激发经济发展活力。要突出农村综合改革，推动农村产权制度改革，赋予农民更多财产权利。要健全城乡发展一体化体制机制，推进以人为核心的新型城镇化。要推进以提高司法公信力和执行力为目标的司法体制和运行机制改革，营造公开、公平、公正的法治环境。要深化行政体制改革，进一步向市场、社会、基层放权，减少审批事项，简化审批环节。要努力使基层治理、农综改革、土地确权等方面改革走在全省前列，推动"改革红利"转化为"发展动能"。

（四）打造"四大环境"，树立陆河对外新形象

环境就是竞争力、生产力。我们要以优越的区位优势、丰富的自然资源、优惠的投资政策、优质的服务态度、务实的工作精神，积极打造陆河跨越发展新形象。

一要打造整洁有序的城乡环境。要完善县城总体规划和县城片区控制性详细规划编制，优化城市空间布局，引领县城建设有序发展。要继续抓好环境卫生整治，加快城乡环卫基础设施建设，加强县垃圾填埋场和各镇垃圾中转站的管理，完善县城污水处理厂配套管网建设，加快河口、螺溪污水处理场建设，尽快实现全县垃圾、生活污水纳入集中处理。要严格整治城乡秩序，持续开展市容市貌、交通秩序、控违拆违等专项整治，营造整洁、文明、规范、有序的生活生产环境。要抓好村庄环境综合整治，制订村庄整治行动计划，全力改善农村生产生活生态条件。要巩固环境卫生"四有"机制，全面落实"门前三包"责任制，建立长效监督考核机制，实现环境卫生制度化、常态化管理。

二要打造优质高效的政务环境。要继续抓好政务整治、正风肃纪行动，用好整治曝光台，倒逼职能部门坚决履行承诺，进一步改善政务环境。要加强县政务服务中心的管理，优化办事流程，提高审批效率，提升服务质量。要完善政务公开机制，建立健全首问负责制、一次告知制、限时办结制、服务承诺制等系列政务公开配套制度，促进政务公开制度化、规范化。要强化督促检查，发挥行政审批电子监察系统和行政效能投诉平台的作用，加大明查暗访和问责力度，严肃查处吃拿卡要、不作为、乱作为以及严重损害企业和群众利益等行为。要牢固树立服务企业意识，完善四套班子成员联系企业制度，深入开展"暖企行动"，协调解决企业生产销售过程中碰到的难题，为企业落户生产发展提供全方位服务，全力打造优质高效政务环境。

三要打造稳定和谐的社会环境。要加强和完善公共安全体系，建立完善点线面结合、人防物防技防结合、专群结合的全时空立体化治安防控体系，推进平安陆河建设。要建立科学高效的应急管理体系，加强应急救援队伍建设，提高应急处置能力。要抓好社会矛盾纠纷的排查化解调处，深化领导干部下访、接访、走访群众活动，把矛盾纠纷化解在萌芽状态、解决在基层。要全面实施重大事项社会稳定风险评估，重大事项决策必须经过"公众参与、专家论证、风险评估、合法性审查、集体讨论"等五个环节，切实提高行政决策的科学性、合理性和可行性。要加强法制宣传和普法教育，进一步发挥一村（社区）一法律顾问作用，推进法治镇村（社区）创建活动，精心谋划制定"七五"普法规划，提高全民法律意识，推动形成办事依法、遇事找法、解决问题用法、化解矛盾靠法的法治环境。要严厉打击违法犯罪，进一步抓好禁毒缉枪工作，集中力量出重拳、下重手，彻底铲除毒瘤枪害，确保社会大局稳定。

四要打造宜居宜业的生态环境。要把生态文明建设融入城市建设全过程，在加快发展中保住青山绿水，实现美丽与发展共赢。要抓好生态文明县、国家生态文明示范区和省级文明县城的创建工作，着力打造宜居宜业的生态环境。要调整优化产业结构，改造提升传统产业，淘汰落后产能，大力发展绿色环保建筑装饰材料、新能源汽车等战略性新兴

产业、朝阳产业。要推动绿色发展，着力打造生态农业、特色农业和循环农业等示范基地，做大做强现代生态农业。要大力实施林业生态工程建设，提高森林覆盖率和城镇建成区绿化覆盖率。要加快建立系统完整的生态文明制度体系，划定生态保护红线，实行最严格的生态环境损害赔偿制度、责任追究制度。要建立完善生态教育与公众参与制度，普及生态文明意识，提倡和引导绿色消费，构建政府、企业、公众共同参与的生态文明建设大格局。

三、奋力实现"十三五"良好开局

2016年是全面实施"十三五"规划的开局之年、关键之年，也是县、镇两级换届的"选举年"。谋划和完成好今年各项工作，既关系当前，又影响长远，意义十分重大。省委十一届六次全会提出，2016年要着力稳增长调结构，保持经济运行在合理区间，要深入实施创新驱动发展战略，坚定不移推进粤东西北地区振兴发展，加快推进改革开放，切实维护社会稳定，推进全面从严治党，努力实现"十三五"良好开局。市委六届六次全会强调，今年要着力抓好稳增长调结构，推进创新驱动，深化改革开放，扭住"三大抓手"，狠抓"三大民生"，打造"三大环境"等六项工作，全面加强党的建设，突出打造钢的班子、铁的队伍，铆足干劲推动汕尾振兴发展。

做好今年工作，必须深入贯彻省委十一届六次全会、市委六届六次全会精神，充分发挥党委总揽全局协调各方的领导核心作用，全力以赴做好各项工作，推动经济社会跨越发展，奋力实现"十三五"良好开局。2016年，全县经济社会发展主要预期目标是：实现地区生产总值增长16%，规上工业增加值增长80%，公共财政预算收入增长16%，全社会固定资产投资增长116%，社会消费品零售总额增长12%，农村居民人均可支配收入增长10%。

围绕上述总体要求和预期目标，今年要重点抓好以下六方面工作。

（一）扭住"三大抓手"，全力推进项目建设

当前是陆河加快振兴发展的关键时期，要实现经济中高速增长就必须"弯道超车"，牢牢扭住"三大抓手"，强化重大项目对全县经济社会发展的拉动作用，努力实现项目建设取得新成效。

一要加快交通基础设施建设。经济发展，交通先行。要继续完善交通基础设施建设，发挥交通先导作用，重点抓好潮惠高速、兴汕高速、陆河至陆丰高铁站连接线、潮惠高速公路互通口与县城及新河工业园连接线、省道改造升级、县外环公路、镇村公路改造等路网建设。突出抓好县域交通基础设施建设，多渠道筹集资金，重点开辟水唇罗洞至东坑共光、东坑至河口一带"花海观光"旅游线路；加快打通新田、南万、螺溪三镇的交通节点。要做好陆河至其他县（市、区）快速干线的规划工作，构建覆盖全县、贯通周边的快速综合交通运输体系。

二要扎实推进产业园区建设。充分发挥投融资的作用，多渠道、多方式筹措资金，加大征地拆迁和土地收储力度，着力抓好产业园区基础设施和物流园区建设。加快推进60米工业大道、河西公路、园区投资服务中心、省级质量检测公共技术服务平台、科技孵化基地等配套设施，完善生产性和生活性配套服务功能。要加快比亚迪等落户企业的建设进度，确保如期建成投产。要用深圳先进的理念管理建设园区，建立健全扶持企业发展的长效机制，为企业提供"保姆式"服务，努力当好企业的"代言人"和"守护神"。要鼓励本地企业做大做强，大力支持首创、重信等企业上市。要通过坪山共建平台、陆河外出企业平台、企业协会平台，落实"点对点、一对一"精准招商。鼓励和吸引比亚迪上下游企业入驻，重点瞄准投资规模大、产值效益高、创税贡献大和科技含量高的项目，力争今年引进一批、落地一批、建成一批。

三要加快中心城区扩容提质。坚持科学规划、统筹建设、规范管理，努力构建以县城为支撑、河口宜居生态示范区为依托、螺溪新农村示范片为纽带，建设宜居宜业宜游的美丽城乡。要加快推进县城公共服务基础设施建设，打通陆河大道延伸段等断头路，推进"三旧"改造，提升中心城区的综合承载能力和辐射带动能力；加快推进河口宜居生态示范区和水唇新型城镇化"2511"试点建设，进一步优化集镇功能分区，提升重点镇发展水平；加快

推进螺溪镇省级新农村示范片建设,不断完善农村基础设施,提升农村公共服务水平,示范带动全县社会主义新农村建设。要强化市容环境、社会秩序等方面的建设和管理,加大控违拆违力度,落实环境长效管护机制,努力打造"清洁、优美、文明、和谐"的城乡人居环境。

(二)围绕"一轴三圈",推动绿色经济发展

要继续按照"一县两园四特色"的发展思路,围绕"一轴三圈",加大生态保护力度,着力发展特色农业、特色旅游,推动绿色经济发展。

一是加大生态保护力度。围绕创建"国家生态县"和"广东省文明县城"的目标,坚持在保护中发展,在发展中保护,着力做好"生态+"文章,努力把我县生态特色转化为经济社会发展优势。要加大生态保护力度,全面提升生态管控和保护水平,加快城乡垃圾处理体系和污水处理体系建设。突出抓好螺河水环境综合治理,深入实施河道整治工程,完善安全供水体系,保障人民群众用水安全。深入开展绿化广东大行动,加大生态创建宣传力度,积极引导公众支持、参与生态文明建设。

二是大力发展特色农业。以青梅、油茶、灵芝、火龙果等特色基地为抓手,充分发挥"生态+农业"优势,推进现代农业加快发展。积极引进社会资本,培育一批集生产、收购、储运、加工、销售于一体的农业产业化龙头企业。加强农产品质量建设,进一步发挥"国家有机产品认证示范创建县"的作用,放大陆河青梅和陆河木瓜的国家地理标志产品的效应,培育更多名牌产品;大力发展农产品精深加工,延长优势农产品产业链。加快推进特色农产品市场体系建设,大力发展直供直销、农超对接、连锁配送、网上直销等现代流通业态,开发更多适合农村淘宝营销的特色农产品。

三是着力发展特色旅游。要加快修编《陆河县旅游总体概念规划》,将旅游业作为推进经济转型升级、加快现代服务业发展和实现农民增收致富的重要途径。围绕"花泉林歌,悠然陆河"的发展思路,以梅花观光、温泉度假为抓手,推进旅游、文化和生态深度融合,进一步发挥"生态+旅游"优势,提升特色旅游发展水平。以水唇罗洞世外梅园、东坑共光万亩梅园为抓手,打造集赏梅观光、民俗体验、生态休闲等功能于一体的特色赏梅旅游区。加快南万红椎林、神象山、岳溪生态公园、火山嶂森林公园等景区景点升级改造,加大墩子寨、莲心湖、石下坝等特色古村落和激石溪、谢非故居等红色革命教育基地的保护开发力度,着力构建以重点景区为核心和红色基地、客家文化为特色的旅游格局。进一步完善旅游配套设施,突出抓好水唇温泉山庄、上护温泉宾馆和县城星级宾馆建设,加快御水湾温泉度假村、岁宝宾馆的升级改造,鼓励引导家庭旅馆、农家乐建设。

(三)实施脱贫攻坚,着力构建和谐社会

农村贫困人口脱贫是全面建成小康社会最艰巨的任务,也是我们亟需补齐的"三大短板"之一。我们要坚持从群众最关心、最期盼的领域做起,扎实办好民生实事,不断提升群众的幸福感和满意度。

一要精准发力,打赢脱贫攻坚战。按照省、市"2018年贫困人口全部脱贫"的目标要求,全县各级各部门要以高度的政治自觉,落实主体责任,提高扶贫的针对性和实效性,大力开展扶贫"双到",按照行动计划加快推进扶贫项目建设,采取超常规举措,拿出过硬办法,打好精准扶贫三年攻坚的开局之战。要全力对接、用好用活上级加大支持革命老区发展的政策,积极争取产业帮扶,规划布局建设光伏扶贫项目。坚持精准扶贫、精准脱贫,实施产业扶贫、就业扶贫、教育扶贫等专项行动,因地制宜、因人因户施策,确保扶贫脱贫实效。抓好县镇村三级书记责任落实,健全工作机制,强化考核问责督查,完善政策措施,确保各项工作顺利推进。抓好与深圳坪山新区全面对口帮扶对接工作,拓宽帮扶领域,提高帮扶实效。

二要齐心协力,不断增进民生福祉。要全面落实中央供给侧结构性改革部署,扩大有效供给,推进基本公共服务均等化。继续加大教育投入,推动义务教育均衡发展、普通高中教育多样化发展、职业教育创新发展、民办教育优质发展。要深化医疗卫生体制改革,强化医疗卫生人才队伍建设,加快县人民医院综合大楼等基础设施建设,积极创建二级甲等医院。加大对困难弱势群体的医疗卫生服务

和保障,健全公共卫生服务体系。要继续办好社会保障、就业、保障性住房等民生实事,做好助医助学等慈善救助工作,加强低保动态管理,落实城乡低保、农村五保、孤儿供养等社会困难群体生活补助标准增长机制,使民生事业与经济发展同步推进。

三要竭尽全力,切实维护社会稳定。要始终绷紧稳定这根弦,强化各级党政"一把手"维稳第一责任和维稳主体责任,明确镇委副书记抓信访维稳工作主要责任,坚守维稳底线,深化源头治理。继续落实完善领导包案制度,重点整治信访挂牌督办案件。加大基层治理投入,推进基层网格化管理,深入排查,依法依规,主动治理,积极将矛盾化解在基层。要推进重大决策和重大项目社会稳定风险评估工作,从源头上防范和控制风险隐患。要妥善处置突发事件,加强网络和社会舆情管控,及时有效引导舆论。深入推进"平安创建"工作,加快完善社会治安防控体系,大力开展"两抢一盗"、禁毒缉枪等专项行动,切实维护社会稳定。要广泛开展法制宣传教育,推进法律"六进"活动,提高全民法律意识,引导群众依法理性维权。要持续抓好安全生产工作,全面落实"党政同责、一岗双责、齐抓共管、失职追责"要求,狠抓安全生产责任落实,切实维护人民群众生命财产安全。

(四)推进改革开放,构建加快发展新格局

2016年是推进结构性改革的攻坚之年,要推进结构性改革,引领经济发展新常态,仍需用好改革开放这关键一招,以改革开放增添发展动力,增创发展优势。

一要强化重点领域改革。要继续扎实推进各项改革试点任务,全面铺开土地承包经营权确权登记颁证工作,深入推进基层治理机制改革试点工作,保持县、镇、村三级服务平台常态化运行。要加强对改革工作的领导,强化各级领导抓改革的责任,及时研究解决改革过程中遇到的新情况新问题,推动各项改革任务顺利开展。要进一步增强改革创新的积极性、主动性、创造性,立足陆河实际,强化问题导向,大胆开展差别化探索,加快推动一批具有地方特色的改革举措,形成更多可复制可推广的改革经验。

二要强化人才引进工程。人才是推进改革开放的重要保障,也是制约陆河发展的瓶颈之一。必须把人才优先发展放到更加突出的位置,加大引资引智引技力度,加强高端产业合作,加大力度引进先进技术、关键设备和优秀人才。要采取更加灵活的方式,积极引进特别紧缺、优秀、关键的管理技术人才,推动人才更多向园区建设、教育文化、医疗卫生等集聚。要完善人才培养体系,加大本土人才培养,加强与企业的用工联系,引导职业学校把专业设置规划与园区企业产业发展有机结合起来,更好地对接园区企业的岗位需求,积极为当地企业培养和输送专业技术人才。

三要强化乡贤回归工程。陆河外出乡贤众多,一大批事业有成的外出乡贤对家乡怀有深厚感情,回报家乡的愿望强烈。要大力实施"乡贤反哺"工程,深入做好宣传发动工作,把众多外出乡贤关心支持家乡建设热情充分调动起来;鼓励引导外出乡贤以项目回迁、资金回流、技术回援等形式回乡兴业,有力推动陆河经济社会事业加快发展。要积极推进旅游合作和人文交往,切实加强与港澳台同胞及民间机构的交流,进一步增进互信、强化共识、打牢合作基础。

(五)坚持党建引领,不断提升党建服务发展水平

深化改革创新,促进振兴发展,要以全面加强和改进党的建设为统领,落实全面从严治党要求,不断提升党建工作科学化水平,团结凝聚各方力量,为顺利实现"十三五"良好开局提供坚强有力的保证。

一要深入学习贯彻习近平总书记系列重要讲话精神。要始终把学习习近平总书记系列重要讲话精神放在首位、贯穿始终。要准确把握讲话精神的科学内涵和精神实质,紧紧抓住坚定理想信念、对党绝对忠诚这个核心,努力在更高更深层次上提高思想理论水平,自觉在思想上政治上行动上同以习近平同志为总书记的党中央保持高度一致。要坚持理论联系实际,全面学习领会习近平总书记系列讲话的新思想、新观点、新要求,进一步完善发展思路和举措,破解发展难题,加快发展步伐。要大力推进理论学习经常化、系统化、制度化,以各级党组

织中心组理论学习为重点，进一步发挥党校、远程教育站点等平台载体作用，组织开展形式多样的活动，提高学习效果，为完成"十三五"经济社会发展目标提供思想理论支撑。

二要践行"三严三实"，严守政治纪律和政治规矩。要巩固和深化"三严三实"专题教育成果，锲而不舍落实中央八项规定，深化政务整治、正风肃纪行动，持续抓好各项整改任务的落实。要坚持把严明政治纪律和政治规矩排在首要位置，牢固树立纪律和规矩意识，做政治上的"明白人"，推动在干部队伍中形成守纪律讲规矩的政治氛围和政治习惯。要增强政治敏感性和政治鉴别力，在事关方向、原则、旗帜的问题上，始终保持清醒头脑，站稳立场，态度鲜明。要将对党忠诚体现到抓具体工作落实上，深入贯彻中央和省、市委的决策部署，扎实落实好县委、县政府的各项部署要求。这次县委全会确定下来的各项工作，各地各单位要主动担责认领、谋划推动，条件成熟的马上干，条件未成熟的要创造条件抓紧干。各级领导干部尤其是"一把手"，要坚持领导带头，强化"向我看齐，跟着我上"意识，以上率下，带好示范带头作用。

三要加强基层建设，打牢基层基础。要坚持党组织建设与基层治理相结合，把基层党组织建设成为坚强的战斗堡垒，深入推进基层治理机制改革试点、网格化服务管理等重点工作，打牢党执政的基层基础。要以基层党建工作述职评议为抓手，落实党委抓基层党建的责任。要进一步落实领导干部驻点普遍直接联系服务群众制度，切实抓好基层党建、稳定及惠民服务等工作。要选好配强村级党组织书记，加大对书记后备干部培养和大学生村官选聘工作，开展村干部"学历提升"行动。要强化基层党组织的领导核心地位，把村民代表会、村（居）委会、监事会、村民小组议事会以及其他组织紧密团结在党组织周围，充分发挥其应有的作用。要持续整顿转化软弱涣散基层党组织，加强基层班子和党员队伍建设，有效解决基层存在的问题，维护基层和谐稳定。要加大基层保障力度，县财政每年配备100万元经费给各镇，落实省的要求配套好村级组织工作保障经费，村级"两委"干部人均月补贴提高到2200元。

（六）锤炼党员干部，打造钢的班子铁的队伍

做好陆河的事情，抓好工作的落实，关键在全县各级党委，关键在班子，关键在干部。"十三五"和今年的目标任务明确后，今后的关键就在于打造钢的班子、铁的队伍，着力提升各级领导班子和领导干部的执行力，全力推进陆河振兴发展，实现全面建成小康社会目标。

一要扭住关键少数，强化示范带动。各级领导干部尤其是"一把手"，要落实从严管党、依规治党要求，履行党风廉政主体责任，从严从实管好班子、带好队伍，全力提升整体战斗力。要狠抓作风建设，从自身做起，从苗头性、倾向性问题抓起，着力整顿解决干部队伍"慵懒散慢"和"吃拿卡要"等问题。要破除"老好人"思想，坚决纠正下属不作为、乱作为问题，强力破除"中梗阻"现象。各级领导干部必须带头强化"无功便是过"的观念，立足全县大局，从本职工作出发，主动拓展工作的内涵内容，主动整合调动有利于发展的资源。要坚持带头示范，主要领导带着班子成员，领导干部带着一般干部，带头落实推动工作，坚持"多看、多听、多想"，推广"一线工作法"，做到情况在一线掌握，决策在一线形成，问题在一线解决，作风在一线转变，感情在一线培养，干部在一线锤炼，形象在一线提升，真正形成一级做给一级看、一级带着一级干，层层压紧、上下互动的良好局面。

二要选优配强班子，培育锻炼干部。要优化选人用人机制，树立正确的选人用人导向，以"换届选举年"为契机，按照德才兼备、以德为先的用人标准，选好干部，配强班子，把政治坚定、实绩突出、作风过硬、群众信任，能够驾驭复杂局面、善于攻坚克难的优秀干部选拔到各级领导岗位上来。要强化干部实践历练，鼓励优秀年轻干部到改革发展的主战场、维护稳定的第一线、服务群众的最前沿实践锻炼、提高本领，着力提升引领科学发展、应对解决复杂问题的能力。要从严管理和监督干部，落实好领导干部能上能下若干规定，树立"能者上、庸者下、劣者汰"的鲜明导向，做到选贤任能、用当其时，知人善任、人尽其才。要注重调动

广大干部干事创业积极性,坚持激励和约束并举,坚决破除"为官不为",让"为官尽责"者能进步,让"太平官""无为官"没有立足之地。

三要落实"两个责任",营造正气清风。各级党组织要把管党治党的责任牢牢扛在肩上、时刻抓在手中,在思想认识、责任担当、方法措施上贯彻全面从严要求,切实履行好加强党的建设主体责任。要坚持标本兼治,落实"两个责任",履行"一岗双责",抓好责任清单和"一案双查"工作,确保全面从严治党各项任务落到实处、见到实效。要以贯彻实施《准则》和《条例》为契机,坚持高标准与守底线、依规治党与以德治党相结合;完善监督制度,加大纪律审查力度,实践好监督执纪"四种形态",努力构建不敢腐、不能腐、不想腐的体制机制,营造风清气正的政治环境。要围绕县委、县政府提出的工作要求,在督促检查上多做"功课",深入到矛盾和问题最集中、发展经济和改善民生任务最艰巨、工作力量最薄弱,容易被忽略的地方,一项一项去推动,一件一件抓落实。要加大问责力度,"动员千遍,不如问责一次",要通过严格监督执纪问责,用实实在在的行动取信于民,让广大干部真真切切感受到"纪律是带电的高压线"。

人大、政协工作是社会主义民主政治建设的重要组成部分,要切实加强党对人大、政协工作的领导,推动人民代表大会制度与时俱进,完善协商民主制度和工作机制,支持人大、政协依法履行职能。要巩固和发展最广泛的爱国统一战线,广泛调动各方面积极因素。要深入把握党的群团工作规律,提高工青妇等群团工作科学化水平。要进一步加强党管武装工作,推动军民融合发展。

同志们,做好今年改革发展稳定各项工作,实现"十三五"良好开局,意义重大,任务艰巨。我们要紧密团结在以习近平同志为总书记的党中央周围,在省、市的正确领导下,坚定信心,锐意进取,扎实工作,为推动陆河加快振兴发展、实现全面建成小康社会的目标任务而努力奋斗!

打造优雅陆河 实现绿色崛起 努力建设宜居宜业宜游客家新山城

——在中国共产党陆河县第八次代表大会上的报告
（2016年10月28日）
陈德忠

同志们:

中国共产党陆河县第八次代表大会,是我们在"十三五"开局之年、全面建成小康社会进入决胜时期召开的一次盛会,肩负着承前启后、继往开来的重大历史使命。大会的主要任务是:回顾总结县第七次党代会以来的工作,研究确定今后五年的奋斗目标和主要任务,选举产生中国共产党陆河县第八届委员会和纪律检查委员会,动员全县各级党组织和广大党员干部群众,站位新起点,担当新使命,展现新作为,为建设宜居宜业宜游客家新山城而努力奋斗!

现在,我代表中国共产党陆河县第七届委员会向大会作报告,请予审议。

一、县第七次党代会以来工作回顾

县第七次党代会以来,在省委和市委的正确领导下,县委深入学习习近平总书记系列重要讲话精神,全面贯彻党的十八大和省第十一次、市第六次党代会精神,团结带领全县广大党员干部群众,紧紧围绕县第七次党代会提出的"坚持科学发展,推动绿色崛起"总体要求,抢抓机遇、励精图治、攻坚克难,圆满完成了县第七次党代会确定的各项任务,全县呈现出政治稳定、经济发展、人民安居乐业、各项事业蓬勃发展的良好局面。

——致力科学谋划，发展思路更加清晰。县委紧密结合新形势新任务，立足县情，及时调整和完善县第七次党代会提出的工作思路。2012年，陆河被纳入省级重点生态功能区，市第六次党代会对陆河提出了"生态发展保障区，绿色崛起新山城"的定位。根据省、市的定位，我们确立了"加快绿色发展，建设美丽陆河"的发展主题，提出了"为建设绿色陆河、和谐陆河、幸福陆河、美丽陆河，全面建成小康社会而努力奋斗"的目标，并将这一发展主题和目标具体化为实施"园区工业、基地农业、生态旅游、美丽城乡、活力陆河"发展方略。2013年，省委、省政府吹响促进粤东西北地区振兴发展的号角后，县委紧紧抓住这一历史机遇，结合省委胡春华书记视察陆河重要指示精神，又把县域发展"一轴三圈"作为新的战略规划，为未来发展提供了更为广阔的空间。实践证明，县委制定和实施的一系列思路举措，符合中央、省、市的部署要求和形势发展的需要，符合陆河的发展实际，有力地推动了陆河经济社会朝着更好更快的方向阔步前进。

——致力加快发展，综合实力显著增强。始终把加快发展摆在突出位置，切实加强对经济工作的领导，抢抓发展机遇，优化发展环境，狠抓任务落实，有力推动了县域经济平稳较快发展。2015年，全县实现生产总值48.3亿元，五年年均增长9.9%；地方财政一般预算收入2.64亿元，年均增长10.3%，连续五年综合增长率考核在全省排名靠前；工业总产值28.6亿元，年均增长17.6%；农民人均可支配收入9118元，年均增长8.5%。基地农业不断壮大，被列入"全国油茶产业发展重点县"和"国家有机产品认证示范创建县"；"陆河木瓜"获得国家地理标志产品称号。园区工业快速发展，新河工业园被纳入省产业集聚区管理，由深圳市坪山区帮扶共建，基础设施不断完善，招商引资和项目建设扎实推进，投资近百亿的比亚迪等项目顺利落地投产，创造了"陆河速度"。生态旅游蓬勃发展，旅游总收入近6亿元，同比增长280%。房地产行业健康发展，相继建成了吉康华苑二期、中心城、润达花园、吉祥华庭、螺河湾等商住项目。

——致力夯实基础，发展后劲不断提升。坚持科学规划、统筹兼顾，全力改善城乡基础设施条件，不断夯实发展基础，补齐发展短板，增强发展后劲。全社会固定资产投资累计达69.47亿元，年均增长26.9%。交通基础大为改善，潮惠高速公路"县县通"段竣工通车，填补了我县无高速公路的历史空白；先后完成揭紫公路、新田至黄羌公路改造、北环公路、螺溪至五华公路改造等公路建设任务；投放150辆新能源纯电动公交车覆盖全县城乡，成为全省第一个全面启动0—50公里新能源公交车运营的山区县。农田水利基础不断完善，完成全县主要小型灌区连片工程农田水利建设配套改造，农村饮水覆盖率、普及率、合格率均达到90%以上。中心城镇扩容提质成效明显，以县城为中心的商住、物流、金融、文化等行业保持健康发展势头，县城综合承载能力不断提升；河口镇被列为"全国重点镇"，河口南部新城项目被列为省扩容提质重点项目并全面启动，水唇镇被列入省新型城镇化"2511"美丽小镇试点项目。旅游基础不断夯实，初步建成东坑共光万亩梅园、水唇罗洞世外梅园等一批景区景点；御水湾温泉度假村、激石溪革命根据地先烈纪念园、红锥林生态公园和神象山公园等景区景点的配套设施进一步完善。

——致力改善民生，社会环境和谐安定。始终把保障和改善社会民生作为经济发展的出发点和落脚点，千方百计加大民生和社会事业投入力度，使改革发展成果惠及全县人民。教育工作走在全市前列，标准化学校和教育强镇覆盖率均达到100%，顺利通过了广东省"教育强县"和"义务教育发展基本均衡县"的督导验收；教育园区不断完善，新建成县职校、党校（电大）、文体综合馆等项目，县特殊学校扎实推进，实现了教育资源的整合和共享。社会保障体系不断完善，基本公共卫生服务逐步实现均等化，城乡居民养老保险和基本医疗保险实现全覆盖，县人民医院综合大楼即将完工投入使用。底线民生有效保障，城乡低保、农村五保、孤儿供养全面提标。扶贫开发工作卓有成效，累计投入扶贫资金3.4亿元，实施村级集体帮扶项目1146

个，贫困户帮扶项目13471个，53个贫困村4785户26442名贫困人口基本实现脱贫。精神文明创建、文化惠民活动深入开展，公共文化设施不断完善，"创文"工作扎实推进，市民素质、城市文明程度逐步提高，文化软实力进一步提升。社会大局和谐稳定，积极开展"社会矛盾化解年"工作，落实县、镇两级领导班子包案制度，有效化解社会矛盾纠纷和信访积案，解决了一批历史遗留问题，连续多年没有出现进京越级上访和群体性恶性事件。平安建设深入推进，禁毒暨打击非法枪支专项行动成效显著。

——**致力保护生态，宜居建设富有成效**。始终坚持把生态作为立县之本、兴县之基，紧紧依托陆河的生态基础和生态优势，做大做强生态文章，全力推进生态文明建设。新一轮绿化大行动扎实推进，全县森林覆盖率达到73.27%；螺河、榕江河保持二类水质标准，城镇生活污水集中处理率达到81%，全县、城镇生活垃圾无害化处理率分别达到80%和98%，被省列入"生活污水处理示范县"；2016年9月，经国务院批准，我县被纳入国家重点生态功能区。美丽城乡建设成果丰硕，螺溪镇各安村、上护镇樟河村、水唇镇高塘村先后被评为国家、省级生态文明村，水唇镇墩子寨、莲心湖、石下坝被评为"广东省古村落"；螺溪镇省级新农村示范片项目进展顺利，通过了省新农村示范建设工程初步督导评估。城乡环境明显改善，农村生活垃圾处理"四有"机制实现全覆盖，"门前三包"制度逐步铺开，河口、螺溪污水处理厂动工建设，县生活垃圾无害化处理填埋场和9个转运站建成投入使用。坚决查处"两违"建筑，全县违建势头得到有效遏制。持续加强道路交通安全整治，实施净化、绿化、亮化、美化工程，人居环境不断优化，宜居山城魅力逐步显现。

——**致力改革创新，发展活力不断彰显**。以问题为导向，坚持整体推进与重点突破相结合，积极探索符合陆河发展实际、体现陆河地方特色的全面深化改革模式，扎实有效推进各项改革工作。统筹推进基层治理机制改革和驻点联系工作，建立了县、镇、村三级"一站式"公共服务平台，网格化管理模式、基层治理运行机制基本形成，有效解决了服务群众"最后一公里"问题。在全市率先完成农村集体经济组织登记发证和土地所有权确权登记工作，农村土地承包经营权确权登记工作全面铺开，8个镇"三资"交易平台建成投入使用。积极做好一村（社区）一法律顾问工作，行政复议委员会、网上办事大厅建设、行政审批制度、商事登记、公务用车和农村普惠金融等各项改革任务顺利推进。

——**致力从严治党，政治生态更加清明**。认真学习贯彻习近平总书记系列重要讲话精神，扎实开展党的群众路线教育、"三严三实"和"两学一做"等学习教育活动，切实加强党的思想政治建设。党的理论宣传工作不断创新和加强，牢牢把握意识形态工作的主导权，开通陆河宣传网，建立县、镇微信公众发布平台和一批微信工作群，成立网络文化协会，网络宣传和舆论引导能力不断提升。大力加强基层组织建设，2014年按省、市要求提前完成村、社区"两委"换届选举工作；截至2016年9月底，全县8个镇党委、人大换届选举工作全部圆满完成。认真抓好软弱涣散基层党组织整顿转化，扎实推进党代表联络工作，有效发挥党代表的桥梁纽带作用。全面落实从严治党的部署要求，严守党的政治纪律和政治规矩，时刻与上级党委保持高度一致。积极配合省委巡视组对我县开展巡视工作，针对反馈问题认真抓好整改落实，切实加强了党风廉政建设，提高了领导干部素质，党风、政风进一步好转。大力推进政务整治、正风肃纪集中行动，从严管理干部队伍，层层传导压力，"四风"和"不严不实"问题得到有效遏制。突出抓好农村基层党员干部违纪违法集中排查整治，坚定不移推进党风廉政建设各项工作，全县各级党组织的创造力、凝聚力和战斗力进一步提升。

五年来，全面加强民主政治建设，人大、政协依法履职的能力和水平不断提高；工青妇和科协、残联等群团组织的作用有效增强，宗教、港澳台和外事侨务等工作不断拓展，工商联、无党派人士和非公有制经济组织作用进一步发挥，爱国统一战线

不断巩固和发展；认真贯彻落实党管武装原则，国防动员和民兵预备役建设进一步加强。

这些成绩的取得，离不开省委、市委的正确领导，离不开历届县委打下的坚实基础，离不开各级党组织、广大党员干部和全县人民的团结奋斗，同时也凝聚着老领导、老同志以及社会各界人士的智慧和心血。在此，我代表第七届县委，向长期以来关心、支持和参与陆河经济社会发展的同志们、朋友们，表示衷心的感谢，并致以崇高的敬意！

回顾五年的奋斗历程，盘点五年的收获，我们深深体会到：

——加快振兴发展，必须始终坚持党建引领。只有坚持不懈地加强党的领导，推进全面从严治党，不断加强基层党组织建设和党员干部队伍建设，推进作风、观念的转变，打造"钢的班子、铁的队伍"，才能筑牢党的战斗堡垒，提升执行力，为加快发展提供坚强有力的组织保障。

——加快振兴发展，必须始终坚持发展第一要务。只有坚持以经济建设为中心，一心一意谋发展，全力以赴抓好园区建设，大力发展实体经济，形成主导产业和规模经济，补足经济短板，才能夯实发展基础、增强发展后劲，推动经济社会事业又好又快发展。

——加快振兴发展，必须始终坚持生态保护。只有坚持践行绿色发展的理念，不以牺牲环境为代价，坚守生态红线，保护好青山绿水，才能做到经济发展与环境保护并重，实现经济与生态环境的协调发展。

——加快振兴发展，必须始终坚持解放思想。只有坚持不懈地解放思想、创新思路，才能破除思想上、体制上的束缚，最大限度地调动大家的积极性和创造性，才能紧跟时代发展潮流，抢抓发展机遇，牢牢把握发展的主动权。

——加快振兴发展，必须始终坚持真抓实干。只有坚持"踏石留印、抓铁有痕"的韧劲和拼劲，奋发有为干事业、扑下身子抓落实，多做打基础、利长远的好事实事紧要事，凝心聚力、真抓实干，才能把发展的蓝图落到实处，创造出经得起历史检验的业绩。

——加快振兴发展，必须始终坚持以人为本。只有坚持尊重群众意愿谋发展，坚持不懈地关注民生、重视民生、改善民生，让人民群众共享发展成果，才能得到群众的支持和拥护，汇成强大的发展合力，共同推动全县经济社会快速发展。

在充分肯定成绩的同时，我们也清醒地看到，陆河发展还面临不少困难和挑战，主要是：经济发展总体水平较低、缺乏支撑县域经济的主导产业，振兴发展任务相当艰巨；资金、用地、人才、交通等发展瓶颈还未有效突破，制约着重点项目的推进和经济社会的发展；公共服务和民生短板还较多，精准扶贫、精准脱贫任务还较重；基层组织建设和党员干部作风建设有待进一步加强。对于这些问题，我们务必高度重视，在今后工作中采取更加有力的措施，认真加以解决。

二、今后五年工作的总体要求和主要目标

今后五年正处于"十三五"时期，是我县加快振兴发展的重要战略机遇期，也是全县整体实现脱贫摘帽、全面建成小康社会的决胜阶段。审视当前，陆河已进入政策机遇叠加期。中央全力实施脱贫攻坚战略，海陆丰革命老区被纳入国家和省扶持范围，省促进粤东西北加快振兴发展战略深入实施，陆河作为粤东贫困山区县，将获得更多的政策"红利"，可以向上争取更多的政策优惠和项目支持。深圳市实施东进发展战略，坪山区的全面对口帮扶，给我们带来人才、资金、理念的全方位扶持，将进一步助推陆河加快发展。展望未来，陆河发展前景更加美好。潮惠高速公路已建成通车，即将动工建设的兴汕高速、正在规划建设的水唇至惠来高速也将贯穿陆河。随着"山门"打开，陆河的区位优势、空间优势和资源优势将更加凸显，陆河已融入了珠三角两小时经济生活圈，也更容易承接珠三角的辐射带动和产业转移。新河工业园区已初具规模，被纳入省产业集聚区管理，发展平台更加扎实，发展前景更加广阔；比亚迪新能源汽车项目的落户投产，不仅创造了"陆河速度"，更重要的

是成为对外招商的"陆河品牌",大大增强投资商到我县投资兴业的信心,这将会吸引更多企业落户我县。面对重任,全县上下人心思进氛围浓厚。近年来,通过深入开展党的群众路线教育实践活动、"三严三实"专题教育和"两学一做"学习教育,我们造就了一支勤政廉洁、敢想敢干的干部队伍,营造了不甘落后、比学赶超的竞争局面。当前全县上下心齐气顺干劲足,对陆河的发展充满信心,对陆河的未来满怀憧憬,这股难能可贵的高昂士气,是我们谋求更高层次跨越的动力之源和底气所在。站在新的历史起点上,全县上下一定要牢固树立大有可为、理应有为、必有作为的信念,以更加鲜明的发展导向、更加强烈的进取意识、更加突出的实干精神,抢抓机遇,乘势而上,在这千帆竞渡的时代跨越赶超,奋力开启陆河振兴发展的新征程。

今后五年工作的总体要求是:高举中国特色社会主义伟大旗帜,以邓小平理论、"三个代表"重要思想、科学发展观为指导,深入贯彻习近平总书记系列重要讲话精神,按照"五位一体"总体布局和"四个全面"战略布局,全面践行"五大发展"理念,紧紧扭住"三大抓手",大力整治"三大环境",坚决打好"三大攻坚",围绕"一轴三圈",全面实施好"十三五"规划纲要,加快推进经济社会发展,打造优雅陆河,实现绿色崛起,努力建设宜居宜业宜游的客家新山城。

今后五年的主要发展目标是:具体分两步走,第一步,到2018年陆河建县30周年时,实现地区生产总值和城乡居民人均收入比2010年翻一番以上,如期实现脱贫目标;第二步,到2020年,实现全县人均GDP接近或达到全国平均水平。实现"立业、立基、立根、立新"。

——**立业,县域综合实力显著增强**。大力发展实体经济,培育主导产业。立足新河工业园区,逐步形成以新能源汽车为主导、建筑装饰材料为特色的新型工业载体,园区经济成为县域经济的产业支撑和新的增长极;大力发展生态农业、观光农业和特色小镇、美丽乡村旅游业,把陆河的生态之美打造成为多种业态叠加、多种增值功能累加的软产业,树立优雅陆河新品牌。

——**立基,社会事业基础有效夯实**。加大基础设施投入,狠抓"三大攻坚",补齐民生社会事业短板,全县交通、水利、文化、教育、扶贫、医疗卫生等领域的发展基础不断夯实,使民生社会事业发展与全面建成小康社会相适应,促进政治、经济、社会、文化、生态等五大文明建设协调发展。

——**立根,干事创业热情全面激发**。坚定客家文化自信,通过挖掘客家文化根源,弘扬客家人吃苦耐劳、坚韧不拔、敢于胜利的精神,激发全县广大党员干部群众艰苦奋斗、开拓进取的热情,凝聚社会各界力量,推动陆河加快振兴发展。

——**立新,对外发展形象迅速提升**。通过改革释放创新活力,加快经济发展,加强社会建设和管理,促进经济社会发展呈现新变化、新面貌、新风尚。通过优化发展环境、净化政务环境,让陆河的内外形象焕然一新、党员干部的精神面貌焕然一新、党风政风社风民风焕然一新。

三、今后五年的主要工作任务

方向已经明确,目标已经确定。我们必须谋定而动、奋发有为,用心倾情推进工作,以"陆河干劲"演绎新的速度与激情,谱写加快发展新篇章,着力通过"精致打造、精细管理、精品出彩",让陆河优雅起来,实现绿色崛起。

(一)做大做强实体经济,推动经济建设新发展

打造优雅陆河、实现绿色崛起,加快经济发展是基础。要立足陆河的资源优势,精准规划、精心建设,加快推进新型工业化、农业现代化和旅游全域化,做大做强实体经济,进一步提升产业发展的层次和水平。

一是瞄准新型工业,大力发展园区经济。工业园区是陆河加快发展的希望所在,必须坚持以"深圳理念"发展园区,坚持以"陆河速度"建设园区,采取超常规的措施,将其打造成为陆河经济新的增长极。要完善园区规划。结合资源特色和自身优势,对园区的总规、详规、控规作进一步调整完善,做到科学规划,合理布局,提高园区承载项

目、承接产业的能力,形成以新能源汽车、建筑装饰材料、机械设备制造、电子器材为主导的产业集群,配套现代物流、综合服务等功能,努力打造全国最大的新能源汽车生产基地和新型建筑装饰材料产业园。要加快项目建设。加快征地拆迁、"七通一平"和园区配套设施建设,继续推进园区道路、公共综合配套项目(扶贫产业园)、创业服务中心、质量检测服务中心等基础设施建设,加快签约、落地等项目的建设进度,力促比亚迪三期、试车场等尽快动工,争取早日建成投产、发挥效益。借力河口"全国重点镇"的政策扶持,加快河口南部新城项目建设步伐,高起点、高标准规划建设产城融合的现代化新城,实现工业园与河口镇发展无缝对接,产城互动,协调发展。要优化服务水平。全力推进市场开拓、融资租赁、创业服务、质量检测、现代物流、科技孵化基地等平台建设,为企业提供劳动力、资金、原材料等生产要素供给服务,全面提升园区承载能力和核心竞争力。进一步优化营商环境,大力开展"暖企行动",为企业排忧解难,实施一站式办公、保姆式服务,竭尽全力服务好、扶持好企业发展。要加大招商引资力度。利用坪山招商平台,落实"一把手"招商、精准招商、以诚招商,全力引进行业领军企业、上市公司和新兴产业项目,加快引进比亚迪上下游产业链和配套企业。充分挖掘利用我县人脉资源优势,积极引导外出乡贤回乡投资兴业。

二是立足特色转型,大力发展现代农业。结合我县农村自然条件、资源优势、发展基础等实际,大力推进传统农业向特色农业转型,坚持做精做优的发展方向,加快农业现代化进程。要推进特色转型。深度融合"种养加"和"种养旅"理念,促进特色农业优化升级、提质增效。推进青梅、灵芝等农产品的精深加工,延长产业链,提高附加值,积极开发一批具有市场美誉度、竞争力强的特色农产品。大力发展休闲观光农业,规划建设农业观赏园、采摘园等休闲体验观光农业项目。加快东坑省级休闲农业与乡村旅游示范镇、水唇罗洞省级休闲农业与乡村旅游示范点建设,强化示范带动,促进休闲农业与乡村旅游持续健康快速发展。要打造现代农业示范基地。依托现有特色农业基地,引导土地流转发展现代农业,进一步扩大青梅、木瓜、灵芝、油茶、木薯、花卉、木材、药材等种植规模;引进现代农业龙头企业辐射带动农业产业发展,扶持壮大以绿色蔬菜为主的特色优势农业,着力打造有机果蔬产品供应基地,进一步擦亮"国家有机产品认证示范创建县"的牌子,努力创建国家级、省级现代化农业种植示范园区。要着力提高农民收入。按照合作社、龙头企业和大户承包经营、群众自营等多种方式,吸纳农业基地"菜农"就近入园变"产业工人",增加农民收入。大力发展农村电子商务,探索以农产品网上销售为主的电商扶贫之路,促使陆河更多的特色农产品远销外地并畅销全国。

三是依托资源禀赋,大力发展全域旅游。按照打造全域旅游的思路,修编完善旅游总体规划,编制8个特色小镇、美丽乡村的规划,统筹整合全县旅游资源,促进生态旅游、乡村旅游、客俗文化融合发展。要加快发展特色旅游。以生态为主线,以"旅游+"为切入点,积极推进旅游与农业、生态、文化、体育等产业深度融合,精心打造一批经典旅游线路。大力发展乡村旅游、民宿经济,建成一批各具特色的乡村旅游景点,积极打造罗洞3A景区,推动乡村旅游与美丽乡村建设有机结合。出台激励措施,扶持发展观光花卉产业,真正让陆河"一年四季花不败",成为乡村旅游的一大特色。深度发掘客家民俗、红色文化底蕴,启动古建筑的修葺工作,加大墩子寨、莲心湖、石下坝等特色古村落及激石溪、对门文化广场等红色革命教育基地的保护和开发力度,发展特色历史人文旅游。要创新合作开发模式。大力推广罗洞模式,鼓励支持民间和社会资本通过合作、入股、承包等方式整体打包开发旅游资源,研发一批特色旅游产品。制定完善相关优惠政策,吸引社会资本参与旅游项目的开发建设,进一步完善旅游景区基础设施的功能配套,尽快启动星级酒店建设。加快重点旅游景区的道路改造升级,实现各旅游景点互联互通,提升景区通达能力及景区形象。要强化旅游宣传推介。充分利用网络、微信公众平台等新媒体,加大旅游策划、包装和宣传推介力度;开展"陆河八景"评选活动,筛选一批较有名气的景点,在网络或报纸等媒体上公开让市民投票评选,进一步提升旅游景点的名气;围绕"花泉林歌,悠然陆河",充分利用我县秀丽的自然风光、厚重的人文历史和户外体育资源,经常性举办骑行、徒步、赏花观光、摄影、书画、楹联等系列"旅游+"活动,以"摄陆河、画陆河、写陆河、唱陆河"等重大活动为载体倾力做大旅游宣传。借助突出的生态资源和优势,积极申报"中国长寿之乡""中国温泉之乡""中国楹联文化之乡",进一步提升陆河的知名度和美誉度。

(二)强化城乡建设管理,实现城乡环境新变化

打造优雅陆河、实现绿色崛起,强化建设管理是手段。要加强特色小镇、美丽乡村规划建设,立足资源优势,尊重历史文化,注重品味,扎实推进城乡一体化发展。

一是推进中心城镇扩容提质。 严格执行县城总体规划和控制性详规,加快县城"一河两岸"、陆河大道、北环路、东环路等重点片区的开发建设,打造融商贸、餐饮、休闲于一体的特色街区。千方百计推进朝阳路东段、陆河大道延伸段、东环路改造建设,加快打通断头路、瓶颈路,提升县城道路贯通能力。加快县城文体中心规划建设,进一步满足群众的文化活动需要。统筹推进特色小镇、美丽乡村建设,突出"一镇一特色",分类打造有历史遗迹、地域特色、客俗风情、主导产业的特色小镇;用好用活河口"全国重点镇"、水唇"2511"美丽小镇试点、螺溪新农村示范片的政策"红利",集中打造一批产业型、旅游型、生态型特色乡村,推动美丽乡村建设由"以点为主"向"由点带面"的全域建设。

二是完善城乡基础设施建设。 加快完善交通规划编制,不断完善城乡路网建设。加快潮惠、兴汕高速公路建设,抓好潮惠高速互通口连接线、外环公路、河西公路、新田环城路等道路建设和升级改造。启动数字智慧城市建设,加快县城公共自行车交通服务系统、智能停车系统、公共停车场建设。大力发展新能源公交,加快完善新能源公交停保场、充电桩、公交站亭等基础设施,力争2017年实现0—50公里新能源纯电动公交车全覆盖。推进新一轮农村电网升级改造,实施农村通宽带工程,推进超高速无线局域网农村应用。

三是提升城乡管理水平。 树牢城乡全域景区化的理念,大力实施净化、绿化、亮化、美化工程,县城通镇、镇通镇公路全面安装路灯,在县城各出入口和重点地段设计安装富有客家文化元素的灯饰,全面提升县城的品位和形象。加大城乡环境卫生整治力度,按照县城一级、镇村二级的保洁标准,建立城乡环境卫生管理常态机制,加快推进螺溪、河口污水处理厂建设,尽快实现全县生活污水纳入集中处理。加强城乡管理,严格按规划实施建设,依法打击"两违"行为。推进森林围城进城、围镇进村工程,建设城市绿道,做到一路一品种、一路一景观,使陆河成为优雅的绿之城、花之乡。

四是坚决守好青山绿水。 严格按照国家重点生态功能区的定位要求,科学谋划经济社会发展,落实强有力的举措,管理、保护好陆河的生态资源。深入开展新一轮绿化大行动,开展清理非法侵占林地专项治理,加快森林防火远程监控系统建设,坚决打击乱砍乱伐和毁林造坟等违法行为,推进生态修复和生态建设。继续实施中小河流治理,规划建设亲水景观平台,让群众亲水爱水,全面保护"三江之源"水环境,做好陆河水文章。

(三)补齐民生事业短板,提升群众生活新水平

打造优雅陆河,实现绿色崛起,补齐民生短板是根本。要坚持以人为本,把保障和改善民生作为工作的出发点和落脚点,推进公共服务均等化,不断提升人民群众的幸福感和满意度。

一是坚决打赢脱贫攻坚战。 农村贫困人口脱贫是全面建成小康社会最艰巨的任务,也是最大"短板"。全县各级各部门要落实主体责任,健全工作机制,按照省、市"2018年贫困人口全部脱贫"的总体要求,全面实施脱贫攻坚三年行动计划。要因地制宜、精准施策,做好工业产业扶贫、农业产业扶贫、美丽乡村+大众创业扶贫、经济精英与支部

结对扶贫这"四篇"精准扶贫文章,提高项目安排和资金使用的精准度,确保扶贫脱贫取得实效。要不断完善帮扶机制,主动对接、用好用活上级加大支持革命老区发展的政策,抓好与深圳坪山区全面对口帮扶对接工作,广泛动员凝聚社会各界力量共同参与,着力形成各级党政攻坚脱贫、各类资源聚焦脱贫、各方力量共助脱贫的新时期扶贫工作格局,确保如期全面实现脱贫目标。

二是加快社会事业发展。坚持"再穷不能穷教育"的理念,继续加大教育投入,推进教育现代化先进县创建工作。优化教育资源配置,均衡发展九年义务教育,重点推进解决中心区域"大班额"问题和农村中小学撤并工作,在县城南面规划建设一所集幼儿教育、九年义务教育于一体的学校。加快公立幼儿园改扩建工程,力争2017年秋季开学前县城两所公立幼儿园竣工投入使用。多样化发展普通高中教育,创新发展职业教育,逐步缩小高中阶段教育普职招生比例,有效控制辍学率。优质发展民办教育,鼓励和引导社会力量办学,加大名牌学校引进和校地合作。深化医疗卫生体制改革,加强医疗卫生人才队伍建设,着力提升医疗卫生服务水平。调整优化全县医院规划布局,加快医疗卫生设施建设,大力扶持优质社会资本办医,加快县人民医院二期和乡镇卫生院标准化建设,大力推进县人民医院"二甲"创建工作,全力推进"卫生强县"工作。严格执行国家计划生育政策,提升计划生育服务工作水平。继续倡导文明丧葬新风,抓好县殡仪馆和镇级公益性公墓山建设,促进殡改工作有序开展。协调发展其他各项社会事业,不断强化公共服务职能。

三是加大民生保障力度。要坚守底线、保住基本、突出重点、完善制度,加强普惠性、基础性、兜底性民生建设,全心全意办好民生实事。完善城乡一体化社会保险制度,推进数字人社和社保经办标准化建设。加大农村危房改造力度,加快保障性住房建设,满足困难群体住房需求。加大劳动力培训转移,千方百计扩大就业。强化完善低保动态管理,落实城乡低保、农村五保、孤儿供养、重度残疾人等社会困难群体生活补助标准增长机制。加强和完善社会救助体系,拓宽救助渠道,做好助医助学等慈善救助工作,健全家庭经济困难学生资助体系,加大对困难弱势群体的医疗卫生服务和大病救助等保障,阻断贫困代际传递。认真做好优抚安置工作,推动双拥工作有效开展。不断提高底线民生保障水平,确保改革发展成果更多、更公平地惠及全县人民群众。

(四)注重实效深化改革,激发振兴发展新活力

打造优雅陆河,实现绿色崛起,推进深化改革是动力。要立足陆河实际,强化问题导向,坚持以改革创新统领全局、引领发展,积极稳妥、扎实有效地推进各项改革,最大限度释放改革红利,进一步激发发展活力。

一是不折不扣推进重点领域改革。高举改革大旗,勇于先行先试,进一步增强改革的气魄和毅力,承接落实好中央、省委和市委重点改革任务。突出抓好试点改革,扩大基层治理机制改革试点工作成果,全面完成农村土地承包经营权确权登记颁证工作,加快推进商事制度改革,努力创造更多可复制推广的陆河经验。创新投融资方式,建立健全政府与社会资本合作机制,推广运用PPP建设模式,强化与国开行、农发行融资对接,争取更多低成本政策性贷款。统筹推进社会事业、生态文明体制等领域改革,加快形成更具活力的发展环境。

二是扎实推进供给侧结构性改革。认真贯彻落实中央和省、市关于推进供给侧结构性改革的部署要求,全面开展"三去一降一补"工作。要建立协调联动机制,制定相关配套政策、工作清单和台账,将去库存与重点项目建设紧密结合,加快危房改造,进一步扩大住房保障范围,规范和支持房地产企业发展。要优化招商引资环境,在服务企业方面下功夫,打好降成本"组合拳",落实各项降低税负、财务、生产要素、物流等成本政策措施,为实体经济"松绑减负"。要把"补短板"放在首要位置,解决好资金筹措、征地拆迁、项目审批等问题,努力在民生事业、基础设施等领域取得更大成效,不断改善经济社会发展薄弱环节。

三是不断提高开放合作水平。 依托外出乡贤、行业协会，加强与港澳台地区以及欧美等发达国家的经贸合作，进一步提升对外开放水平。主动落实"融珠"发展战略，深化与珠三角地区在文化教育、商贸物流、金融服务、旅游产业等多领域的交流合作，形成区域经济共同发展的局面。加强与坪山区合作共建工业园区，大力引进深圳城市管理理念、智慧园区建设经验和现代金融体制，通过搭建对接深圳的产业创新发展信息平台，吸引深圳创新资源在陆河孵化，带动激发全社会的创新活力。

（五）净化环境凝聚力量，开创干事创业新局面

打造优雅陆河、实现绿色崛起，净化社会环境是保障。治安是第一环境，平安是最大民生。要加强社会治理，维护社会稳定，让陆河成为最安全的地区。要立足客家文化之"根"，凝聚人心、凝聚力量，激发干事创业的热情，营造积极向上的良好氛围。

一是守好禁毒底线。 要时刻绷紧禁毒工作这根弦，级级压实责任，做到守土有责、守土负责、守土尽责。要加强宣传攻势，落实多形式的常态化巡查，做到"经常念、脑常醒、脚常走、剑常亮"，编织起禁毒工作的"天网、地网、人网"，打造"铁桶式"的禁毒防御阵势，坚决守好"拒制毒于县门之外，不成为毒品交易集散地，不成为聚众吸毒场所"这三条底线。要开展"无毒村"创建活动，筛选创建一批"无毒村"，通过总结经验，树立典型，示范带动，在全县形成禁毒良好氛围。

二是创新社会治理。 积极推进政府治理、社会调节、居民自治的良性互动，着力构建全民共建共享的社会治理格局。推行网格化社会综合治理模式和"4+N"村级治理机制，不断探索新的社会治理机制，激发群众参与社会治理的积极性和主动性。创新建立重点领域矛盾纠纷专业调处机构，加快社会矛盾纠纷多元化解机制建设，继续落实完善县镇领导包案制度，深化领导干部下访、接访、走访群众活动，把矛盾纠纷化解在萌芽状态，解决在基层。深化平安陆河建设，加快推进平安视频监控网络体系建设，提高路面见警率，严厉打击各类违法犯罪活动，坚决打击闹访、缠访、越级访等一切歪风邪气，净化社会风气。建立健全公共安全体系，落实重大决策和重大项目社会稳定风险评估工作，完善安全生产管理机制，强化食品药品市场监管，加强防灾减灾和应急体系建设，妥善处置突发事件，切实维护社会稳定和人民生命财产安全。

三是加强精神文明建设。 要立足我县深厚的客家文化，追根溯源，做好传承和弘扬。通过教育引导、舆论宣传、文化熏陶、制度保障等，让客家文化内化于心、外化于行，凝聚一切力量融入到全县经济社会等各项事业发展中去。要按照"对标准、找差距、列清单、补短板、促创建"的思路，突出生态文明特色，全面铺开县、镇、村三级文明联创，力争到2017年底进入省创建文明县城工作先进县城行列，2019年进入省级文明县城行列；镇、村级文明创建要在2016年完成30%，2017年完成60%，2018年全面完成、巩固提高。要加强非物质文化遗产保护，加大文化惠民力度，完善城乡公共文化设施建设，积极引导文艺精品的创作，大力开展"三下乡"活动。要出台激励机制，倡导发展一批书吧、读书休闲屋，最大限度满足人民群众精神文化需求。要积极培育和践行社会主义核心价值观，深入持久地开展思想道德教育，充分发挥道德模范的示范带动作用，使社会主义核心价值体系真正成为广大市民的价值追求和自觉行动。要强化网络阵地意识，深化各类媒体融合发展，讲好陆河故事，传播陆河好声音，为陆河振兴发展提供思想政治保障和舆论支持。

与此同时，大力支持县人大、县政协发挥作用、履行职能，扎实做好新形势下统战工作，充分发挥工青妇等群团组织的作用，进一步加强和改进党管武装工作，最大限度凝聚各方力量，推动形成加快振兴发展的强大合力。

（六）全面落实从严治党，树立干部队伍新形象

打造优雅陆河、实现绿色崛起，落实从严治党是关键。全县各级党组织必须担负起党要管党、从严治党的责任，把全面从严治党贯穿经济社会发展全过程，切实把党的政治优势和组织优势转化为加

快发展的强大力量，为全面建成小康社会提供坚强保证。

一是切实强化思想引领。突出思想建党，抓好经常性思想政治教育，不断把"两学一做"学习教育引向深入，引导党员干部增强中国特色社会主义道路自信、理论自信、制度自信、文化自信，牢固树立政治意识、大局意识、核心意识、看齐意识，奋力争当"四个自觉"模范，始终与党中央、省市委保持高度一致。把学习党章党规、学习贯彻习近平总书记系列重要讲话精神作为首要政治任务，融入经济社会发展、民主政治建设、精神文明建设和从严管党治党的全过程。推进学习型党组织建设，完善层级化学习体系和党委（党组）理论中心组学习制度。严格落实党管意识形态工作主体责任，健全完善意识形态领域情况分析研判、预警和处置机制，提高新形势下舆论引导能力。要围绕实现今后五年目标任务，深入推动新一轮思想大解放，积极探索改革发展新思路、新办法、新途径，努力破解阻碍发展的瓶颈制约，以思想上的与时俱进推动发展上的突破创新。

二是全面夯实基层建设。牢固树立抓基层、强基础的鲜明导向。强化驻点联系群众制度，持续加大软弱涣散基层党组织整顿力度，进一步发挥基层党组织的领导核心和战斗堡垒作用。创新基层组织建设，建立党员工作群和外出乡贤名库，有计划地引导培养外出企业精英、杰出乡贤、回乡大学生入党，提高党员质量，增强党组织的活力和凝聚力，并不断健全党员教育、管理、服务长效机制。大力开展村（居）务公开"五化"创建活动，深入实施"领头雁"工程，选优配强基层党组织领导班子和带头人队伍。探索党建与发展融合、党建与为民服务融合的新办法新途径，在精准扶贫、新农村建设、乡村旅游等发展实践中挖掘典型、总结经验、探索创新，努力形成一批体现陆河特色的基层党建品牌。大力开展"暖镇行动"，全力支持、帮助乡镇解决困难和问题，使基层成为人人都想干事创业、都能干事创业的地方。实施基层党建保障工程，全面落实基层党组织基本运转经费，稳步提高村两委干部工作待遇，研究出台村干部养老保障方案。

三是着力打造过硬队伍。紧紧围绕"政治过硬、本领过硬、作风过硬、廉洁过硬"的领导班子建设要求，坚持德才兼备、以德为先的选人用人导向，从严管好班子、带好队伍，全力打造"钢的班子、铁的队伍"，全面提升执行力。加大干部教育培训力度，不断增强他们的责任意识、担当意识，激发大家主动作为、敢于碰硬，形成推进陆河加快发展的坚强力量。创新干部考核方式，积极推行清单式、日常式、跟进式、一线式考核，全面落实领导干部能上能下制度，着力打造一支忠诚干净担当的干部队伍。加强年轻干部、女干部、党外干部培养选拔任用工作，加强后备干部队伍建设，不断优化干部队伍结构。继续加大人才引进、培养、使用力度，为全面建成小康社会提供强有力的人才支撑。加大干部人文关怀，在思想上、工作上、生活上给予关心和帮助，制订实施干部定期体检计划等措施，让广大干部感受到组织的关怀和温暖，进一步激发大家干事创业的活力和动力。建立正向激励和容错纠错机制，旗帜鲜明地为实干者加油、为创新者鼓劲、为担当者撑腰，激励广大干部专心谋事、踏实干事、实干成事，营造心齐、气顺、劲足的干事创业氛围。

四是驰而不息正风肃纪。巩固和拓展群众路线教育实践活动和"三严三实"专题教育成果，坚决贯彻执行中央八项规定，密切关注"四风"新动向，盯紧重点领域、重要环节、重要节点，从严查处顶风违纪行为，加大通报曝光力度，严肃追究问责。认真贯彻执行《廉洁自律准则》《纪律处分条例》和《问责条例》等党内法规，引导广大党员自觉用党章党规党纪规范自己的言行，切实把纪律和规矩挺在前面。制订治理"为官不为"实施方案，采取"媒体曝光、书面检讨、学习教育、人大监督质询、组织纪律处分"五项举措，全面治理"为官不为、懒政怠政"，持续释放越往后力度越大、执纪越严、处理越重的强烈信号。进一步深化政务整治、正风肃纪集中行动，以铁的决心、铁的手腕、铁的纪律整治机关作风，全面整治不作为、慢作为、乱作为、吃拿卡要拖等各类问题，强力扫除影响和制约发展的"绊脚石"，推动全县政务环境持续向好发展。健全重点项目、重点工作领导负责、现场办公、督查督办工作推进机制，雷厉风行、紧抓快办，推动各项决策部署落地见效。严格落实党风廉政建设"两个责任"，完善"一案双查"机制，各级党委书记要负起党风廉政建设第一责任人的责任，不断把全面从严治党要求一级一级落实下去，让"失责必问、问责必严"成为常态。坚持纪在法前、纪严于法，综合运用监督执纪"四种形态"，实现惩处极少数、教育大多数的政治效果和社会效果。要推动全面从严治党向基层延伸，加大农村基层作风巡查和问责力度，树立严查"微腐败"品牌，切实解决群众身边的不正之风和腐败问题。始终保持惩治腐败、正风肃纪高压态势，努力形成不敢腐、不能腐、不想腐的长效机制，着力营造风清气正的政治生态。

各位代表、同志们，蓝图绘就，正当乘风破浪；任重道远，更须策马扬鞭。让我们紧密团结在以习近平同志为核心的党中央周围，在省委、市委的正确领导下，以更加振奋的精神、更加坚强的意志、更加扎实的作风、更加有力的举措，凝心聚力，砥砺前行，全力打造优雅陆河、实现绿色崛起，为建设宜居宜业宜游客家新山城，实现全面建成小康社会目标而努力奋斗！

在陆河县第七届人民代表大会第六次会议上的政府工作报告

（2016年3月29日）
许伟明

各位代表：

我代表县人民政府向大会作政府工作报告，请予审议，并请政协各位委员和其他列席人员提出意见。

"十二五"时期和 2015 年工作回顾

"十二五"时期，在上级党政和县委的正确领导下，在县人大及其常委会和县政协的监督支持下，县政府全面贯彻落实党的十八大、十八届三中、四中、五中和省、市、县委全会精神，牢牢抓住省加快粤东西北振兴发展历史机遇，按照"一县两园四特色"的发展思路，紧紧围绕"一轴三圈"和"园区工业、基地农业、生态旅游、美丽城乡、活力陆河"的发展战略，扭住"三大抓手"，守住"两条底线"，开展"四大行动"，全面推进依法治县和深化改革，狠抓各项工作落实，经济社会稳步发展，"十二五"规划确定的目标任务基本完成。

一、经济实力稳步提升

"十二五"期间，全县地区生产总值年均增长9.9%，人均地区生产总值年均增长9.8%；规模以上工业总产值实现翻番目标，年均增长25%；地方财政一般预算收入年均增长10.3%；城乡居民储蓄存款年均增长15.4%；社会消费品总额年均增长12.3%；外贸出口总值实现翻一番目标，年均增长21.1%；农民人均可支配收入从2010年的

6070元增长到9117元，年均增长11.6%；三次产业结构比从"十一五"期末的21.8:29.4:48.8调整为21.1:19.6:59.3。

二、产业发展提质增效

农业经济平稳发展。青梅、油茶、灵芝等八大特色基地种植面积稳步扩大，被列为"全国油茶产业发展重点县"和"全国有机产品认证示范创建县"，"陆河木瓜"获得国家地理标志产品称号。5年来全县建立科普示范种植基地7个，成立合作社197家，家庭农场17家。水唇重信公司获得"国家核准灵芝健字号证书"和"省级现代农业示范园区"称号。

工业基础不断增强。全县规上工业企业发展为22家。园区工业快速发展，新河工业园被纳入省产业集聚区管理，园区征地拆迁、土地平整和配套设施建设等工作有序推进。园区累计投入资金3.1亿元，完成征地6000多亩，平整土地3000亩，核心区道路网基本形成，60米园区大道动工建设。首创电子竣工投产，维业、伟泰、安星、广美等项目动工建设，比亚迪汽车制造项目落户陆河，完成厂房和配套建设20万平方米，奠定了我县产业园区发展的基础。

第三产业快速发展。县城商贸、物流、金融、文化、餐饮等行业呈现健康发展态势。中心城、吉康华苑、润达花园、螺河湾等房地产项目相继建成，螺河半岛、泰裕广场、泰安花园、梓轩华府动工建设。生态旅游快速发展，"十二五"期间全县旅游总人数超200万人次，旅游总收入近6亿元，比"十一五"期末均增长两倍以上。阿里巴巴农村淘宝项目县级服务中心和21家村淘服务站投入运营。"光网陆河""快递下乡"工程进展顺利。

三、宜居建设成效明显

交通路网加快完善。潮惠高速陆河东段14公里建成通车，彻底结束陆河"无高速"历史。天汕高速公路启动前期工作。S335线新田至海丰段改造和揭紫公路项目完成建设。"十二五"期间，全县建成农村硬底化公路276公里，新改建桥梁50座，县通镇、镇通行政村公路硬底化全面完成。

城镇建设进程加快。县城陆河大道、人民路、朝阳路、环城路等城市框架道路基本形成，人民医院综合大楼完成主体工程，陆河大道PPP项目完成前期工作，文体"四馆"建设基本完成，县文体中心完成规划设计并启动建设。县城"三旧"改造、一河两岸、道路管网、绿化亮化等市政建设稳步推进，配套功能进一步完善。吉安路、吉康路整治取得成效，依法开展违章建筑拆除集中行动，强制拆除各类违法建筑31000平方米，保障了城镇建设有序发展。河口镇列入"全国重点镇"，省重点项目生态宜居示范区全面启动征地工作。水唇镇被列为广东省新型城镇化"2511"美丽小镇建设试点。河口、螺溪污水处理厂建设顺利推进。

农村环境不断优化。"十二五"期间全县完成村级"一事一议"项目177个，完成基本示范农田5.97万亩，农村生产生活条件不断改善。螺溪镇新农村示范项目顺利推进。被水利部授予"水电农村电气化县"称号，五年投入水利水电建设资金6.44亿元，河流环境治理、（千亩）灌区改造、小型水库除险加固、自来水村村通、农田水利设施产权和农业水价综合改革试点等项目完成建设。农村环境连片整治示范县、农村河塘清淤整治试点县项目顺利完成。

生态建设扎实推进。"十二五"期间完成森林碳汇造林20万亩，完成乡村绿化点建设80个，森林覆盖率达73.27%。节能降耗和污染物总量减排完成"十二五"规划目标。县环保监测站标准化和环境空气质量自动监测系统完成建设。水资源管理工作卓有成效，获批集中式饮用水水源保护区50多平方公里，集中式饮用水源监测实现常态化，螺河、榕江水质保持二类标准，连续三年获全市最严格水资源管理制度考核"优秀"等次。成功创建4个省级生态镇、8个生态示范村。全县农村生活垃圾管理"四有"机制实现全覆盖，县垃圾无害化处理填埋场和9个生活垃圾中转站投入使用，城乡环境卫生管理走上规范化、日常化轨道。

四、社会事业不断进步

民生保障能力提升。全县城镇登记失业率控制在3%以下，城乡居民养老和医疗保险实现全覆盖，城乡低保、农村五保、孤儿供养、优抚全面提标并达到省定标准。惠农政策有效落实，5年累计下达种粮和良种补贴63万亩6175万元，涉农保险体系建设加快完善。县社会福利院、残疾人康复中心和救灾物资储备仓库建成投入使用。保障性住房建设任务全面完成，5年建成保障性住房791套。农村住房困难户危房改造工作顺利推进。

扶贫开发深入推进。"十二五"期间，全县累计投入扶贫资金3.4亿元，实施帮扶项目14617个，帮扶的53个贫困村26442名贫困人口基本实现脱贫，新一轮扶贫开发任务顺利完成。"两不具备"村庄整村搬迁和水库移民工作进展顺利。

教育事业成效显著。在全市率先通过"广东省教育强县"和"义务教育发展基本均衡县"督导验收，河田中学通过"国家级示范性高中"初期督导验收，陆河中学创建"省一级学校"进展顺利。教育质量稳步提升，5年输送大专以上人才10131人。教育园区职校、党校、电大竣工投入使用，特殊教育学校动工建设，建筑装饰学校前期工作进展顺利。

文体卫生持续进步。城乡文体设施加快完善，流动图书馆和国民体质监测站动工建设，镇文化站、电子阅览室和行政村农家书屋实现全覆盖。文化遗产传承保护得到加强，昂塘古洋楼、螺溪"五星祠"。

获批省级文物保护单位，"陆河擂茶""罗洞木偶"列入省级非物质文化遗产保护项目。积极开展平价医疗，建立健全基本药物制度，基本公共卫生服务逐步走向均等化。免费孕检全面落实，设立计生基金，实施家庭卡动态管理，计生基层和信息化建设稳步加强。

各项事业稳步推进。"文明县城"创建活动深入推进，县城交通秩序、环境卫生和市容市貌明显改善。县气象局组建成立，县应急平台、突发事件预警信息发布中心平台完成建设，应急管理水平有效提升。防灾抗灾成绩显著，"8·16"特大洪灾和"天兔"超强台风袭击期间全县实现"不决一堤、不溃一坝、不死一人"。第三次全国经济普查全面完成。顺利完成2011和2014年村级换届选举任务。殡葬形势维持稳定，平均火化率保持100%，殡仪馆和各镇公墓山进展顺利。审计、侨务、畜牧、档案、地方志、国防、人武、人防、科技、防震、残联、民族宗教、移民、工青妇等取得新成绩。

社会大局和谐稳定。严厉打击各类暴力和侵财犯罪，全县发案率维持较低水平，社会治安秩序明显好转。禁毒缉枪有为有效，超额完成市下达的各年度禁毒指标任务。积极开展"社会矛盾化解年"工作，有效化解社会矛盾纠纷和信访积案，连续多年没有出现进京越级上访和群体性恶性事件。"质量强县"建设扎实推进，"三打两建"行动深入开展，食品药品监督管理水平有效提升。安全生产"一岗双责"有效落实，安全生产形势总体稳定。

五、改革创新走向深化

全面实行"统一收购、集中检疫、机械屠宰、统一批发"，生猪屠宰管理步入正轨。创新基层治理方式方法，8个镇便民服务中心和109个村（社区）服务站建成投入使用，网格化管理模式、基层治理运行机制基本形成。农村综合改革走向深化，在全市率先完成农村集体经济组织登记发证和农村集体土地所有权确权登记工作，8个镇"三资"交易平台完成建设，农村土地承包经营权确权登记工作全面铺开。

农村普惠金融走向深化，综合征信中心投入使用，全县建成70个信用村、123个乡村助农取款点和70个金融服务站。商事登记、公务用车和公立医院改革稳步推进。

六、行政效能稳步加强

党的群众路线教育实践活动、"三严三实"专题教育和政务整治、正风肃纪集中行动扎实开展，全县政风行风明显转变。县政务服务中心建成投入使用，40个单位466项行政审批事项进驻办理。认

真执行人大及其常委会决议，自觉接受人大、政协和社会各界监督，人大代表议案、建议和政协委员提案得到有效落实。深入推进依法治县，法律援助、行政复议委员会试点和一村（社区）一法律顾问工作稳步推进，政府依法行政水平不断提升。

过去的2015年，我们始终把加快发展摆在突出位置，切实加强对经济工作的领导，紧紧围绕全面完成"十二五"规划目标任务，强化工作措施，细化目标责任，狠抓任务落实，全县保持了主要经济指标稳步增长。2015年全县实现地区生产总值48.8亿元，比增8.2%；农业总产值17.5亿元，比增4.3%；规上工业总产值18亿元，比增23%，规上工业增加值3.96亿元，比增21.8%；公共财政一般预算收入2.6亿元，剔除调整因素，实际增长15%；固定资产投资19.72亿元，比增25.4%；社会消费品零售总额31.7亿元，比增8.8%；城乡居民人均可支配收入13045元，比增8.4%。

各位代表，5年来，全县上下积极应对自然灾害、经济下行压力增大等多重不利因素的影响和挑战，开拓创新，与时俱进，"十二五"规划的主要目标任务圆满完成，经济社会发展取得了显著成绩，为"十三五"发展奠定了坚实基础，谱写了陆河发展史上的新篇章。这离不开上级党政和县委的坚强领导，离不开县人大和县政协的大力支持，离不开深圳市罗湖区、坪山新区以及上级扶贫单位的全力帮扶，离不开全县人民的艰苦奋斗、团结拼搏。在此，我代表县政府，向辛勤工作在各条战线上的广大干部群众，向关心支持陆河发展的各界人士表示崇高的敬意和衷心的感谢！

在充分肯定成绩的同时，我们清醒地认识到，全县经济社会发展还面临许多突出矛盾和问题，主要是：经济总量小，工业化和农业产业化水平低，经济运行质量和效益不高；城镇基础设施落后，承载能力不强，农村自我发展能力弱，脱贫攻坚任务繁重，统筹城乡发展进程缓慢；公共服务配套和民生社会事业欠账较多，社会保障体系不够健全，保障和改善民生任重道远；营商环境不够优化，政务建设仍待加强，一些干部和机关执行力和行政效能亟待改善。上述困难和问题，我们必须在今后工作中采取强有力措施，认真加以解决。

"十三五"时期奋斗目标和工作要求

根据中央、省委、市委全会精神和县委关于"十三五"规划建议，我们编制了《陆河县国民经济和社会发展第十三个五年规划纲要（草案）》，提交大会审议。"十三五"时期是我县全面建成小康社会的决胜阶段，也是加快振兴发展的关键时期。党中央提出了全面建成小康社会总目标，省要求粤东西北地区加快振兴发展和汕尾实施全面融珠战略，潮惠高速今年全线通车，陆河区位迎来巨变，人民群众求进思变氛围空前浓厚，陆河加快发展大有可为。站在新的历史起点上，我们要以新的思维、新的举措，奋力开创陆河振兴发展新局面。

"十三五"时期，县政府工作的指导思想是：全面贯彻落实党的十八大、十八届三中、四中、五中全会和习近平总书记系列重要讲话精神，深入贯彻落实省、市、县委全会部署，按照"一县两园四特色"的发展思路，紧紧围绕"一轴三圈"和"园区工业、基地农业、生态旅游、美丽城乡、活力陆河"的发展战略，扭住"三大抓手"，坚守"两条底线"，全面推进依法治县和深化改革，迈上全面建成小康社会新征程。

"十三五"时期，我县经济社会发展目标为：

——**经济发展实现全面小康**。到2020年，GDP总量达128亿元，比2010年翻两番以上，年均增长16%以上；人均GDP超过30000元，年均增长15%以上；城乡居民人均可支配收入比2010年翻一番以上，年均增长9.5%以上；固定资产投资达到70亿元，年均增长30%；一般公共预算收入年均增长16%以上，到2020年力争达到6亿元以上，对基础设施支撑能力显著增强。

——**基础设施建设逐步完善**。区域战略性通道建设不断完善，城乡综合客货运服务能力进一步提高。完善县城配套功能和各镇防灾减灾、供水供电、排污治污等基础设施，抓好河口、螺溪、水唇、新田。

污水处理厂、城镇供水二期工程项目建设。

——**产业创新发展取得突破**。先进制造业、现代服务业发展水平不断提高，推动旅游业迈向中高端化发展，新产业、新业态发展活跃，基本建成具有区域竞争力绿色化、生态型产业体系。三次产业结构为13.6：36.2：50.2。新河工业园实现总产值达到300亿元以上。区域创新活力明显增强，全社会R&D投入占GDP比重逐年提高。

——**城乡协调格局全面优化**。特色城乡建设取得明显成效，宜居社区和新农村示范片建设取得重大进展，实现形成区域交通一体、产城互动、生态共建、民生共享的城乡协调发展格局。到2020年，人口城镇化率达到65%。

——**绿色发展水平明显提高**。完成一批优美乡镇、生态社区和美丽乡村等生态示范工程，建成全国生态文明先行示范区。森林覆盖率达到75%，建成区绿化率达到35%以上；城镇生活污水集中处理率达到85%以上，生活垃圾无害化处理率达到85%以上；单位GDP能耗降低达到3.48%以上，污染源100%达标排放，全年环境空气质量优良率保持100%。

——**民生事业建设进程加快**。坚持优先保障民生投入，全力做好社会民生工作，使全县人民共享改革发展的成果。强化社会保障体系建设，"十三五"期间，城镇登记失业率小于2.8%，就业率达90%以上，城乡基本养老保险覆盖率达95%，城乡基本医疗保险全覆盖。巩固教育"双创"成果，教育信息化实现全覆盖，教育质量和水平明显提升。实现残疾人"人人享有康复服务"。加快发展公共服务事业，确保2018年我县贫困人口全部脱贫。完善基层社会综合治理，扎实推进"平安陆河"建设。

——**融珠发展格局基本形成**。全面落实融珠发展战略，深化对内对外交流合作，深化与深圳坪山新区合作共建新河工业园。实现深化改革取得新突破，推动"改革红利"转化为"发展动能"。坚持以开放的理念、市场的办法、商业的模式促发展，形成外向型经济格局，全方位提升发展水平。

实现"十三五"时期发展目标，我们必须牢固树立创新、协调、绿色、开放、共享五大发展理念，以理念和工作方式方法的创新，全力推动县域经济社会加快振兴发展，使全县人民共享改革发展成果。

——**坚持改革创新**。继续深化改革创新，健全市场在资源配置中起决定性作用的制度体系，积极推进政府职能转变。以经济体制改革为重点，创新完善各方面体制机制，着力引进新产业、新技术、新业态，培育创新企业，集聚创新人才，实现创新发展。

——**坚持统筹协调**。统筹推进新型工业化、城镇化、信息化、农业现代化进程，积极推进基础设施和公共服务向乡村地区延伸，促进城乡一体化发展，进一步缩小城乡差距，闯出具有陆河特色的统筹推进、互为支撑、相互融合、协调发展的新路子。

——**坚持绿色发展**。充分发挥陆河的生态和资源优势，处理好加快发展与生态"红线"的关系，加强生态建设和环境保护，注重节能减排，完善生态文明制度建设，积极推进绿色低碳的生产和生活方式，实现经济社会、人口、资源环境的有机统一。

——**坚持扩大开放**。主动落实"融珠"战略，充分利用深莞惠经济圈平台，对接深化深圳全面对口帮扶机制，主动接受珠三角辐射带动，对标学习珠三角先进理念、办事效率和体制机制，积极参与区域协作，全面提升开放发展水平。

——**坚持公平共享**。坚持以人为本，把保障和改善民生作为经济社会发展的根本出发点和落脚点，着力推进基本公共服务均等化，使广大人民更加公平地共享发展改革的成果，切实增进民生福祉。

2016年工作安排

2016年，是实施"十三五"规划的第一年，全县经济社会发展主要预期目标是：实现地区生产总值增长16%，规上工业增加值增长80%，公共财政预算收入增长16%，全社会固定资产投资增长116%，社会消费品零售总额增长12%，城乡居民人均可支配收入增长10%。

2016年主要工作任务是：全面落实"十三五"规划，围绕保持县域经济中高速发展目标，全力推进"三大抓手、三大基础、三大民生、三大环境"建设，推动生态文明、改革创新和政府建设更上新水平。

一、强力扭住"三大抓手"，打造振兴发展强大引擎

强力推进产业园区、交通基础设施、中心城区扩容提质建设，全面夯实发展根基，为县域经济跨越发展提供强大内生动力。今年全县安排重点项目28宗，计划完成投资49.8亿元，比增14.7%。

加快产业园区扩能增效。围绕产业园区建设出形象、出效益、上规模、上水平，创新管理服务机制，切实解决园区资金筹措、土地储备等问题，着力完善基础设施和公共服务配套建设，力争实现2016年园区进驻企业10家，产值超60亿元目标。开展园区征地拆迁攻坚战，尽快完成比亚迪试车场用地征迁工作。加快园区工业大道、坪山大道等主干道路、污水处理厂、供水供气、标记标识、绿化亮化建设，推进投资服务中心、检验检测公共服务平台、科技孵化基地等配套建设，加快搭建研发、物流、信息、融资、商务、贸易六大平台。全方位开展精准招商，加快引进新能源汽车产业链上下游企业，着力打造集技术研发、整车制造、检验试车、展示体验、物流仓储等为一体的新能源汽车产业园，确保4月15日比亚迪新能源大巴整车下线，并启动比亚迪二期项目建设，力争建成全国最大的新能源汽车制造基地；推动建筑装饰产业全面回归、集聚发展、做大做强，力促伟泰、安星、维业等动工项目早日达产，加快形成建筑装饰产业基地雏形，全力构建新能源汽车和建筑装饰产业"双轮驱动"特色工业体系。积极引进培育生物医药、信息技术和节能环保等新兴产业。推动外贸企业转型升级，积极拓展外贸市场，扩大出口总量。

加快交通基础设施建设。加快规划建设覆盖全县、外联内通的区域交通网络体系，全力改善交通环境。着力打造县域经济"驱动轴"，确保潮惠高速年内全线提前建成通车，天汕高速陆河段启动建设，全面贯通融入珠三角、接驳汕潮揭和连通汕尾－梅州－江西的区域高速通道。抓好省道S335和S240线改造升级、镇村公路改造建设，提升地方公路等级和质量。抓好陆河东互通与县城连接线、新田互通至新田河口连接线建设。大力推进外环公路贯通，重点开辟罗洞－共光－石塔－剑门一带"花海观光"旅游线路，加快河西公路建设，打通新田、南万、螺溪三镇交通节点。大力推行绿色公交系统，加快电动汽车充电桩规划建设。着力完善客运站场布局，抓好县综合枢纽客运站和货运站项目规划建设。

加快推进县城扩容提质。高标准做好城市规划工作，以"一河两岸"、陆河大道、河东片区、北环路、东环路和城东新区等重点片区开发建设为抓手，加快完善县城"一心一轴一环一带"框架，提升中心城区承载和辐射能力。加快螺河半岛、亲水公园项目建设，打造富有生活气息的螺河东岸。依托岳溪生态博览园和螺河生态环境，有序推进螺河西岸客家文化长廊建设。加快推进陆河大道片区商贸广场、文体中心、改河带状公园、星级酒店建设，进一步繁荣县城商贸中心区。加快完善教育园区"一园六校五馆"建设，确保县文体"五馆"竣工启用，打造县域文化教育服务中心。抓好县城朝阳路路面改造和陆河大道延伸段建设，逐步打通建设路"中梗阻"和县城中心区6条断头路，着力改善城市"微循环"。抓好朝阳东路扩宽连接水唇工程，加快城东新区、东环路片区规划建设，大力扩展县城发展空间。加快完善县城"三旧"改造、供水排水、污水收集、园林绿化、市政道路等基础设施建设，不断改善人居环境。

二、着力夯实"三大基础"，打造生态发展新亮点

坚持城乡统筹，着力推进基地农业、生态旅游、美丽城乡建设，积极推进基础设施和公共服务向农村地区延伸，努力夯实生态发展基础。

着力打造基地农业。按照"公司＋基地＋协会＋农户"发展模式，扶持青梅、油茶、木瓜、灵芝等八大农业基地扩大种植规模，打造一批省级现代农业种植示范区，形成具有陆河特色的生态农业产业链条。鼓励农业龙头企业加快发展规模化生产、集约化经营，扶持重信公司新三板上市。加快发展农民专业合作社、家庭农场等新型农业经营主体，培育新型职业农民。擦亮"全国有机产品认证示范县"和"陆河青梅地理标志"品牌，大力发展青梅、灵芝等农产品精深加工，延伸优势农产品产业链。依托"互联网＋农业"模式，发展农产品加工流通和休闲观光农业，形成一、二、三产业融合发展的产业体系。

着力发展生态旅游。围绕"花泉林歌、悠然陆河"生态旅游品牌，抓好《陆河县旅游总体概念规划》修编，推进旅游、文化和生态深度融合，提升特色旅游发展水平。着力打造"花海"观光旅游，抓好罗洞世外梅园、共光万亩梅园开发建设，形成集赏梅观光、民俗体验、生态休闲等功能为一体的特色赏梅旅游区。加快发展"旅游＋养生度假"业态，发展温泉健康产业，抓好水唇温泉山庄和上护温泉度假村项目建设，推进御水湾温泉度假村改造升级。加快发展"旅游＋文化"业态，加大激石溪、谢非故居等红色革命教育基地的保护力度。抓好红椎林、神象山、观天嶂等景区景点升级改造，推进墩子寨、莲心湖、石下坝等特色古村落保护开发。加快完善旅游酒店、自驾游、农家乐、农村家庭旅馆等旅游配套设施，抓好汽车露营地项目建设。鼓励社会资本和农村集体参与全县旅游项目开发建设。

着力建设美丽城乡。强化规划引领作用，在城乡规划中融入专项特色规划，为城镇自身发展注入生机活力。充分发挥"三圈"中心镇辐射带动与周边镇互补作用，引导产业和人口向县城和中心镇聚集，加快建设新型农村社区。融合文化、景观、产业、创新元素，抓好河口生态宜居示范区、螺溪新农村、水唇镇"2511"美丽小镇等项目建设，在重要地段和街区塑造识别性、标志性魅力景观，着力打造具有时代特点和地域特征的新型特色城镇风貌，彰显陆河地域特色，辐射带动全县新型城镇化建设进程。抓好城乡便民利民服务配套建设，推动电子商务向农村延伸，扎实推进"农村淘宝"和"快递下乡"工程。加快城乡信息化基础设施建设，推进全县通信线路光纤化升级改造，全力打造"光网陆河"。

三、致力补齐"三大民生"短板，让人民群众共享发展成果

扎实办好"十件民生实事"，奋力补齐扶贫、教育卫生、公共服务配套"三大短板"，着力发展各项社会事业，不断增进民生福祉。

打好扶贫开发攻坚战。坚持精准扶贫、精准脱贫，强力推进扶贫开发攻坚。实施产业扶贫、就业扶贫、教育扶贫专项行动，全面深化与罗湖区、坪山新区帮扶对接，因地制宜、因人因户施策，确保扶贫脱贫实效。全力对接、用好用活上级加大支持革命老区发展政策，积极争取产业帮扶。扶持贫困户劳动力转移就业，着力提高贫困人口收入水平。健全完善扶贫开发工作机制，广泛动员社会各界力量参与贫困村基础设施和产业开发建设。

提升教育卫生水平。巩固提高教育创强成果，促进义务教育均衡发展。抓好教育园区"一园六校五馆多配套"建设，推进职业教育和民办教育发展，加快建筑装饰学校、心里程智慧教育、特殊教育学校、东北师大附中建设。全面加强学校管理，推进名校名师工程建设，不断提高教育教学水平。推进"卫生强县"创建工作，深化医疗卫生体制改革，抓好医疗卫生基础设施建设，建成启用县人民医院

综合大楼，完善镇村医疗卫生配套，扎实做好卫生防疫，着力提升医疗卫生水平。

补齐公共服务配套短板。持续加大资金投入，加快完善市政道路、文体健身、公园景观、旅游休闲、酒店商住、自来水备用水源、供气排水、客运站场、停车场、学前教育、图书馆、博物馆等配套设施建设，努力消除城乡公共服务配套"短板"。

着力完善社会保障体系，不断扩大社保覆盖面。抓好创业带动就业工作，加强农村劳动力技能和农村实用技术培训，实现城镇新增就业2600人，新增转移农村劳动力就业5600人。完善社会救助标准增长机制，加快发展社会福利、社会慈善事业。做好助医助学助残和优抚安置工作，加快养老事业发展。抓好保障性住房和农村危房改造工作。建立健全公职人员工资稳步增长机制，逐步提高全县工资收入整体水平。

全力发展社会事业，不断增进民生福祉。加大文化惠民力度，深入推进文化品牌创建。强化计划生育管理，全面实施两孩政策。扎实做好地名普查工作。巩固殡改工作成果，杜绝丧事大操大办现象，严厉打击偷埋乱葬，抓好县镇公墓山、殡仪馆建设。加强国防和国家安全教育，做好"双拥"和民兵预备役工作。促进审计、法制、统计、外事侨务、民族宗教、科技、工青妇、档案、地方志、防震、人防、广播电视、移民等工作的全面发展。

四、全力优化"三大环境"，营造良好发展氛围

全力优化政务环境、社会环境和城乡环境，努力打造陆河跨越发展新形象，营造良好发展氛围。

全力优化政务环境。继续抓好正风肃纪、政务整治行动，全面整治庸政懒政怠政。规范用好整治曝光台，发挥行政审批电子监察系统和行政效能投诉平台的作用，大力整治"吃拿卡要拖""不作为、慢作为、乱作为"问题。加快完善县、镇、村三级政务服务体系，加强政务服务中心和网上办事大厅管理，优化办事流程，提升审批效率和服务质量。加强"阳光政务"建设，完善政务公开、服务承诺机制，营造良好的政务环境。全面对标学习深圳先进管理理念和服务标准，组建专门招商服务管理团队，紧密对接比亚迪等企业，扎实开展暖企行动。

全力优化社会环境。强化质量强县建设，抓好社会信用体系和市场监管体系建设，深入开展打击制售假冒伪劣商品专项行动。整顿和规范市场经济秩序，保障市场供应和物价基本稳定。强化食品药品质量安全管理，确保公众饮食用药安全。加大基层治理投入，完善基层网格化管理体系建设。坚持源头治理、关口前移，切实做好群体性事件的苗头性、倾向性疏导化解，把矛盾解决在基层、化解在萌芽状态，确保今年实现全县越级上访总量下降30%，河田、河口、水唇3个重点镇信访总量下降40%的目标。打一场禁毒缉枪的人民战争，持续加大资金、人力投入，落实责任分工，加强宣传教育，强化巡查管控，实施网格化管理，构建全民联动、高压严打、常抓不懈、失职必究的工作格局，严防死守、全力铲除毒瘤枪害。铁腕打击"两抢一盗"、涉黄涉赌等违法犯罪行为，扎实抓好反恐、维稳工作，深入推进平安陆河建设。落实安全生产"党政同责、一岗双责、失职追责"制度，抓好重点领域事故隐患排查整改，预防和遏制重特大事故发生。加强城市安全和公共安全工作，健全防灾减灾和应急管理体系，提升突发事件预防预警和应急处置能力。

全力优化城乡环境。着力加强城市管理，持续开展县城违章建筑集中整治行动，严厉打击违法建设，清理占道经营，拆除乱搭乱建，全力创建"广东省文明县城"。抓好农村公共事业发展，加快完善农村交通、水利、污水处理、小公园等基础设施建设。加快推进村容村貌和连片环境整治，改善农村生产生活条件。全力推进河流环境综合整治，严厉打击非法侵占河道行为。巩固完善全县生活垃圾处理"四有"机制，全面落实"门前三包"，建立长效监督考核机制。严格执行《广东省城乡生活垃圾处理条例》，加大对垃圾入河行为的监管和处罚力度。规划建设建筑垃圾堆放点，继续完善县生活垃圾无害化填埋场和垃圾中转站建设，推进垃圾减量化、资源化、无害化管理，努力营造干净、整洁、有序的城乡环境。

五、坚决守住生态底线，共建生态文明家园

围绕创建生态文明示范区总体目标，严守生态保护红线，促进资源节约、环境友好型社会建设，建设美丽陆河。

加快创建国家生态文明示范区。始终坚持把生态文明建设摆在突出战略位置，严格按照主体功能区定位发展，不断改善环境质量。引导人民群众自觉参与国家"环境优美乡镇"和省级"生态示范镇（村）"创建活动，共建陆河美丽幸福家园。构建覆盖城乡的绿道网，打造以螺河、改河为主体的城市滨水绿道，建立串联沿线重要生态林景区、田园和人文旅游资源的环城绿道网络。

严守生态保护红线。继续抓好新一轮绿化大行动，加快生态景观林带、森林碳汇、森林进城围城、乡村绿化美化等四大重点林业生态工程建设，构建森林生态安全体系，提高森林覆盖率和城镇建成区绿化覆盖率。强化森林防火工作，严控山火发生。落实大气污染防治行动计划，实现PM2.5、PM10浓度有效防控。强化约束性指标管理，落实污染治理"三同时"制度，加强畜禽养殖业污染治理，确保完成上级下达的节能减排降碳年度目标任务。全面落实南粤水更清行动计划，抓好南告水库、螺河、榕江等饮用水源地的环境保护和县城内河污染治理。

促进资源节约型社会建设。开展全民节能行动，积极倡导绿色低碳生产生活方式，发展绿色循环经济，着力建设资源节约型社会。抓好节约集约用地管理，严守耕地红线，加大土地储备和闲置土地清理处置力度。加强土地使用监管，依法严厉打击非法买卖土地、违法违规建设等行为。加强环境执法，依法严厉打击乱砍滥伐、毁林造坟、偷排乱放、非法采砂等破坏生态环境行为。加强矿产资源保护与综合利用力度，完善矿产资源法规体系和标准化体系建设。

六、全面推进深化改革，不断释放改革开放红利

全面落实中央供给侧结构性改革部署，着力推进重点领域和关键环节改革，不断释放改革开放红利，促进全县经济社会持续健康发展。

深化行政体制改革。严格实行政府权责清单制度，深化简政放权，推进放管结合，优化服务改革。整合完善公共资源交易管理体制，完善商事登记制度，全面实施"三证合一"，拓宽"一照一码"登记范围。扎实推进事业单位分类改革。做好法检、武装改革工作。

深化农村综合改革。全面铺开农村土地承包经营权确权登记颁证工作，加强农村土地经营权流转规范化管理。加强农村集体"三资"监管，扩大实施农村普惠金融"村村通"工程，加快农村信用体系建设。深化基层治理改革试点工作，完善农村基层自治民主参与和决策机制，深入推进村级"一事一议"工作。扎实做好第三次全国农业普查。

深化财税金融改革。深化财政体制改革，建立现代财政制度，完善部门预算与支出管理机制。强化税制改革措施，加强税源管控，重点跟踪园区税源，提升税收质量。统筹盘活国有资产和各类存量资金，规范国有资产管理。逐步化解政府历史债务，切实防控政府债务风险。推动金融业健康发展，推进农村信用社改制组建商业银行，发展小额贷款公司和融资性担保机构。用好国家、省、市金融扶持政策，拓宽融资渠道，盘活做大县域金融资本市场。

深化投融资机制改革。促进政府通过购买服务方式，调动社会力量积极参与公共产品供给。大力推行政府与社会资本合作（PPP）模式，建立完善投融资平台，形成多元、可持续的资金投入机制，引导和带动更多社会资金参与我县城乡公共基础设施、工业园区、城镇化和社会事业等领域建设。梳理确定市场"负面清单"，落实"非禁即入"投资政策。

七、抓好政府自身建设，推动各项工作落实

不断创新管理方式方法，推进政府职能转变和

效能建设,提升政府法治水平、廉政水平和执行力。

加强民主法治建设。严格贯彻落实上级党政和县委的决策部署,主动接受县人大、县政协和社会各界监督,积极办理好人大代表议案建议和政协委员提案,虚心听取各方面意见。严格按照法定权限和程序行使权力、履行职责。坚持依宪施政,依法行政,强化行政复议委员会、法律顾问和法律援助体系作用,着力提升依法治县水平。

着力打造廉洁政府。坚持倡俭治奢,深入推进党风廉政建设和反腐败工作。严格落实中央八项规定,坚持厉行节约、反对浪费,严格控制"三公"经费。强化权力运行制约和监督,加强行政监察,发挥审计监督作用,严加监管公共资金、公共资源和国有资产。加大项目专项资金管控力度,杜绝挪用、截留专项资金,充分发挥资金效益。抓好党风廉政教育和公务员队伍建设,切实做到干部清正、政府清廉、政治清明。

强化政府执行力建设。大兴求真务实之风,切实增强全县党员干部使命、担当、合作和实干意识。以完善倒逼机制确保各项工作落实,形成一级抓一级、层层传导压力的工作氛围,着力建设高效政府机关。加大工作督查督办力度,坚决兑现奖惩,确保政令上传下达、严格履行,切实提高政府执行力和落实力。

各位代表!"十三五"蓝图已经绘就,把人民的愿景变成现实,关键在于脚踏实地、真抓实干、狠抓落实。让我们在上级党政和县委的坚强领导下,紧紧依靠全县人民,凝心聚力、攻坚克难,锐意进取,为开创我县"十三五"时期改革开放和振兴发展新局面而努力奋斗!

在陆河县第八届人民代表大会第一次会议上的政府工作报告

(2016年11月18日)

陈壮勇

各位代表:

我代表县人民政府向大会作政府工作报告,请予审议,并请政协各位委员和其他列席人员提出意见。

五年来工作回顾

县七届人民代表大会第一次会议以来,在上级党政和县委的正确领导下,在县人大及其常委会和县政协的监督支持下,县政府深入学习习近平总书记系列重要讲话,全面贯彻落实党的十八大、十八届三中、四中、五中、六中全会和省市县委全会精神,紧紧围绕"一轴三圈"和"园区工业、基地农业、生态旅游、美丽城乡、活力陆河"的发展战略,攻坚克难、开拓创新,较好地完成了县七届人大会议确定的各项任务,全县上下呈现政治稳定、社会安定、经济发展、人民安居乐业的良好局面。

一、坚持发展第一要务,综合实力明显增强

始终坚持发展第一要务不放松,切实加强对经济工作的领导,项目和产业建设进一步提速,县域经济总量和质量不断提高。预计地区生产总值由2011年的36.94亿元增加到2016年的56.15亿元,年均增长10.6%;三次产业结构日趋合理,由21.9:27.9:50.2调整为19.7:22.1:58.2。

项目投资快速增长。把项目建设作为实现经济跨越发展的第一抓手,五年投资建设超千万元项目

102个，其中超亿元项目24个，累计吸收外商直接投资5124万美元。预计2016年固定资产投资额达到41.47亿元，比2011年增长382.8%，年均增长37%。比亚迪新能源汽车、河口城镇扩容提质、螺溪新农村示范、教育园区等一批重点项目取得重大进展。

基地农业加快发展。 青梅、油茶、灵芝、木瓜、木薯、药材、木材、花卉八大特色基地初具规模，现代农业水平明显提升。预计农业总产值由2011年的13.64亿元增加到2016年的18.5亿元，年均增长4.2%；农民年人均收入由7096元增加到10030元，年均增长7.2%。被列为"全国油茶产业发展重点县"和"全国有机产品认证示范创建县"，"陆河木瓜"获得国家地理标志产品称号。粮食产量连年增产，2016年可达5.96万吨。5年来全县建立科普示范种植基地7个，成立合作社197家，家庭农场43家。

园区工业提速增效。 预计工业总产值由2011年的15.22亿元增加到2016年的45.8亿元，年均增长24.6%；规模以上工业企业达到22家，规上工业增加值年均增长34.6%，占GDP比重增加10.5个百分点；外贸出口总值由1802万美元增加到3214万美元，年均增长12.3%。新河工业园区建设日趋完善，落户企业接踵而至。比亚迪新能源汽车一期、首创电子、伟泰建材竣工投产，比亚迪二期、维业科技、安星高新、广美饮用水、华南金属开工建设，比亚迪三期、试车场、燕浩实业、创业服务中心和质量检测省站即将动工。目前，工业园区被纳入省产业集聚区管理，为园区今后发展打下了坚实基础。

第三产业态势良好。 商住、物流、金融、文化、餐饮、通讯等重点服务行业发展加快，预计第三产业增加值由2011年的18.55亿元增加到2016年的32.67亿元，年均增长9.9%，社会消费品零售总额由24.03亿元增加到34.6亿元，年均增长7.6%。中心城、吉康华苑、润达花园、螺河湾、吉祥华庭等房地产项目相继建成，泰裕广场、泰安花园、梓轩华府完成主体工程，五年共建设商品房47.4万平方米。五年全县旅游总人数超200万人次，旅游总收入5.99亿元，年均增长31%。农村电子商务加快发展，农村淘宝、乐村淘项目进展顺利。

二、坚持城乡统筹发展，基础设施不断完善

始终坚持科学规划、统筹推进城镇化建设进程，城乡基础设施进一步完善，生态宜居水平不断提升。

交通路网优化提升。 潮惠高速陆河"县县通"段建成通车，彻底结束陆河"无高速"历史。天汕高速陆河段前期工作顺利推进。S335（新编国道G235）线新田至海丰段、河口至新田段改建工程和揭紫公路建设基本完成。五年投入农村公路建设资金2.3亿元，新增农村公路建设里程250公里。

城镇建设步伐加快。 县城"一河两岸"、陆河大道、北环路、东环路和城东新区等片区规划建设加快推进，朝阳路、吉安路、吉康路改造基本完成，人民路、螺河西岸改造和县城绿化、美化、亮化工程加快推进，县城配套功能进一步完善，综合承载能力不断提升。潮惠高速连接线河东段市政道路及配套工程项目启动建设，陆河大道南扩和新田环城公路项目正在进行前期工作。河口城镇扩容提质项目即将启动建设，螺溪新农村连片示范、水唇"2511"美丽小镇建设顺利推进，上护温泉开发项目征地工作基本完成。

农村设施日益完善。 五年来，全县完成村级"一事一议"项目210个，完成高标准基本农田建设4.85万亩。3个镇、30个行政村完成规划编制。完成8宗农村饮水安全工程建设，解决了16.5万人的饮水安全问题。河流环境治理、（千亩）灌区改造、小型水库除险加固、农田水利设施产权和农业水价综合改革试点等项目完成建设。投入资金1.48亿元，完成13个批次农村电网改造项目。

生态保护成效明显。 主体功能区建设有力推进，并被纳入国家重点生态主体功能区，林业生态红线完成划定。五年来全县共完成森林碳汇重点生态工程造林面积16万亩，封山育林面积4.65万亩，完成乡村绿化点80个，森林覆盖率达到73.27%。污染防治有效加强，各年度节能降耗和污染物总量减排规划目标顺利完成。获批集中式饮用水水源保

护区50多平方公里，集中式饮用水源监测实现常态化，螺河、榕江水质保持二类标准。切实加强环境卫生管理，农村生活垃圾管理"四有"机制实现全覆盖，垃圾分类和"门前三包"工作有力推行，县垃圾无害化处理填埋场、县城建筑垃圾消纳场和各镇生活垃圾中转站投入使用。河口、螺溪镇污水处理厂基本建成。国土资源管理有效加强，违法用地、违章建筑整治行动扎实开展。

三、坚持民生优先，社会事业全面进步

始终坚持保障和改善社会民生优先，民生和社会事业投入进一步加大，十件民生实事有效落实，民生福祉不断增进。

财政金融支撑有力。财政一般预算收入从2011年10月份的1.57亿元增加到2016年10月份的2.19亿元，年递增6.88%，连续五年在省财政综合增长率考核中排名靠前。"三农"资金投入从2011年10月份的5082万元到2016年10月份的1亿元，年递增14.5%；社会保障和就业支出投入从9467万元增加到2.1亿元，年递增15.7%；医疗卫生支出投入从7886万元增加到1.84亿元，年递增18.47%；环保支出投入从1511万元增加到4500万元，年递增24.39%；教育投入从1.51亿元增加到3.66亿元，年递增19.37%。五年各项存贷款增长快速，存款余额增加37.98亿元，贷款余额增加17.27亿元，金融对重点产业、重点项目、"三农"和民生事业的支撑有力加强。

民生问题有效解决。五年新增城镇就业1.5万人、农村劳动力转移就业2.8万人，全县城镇登记失业率控制在3%以下。城乡居民养老和医疗保险基本实现全覆盖，城乡低保、农村五保、孤儿供养、优抚全面提标。新能源纯电动公交车投入运行，成为全省第一个全面启用0—50公里新能源公交的山区县。五年投入资金1.09亿元，建设保障性住房926套。完成农村危房改造1742户，45套城市棚户区改造项目动工建设。认真实施扶贫"双到"，累计投入资金3.3亿元，实施帮扶项目14617个，53个贫困村26442名贫困人口实现脱贫，新一轮精准扶贫工作扎实开展。

教育事业长足进步。在全市率先通过"广东省教育强县"和"义务教育发展基本均衡县"督导验收，启动"广东省推进教育现代化先进县"创建工作。教育园区加快完善，县职校和党校、电大综合楼建成投入使用，特殊教育学校动工建设。中小学办学条件不断改善，五年投入资金1.8亿元，新建校舍7.6万平方米，新增学位3500个，新聘公办教师450人。教育质量稳步提升，高考成绩不断突破，五年输送本科以上入围人数3657人，义务教育阶段入学率、巩固率和合格率全面达标。

文体卫生服务提质。城乡文体设施加快完善，文体综合馆年底建成投入使用，县城文体中心项目有序推进，镇文化站、电子阅览室和行政村文体广场、农家书屋实现全覆盖。昂塘时雍楼、螺溪"五星祠"获批省级文物保护单位，"陆河擂茶制作技艺""罗洞木偶戏"列入省级非物质文化遗产保护项目。卫生创强工作扎实开展，基本药物制度有效落实，基本公共卫生服务逐步走向均等化。县人民医院综合大楼即将建成，水唇镇卫生院完成扩建工程，人民医院河口分院启动前期工作。卫生防疫工作有效开展。两孩政策有效落实，创立计生基金，全面实行免费孕检，人口计生管理水平不断提升。

社会大局和谐稳定。加强社会矛盾纠纷排查，有效化解社会矛盾纠纷和信访积案，连续多年没有出现进京越级上访和群体性恶性事件。重拳打击涉毒、涉枪、暴力和侵财犯罪，全县发案率维持较低水平，社会治安秩序平安稳定，五年共立刑事案件818宗，破499宗，破案率达61%，抓获犯罪嫌疑人912人，共受理治安案件1152宗，查处1060宗1253人。"质量强县"建设深入推进，"三打两建"行动卓有成效，食品药品安全水平和市场经济秩序明显提升。交通整治行动全县铺开，重拳整治无牌无证机动车上路和"酒驾、疲驾、毒驾"行为，交通环境和秩序明显改善。严格落实安全生产责任制，扎实开展消防、地质灾害等隐患排查整改行动，五年未发生火灾死亡和地质灾害伤亡事故，保障了群众生命财产安全。应急管理工作有效加强，防灾减灾

能力明显提升。

各项事业扎实推进。"文明县城"创建活动深入推进。殡葬管理持续强化，全县平均火化率维持100%，殡仪馆和镇村公墓山建设加快推进。实现"双拥模范县"两连冠，国防教育、国防后备力量和人防建设进一步加强。统计、审计、侨务、畜牧、档案、地方志、科技、气象、防震、残联、广播电视、民族宗教、移民、工青妇等事业取得新进步。

四、坚持依法治县，自身建设不断增强

始终坚持推进依法治县，改革创新进一步走向深入，政府民主法制建设、效能建设和廉政建设不断加强。

民主法制建设加强。认真执行县人大及其常委会的决议、决定，自觉接受人大、政协和社会监督。主动加强与各民主党派、工商联及人民团体的联系，广泛听取社会各界人士的意见。五年共办理人大代表建议187件、政协委员提案127件。行政复议委员会试点和一村（社区）一法律顾问工作稳步推进，政府依法行政水平不断提升。

反腐倡廉力度加大。全面落实党风廉政建设责任制，坚持源头上预防和惩治腐败，加强行政监督和审计监督。五年来，县纪检监察部门立案240件，结案218件，给予党政纪处分215人，挽回经济损失约500万元。

改革创新深入推进。农村综合改革加快推进，农村基层治理改革试点有效开展，8个镇"三资"交易平台完成建设，农村土地承包经营权确权登记工作全面铺开。农村普惠金融综合改革走向深化，全县建成70个信用村、123个乡村助农取款点和70个金融服务站。公务用车、生猪屠宰改革顺利完成。商事登记和公立医院改革稳步推进。

行政效能不断提升。设立"政务曝光台"，大力整治"中梗阻"和"不作为、慢作为、乱作为"问题，政务环境不断优化。县政务服务中心和8个镇便民服务中心、127个村（社区）服务站建成投入使用。印发执行《陆河县政府部门权责清单》，公布44个县直单位各类权责事项6462项。完善政府运作制度，优化行政服务流程，政府服务水平和效能不断提升。

各位代表！五年来，陆河经济快速发展，城乡面貌不断提升，社会环境更加和谐，人民生活更加殷实。这些成绩来之不易，成就振奋人心！这是上级党政和县委正确领导的结果，是县人大及其常委会、县政协监督支持的结果，是中山市、深圳市以及上级扶贫单位全力帮扶的结果，是全县人民艰苦奋斗、团结拼搏的结果，也是历届领导班子打下良好基础的结果。在此，我谨代表县人民政府，向辛勤工作在各条战线上的广大干部群众，向驻陆官兵和公安干警，向关心支持陆河发展的各界人士表示崇高的敬意和衷心的感谢！

回顾五年来的工作，我们也清醒地认识到全县经济社会发展还面临许多突出矛盾和问题，主要表现在：经济总量仍然偏小，综合实力不强，产业体系尚未形成，经济发展面临加速追赶和转型升级双重任务；基础设施承载能力和服务配套不能满足加快发展需求，土地、资金、人才等要素供给相对不足，发展瓶颈制约有待进一步破解；脱贫攻坚任务繁重，民生保障仍有短板，发展软环境和社会管理水平有待提升；一些干部和机关执行力不强，行政效能还有待进一步提高。对此，我们必须在今后工作中采取强有力措施，认真加以解决。

今后五年主要工作任务

今后五年正处于"十三五"时期，是我县深化改革开放、加快跨越发展的重要战略机遇期，也是全县整体实现脱贫、全面建成小康社会的决胜阶段。党的十八届五中全会提出全力实施脱贫攻坚战略，把协调发展提到了新的高度，省扶持粤东西北地区加快振兴发展，汕尾正在全面加快融珠，这为陆河后发赶超带来新的历史机遇；随着潮惠高速全线建成通车，天汕高速启动建设，陆河区位迎来根本改变，"山门"全面打开；比亚迪龙头效应凸显，建筑装饰产业加速回归集聚发展，新河工业园区已

成为县域经济发展增长极,我县经济发展后劲不断增强;深圳市坪山区用心、倾情支援陆河,帮扶力度空前,给我们带来了深圳先进的发展理念、发展方式和智力支持;陆河已被纳入国家重点生态主体功能区和海陆丰革命老区扶持范围,我们向上争取政策、争取项目、争取资金将获得更多机遇、更大空间。同时,经过多年来的努力和积累,我县生态优势潜力进一步显现,经济发展已形成了向上向好的积极态势,综合实力、可持续发展能力显著增强,为今后发展奠定了坚实基础。当前全县干部群众思陆河发展、盼美好生活的愿望日益强烈,我们已迎来天时地利人和推动陆河跨越发展的黄金机遇期。只要我们坚定信心、迎难而上、艰苦奋斗、扎实工作,就一定能够推动陆河跨越发展,如期实现全面建成小康社会目标!

根据县第八次党代会精神,今后五年县政府工作的总体要求是:高举中国特色社会主义伟大旗帜,以邓小平理论、"三个代表"重要思想、科学发展观为指导,深入贯彻习近平总书记系列重要讲话精神,按照"五位一体"总体布局和"四个全面"战略布局,全面践行"五大发展"理念,紧紧扭住"三大抓手",大力整治"三大环境",坚决打好"三大攻坚",围绕"一轴三圈",全面实施好"十三五"规划纲要,加快推进经济社会发展,打造优雅陆河,实现绿色崛起,努力建设宜居宜业宜游的客家新山城。

今后五年我县的主要发展目标是:县域综合实力显著增强,社会事业基础有效夯实,干事创业热情全面激发,对外发展形象迅速提升。具体为:到2018年陆河建县30周年时,实现地区生产总值和城乡居民人均收入比2010年翻一番以上,如期实现脱贫目标;到2020年,实现全县人均GDP接近或达到全国平均水平。

为实现以上目标,我们将着重抓好以下六方面工作:

一、构建现代产业体系,全力推动跨越发展

着力发展园区工业、基地农业和现代服务业,结合"互联网+"引进培育新模式、新业态,激发创新创业活力,全力推动陆河实现跨越发展。

加快工业园区建设。 以"深圳理念""陆河速度"加快工业园区建设发展,科学规划布局产业体系,全力推进新能源、建筑装饰材料、机械设备制造、电子器材产业集群,着力打造全国最大的新能源汽车生产基地和新型建筑装饰材料产业园,力争至2020年,园区产值超300亿元。一是抓好土地储备和配套设施建设。着力推进园区征地拆迁和土地储备,切实保障园区建设用地需求。抓好园区公共综合配套项目、创业服务中心、科技孵化基地、质量检测省站、变电站扩容改造和主干道路、排污治污、绿化亮化等配套设施建设,着力提升园区产业承载能力和整体形象。高标准规划建设河口城镇扩容提质(南部新城)项目,全力打造多元配套、特色突出、生态完善的产城融合示范区,实现以产兴城、以城聚产、产城互动协调发展。二是抓好项目建设和跟踪服务。力促比亚迪三期、试车场、燕浩等项目加快动工建设,加快比亚迪二期、维业、安星、华南、广美等在建项目建设进度,力争早日投产、发挥效益。积极主动做好项目跟踪服务,加快搭建研发、物流、信息、融资、商务、贸易六大平台,为企业提供劳动力、资金、原材料等供给服务,竭尽全力服务好、扶持好企业发展。三是抓好招商选资工作。借助坪山和深汕特别合作区招商平台,全力引进行业龙头企业、上市公司和战略性新兴产业,培育打造一批产业链长、辐射带动强、创税能力高的优质项目。

加快农业产业化发展。 深度融合"种养+"理念,促进传统农业优化升级、提质增效。一是致力发展壮大现代农业。依托青梅、灵芝、药材等特色农业基地,加快发展特色经济作物种植、休闲观光和现代生态循环农业。加快引进培育农业龙头企业,以点带面扶持有机果蔬产品种植发展,努力创建一批国家级、省级现代农业标准化示范区。支持新型农业服务主体开展代耕代种、联耕联种等专业化规模化服务,引导促进重信、鸿海等重点农业企业加快规模化生产、集约化经营。二是努力提升农

要闻特辑

产品市场竞争力。推进农产品由种植向生态有机加工产业链延伸，加快青梅、灵芝精深加工和研发试验基地建设。擦亮"有机产品认证示范创建县"品牌，不断扩大有机农产品认证规模，提高农产品附加值。三是提升农村现代流通服务体系。加快农产品电子商务物流中心和农批市场规划建设，依托农村淘宝、乐村淘等电商平台推广陆河特色农产品销售，发展生鲜速递、特产专卖等互联网直销运营模式，努力使陆河特色农产品行销全国。

加快现代服务业发展。一是充分激发商贸活力。加快完善县城酒店公寓、购物商城、特色美食、休闲娱乐、健康服务等商业配套设施，打造特色街区，提升县城商贸服务水平，增强商贸集聚辐射能力。二是加快发展"互联网+"服务业态。实施"互联网+"行动，引导传统服务业与互联网融合发展，加快培育电子商务、物联网、服务外包、APP等新型服务模式。三是加快物流、金融、养老等行业发展。加快推进县城和工业园区物流园规划建设，引进培育一批生产服务型物流企业，促进快递业有序发展。加快引进商业银行，完成农信社改制，发展融资、担保机构，提升金融行业服务水平。积极申报"中国长寿之乡"，引入先进地区养老养生服务经验，加快养老产业园规划建设，促进养生保健、中医康复等业态发展。

加快创新创业发展。全面实施创新驱动发展战略，大力推进大众创业、万众创新。鼓励、扶持比亚迪等重点企业创建高新技术企业并加大技术创新投入，促进产品数字化、智能化升级换代，力争5年培育发展高新技术企业5家以上。加快培育"四上企业"，扶持企业发展壮大。积极落实创业创新相关政策，支持企业和社会建立各类创业平台。大力培育发展新型研发机构，推进新能源、新材料、电子信息产业研发机构在陆河布点。支持各类文化创意产业园和文化旅游产业基地落户陆河，致力培育文化（包装）创意和互联网创业创新人才。

二、加强城镇建设管理，提升县域发展形象

统筹推进城镇化建设进程，着力提升全域交通体系，全力推进县城扩容提质，加强城镇综合管理力度，打造"优雅陆河"新形象。

加快交通路网体系建设。抓好交通规划编制，对全县路网体系进行整体规划，分步推进县内国道、省道和镇村公路升级，全力改善交通环境。加快推进天汕高速前期工作，力促项目尽快动工。推进G235线陆河东互通至新田互通段拓宽升级改造工程，启动项目前期工作并抓早动工建设。加快S240线升级、外环公路、河西公路、新田环城公路等项目建设。全力构建城乡客货运输体系，抓好县综合枢纽客运站、城东汽车客运站项目建设。大力发展新能源公交，加快新能源公交停保场、充电桩和公交站亭建设，加大新能源纯电动公交车投放，确保全县实现0—50公里新能源公交全覆盖。

加快县城扩容提质。围绕县城"东进西延南推北优"战略，高标准、高起点推进一河两岸、陆河大道、北环路、东环路片区规划建设，致力打造精致、精品县城。抓好潮惠高速连接线河东段、陆河大道南段、东环路PPP项目开发和商贸广场、改河带状公园、岳溪生态博览园、金鲵湾生态园等项目建设，进一步拓展县城发展空间。加快县城土地整备，推进县城三旧和棚户区改造、市政道路、城市绿道、供水排水、污水收集、亮化绿化美化建设。加快完善公共自行车交通服务系统和公共停车场，打通建设路、人民北路延伸至北环、丰新二至七街等断头、瓶颈道路，不断提升县城品位和宜居水平。

加快城镇化发展进程。全面落实"一轴三圈"战略规划，以城东新区、朝阳东路扩宽连接水唇和G235线升级改造项目带动水唇和东坑镇区、樟河片区和新河工业园区加快融入县城发展圈，形成产城融合新型组团，实现连通共融、人口集聚、产业提升、联动互促、协调发展。突出"一镇一特色"，在中心城镇重要地段和街区塑造识别性、标志性魅力景观，分类打造融合历史文化、地域特色、客俗风情、配套产业、绿色景观等元素的特色小镇，加快建设新型城镇社区，辐射带动全县城镇化建设进程。推进"光网陆河"和数字城市建设，加快新一代通信网络、全光纤网、Wi-Fi无线网络建设应用，

尽快实现县城以及城镇中心区域无线网络全覆盖。

提升城镇管理水平。着力推进城镇市容市貌管理，持续开展违法用地、违章建筑整治行动，清理占道经营，拆除乱搭乱建，坚决刹住违建蔓延势头。强力推进交通秩序综合整治，坚决取缔无牌无证三轮车、摩托车，大力治理车辆乱停乱放，引导市民文明出行。强化环境卫生管理，加快完善垃圾收运处理设施，加大对垃圾入河和随意倾倒建筑垃圾行为的处罚力度，打造干净、整洁、有序的人居环境。

三、致力打造美丽乡村，共建绿色和谐家园

紧密结合精准扶贫、农村危房改造、农村环境连片整治、旅游发展和文明、卫生村镇创建等工作，全力推进生态环境管护，打造一批有山、有水、有风光、有文化，宜居、宜业、宜游的美丽乡村。

加强生态环境管护。严格按照国家重点生态主体功能区要求，科学保护生态资源，切实抓好自然保护区、水源保护区、农田保护区等各类功能区建设管护，全力创建国家生态文明示范区。继续推进绿化大行动，加快森林围城进城、围镇进村工程，抓好生态修复和生态建设。加强森林防火工作，加快森林防火远程监控系统建设。抓好节能减排任务落实，强化环境保护网格化管理，严厉打击破坏生态环境行为。抓好河流综合整治和防洪水利工程建设，全面保护陆河水环境。落实南粤水更清和水污染防治行动计划，加强南告水库、螺河、榕江、南北溪河、新田河等重要水源保护。加快整县推进村镇污水处理PPP项目建设，抓好水唇、新田等镇污水处理厂建设。实施最严格的耕地保护和节约集约用地管理，加强土地用途管控，加大闲置土地清理处置力度。

推进美丽乡村建设。科学编制美丽乡村规划体系，明确农村产业发展方向、建设用地和生态功能定位，引导村庄严格按照规划科学布局、集中配套、有序建设。整合资源、加大投入，大力推进螺溪新农村示范片和水唇镇"2511"美丽小镇项目建设。以螺溪新农村、水唇美丽小镇等项目为示范带动，依托农村生态、山水、田园风光和历史人文资源，着力打造一批生态型、产业型、旅游型秀美乡村。有序分步推进农村道路、危房改造、饮用水、电网升级改造、客家文化古村落古建筑维修、文化休闲设施、农田水利、污水处理、治洪治涝、土地整治等项目建设，积极发动外出乡贤参与美丽乡村开发建设，塑造新型特色乡村风貌。进一步完善农村生活垃圾收集、转运、处理体系，积极推行农村"门前三包"和垃圾分类工作，提升农村垃圾和污水处理水平。

打造特色生态旅游。围绕"花泉林歌"特色旅游资源，探索全域旅游发展模式，促进生态旅游、乡村旅游、客俗文化融合发展。积极创建罗洞3A景区，以打造"四季花海"和升级梅园景观为抓手，全力打造水唇罗洞—东坑共光—河口剑门"万亩梅园花道"和河田—上护—新田—南万—螺溪"百里山花绿道"，真正让陆河成为"一年四季花常开，春夏秋冬水长流"的客俗桃源。抓好红锥林、神象山、火山嶂、观天嶂、白水磜等景区景点升级改造，加快发展绿色自然景观旅游。积极申报"中国温泉之乡"，抓好上护温泉开发和水唇温泉山庄项目建设，发展全域温泉度假旅游。加快发展农业观光旅游，建设一批生态农业观光园、采摘园和农耕文化体验园。加快完善客家民宿、农家乐、自驾车营地等旅游配套设施，打造独具风情的文化民俗村和精品农村旅游线路。依托陆河浓厚的客家文化、红色文化底蕴，大力发展特色历史人文旅游，加大墩子寨、莲心湖、石下坝等古村落保护和开发力度。开展陆河"八景"评选，经常性举办骑行徒步、赏花观光、摄影写生等系列"旅游+"活动，进一步提升陆河旅游知名度和美誉度。至2020年，力争创建休闲农业与乡村旅游示范镇、示范村、示范点8个以上，新增乡村民宿50家；力争休闲农业与乡村旅游年接待超90万人次，旅游总收入超3亿元，带动就业人数超3000人。

四、加快发展社会事业，不断增进民生福祉

加强普惠性、基础性、兜底性民生建设，致力

要闻特辑

补齐民生短板，全心全意办好民生实事，开创社会事业建设新局面，使发展成果真正惠及全县人民。

确保完成脱贫攻坚任务。全面实施脱贫攻坚三年计划，全力推进扶贫脱贫攻坚战，因地制宜、精准施策，确保2018年我县贫困人口全部脱贫。主动对接、用活用好上级加大支持革命老区和重点生态功能区发展政策，确保扶贫项目安排和资金使用取得实效。做好"美丽乡村+大众创业"扶贫文章，实施产业扶贫、就业扶贫、教育扶贫专项行动，着力提升贫困村、贫困人口收入水平。加快精准扶贫产业园项目建设，打造集商贸服务、销售、物流、电商和劳动力转移为一体的产业扶贫基地。借力深圳和省直部门帮扶力量和资源，全面推进脱贫帮扶对接，广泛动员凝聚社会各界力量参与贫困村基础设施和产业开发建设。

完善社会保障体系。抓好就业创业政策落实，培育就业创业公共平台，加快劳动力技术技能综合培训基地建设，千方百计扩大就业创业。完善城乡一体化社会保险体系建设，不断扩大社保覆盖面，逐步提高社会保险待遇和均衡水平。完善社会救助标准自然增长机制，加快发展社会福利和慈善事业，加大保障性住房建设力度，落实困难弱势群体医疗卫生服务和大病救助保障，做好助学助孤助残、优抚安置和双拥工作，阻断贫困代际传递。扎实推进养老服务体系建设，力争2020年全县所有社区实现养老服务设施全覆盖。

提升教育事业水平。持续加大教育投入，统筹优化教育资源配置，推动教育均衡、优质发展。加快推进教育现代化建设，确保2018年完成"广东省推进教育现代化"先进县创建工作。加强学前教育服务体系建设，加快县城中心幼儿园和镇村幼儿教育设施建设，力争2017年秋季开学前建成投入使用两所公立幼儿园，解决学前教育短板。推进民办教育发展，鼓励引导社会力量与名牌学校合作办学。加快教育园区职业技术学校和特殊教育学校建设，提升现代职业教育和特殊教育水平。深入推进名师名校工程，抓好河田中学"国家级示范性高中"、陆河中学"省一级学校"创建工作，加强学校管理和教师队伍建设，不断提升全县教育教学水平。

加快发展文体卫生事业。大力弘扬时代精神，用社会主义核心价值观体系引领社会思潮、凝聚社会共识，加强社会公德、职业道德、家庭美德、个人品德教育。实施文化惠民工程，制定县域公共文化体育设施专项规划，建立健全现代文化服务体系，加快推进群众性文体设施建设。高标准规划县城文体中心，有序推进项目道路、绿化、景观建设。加强文物保护和非物质文化遗产传承保护，鼓励文艺精品创作。培育和发展新闻出版、数字影视、文化娱乐、网络动漫、文化会展等新兴文化产业。加快"卫生强县"创建，进一步完善医疗服务体系、疾病预防控制体系、突发公共卫生事件医疗救治体系、重大疫情信息网络体系。建成启用县人民医院综合大楼，推进"二甲"医院创建工作，加快县人民医院二期、人民医院河口分院和乡镇卫生院扩建工程建设，着力提升医疗卫生水平。扶持优质社会资本办医。改革完善计划生育管理，全面落实两孩政策，抓好妇幼保健计划生育服务中心建设。

全力推进文明创建。举全县之力推进"创文"行动，着力抓好群众文明素质提升、"三大环境"整治、卫生镇村创建和生态文明建设工作，全面铺开县、镇、村三级文明联创，强化督促指导，形成上下联动，严格奖罚问责，力争今年底河田、水唇、螺溪、东坑4个镇完成"文明示范镇"创建，2017年全县80%的镇和60%的村（居）完成文明镇村创建，取得"广东省创建文明县城工作先进县城"称号，2019年进入"广东省文明县城"行列。

加强社会建设管理。推进质量强县建设，强化食品药品质量安全管理，深入开展打击制售假冒伪劣商品专项行动，规范市场经济秩序。加强社会治安重点地区综合治理，加快构建立体化、信息化社会治安防控体系，深入推进平安陆河建设。编织禁毒"天网、地网、人网"，开展"地毯式"巡查，构筑"铁桶式"禁毒防御阵势，坚决守好"拒制毒于县门之外，不成为毒品交易集散地，不成为聚众吸毒场所"三条底线。加快完善平安视频监控网络体系，铁腕打击"两抢一盗"、涉黄涉赌等违法犯

罪行为，扎实抓好反恐、维稳工作。深入开展信访和社会矛盾纠纷化解行动，创新建立重点领域矛盾纠纷专业调处机构，切实把矛盾问题解决在基层、化解在萌芽状态。严格落实安全生产责任和事故责任追究，抓好重点领域事故隐患排查整改，预防和遏制重特大事故发生。健全社会风险评估机制和应急管理体系，提高公共安全和防灾救灾减灾能力。深入开展法制宣传教育，大力实施"七五"普法行动，切实提高全民法律意识。

推动其他事业发展。继续办好十件民生实事，协调推动其他各项社会事业全面进步，确保发展成果惠及群众。巩固殡改工作成果，倡导文明节俭办丧，严厉打击乱埋乱葬和占地毁林建坟，加快县镇公墓山、殡仪馆建设。加强人才队伍建设，重点培养专业技术人才、高技能人才和实用人才，积极引进高层次优秀紧缺人才和企业经营管理人才。发展妇女儿童事业，加强青少年和未成年人保护工作。做好国防、武装、民兵预备役、人民防空工作。加快审计、法制、统计、科技、气象、防震、地方志、民族宗教、外事侨务、对台、老龄、残疾人、广播电视、档案、移民事业发展。

五、深化体制机制改革，构建融珠开放格局

全面落实供给侧改革各项政策措施，持续深化重点领域和关键环节改革，把改革红利不断转化为发展新动能，全力提升融珠开放水平。

深化行政体制改革。严格实行"三清单一目录"制度，进一步精简行政许可事项，彻底取消非行政许可事项，加快推进行政许可标准化。抓好政务服务中心、网上办事大厅、镇村（社区）办事站完善提升，加快推进"一门式""一网式"政府服务模式建设。强化商事制度改革，拓宽"一照一码"登记范围，探索推行电子营业执照和企业登记全程电子化。扎实推进事业单位分类改革。

深化供给侧改革。抓好"去产能、去库存、去杠杆、降成本、补短板"五大任务，制定实施"去、降、补"工作方案。妥善推进"僵尸企业"和部分相对落后产能有序转移、退出。打好降成本"组合拳"，开展企业降本增效专项行动，落实降低制度性交易成本、企业税费负担、电力价格、物流成本等政策措施。引导和支持金融机构加大对实体经济的融资支持，缓解企业生产经营压力。改善住房供给结构，促进房地产价格合理回归，保障房地产业健康发展。

深化农村综合改革。全面完成农村土地承包经营权确权登记颁证工作，推进土地经营权有序流转。深化农村集体产权制度改革，加大农村集体资产监管力度。巩固农村金融综合改革试点工作成果，稳妥推进集体经营性建设用地入市和农民住房财产权抵押贷款。深化基层治理改革，完善基层网格化管理体系，强化农村基层自治民主协商和决策参与，深入推进村级"一事一议"工作。

深化财税金融改革。深化财政体制改革，逐步实施跨年度预算平衡机制和中长期财政规划管理，完善预算管理制度。加强财税征管，强化税源监控，有效增加财政收入。大力培植支柱税源，落实营改增扩面等税改工作。统筹盘活各类存量资金，优化财政支出结构。逐步化解政府历史债务，切实防控政府债务风险。健全规范国有资产管理体制，加快国有资产整合盘活，切实发挥国有企业管理运营效益。深入推进社会信用体系改革，做活壮大金融产业，不断提升财税金融服务经济社会发展的能力。

构建开放型投融资机制。创新投融资模式，健全完善政府与社会资本合作机制，推动政府融资平台市场化转型，加快组建交通、城投等投融资平台。建立未来五年PPP项目开发目录，完善项目备选库，发挥城市投资建设公司撬动作用，吸引更多社会资本参与产业发展和市政工程、交通、能源、医疗卫生、旅游等公共服务领域投资建设。继续争取扩大政府债券和专项基金额度，加大与国开行、农发行政策性贷款等融资对接，拓展多元化融资渠道。

加大融珠开放力度。充分发挥粤东"桥头堡"区位优势，主动落实"融珠"发展战略，加快与珠三角地区的对接融入、互联互通，深化产业转移、文化教育、金融旅游、科技创新等领域合作，全面融入"珠三角3小时生活圈"，努力将陆河打造成

为粤东区域重镇和珠三角地区后花园。搭建对接广州、深圳产业创新发展信息平台，引进先进发达地区城市管理、智慧园区建设经验，加强与港澳台地区以及欧美等发达国家的经贸合作，着力提升对外开放水平。充分发挥地缘优势和辐射效应，集纳潮汕和兴梅地区人气、财气、商气，吸引外地商家在陆河投资兴业，争取更多资源在陆河孵化，着力构建开放发展新格局。

六、加强政府自身建设，打造人民满意政府

全面推进依法治县，加强政府职能转变和效能建设，坚持为民、务实、清廉，努力打造行为规范、运作协调、公正透明、廉洁高效的人民政府。

坚持民生为基，建设服务政府。 坚持保基本、兜底线、补短板，把新增财力更多用于民生，不断加大公共服务产品供给。全面清理公共服务事项，简化公共服务流程，方便群众办事。积极开展接访、走访、回访活动，坚持深入基层、倾听民意，集中精力解决人民群众最关心的就业、就学、就医等问题，切实维护广大人民群众的根本利益。

坚持依法行政，建设法治政府。 全力推进依法治县，严格依照法定权限和程序行使权力、履行职责。建立健全公众参与、专家论证决策机制，提高政府民主决策、科学决策水平。大力推进政务公开、信息公开，增强政府工作透明度。强化行政监督，规范行政行为，努力创造公平、公正、公开的行政执法环境，不断提高政府的公信力和执行力。

坚持求真务实，建设效能政府。 发扬干事创业、注重实效的工作作风，聚精会神搞建设，一心一意谋发展。全面整治"中梗阻""庸懒散"和"不作为、慢作为、乱作为、有令不行、有禁不止"等问题，

不断优化政务环境。 健全重点项目、重点工作领导负责、现场办公、督查督办推进机制，坚决兑现奖惩，形成一级抓一级、层层传导压力的工作氛围，确保政令畅通、严格执行。

坚持严格自律，建设廉洁政府。 全面贯彻落实《中国共产党问责条例》《关于新形势下党内政治生活的若干准则》和《中国共产党党内监督条例》，始终保持惩治腐败高压态势，坚决铲除滋生腐败的土壤，筑牢拒腐防变的道德防线。坚守中央八项规定精神，进一步规范公务接待制度，压缩"三公"经费和一般性支出，以廉洁取信于民，以勤政造福于民，树立政府风清气正的政治生态和良好形象。

各位代表，百舸争流，破浪者领航；千帆竞发，奋勇者当先。谱写新篇，成就宏图，是时代赋予我们的光荣使命，是全县人民的共同愿景。让我们紧密团结在以习近平同志为核心的党中央周围，在县委的正确领导下，在县人大、政协的监督支持下，团结依靠全县人民，凝心聚力，攻坚克难，扎实工作，激发陆河干劲，全力打造优雅陆河、实现绿色崛起，为建设宜居宜业宜游客家新山城，实现全面建成小康社会目标而努力奋斗！

陆河

LUHE YEARBOOK

概况

基本概况

建置区划

【建置沿革】陆河区域在秦始皇三十三年（公元前214年）属南海郡博罗县。东晋咸和六年（公元331年）析南海郡东置东官郡；析博罗县东置海丰县，属东官郡海丰县。唐武德五年（公元622年）析海丰县东部地域置安陆县，属循州安陆县。唐贞观元年（公元627年）复并入海丰县，属循州海丰县。清雍正九年（公元1731年）析海丰县的坊廓、石帆、吉康3都置陆丰县，1949年10月1日，中华人民共和国成立，陆河区域属广东省东江行政区陆丰县。1988年1月，设立陆河县，隶属广东省汕尾市。陆河县是广东省重点侨乡，是全国十三块革命根据地之一的海陆丰革命根据地的重要组成部分，所有自然村均是老区村庄。

【行政区划】2016年，陆河县设有河田、水唇、东坑、南万、螺溪、上护、河口、新田共8个镇和吉溪林场。全县设117个村、10个居民社区。

自然地理

【位置面积】陆河县地处广东省东南沿海与兴梅山区结合部，汕尾市东北面；东邻揭阳市的揭西县、普宁市，南与陆丰市相连，西与海丰县、惠州市的惠东县、河源市的紫金县交界，北与梅州市的五华县接壤。地理坐标位于北纬23°08′—23°28′，东经115°24′—115°49′之间。螺河和榕江上游。县城河田镇居县境中部，省道335线过此。总面积986平方千米，占广东省陆地面积的0.55%。

【地形地貌】陆河县北靠莲花山脉，地势由北向南倾斜，自北向南依次分布山地和丘陵，北部山地山高坡陡，重峦叠嶂，绝对和相对高度均在150米以上；主峰高度在800米以上有乌凸山、茶山嶂、峨眉嶂、狮子嶂山。属山区地貌的有南万、螺溪、水唇、东坑、河田5个镇和吉溪林场以及河口、新田镇的部分区域；属丘陵区的有河口、上护、新田镇3个镇。最高点位于西北部的乌凸山，海拔1232.9米，最低点位于西南部螺河与新田河交汇处，海拔17.0米，垂直高差1215.9米。2016年有林地面积7.43万公顷。森林蓄积量325.3万立方米，森林覆盖率73.49%。因高差所引起的热量差6℃以上（平均气温），形成垂直的生物气候带。除局部小气候环境外，海拔350米是全县水稻、水果生产分布的上限，海拔800米是红锥、杉木等乡土树种的极限适生高度。全县可划分为3个生物气候带：800米以上为山地草甸、落叶、阔叶温凉带，分布于北部东西两侧边缘山地；350米—800米为常绿阔叶、亚热带作物温暖带，分布于北部、中部东西两侧山地内缘；350米以下为常绿阔叶、南亚热带、热带作物温热带，分布于北部、中部的中间地带和整个南部。

【气候特征】陆河县地处广东省汕尾市北部，属南亚热带季风气候区，光、热、水资源丰富。其主要气候特点是：夏长冬短，春早秋迟，雨量丰沛，光照充足。一般每年4到9月是降水集中期，即"雨季"，而10月到次年3月干旱少雨。2016年，受超强厄尔尼诺现象及其后续影响，陆河县多风雨，多极端天气。体现在开汛早，结束晚，汛期长；气温高、雨量大、台风影响重。年雨量为全省各县第4名，超强寒潮中出现雨夹雪冰冻天气。

2016年，陆河县平均气温22.4℃，与近9年（2007—2015年）平均值持平，夏季高温日数偏多。各镇5℃以下的低温天气平均出现7.4天，其中南万达13天。全年受中等强度以上的北方冷空气影响有5次。其中1月22—27日，受罕见的超强寒潮影响，陆河县出现雨雪冰冻天气；1月24日—25日，全县连续两天日平均气温均5℃以下，南万录得过程最低气温-1.5℃。

2016年，陆河县年雨量2952.8毫米，较2015年显著偏多。3月21日陆河县与广东省同步开汛，10月21日随台风"海马"登陆，汛期结束，汛期持续

概况

时间长达214天。年内降雨日数172天，全县共出现16次暴雨或强对流天气，其中1月28日到29日出现连续两天冬季暴雨；有2次大暴雨过程是因台风的正面袭击造成的。汛期降雨量占全年的78.4%，非汛期也雨量丰沛，即说明2016年降水时间分布较为均衡。

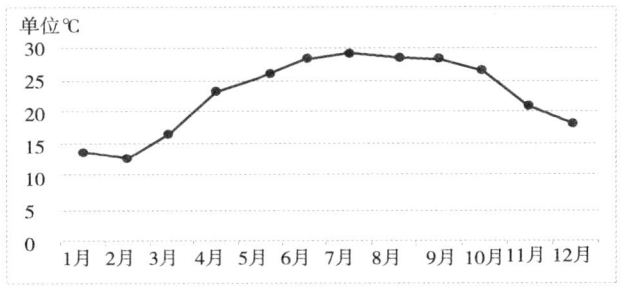

2016年陆河县逐月平均气温[G1802]

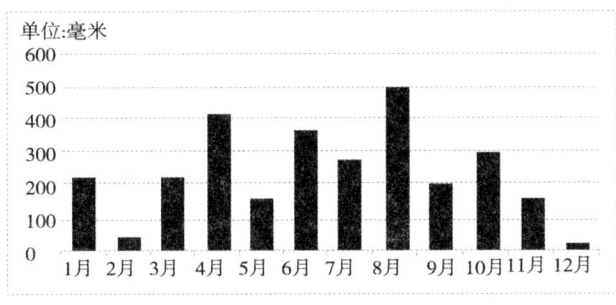

2016年陆河县逐月累积雨量[G1802]

陆河县受地形阻挡影响，风力风向具有区域性。年平均风速1.7m/s，较2015年偏小。全年极大风6级以上天数达81天，8级以上就有8天。2016年4月13日受强飑线袭击，新田镇录得9级强阵风。

2016年，台风影响个数显著偏多，共有8个台风对陆河县造成风雨影响，其中"妮妲"和"海马"的正面袭击影响严重，陆河县狂风骤雨，普降暴雨到大暴雨。8月1—2日1604号台风"妮妲"影响期间，陆河县风力6—8级，其中水唇镇录得最大阵风10级（25.5米/秒），4个测站录得大暴雨以上降水。10月21日，1622号台风"海马"（台风级）于12：40登陆海丰县鲘门镇沿海，陆河县风力普遍达8—10级，其中南万镇录得最大阵风11级（32.3米/秒）和过程最大累积雨量232毫米。

（说明：陆河县首个气象站河田站启用于2007年，截至2016年12月，无国家基本站，共有7个自动站运行，其中仅东坑【G1850】站是气象6要素测站。上述数据如无标明，均取自河田【G1802】站。）

资源物产

【土地资源】截至2016年，陆河县土地总面积98600.62公顷，其中：耕地12468.08公顷；园地3532.46公顷；林地72641.82公顷；草地2131.45公顷；城镇村及工矿用地3415.75公顷；交通运输用地1097.9公顷；水域及水利设施用地2418.62公顷；其他土地894.54公顷。

【水资源】陆河县地处北回归线以南，海洋性气候明显，雨量充沛，年径流量时空分布规律与年降雨量相似，县内年径流量由降雨产生，是广东省暴雨区之一。全县加权平均降雨量2241.3毫米。水力资源较为丰富，多年平均径流深1640毫米，年径流总量为16.48亿立方米，过境客水量0.41亿立方米。利用地下水主要是凿井汲水，其用于生活较多，用于工农业生产较少。粤东沿海地下水占地表水径流总量的14%，陆河县多年平均地下水量为2.23亿立方米。地热水资源丰富，全县8个镇中，有地热水5处，分布在新田镇汤子寨，上护镇下陇、吉吊坑、护二，河田镇黄金坑汤子里，螺溪镇新溪黄圾岩，水唇镇高塘汤排。水温在44℃—55℃，涌泉流量在1.2升/秒—11.95升/秒。

【矿产资源】有金属矿类有锡矿、钨矿、铜矿。锡矿主要分布在螺溪、新田、东坑。钨矿分布在南万、河口、上护、螺溪、新田、东坑。铜矿分布在河口、东坑。非金属矿类有磷矿、热泉、高岭土、稀土、花岗岩、钾长石、石英石、铅锌矿、矿泉水等。

【生物资源】陆河县植物有4000种，分200科，1300属。国家级保护植物的有沉香、红锥、桫椤、小叶罗汉松、樟树、青钩栲、巴戟、龙眼、竹柏等。有国家级保护植物进行编号和挂牌104株，树龄在500年以上的10株，300—499年的37株，100—299年的57株。已发现上护镇大各村的古榕树树龄为550年、胸围6.95米。另外有南万镇罗庚坝村宫背水口古树群、水唇镇螺洞村的原始林树种丰富，数量较多，树龄长，平均胸径较大，还有一些原始藤类植物。

【野生动物】县境有陆栖脊椎动物约500种,鸟类约300种,国家一、二级重点保护动物有穿山甲、蟒蛇、虎纹蛙、娃娃鱼、白鹳、猫头鹰、隼科、大灵猫(午间狸)、猴面鹰、褐翅鸦鹃(毛鸡)、黄嘴白鹭、石豹等。

环境质量

【环境质量】县环境监测站2016年8月3日完成空气自动站建设并投入运行,8—10月份为设备调试阶段,11、12月份对氧化硫、氮氧化物、PM10等指标进行监测,空气优良天数60天,优良率为98.4%。县城集中式饮用水源南告水库达到《地表水环境质量标准》(GB3838-2002)Ⅱ类标准限值,达标率100%;螺河河二省控断面达到《地表水环境质量标准》(GB3838-2002)Ⅱ类标准限值。

人口·语言

【人口】2016年年末,陆河县户籍人口总户数7.84万户,总人口35.43万人,分别比2015年年末增加0.04万户0.21万人;其中城镇人口15.78万人,乡村人口19.65万人。

【语言】陆河为粤东地区的客家县,客家人口占全县总人口99%。只有新田镇横陇村讲客家话和福佬话。其双话区分布在汤子寨、寮子前、北山、北坑、上埔寨、下埔寨等自然村。

陆河县使用的客家话分海陆客家话和漳州客家话。

陆河客家话的语音、词汇和语法差异不大。河田、东坑、水唇、螺溪、上护等镇和河口镇的北溪口音接近,可称为"河田片";新田镇、河口镇的南溪口音与河田片有差异,可称为"新田片";南万镇及螺溪镇的各安、书村与紫金县的客家话较接近,可称为"南万片"。

漳州客家话是明朝中叶来自福建漳州府的移民使用的方言。陆河人把讲漳州客家话的人叫做"漳州"。漳州客家话与海陆客家话差异较大,读音的最大差异是声调有一些字音与海陆客差异很大。陆河县讲"漳州"客家话主要是河田镇的张、陈两姓。张姓人口居住在河田镇圳口村的田尾、楼下、仓背3个自然村和上护镇麻溪村;陈姓人口居住在河田镇的埔上寨、圳口、汤子里、螺溪镇的径子弯,南万镇的梅角等村。

民族·宗教

【民族】陆河县为汉族世居地区,居住有少量外地嫁入、工作、经商的少数民族人口。全县总人口中,汉族人口占总人口的99.85%,其他21个少数民族人口占总人口的0.15%。在各少数民族人口中,壮族人口约占一半;各少数民族人口均属省内外迁入,省外迁入者居绝大多数。

侨乡侨情

【侨乡侨情】陆河县是广东省著名侨乡,旅居海外的外籍华人、华侨约17.50万人,分布于世界18个国家和地区。其中,东南亚各国有11.30万人,欧美诸国有5.60万人。持中华人民共和国护照居海外有0.60万人。有香港、澳门同胞约6.80万人。有归侨、侨眷和港澳台眷属7.27万人。主要团体有马来西亚惠州会馆,马来西亚海陆会馆,印尼棉兰惠州会馆,新加坡惠州会馆,香港汕尾市陆河海外联谊总会,香港油尖旺事务联会,香港星火基金会,香港宣明会与澳门分会。

社会组织

【社会组织】社会组织协助政府开展各项社会事务和社会公益事件,培养人才、繁荣科学技术、服务社会经济建设。全县已登记成立社会组织共有90个,社团组织60个(其中2016年新成立7个,注销2个),民办非企业单位30个。

广东省古村落·文物保护单位

水唇镇墩仔寨、莲心湖、石下坝等3个村落被认定为"广东省古村落",九厅十八井古民居等4处文物点被批准为市级文物保护单位,河口镇昂塘村时雍楼和螺溪镇正大村五星祠列入广东省文物重点保护单位。

墩仔寨

墩仔寨属围龙屋结构的建筑,建于清朝顺治年间,择址于小山包上,沿山包而建,总面积5000多平方米,寨子外围为椭圆形,形似大龟,寨内建筑按龟背纹布局,有房屋200多间,设东西2个大门,是一座集防御性、实用性的建筑,造型奇特美观,气势恢宏,入选第三批广东省古村落。2012年12月被评为广东十大特色古村落(最具建筑特色)。

莲心湖

莲心湖位于陆河县水唇镇高峰村,是一座客家人聚族而居的围屋,始建于清朝道光年间,占地面积1726平方米。整座建筑为"上五下五"两横屋加外横屋砖木结构,共86个房间,屋内的木雕、石雕、壁画技艺精湛,是陆河县文物保护单位。2012年9月被列为广东省古村落。

时雍楼

时雍楼当地称昂塘洋楼,位于陆河县河口镇昂塘村,是汕尾市区域内最早最大型的一座钢筋水泥结构建筑物。始建于1905年,占地面积2500平方米,有主楼与附楼共99个房间,主楼两层结构用作住房,附楼单层结构作厨房、餐厅。楼房外墙由钢筋、水泥浆砌石而成,墙幅均浮雕着大小一致的长方形花雕。

时雍楼由大门、天井和1幢两层楼房组成。大门匾额为"亲睦堂",两旁走廊分立四根雕刻有花纹的造型精致水泥柱,左右走廊对称。一楼有前厅、天井、后厅。天井左侧有2米宽楼梯,楼梯下面设有防袭洞,二楼的门匾额"时雍楼",门旁有一幅对联"时会同新创,雍熙挤太和"。2012年被列为广东省文物重点保护单位。

五星祠

五星祠全称为五星宗祠,属清朝建筑。位于螺溪镇正大村,距陆河县城约13公里。该建筑有300多年历史,按其建筑位置的地理特点有五星归垣、八卦现缘、天井无涵、异草岁生、紫炉灵动、艺筑集萃、圣峰成相、菩提无尘等奇观。2015年12月,五星祠被广东省人民政府定为第八批文物保护单位。

石下坝村

陆河县水唇镇石下坝村位于榕江支流吉溪河畔,背靠海拔达880米的观天嶂,始建于清道光二十四年(公元1844年),主要古建筑为恒泰楼,整体呈船形,占地面积达2500平方米,土木瓦结构,系由该村开基始祖彭九成所建,据说前后花了二十余年才完工。2014年4月被评为"广东省古村落"。

陆河县非物质文化遗产

级别	项目名称
国家级	河田高景
省级	东坑地景
省级	陆河擂茶制作技艺
省级	罗洞木偶
市级	南万吉象歌
市级	东坑板景
市级	陆河山歌
市级	陆河客家黄酒
县级	东坑聚云寺庙会
县级	东坑神农庙庙会
县级	石禾町村天神爷庙会
县级	上护黄老仙信俗
县级	三奶娘信俗
县级	河口黄老仙信俗
县级	张法青信俗

陆河县文物保护单位

级别	保护单位名称	地址	类别
省级	昂塘时雍楼	陆河县河口镇昂塘村昂塘自然村	古建筑
省级	五星祠	陆河县螺溪镇正大村正大自然村	古建筑
市级	墩子寨围龙屋	陆河县水唇镇墩塘村墩子寨自然村	古建筑
市级	叶月梅夫妇合葬墓	陆河县螺溪镇正大村大陂自然村	古墓葬
市级	九厅十八井古民居	陆河县河田镇宝山村桐树下自然村	古建筑
市级	东北大队驻军旧址（尖山寺）	陆河县东坑镇高树坪村上屋自然村	近现代重要史迹及代表性建筑
县级	恒泰楼	陆河县水唇镇水唇村委石下坝自然村	古建筑
县级	彭伯富公墓园	陆河县水唇镇吉龙村田心各自然村	古墓葬
县级	景忍楼	陆河县水唇镇护硿村委黄布自然村	古建筑
县级	俊德楼	陆河县水唇镇吉龙村委河背自然村	古建筑
县级	莲心湖康吉楼	陆河县水唇镇高丰村莲心湖自然村	古建筑
县级	车田司马第	陆河县水唇镇吉龙村车田自然村	古建筑
县级	彭复宁夫妇合葬墓	陆河县水唇镇水唇村欧坑自然村	古墓葬
县级	庆钟楼	陆河县东坑镇新东村砉衣屋自然村	古建筑
县级	神农庙	陆河县东坑镇大路村大路自然村	近现代重要史迹及代表性建筑
县级	赖婆太墓	陆河县东坑镇新东村委	古墓葬
县级	上屋祖祠遗址	陆河县东坑镇新东村委上屋自然村	古遗址
县级	鸡爪地革命烈士纪念亭	陆河县螺溪镇金坑村委鸡爪地自然村	近现代重要史迹及代表性建筑
县级	名卿祠	陆河县螺溪镇正大村委径口村	古建筑
县级	叶妈李太八十三院墓	陆河县螺溪镇螺溪村兆田自然村	古墓葬
县级	中正楼	陆河县螺溪镇新良村赤塘自然村	古建筑
县级	岳坑农会旧址	陆河县南万镇万西村岳坑自然村	近现代重要史迹及代表性建筑
县级	朱氏世权公祠	陆河县河口镇河口村委大树下自然村	古建筑
县级	河口革命烈士纪念碑	陆河县河口镇大树下自然村	近现代重要史迹及代表性建筑
县级	鹿洞祖庙	陆河县河口镇北中村衣屋自然村	古建筑
县级	红二师纪念亭	陆河县新田镇激石溪三江口自然村	近现代重要史迹及代表性建筑
县级	大学祠遗址	陆河县河田镇河东村委下半径自然村	古遗址
县级	永寿桥	陆河县河田镇内洞村委石示下自然村	古建筑
县级	大径镇安桥	陆河县河田镇大径村委	古建筑
县级	粤赣湘边纵队政治部旧址（商贤家庙）	陆河县河田镇河田居委塘子唇	近现代重要史迹及代表性建筑
县级	河田三一八革命烈士纪念碑	陆河县河田镇河田居委	近现代重要史迹及代表性建筑
县级	粤赣湘边纵队东江第一支队政治部指挥中心旧址（蟠龙祠）	陆河县河田镇宝山村青龙背自然村	近现代重要史迹及代表性建筑
县级	上径镇迳宫遗址	陆河县河田镇上径村下屯自然村	古遗址
县级	曜德楼	陆河县河田镇圳口村下园自然村	古建筑
县级	茅坪桥	陆河县上护镇富溪村委横下村民小组	古建筑
县级	石渠堂	陆河县上护镇硿二村上屋自然村	古建筑

国家地理标志产品

【陆河青梅】陆河青梅,广东省汕尾市陆河县特产,中国国家地理标志产品。青梅具有生津解渴、消滞醒酒、养生保健等作用。陆河县是"中国青梅之乡",所产青梅具有果大、肉厚、酸度适中,品质上乘之优点,青果及成品、半成品均受国内外市场青睐。2005年12月21日,原国家质检总局批准对"陆河青梅"实施地理标志产品保护。

【陆河木瓜】2014年5月31日,在四川省成都市召开的国家地理标志产品保护技术审查会上,陆河木瓜获得国家地理标志产品。陆河县出台了一系列惠农措施,重视陆河木瓜的规模发展,鼓励企业、种植户发展优质木瓜种植,注重提升木瓜质量,使陆河木瓜相继获得"广东省名牌产品""广东省著名商标""汕尾市金牌农产品"等称号,并通过了美国、日本、欧洲等国家有机产品认证。2008年,陆河木瓜被指定为北京奥运果品食品。2012年1月,中央电视台《科技苑》栏目以"荒山地上种出精品木瓜"为题对陆河木瓜进行专题报道。是继陆河青梅之后又一项国家地理标志产品。

经济建设

综述

【概况】2016年,是实施"十三五"规划的开局之年,深入贯彻"创新、协调、绿色、开放、共享"发展理念,紧紧围绕县委、县政府"园区工业、基地农业、生态旅游、美丽城乡、活力陆河"的发展战略,坚定信心、综合施策、精准发力,主动作为、攻坚克难,以问题为导向,着力扩大经济总量和提升经济质量,着力深化改革,着力保障和改善民生,全县经济实现稳步增长,经济发展开局良好。2016年,全县实现地区生产总值62.56亿元,比增15%。规模以上工业增加值12.7亿元,比增126.3%;地方公共财政预算收入2.66亿元,比增8.1%;居民消费价格总指数103。三次产业结构由2015年的21.1:19.6:59.3调整为19.6:28.2:52.2。

【县城设施】加强县城市政配套设施建设,朝阳路、人民路、吉康路完成升级改造,丰新二至六街共5条断头路实现贯通,一河两岸、改河带状公园和部分重点场所实施美化亮化建设,新装路灯480座,污水收集、供水、排水、燃气管网加快完善。螺溪省级新农村连片示范项目基本建成,水唇美丽小镇建设顺利推进,河口南部新城完成总体规划编制并动工建设。8个镇公路共安装路灯2060座,打造"一镇一样板路"工程,镇区提质效果明显。新能源纯电动公交车首期投入运营73部,成为全省首个全面启用新能源公交的山区县。

【社会民生】2016年,陆河县社会福利事业健康发展,底线民生保障有力,全县城乡低保、农村五保、孤儿供养全部达到省定标准。教育"创强创均"成果进一步巩固,积极推进"广东省教育现代

化先进县"创建工作,"心里程"智慧教育试点进展顺利。职业技术学校和党校电大综合楼建成投入使用,特殊教育学校完成主体工程。"名校"建设成效明显,河田中学、陆河中学分别通过"广东省国家级示范性高中""广东省一级学校"督导验收。卫生创强工作扎实开展,县人民医院通过二甲医院评审,医院综合大楼即将建成,水唇镇卫生院完成扩建。县文体综合馆、流动图书馆和国民体质监测站基本完工,8个镇文化站全部建成并完成评估定级,县文体中心项目有序推进。启动"中国楹联文化之乡"创建,开展"陆河八景"评选,央视《乡村大世界》和《农民春晚》栏目走进陆河,成功举办第二届自行车绿色骑行活动和40公里徒步活动。

【平安建设】全县建成"平安陆河"社会治安视频监控系统一期工程,并充分发挥视频监控系统在治安防控、交通管理等方面的积极作用,投入建设"天眼"监控工程,着力推进二期工程和全县9个治安卡口及视频监控向县直单位、各镇村延伸,增加覆盖面,扩大监控效能,全县打防控一体化建设明显完善。

【生态建设】陆河县被新增纳入国家重点生态功能区。全年造林绿化面积3866.67公顷,完成乡村绿化美化示范点14个,森林覆盖率达73.5%。节能降耗和污染物总量减排规划目标顺利完成,万元GDP能耗完成市下达任务。整县推进村镇污水处理设施PPP项目建设,螺溪和河口生活污水处理厂通水运营。水唇镇荣获"广东省宜居示范城镇"称号。

【法治建设】顺利完成县镇两级换届工作。认真执行县人大及其常委会决议,自觉接受人大、政协和社会各界监督,全年办复人大议案建议34件、政协提案26件。修订完善《政府工作规则》,政府运作和管理服务进一步规范。深入推进政务公开,推行政府法律顾问制度,行政复议应诉工作有效加强。

重点项目建设

【重点项目建设】2016年,全县26个县重点项目,已有19个项目开工建设,开工率为65%,年度累计完成投资23.2亿元,完成年度计划投资的50%。其中4个省重点项目完成年度投资17.4亿,完成年度计划投资的56%;市重点项目7宗(含省4宗)完成年度投资18.6亿,完成年度计划投资的57%。潮惠高速陆河段建设工程、河口镇污水处理厂建设、螺溪镇污水处理厂建设于2016年年底完工投产,兴宁至汕尾高速公路五华至陆河段、陆河县文体综合馆建设工程、陆河县人民医院综合大楼建设工程等基础设施项目稳步推进。

陆河县2016年重点项目计划执行情况表

序号	项目名称	年度计划投资	截至2016年底完成投资	2017年计划投资	备注
	合计26宗	464705	231994	220874	
一	省重点项目(4宗)				
1	潮惠高速陆河段建设工程	83385	81385		续建
2	兴宁至汕尾高速公路五华至陆河段	1000		6123	新建
3	汕尾比亚迪新能源汽车制造项目(含一期、二期及试车场项目)	200000	66012	50000	续建
4	汕尾陆河县河口镇城镇扩容提质建设项目	30000	29300	30000	续建
二	市重点项目(3宗)				
5	陆河县文体综合馆建设工程	660	1293	2350	续建
6	陆河县人民医院综合大楼建设工程	4060	1346	798	续建
7	陆河县教育园区建设工程	8000	7000	10000	续建
三	县重点项目(19宗)				
8	金鲩湾生态园	8000		8000	新建

续表

序号	项目名称	年度计划投资	截至2016年底完成投资	2017年计划投资	备注
9	维业建筑装饰部件部品工厂化	10000	5000	20000	新建
10	伟泰新型建材产业园	20000	10000	22000	新建
11	安星建材产业项目	20000	2000	10000	新建
12	朝阳路道路维修项目	900	900		新建
13	陆河县商贸广场	10000	9000	16323	续建
14	螺河半岛房地产（一期）	20000	5000	17000	续建
15	国防、人防监管场所及业务用房	2000			新建
16	汇龙豪庭商住房开发	9000		9000	新建
17	陆河县粤运汽车综合枢纽客货运站	2000	0		新建
18	重信灵芝种植扩建	11000	0		新建
19	陆河县水唇镇罗洞梅园建设	1000	100	3300	新建
20	陆河县昶宏温泉山庄项目	2000		10000	新建
21	陆河对门文化广场建设	900		900	新建
22	螺溪镇新农村建设项目	12000	4600	4382	续建
23	螺溪镇污水处理厂建设	3000	3318		续建
24	河口镇污水处理厂建设	3000	5140		续建
25	陆河县新河工业园区创业服务中心	2000			新建
26	建筑板材及软包装产品省级检测公共服务技术平台	800	600	698	新建

科技创新

【园区科技】园区紧紧依托陆河全国"中国建筑装饰之乡"品牌优势，并以比亚迪新能源项目落地为契机，以新能源、建筑装饰材料、机械设备制造、电子器材为主导产业。比亚迪一期新能源汽车项目生产大巴近3000部，产值35亿元。首创电子、伟泰建材竣工投产，华南铝业等项目动工建设，智顺、华剑等多家企业完成签约，园区内新能源和建筑装饰产业基地初具规模。园区创业服务中心、质量检测中心启动建设。

【专业镇建设】2016年陆河县创建广东省青梅种植加工技术创新专业镇1个（东坑镇），汕尾市技术创新专业镇1个（南万镇）。

【科技研发机构建设】建立汕尾市技术研发中心4个（乌盾山、伟能、生宝、重信），建立广东省健康农业示范基地2个（伟能、生宝），依托乌盾山茶业公司建立华南农业大学茶业教育科研基地和教学实习基地1个，建立广东省青少年科技教育基地1个（南万红椎林），生宝、伟能、乌盾山、重信等4家企业成为省农业科技园入园企业，在伟能食品有限公司创建省农业科技创新中心，建立县级现代农业科技示范基地3家，县级小型科普基地5家。

【科技成果】2016年全县专利申请量共64件，其中：发明专利13件、实用新型23件，外观设计28件。专利授权量共31件，其中：发明专利1件，实用新型14件，外观设计16件。

新河工业园区

【产业共建】2013年新河工业园区重新启动建设，2014年由深圳市坪山区对口帮扶合作共建，于2015年5月被纳入广东省产业集聚区管理，入园企业同时享受坪山区相关产业扶持政策和省产业园扶持政策。2016年10月27日省级检查对口帮扶工作考评为"优秀"等次，园区现已被纳入国家开发区目录，成为省级产业转移工业园区。

【基础设施】园区总体规划用地范围为33平方千米，人口规模为12.8万人，可建设用地24平方千米，其中首期已开发建设7平方千米。已收储用地1133.33公顷，投入近10亿元用于基础配套建设。建成11万伏变电站与容积2000立方米的自来水厂、日处理能力3万吨（首期1.5万吨）污水处理厂、10000立方米天然气库及管道已建成投入使用；园区首期7平方千米建设用地的道路及管网工程已经竣工投入使用。不断完善园区路网建设，重点抓好工业大道延伸段、坪山大道北段和新河大道东段新建工程、装饰大道及振兴路西段建设工程。按照国家级标准规划设计的建筑板材及软包装材料产品省级质量检测公共技术服务平台和陆河县公共实训基地已建成投入使用；孵化器基地、扶贫产业园、标准化厂房、扶贫厂房已规划建设，近期将建成投入运营。同时，以"创文""创卫"为契机，全力抓好园区绿化、亮化、美化工程建设，进一步优化园区环境，提升园区形象，不断改善投资软环境。

【营商环境】园区的投资环境全面提升，入园企业14家，已建成投产企业有2家，分别是汕尾比亚迪汽车有限公司总投资65亿元，建设用地约533.33公顷，一、二期厂房已建成投产，产值估计可达60亿元，创税1.5亿元；陆河首创五金塑胶制品有限公司总投资2亿元，占地面积4.07公顷，年产值2.5亿元，税收2000万元；在建企业12家。

交通设施

【潮惠高速公路通车】高速公路建设投入资金18.1385亿元，已全线通车。12月30日，潮惠高速公路（陆河段）全线通车，正式结束陆河无高速时代。

【普通公路建设】G235线新田至海丰段、河口至新田段改建工程、揭紫公路和螺洞共光梅园公路基本完工，田嶂公路、河口西湖至东坑大溪公路改建工程顺利推进。投入资金4000多万元，建成农村公路72.4公里、桥梁3座。

政治建设

依法治县

【人大监督】一是强化财政经济监督。听取和审议2015年县级财政决算、预算执行和其他收支的审计情况，2016年上半年国民经济和社会发展计划执行情况、预算执行情况。检查新修订的《中华人民共和国预算法》落实情况，加强"全口径"预、决算审查，针对计划和预算执行中的突出问题提出审议意见，督促政府及其有关部门改进工作。紧紧扭住"三大抓手"，持续关注园区建设、交通基础设施建设和县城扩容提质等重点工作，对工业园区建设、县"十三五"规划纲要实施等工作提出要求和意见。二是强化民生事业监督。深入调研扶贫攻坚、义务教育、医疗改革等工作，加大监督力度，为打好脱贫、教育、医疗卫生"三大攻坚战"提供推力。深化城乡环境整治，重点监督饮用水源保护、公共环境卫生、垃圾处理、规划管理等工作；深化社会环境整治，监督交通安全、禁毒缉枪、社会安全保障等工作，深化政务环境整治，约谈部门负责人。特别是加大禁毒缉枪监督力度，督办全县禁毒和缉枪工作，守护社会平安，筑牢民生之本。三是强化法律法规实施情况监督。在换届选举前，检查《中华人民共和国全国人民代表大会和地方各级人民代表大会选举法》《中华人民共和国地方各级人民代表大会和地方各级人民政府组织法》《中华人民共和国全国人民代表大会和地方各级人民代表大会代表法》等法律的实施情况，推动法律知识在县镇职能部门和广大选民中宣传普及，依法整治政务环境，营造学法用法、依法行政的法治氛围。

【法治政府】推进法治政府建设工作，制定陆河县全面推进依法行政加快建设法治政府的实施方案。督办县七届人大第六次会议议案、建议和意见共34件，均交办到各个承办单位，并督促各单位按时保质完成，做到"件件有落实、事事有答复"。严格规范行政执法行为。

2016年，全县持证行政执法人员250人，确保全县行政执法主体合法化。做好规范性文件合法性审查。共审查规范性文件13件，建议政府颁布9件。依法有效化解社会矛盾纠纷。出庭应诉行政应诉案件4宗；受理行政复议案件11宗。推进政府民主决策。以政府法律顾问室为平台，为领导具体决策提供法律意见、受政府委托处理法律事务以及协调或参与处理群体性事件、突发性事件。推进政府部门权责清单编制工作。县编办采取"三报三审"的方式，汇总44个单位十类权责事项共6462项，其中行政许可232项，行政处罚4412项，行政强制279项，行政征收29项，行政给付62项，行政检查407项，行政确认101项，行政裁决10项，行政奖励34项，其他896项。继续深化行政审批制度改革。梳理《陆河县2016年行政许可事项保留目录》，推动完善行政审批事项标准录入模块功能，组织展开县级事项标准合规性、合法性备案审查。

【平安陆河】"质量强县"建设走向深入，食品药品安全水平和市场经济秩序明显提升。强力开展禁毒缉枪行动，严厉打击暴力、侵财犯罪，全年共立刑事案件179宗，破160宗，立案数同比下降10.9%，破案率上升13.8%。社会矛盾纠纷调处和信访积案化解卓有成效，全年上访总量批次同比下降32.3%，人次下降20.7%，越级上访同比大幅减少。基层治理力度加强，实现"一村（社区）一法律顾问"，基层社会大局稳定向好。安全生产形势总体稳定，应急处突能力得到加强。

【司法执法】2016年，法院和检察院坚持司法为民、公正司法，认真履行职责，不断推进维护社会公平正义事业前进。检察院主动适应以审判为中心诉讼制度改革，对案件质量提出新要求，积极探索建立健全重大案件提前介入、多发类案提前研判等办案机制，保障刑事案件办理质量，保证法律准确有效地执行。法院主动加强与公安部门沟通协作，加强对证据提取、固化，依法从严从重从快打击涉毒、涉枪、涉盗抢等严重影响人民群众安全感社会治安突出问题，切实保障人民群众生命财产安全，确保社会治安环境不断趋稳趋好。2016年，检察院共受理审查逮捕案件132件176人，批捕123件155人，受理审查起诉案件151件196人（受理后改变管辖7件7人），起诉101件122人，已起诉案件法院均作有罪判决。加大毒品犯罪打击力度，共批捕57人，起诉52人。2016年，陆河县人民法院依法受理各类案件共541件；结案491件；结案率90.76%，审限内结案率100%。

【司法体制改革】2016年，县法院进行首批员额法官入额考核工作，通过严格的选任标准和选任程序，确定10个员额制法官。全面启用电子送达收法律文书，推进案件繁简分流，以最快的速度和最低的诉讼成本，实现当事人诉求。全年共新收简易案件122件，占全部民事案件的48%。县检察院积极推进检察官单独序列和职务保障制度改革、人员分类管理和检察官办案责任制。坚持民主公开、择优选任原则，遴选出11名员额检察官，公开招录4名司法辅助人员。

【综合治理】认真落实"中心+网格化+信息化"建设，确定河田、河口、新田3个镇作为试点镇，围绕防控违法犯罪、化解矛盾纠纷、排除公共安全隐患三大工作重点，完成"定格""定人"，初步完成"定职""定流程"的网格化管理机制建设。司法所打造成开展人民调解、法治宣传、法律服务、法律援助等工作综合平台。2016年，全县镇、村调委会调处民间纠纷953宗，成功调处933宗，调解成功率98%，实现无重大社会影响的恶性群体事件发生。

【基层法制建设】推进公共法律服务体系建设，2016年，陆河县"12348"法律服务热线平台，接受法律咨询、来电来访600多人次。陆河县司法局法律援助处已办理法律援助案件127宗，其中刑事法律援助案件12宗，民事法律援助115宗；非诉讼

案件30宗，代写法律文书60多份。全县127个村（社区）与广东润科律师事务所和广东吉河律师事务所的18名执业律师签订法律顾问合同，实现全县100%村（社区）法律服务全覆盖。注册在陆河县的广东吉河律师事务所、广东吴小平律师事务所共4名律师通过年审注册。

【法制宣传】一是聚焦"七五"普法。2016年为开展"七五"普法打好基础，根据中共陆河县委、陆河县人民政府印发的《关于在全县公民中开展法治宣传教育的第七个五年计划（2016—2020年）》的通知，启动"七五"普法规划。二是聚焦"法律六进"，深入开展"法律进机关""法律进企业""法律进校园""法律进社区""法律进单位""法律进农村"等活动。发放《中华人民共和国宪法》《中华人民共和国森林法》《中华人民共和国消防法》《中华人民共和国村民委员会组织法》和《法律援助条例》等宣传资料23000多份，开设法治宣传专栏550多期，悬挂横幅6000多条，法律宣传展板300多块，张贴标语、条幅12600多张；印刷和发放普法读本15000多本。

依法行政

【依法行政规划】为全面贯彻落实《中共中央关于全面推进依法治国若干重大问题的决定》（以下简称《决定》）、《中共中央、国务院〈法治政府建设实施纲要（2015-2020年）〉》《中共广东省委贯彻落实〈中共中央关于全面推进依法治国若干重大问题的决定〉的意见》（以下简称《意见》）、《广东省法治政府建设指标体系（试行）》（省府令第184号）和《广东省依法行政考评办法》（省府令第185号）、《中共汕尾市委关于全面推进依法治市的实施意见》（汕尾发〔2015〕4号，以下简称《实施意见》）、《汕尾市人民政府关于印发汕尾市全面推进依法行政加快建设法治政府的实施方案的通知》（汕府函〔2015〕299号）的精神，为全面推进依法行政、加快建设法治政府，结合全县实际，制定《陆河县全面推进依法行政加快建设法治政府的实施方案》。

【提升依法行政意识】2016年，建立政府常务会议学法制度，政府常务会议前都组织参会人员学习有关法律法规知识。及时组织中共中央、国务院《法治政府建设实施纲要（2015—2020）》《广东省法治政府建设实施纲要（2016—2020年）》及《广东省行政执法监督条例》学习和宣传工作。建立专题法制讲座和集中培训制度，不断提高领导干部法律素质和依法行政的能力；建立领导干部任职前的法律知识考试制度，拟提拔的县镇政府及其部门领导干部法律知识考试不合格的，不予任命；不参加依法行政集中培训的，不予提拔使用。

【放管服改革】2016年，推进"放管服"工作，进一步清理精简行政审批事项，推进"一门式一网式"政务服务改革，全面开展行政审批标准化工作，清理行政审批中介服务，推进县政府部门权责清单编制工作。县编办采取"三报三审"的方式，汇总44个单位十类权责事项共6462项。

政务公开

【信息公开】加强重点领域信息公开专栏建设。于2016年11月底完成重点领域信息公开专栏建设工作。财政预决算和"三公经费"、保障性住房、公共资源配置、重大项目审批、安全生产、价格和收费、征地信息、环境保护等重点领域信息全部在网上专栏公开。政府信息公开各责任单位按照《条例》，以公开为原则，以不公开为例外，主动公开政府信息。在陆河政府门户网站主动公开信息2434条。收到5宗起依申请公开政府信息，全部按要求和实现予以答复，答复率和及时答复率均为100%。全县共播出新闻272期，通过新闻媒体公开数量988条。人大议案、政协提案办理情况。县七届人大五次会议代表提出的议案、建议共34件，交由县政府及相关部门办理，这些件建议均已得到答复，代表满意率达97%以上。县政协七届六次会议共收到委员提案28件，立案26件，立案率92.86%。立案的提案分送承办单位办理。至2016年年末，所有立案提案全部办理完毕，办复率100%。

【网上办事】根据全省"互联网＋政务服务"改革电视电话会议精神和《汕尾市推广一门式一网式政府服务模式改革工作方案》（汕府办〔2016〕37号）文件要求，推进一门一网式政府服务模式改革。规范政务体系建设，印发《陆河县政府部门权责清单》，公布权责事项6462项。电子政务建设走上规范化轨道，县政务服务中心、3个分中心和网上办事大厅全年累计申办事项11万件，办结率99.8%，"一门式、一网式"政府服务模式建设成效明显。

【"五公开"工作】对涉及群众切身利益的重大民生决策事项，执行公众参与、专家论证、风险评估、合法性审查、集体讨论决定等重大行政决策法定程序，加强决策公开工作。做好县政府确定的重点项目公开工作，强化重点改革任务、重要决策、重大工程项目执行情况公开，根据工作进展及时公布成效和后续举措，加强执行公开工作。推进权利清单、责任清单和负面清单公开工作。至2016年末，全县权责清单清理工作基本完成，县直44个部门6462项权责事项通过县政府门户网站向社会公布，并实行动态调整公开机制，加强管理公开工作。推进行政审批和公共服务标准化，简化优化办事流程，编制发布办事指南和业务手册，加强服务公开工作。主动公开重大决策、重要政策落实情况。注重运用第三方评估、专业机构鉴定、社情民意调查等多种方式，科学评估落实效果，增强结果公开的可信度。

【舆情回应】制定印发《陆河县网络舆情引导处置暂行办法》。健全政务舆情手机、研判和应急机制，对涉及本地区和部门的重要政务舆情、重大突发事件等热点问题，依法按程序第一时间通过网络、微博微信等方式予以回应，并根据工作进展情况持续发布动态信息。

【公开平台建设】制定印发《陆河县政府网站考评实施细则》，推动发展电子政务和网上政务公开，把政府门户网站作为公开政府信息的重要途径，形成县政府办公室监督管理，信息中心技术支持，各单位主办的工作机制。至2016年年末，全县6个单位开设网站，及时发布和更新部门的各项政务信息。同时，积极推进政府网站集约化建设工作。

【公开制度建设】加强政务公开制度建设，提高政务公开能力和水平。一是强化责任追究机制。要坚决制止和纠正超越法定权限、违反法定程序的决策行为。对应当决策而没有决策，或超越权限擅自决策；重大事项不按照规定程序和议事规则进行决策，或者对社会涉及面广且与人民群众利益密切相关的决策事项，不进行调查论证或未按规定进行公示、咨询、听证；制定或者发布规范性文件、行政决定的内容及程序违法；违法违规设定行政许可、行政处罚、行政事业性收费项目或者行政强制措施；其他严重决策失误等，造成重大损失或者恶劣影响的，依照有关规定予以问责；同时需要追究纪律责任的，依照有关规定给予纪律处分；涉嫌犯罪的，移送司法机关依法处理。二是建立健全政府信息工作主动公开制度和依申请公开制度。三是健全规范性文件备案审查制度。以县政府名义发布的规范性文件，应当自发布之日起30日内报市政府备案；各镇政府及县直部门发布规范性文件后，应当自发布之日起30日内报县政府备案。四是完善规范性文件发布制度。严格按照法定权限和有关法律、法规、规章及国家相关政策的规定制发规范性文件，未征求意见或者未进行合法性审查及集体讨论决定的，不得发布施行。规范性文件审议通过后，应当在当地媒体或政府网站上公布。规范性文件未依法公布的，不具备执行效力。各级政府及其部门每隔两年要开展一次规范性文件清理活动。对不符合法律、法规、规章规定，或者相互抵触、依据缺失以及不适应经济社会发展要求的规范性文件，特别是对含有地方保护、行业保护内容的规范性文件，要予以修改或者废止。清理后要向社会公布继续有效、废止和失效的规范性文件目录；未列入继续有效的文件目录的规范性文件，不得作为行政管理的依据。

【社会共同参与】推行规范性文件征求意见、合法性审查和集体讨论、统一发布制度。未征求意见或者未进行合法性审查及集体讨论决定的，不得发布施行。制定规范性文件，必须从维护法制统一和适应经济社会发展需要出发，按照条件成熟、突出重点、统筹兼顾、计划安排的原则，确定年度制定计划，落实调研和起草责任。起草规范性文件，应当深入调查研究，总结实践经验，采取书面征求意见、专家咨询论证、召开座谈会、协调会、论证会、听证会等形式以及听取人大代表、政协委员意见等途径，广泛听取有关机关、组织、公民和专家的意见。起草的规范性文件在报送审查时，应当说明意见处理情况及理由，由法制机构进行合法性审查。规范性文件审议通过后，应当在当地媒体或政府网站上公布。规范性文件未依法公布的，不具备执行效力。

廉政建设

【政务整治】2016年，针对制约影响发展的政务环境突出问题，把纪律和作风建设摆在更加突出位置，进一步深化政务整治、正风肃纪集中行动，重点开展作风突出问题集中整治和6项政务环境建设专项工作，深入整治政令不畅、违反中央"八项规定"精神、"为官不为"、办事难、"衙门"习气等六个方面，推动政务环境不断优化。结合教育、卫生创强工作，推动开展全县中小学校纪律作风和医德医风专项整治，加强重点领域作风建设。

【政务监督】2016年，县政府办公室全面落实县政府的工作部署，加强对全县中心工作和重点政务的跟踪督查，抽调办公室人员，组织县发改局等部门，对重点项目和民生实事等工作开展专项督办。全年共开展专项督查32次，编发督办通报或政务通报29期，有效推动全县重大决策部署的落实。

【政务服务】一是加强县政务服务中心建设。至2016年年末，政务服务中心大厅共受理、办理审批服务事项十万多件，修订完善10项管理制度，同时不断完善行政审批信息化建设和网上办事大厅建设，积极构建网上网下一体化公共服务模式，努力推动审批事项网上全流程办。全县各镇设立网上办事大厅，全县群众足不出户就可以在网上查询和办理各个单位的行政审批事项的相关项目。

【惩治腐败】2016年，坚持有腐必惩、有贪必肃，保持惩治腐败力度不减、节奏不变、尺度不松。纪检监察机关坚持反腐标本兼治。建立健全监察与司法、审计等部门联动监督机制，强化审计结果运用。探索政府投资重大工程项目廉洁风险同步预防，推进廉情预警评估系统建设和第三方抽查评估工作。深入推进农村集体"三资"管理服务平台建设，加大阳光政务建设。规范行政执法，整治执法不力、执法不严、执法不公、执法不廉等问题。同时，纪检监察机关加大体现惩治腐败工作，严查群众身边不正之风和腐败问题，聚焦扶贫领域监督执纪问责，以零容忍态度坚决查处基层腐败问题。2016年，查办贪污贿赂5件6人，其中陆河公路系统案件3件4人。有效震慑了腐败犯罪分子。

精神文明建设

综述

【概况】2016年，陆河县精神文明建设工作按照省、市和县委工作部署，深入学习贯彻习近平总书记重要讲话精神，深入培育和践行社会主义核心价值观，大力推进公民思想道德建设，全面开展群众性精神文明创建活动，推动全县精神文明建设取得新成效。

【社会主义核心价值观教育】精心打造公益宣传载体。依托重点网站、政务微博、微信等推送社会主义核心价值观主题公益图片、短片，县电视台、政府信息网站和县城户外LED电子显示屏刊播公益广告1200条次，发布信息1500条次，设置"核心价值观"主题宣传栏50个；在县城螺河两岸、岳溪广场打造"社会主义核心价值观"和"中国梦"主题宣传长廊480米；在水唇镇高塘村、螺溪省级新农村示范片正大、各安等5个主体村打造公益广告宣传文化墙860米；在全县各中小学校广泛深入开展价值观普及教育活动，通过宣传栏、橱窗展板、电子屏形式展示核心价值观内容，推进核心价值观融入学生道德养成、融入校园文化建设。积极推进核心价值观走进基层、走进农村。坚持以点带面，创新载体，扎实推进螺溪新农村示范片、水唇高塘村等社会主义核心价值观先行点和示范点建设，确保社会主义核心价值观宣传教育全覆盖。

【志愿者服务】2016年，稳步推进志愿服务工作，积极利用传统媒体和新媒体大力普及志愿服务知识，宣传志愿服务活动的进展、经验及感人事迹。同时，组织举办"广东i志愿平台陆河县志愿者管理员"培训会、志愿者骨干培训班以及应急志愿者专业应急培训等，不断提高志愿者综合素质。广泛开展志愿服务活动，组织文明劝导、关爱空巢孤寡老人和留守儿童、清洁家园、普法维权、禁毒宣传、文化服务、义诊献血等志愿活动。陆河县社会义务工作者协会荣获"2016年广东省学雷锋志愿服务最佳志愿服务组织"称号。

思想道德建设

【道德模范】在县直机关、中小学校、社区建设道德讲堂10个，组织身边好人、道德模范开展宣讲活动130场，参加人员23000人次。

【文明理念培养】广泛开展"小手牵大手、共建文明城""《弟子规》朗诵比赛""美丽城乡 志愿者在行动""珍爱生命 远离毒品"等各种教育实践活动130场次，发出倡议书30000份。

【加强未成年人思想道德教育】开展开学第一课活动，联合县公安局、县教育局等部门在全县中小学校开展以"小手拉大手 共建文明城"主题教育实践活动，派出授课公安民警85人，参加活动学生近5万人，向学生发放《禁毒宣传手册》《致全市中小学生家长的一封信》等相关宣传资料共15万份。开展"我们的节日"主题活动，大力加强思想品德教育。联合团县委、县教育局、河田镇等部门开展以"朗诵《弟子规》""美丽城乡 志愿者在行动"等为主题的教育实践活动80场次，印发相关宣传资料12万份。大力加强留守儿童的关爱教育。联合团县委举行"青春情暖""让爱相随 让爱延续"活动，为留守儿童捐赠一批文具和体育用品。新建上护樟河小学乡村少年宫。扎实推进学校、家庭、社会"三位一体"的未成年人思想道德建设工作格局，加大净化社会文化环境力度，努力为青少年健康成长创造良好的社会环境。

文明县城、卫生县城创建

【县镇村联创工作】 紧紧围绕省、市文明创建工作部署，按照"对标准、找差距、列清单、补短板、促创建"的思路，突出生态文明建设特色，全面铺开县、镇、村三级文明联创。重点从城乡环境整治、交通环境整治和平安陆河建设三方面着手，不断加大整治和创建力度，坚持不懈推进常态化创建工作，城市的生产生活环境不断优化，城市形象显著提升。

【专项整治工作】 一是扎实推进城乡环境综合整治。按县城一级保洁标准、镇村二级保洁标准落实管理机制，全面消除城乡卫生死角，严厉治理"牛皮癣"顽疾，全力整治"脏、乱、差"行为。共开展环境卫生集中整治行动350次，出动县、镇、村三级干部群众40000多人次，到户签订"门前三包"责任书、"文明公约"20000份，清洁县城牛皮癣8000处（点），清除卫生死角7000处，共清理占道经营、乱摆乱卖、乱搭乱建1250宗，拆除违建面积12600平方米，拆除违规设置广告招牌一批。同时，在县电视台、"陆河宣传"及各镇微信公众号开设"创文曝光台"，公布举报电话，对群众反映的城市"脏乱差"现象进行曝光，对举报制造"牛皮癣"行为实行重奖，并及时督促相关责任单位落实整改，接受群众投诉200次，落实整改250例。二是开展交通安全集中整治行动。全方位开展交通安全知识宣传，全面排查道路安全隐患，全面整治无牌无证、酒驾醉驾、飙车等交通违章行为，加大城乡道路安全改造力度和交通管理设施建设，进一步完善了城乡道路亮化、净化、绿化、美化，实现全县城乡0—50公里新能源公交全覆盖。共发放交通安全知识宣传资料30000份，出动授课人员约900人次，开展路面联合执法行动100次，出警9750人次，查扣无牌证摩托车1121辆，行政拘留无证驾驶人员7人，查处醉酒驾驶案件8宗，查处超载货车118辆，集中销毁一批无牌无证及报废车辆600多辆，确保全县交通秩序安全畅通。三是开展"平安陆河"建设。实施"举报制毒最高奖励30万元、购置无人机空中巡查、开展禁毒武装设卡盘查、落实禁毒层级责任报告制度"等"十项"硬措施，全力形成高墙式、铁桶式拒毒态势。2016年，县公安部门重拳出击，查处涉毒56宗破53宗，查处吸毒人员161人次；立刑事案件151宗破132宗，破案率87.4%，同比上升8%；查处违反治安管理案件158宗254人，查处率98.1%，有效遏制违法犯罪态势，维护社会治安稳定。

【督查考评】 2016年开展城乡环境卫生整治测评排名3轮，安排6名村负责人在县电视台介绍经验，9名镇、村负责人在电视台作检讨。强化创文问责工作力度，共有4名干部因环境卫生整治落实不到位被立案审查。

【舆论宣传】 播出《创文进行时》等系列报道89期；陆河县电视台共播出新闻1620条，其中上送市台播出285条、上送省台播出5条。同时，积极发挥新闻媒体的监督作用，对城乡环境"脏乱差"、相关职能部门不作为、慢作为等问题进行及时曝光，有力推动了各项工作的落实。特别是围绕创文、禁毒等工作宣传，制作播出专题《创建文明城市》1期，播出禁毒、创文标语口号20000多条次。发放"小扇子""文明公约"等宣传资料61600多份，设置户外广告宣传牌600多个。

【创文创卫志愿者服务】 组织开展"文明交通""环保清洁""文明劝导"等志愿服务活动，引导广大青少年融入"文明汕尾"创建行动，同时通过开展"小手拉大手，同创文明城"活动，开展学生家长签订"讲文明、当好市民"承诺书活动，以学生行为影响家长，将学校教育逐步延伸到社区、家庭。充分发挥文化、教育、卫生等职能部门和工青妇等群团组织以及街道、社区的引导作用，不断提升市民群众文明素质，营造全民参与的创建氛围。

社会建设

综述

【概况】2016年，陆河县社会工作委员会及成员单位加强社会建设工作的部署，着力推进社会体制改革，落实社会组织管理，创新社会管理机制，狠抓社会建设综合考核，有力地推动全县社会建设各项工作全面开展。

【社工队伍建设】2016年，全县127个村（社区）与广东润科律师事务所和广东吉河律师事务所的18名执业律师签订法律顾问合同，实现全县100%村（社区）法律服务全覆盖。注册在陆河县的广东吉河律师事务所、广东吴小平律师事务所共4名律师通过年审注册；2016年办理民事公证案件231宗，接受群众法律咨询300多人次，接受外地公证处委托调查8件。规范运行机制，争取经费支持落实考核和奖惩机制，实现村（社区）法律顾问工作全面覆盖和高效运行，并做好宣传，引导老百姓通过法律途径维护合法权益。

【综合考核工作】通过抓综合考核工作建立一整套工作台账，使社会建设综合考核成为推动社会建设各项工作开展的一个重要抓手，坚持从考核中发现问题、分析问题、解决问题，为县委、县政府决策提供充分有力依据。

社会组织管理

【概况】2016年年末，全县已登记成立社会组织共有90个，社团组织60个（其中2016年新成立7个，注销2个），民办非企业单位30个。

【社会组织管理制度改革】陆河县继续推进社会组织管理制度改革；一是民政局推行直接登记和双重管理相结合的混合管理模式，放低登记门槛，简化登记手续。优化社会组织申报材料和年检工作程序，将成立审批时间压缩50%。二是县民政局与县财政局联合编制承接政府职能转移和向购买服务社会组织目录。三是要求各社会组织积极开展行业协会行业纪律和诚信创建活动。四是出台《陆河县民政局关于社会组织评估管理实施办法》，规范社会组织评估工作，促进社会组织健康有序发展。

【社会组织专项治理】陆河县加强社会组织管理，开展专项治理工作，及时收集有关数据情况，建立重点社会组织对象名单，落实专人跟进、督导，将多个重点社会组织纳入规范管理范围。

【社会组织监管工作】一是强化社会组织年检和财务审计工作。二是建立社会组织联合执法机制。三是建立社会组织信息公开制度。通过县社会组织信息网和其他媒体公开社会组织章程，向社会披露年度工作报告、财务状况和重大活动等信息，接受社会各界监督。

【社会组织行为规范工作】陆河县强化依法治理社会组织，加强对社会组织的决策、执行、监督等各个环节、行为的规范化运作。开通陆河县社会组织信息网和陆河县社会组织网上业务办理平台，构建涵盖登记管理全过程、信息与相关职能部门对接共享的社会组织管理信息系统体系。

社会体制改革

【概况】积极推进全县基本公共服务均等化、教育、医药、卫生体制、社会保障和社会治理机制等工作，取得成效。

【公共服务均等化】陆河县加大保障和改善民生投入力度，民生支出占财政收入比重逐年提高。公共教育服务、公共卫生服务、公共文化体育、公交交通服务、公共安全服务、生活保障服务、住房保障服务、就业保障服务、医疗保障服务、生态

环境保障服务均等化等10个基本公共服务均等化专题目标任务完成情况良好，同比均取得不同程度进步。

【教育均衡化】陆河县教育局继续推进实施城乡义务教育均衡发展事业，落实农村义务教育经费保障机制，扩大山区和农村边远地区学校教师岗位津贴制度。积极推行中小学校和教师交流轮岗机制，增强教师队伍活力，促进义务教育均衡发展。推进"阳光招生"，义务教育阶段学校按学区免试就近入学。均衡招生指标向农村倾斜，逐步提高分配比例。

【就业创业机制】陆河县人力资源和社会保障局积极协调、处理各种设计劳动关系的重大情况和问题，加强推进和谐劳动关系构建。加大劳动争议调处力度，至2016年年末，共受理仲裁案件5件，结案5件，结案率100%，完善与司法、法院、工会、行业协会等的联合调处机制。针对复杂多变的劳资关系，创新工作思路和方法，不断提高劳动监察执法水平，健全劳动争议处理机制，着力构建和谐劳动关系。制定进一步引导和鼓励高校毕业生树立正确择业观和就业观的措施。建立统一规范的离校未就业高校毕业生、初中辍学学生实名信息数据库和衔接共享机制。

【社会保障制度】2016年，陆河县人力资源和社会保障局积极推进城乡居民保险一体化工作；落实社会养老保险政策，有效推进养老保险可持续发展；贯彻城乡居民基本养老保险基础养老金正常调整方案；采取积极措施解决离退休人员养老金偏低问题，城乡居民基础养老金从2014年人均60元/月提高到2016年的110元/月；落实基本医疗保险政策，健全全面医保体系，完善城乡居民大病保险制度；推进生育保险和基本医疗保险基金监督条例。民政局出台系列文件，为五保、低保、特困家庭等弱势群体提供救助保障；进一步完善养老服务体系，健全农村留守儿童、妇女、老年人关爱服务体系，完善残疾人保障机制，发展残疾人服务业，健全困境儿童分类保障制度。

【医疗卫生制度改革】对医改工作加强监测监督，落实重点任务指标，按要求定期报送医改监测报表，做到及时发现、整改问题；继续深化医药卫生体制改革，深入破除以药补医机制，调整医疗服务价格和医保报销政策，出台《陆河县县级公立医院医药价格改革试点工作实施方案的通知》（陆河价〔2013〕54号），将诊查费、手术费等服务收费适度上调，并纳入医保、新农合报销；积极推进县级公立医院改革，县人民医院综合大楼计划总投资1亿元，建筑面积27260平方米，2016年10月完成主体工程的外墙装饰工作；继续完善基本医保市级统筹，实现省内16家定点异地就医费用直接结算；制定《陆河县人民政府办公室关于建立分级诊疗和双向转诊制度的实施意见》（陆河府办〔2016〕61号），进一步完善分级诊疗制度；建设以电子病历和医院管理为重点的可扩展县级医院管理信息系统，与医疗保障信息系统衔接，逐步实现互联互通。加强远程医学信息支持系统建设，逐步实现远程会诊、远程病理诊断和远程教育等，发挥优质医疗资源的辐射作用。公共服务模式不断优化，各镇卫生院成立国家公共卫生服务队，进村入户，开展老年人免费体检咨询活动；开展慢性病社区诊断工作、世界防治结核病日宣传活动，普及宣传病防治知识；开展农村妇女"两癌"免费检查项目，完成农村妇女宫颈癌检查1万人、乳腺癌检查4256人；公共场所卫生监督不断加强，重点加强农村饮用水安全管理。

【农村综合改革】陆河县强化补齐短板意识，深入推进农村各项改革发展事业，加快特色现代农业发展，加强农村基层治理，稳生产、调结构、转方式，着力构建现代农业产业体系、生产体系、经营体系。加速推进农村土地承包经营权确权颁证工作。

社会管理创新

【概况】2016年，根据汕尾市社会工作委员会出台《汕尾市创新社会管理工作方案》要求，全县以解决人民群众关注、影响社会和谐稳定民生问题或社会热点问题为突破口，创建社会管理创新项目，通过创建创新项目，解决人民群众最迫切需要解决民生问题或热点问题。

【基层管理创新】陆河县大力规范基层管理，强化基层政权和社区建设，将城乡社区协商作为推进基层民主建设列入《关于加强社会主义协商民主建设的实施意见》，同推进同实施。探索社会自治新路径，制定系列制度，推进社区自治。推进公共服务平台建设，提升协调水平，搭建社区协商体系，提高基层参与力。

【食品安全监督】县食药监局认真履行食品安全综合监管职责，充分发挥政府"抓手"作用，加大协调力度，制定《陆河县食品安全工作评议考核办法》，认真部署食安委各成员单位做好食品安全监管工作。县食品安全委员会办公室广泛协调全县各部门、各镇（街道）开展创建国家食品安全城市相关宣传活动，食品安全科普宣传活动社区覆盖率达到80%以上。

生态文明建设

生态环境保护

【概况】2016年，陆河县坚持绿色发展理念，定立更高标准、更严要求、更硬措施，全力推进生态文明建设和环境保护工作，为实现"十三五"良好开局走可持续发展打下基础。

【城乡生态环境】重点做好陆河县农村环境连片整治示范县试点项目，完成一批农村生活污水湿地处理示范工程、垃圾处理工程等项目，起到"以点带面"的示范作用。高砂大塘、河东高田和下半径、上径下屯、各安、内洞连塘、圳口田尾、共联下圳坝、樟河圩和野鸭等10个自然村开展农村环境连片综合整治，建设10套人工湿地农村生活污水处理设施，规模达2420吨/日；开展螺河整治及保护工程，清理万全河道，对螺河沿岸部分村庄进行截污。

【饮用水源保护】做好饮用水源地环境保护工作，落实全县集中式饮用水源保护区的监测工作和加强乡镇集中式饮用水源的环境执法，确保饮水安全。全县9个集中式饮用水源地保护区的隔离防护设施工程已全部完成。加大环境污染治理力度，重点抓好示范县二期项目、螺河环境综合整治及保护、陆河县城二期管网续建工程等项目的建设，确保早日发挥环境效益。

【节能减排工作】严格执行营运车辆燃料消耗量限值标准，全年共核准3辆达标货车进入运营；推进驾驶员培训机构模拟驾驶设备的应用，共计新购模拟设备25台，推广汽车驾驶模拟训练；开展机关节能减排工作，电消费量同比下降14%，水消费量同比下降15%，车用油量同比下降30%。麦卡电工器材（陆河）有限公司更换生物质新锅炉节能改造项目。同时对原有约350千瓦的电机进行能效提升，全部更换成二级能效的高效电机，加快企业高耗能设备的淘汰步伐。陆河泰润人造板有限公司在第二轮持续清洁生产审核过程中，通过淘汰和更换一批耗能设备，达到进一步节能减排效果。

林业生态建设

【概况】树立"生态立县"的理念，加快全县林业生态建设又好又快发展，圆满完成年初确定的林业各项目标任务。2016年度，陆河县森林资源保护和发展目标责任制考核得分为97.49分，被省政府评为优秀。2016年全县林地面积74170.67公顷，占全县总面积的78%，有林地68128.13公顷，林地绿化率92.4%；生态公益林面积28380公顷，占林业用地面积38.3%。森林覆盖率达73.49%，同比增长0.76%；活立木蓄积量325.3335万立方米，同比增长6.3%。新增"乡村绿化美化"示范点建设14个，其中省级示范点3个。

【造林绿化】造林共1240公顷，封山育林面积333.33公顷，其中：防护林工程2015年中央预算内投资项目造林工程800公顷，2016年森林碳汇重点生态工程造林面积440公顷。

【自然保护区】广东陆河南万红锥林省级自然保护区（下称"保护区"）于2001年10月经广东省人民政府批准建立。根据矢量化测量结果，保护区东西长约10公里、南北宽约6.5公里，总面积为2911.4公顷，其中核心区面积1027.3公顷；缓冲区面积621.1公顷；实验区面积1263.0公顷。其主要保护对象为红锥天然林及其生长环境、国家重点保护和珍稀濒危动植物物种资源及其栖息环境，属于森林生态系统类型自然保护区。保护区保存有我国面积最大、分布最集中、保护完好、原生性强的红锥群落，红锥是我国珍贵的优良乡土阔叶树种，也是我国南方主要造林树种。保护区内最具代表性和多样性的天然红锥群落类型，是我国珍贵的红锥种质资源库，其原生性的红锥生长环境及自然生态系统，具有很高的科学研究价值和保护价值，是开展红锥种苗培育和研发速生丰产技术的天然宝库，也是陆河县青少年开展生物多样性科普教育实践基地。

陆河

大事记

LUHE YEARBOOK

2016年大事记

1月7日　中共汕尾市委书记石奇珠，在市委常委、秘书长李庆新的陪同下到陆河世外梅园调研特色乡村旅游工作，县委书记林少文陪同调研。

1月28日　中共陆河县第七届委员会第五次会议在县政府六楼会议厅召开。全会审议通过了《中共陆河县委关于制定国民经济和社会发展第十三个五年规划的建议》。

2月14日　陆河县首届客家擂茶文化节暨擂茶比赛活动在省级古村落水唇镇水唇村石下坝举办，来自全县180名选手参加了擂茶比赛，评选出一等奖1名，二等奖2名，三等奖3名。

2月25日　中共陆河县纪委七届六次全会在县政府六楼会议厅召开。会议表决通过了《全面从严治党 把纪律和规矩挺在前面 坚定不移推进党风党廉建设和反腐败工作》的工作报告和县纪委七届六次全会决议。

3月28—29日　政协陆河县第七届委员会第六次会议在县政协四楼会议室举行。

3月29—30日　陆河县第七届人民代表大会第六次会议在县政府六楼会议厅举行。会议应到代表188名，实到167名。大会听取和审议县长许伟明向大会所作的《政府工作报告》。选举叶佐超为县人大常委会副主任，选举县人大常委3名。

4月15—16日　中共中央政治局委员、省委书记胡春华到陆河调研，省委副书记、深圳市委书记马兴瑞，省委常委、常务副省长徐少华，省委常委、秘书长邹铭参加调研。汕尾市委书记石奇珠、市长杨绪松及县委书记林少文、县长许伟明陪同调研，实地考察新工业园伟泰建材项目、比亚迪汽车项目，见证了比亚迪汽车陆河厂区首台纯电动大巴下线。

4月20日　国土资源部地质环境司司长关凤峻到陆河县东坑镇检查指导大新村墩下特大型滑坡地质灾害治理工作。

5月11日　汕尾市市长杨绪松到陆河县螺溪镇正大村、河田镇布金、莲塘村调研新农村建设。

5月25日　新加坡海陆丰会馆访问团到陆河参观访问，先后参观了新河工业园区比亚迪公司生产车间、县教育园区等。

6月13日　陈德忠任中共陆河县委书记。

6月19日　广东省红色旅游文化促进会一行15人到水唇镇高丰小学、莲心湖、罗洞世外桃园景区考察调研，了解教育发展、红色革命历史和乡村旅游发展情况。

6月28日　陆河县首本不动产权证书颁发仪式在县国土资源局举行。

7月28日　东莞市陆河商会考察团回陆河考察投资环境，洽谈投资合作项目。

8月5日　香港陆河同乡总会访问团一行20人回陆河考察。

9月　陆河举办"客俗桃源·廉洁陆河"全国联墨创作大赛，来自全国各地的联墨作品共860幅，评选出一等奖1名，二等奖3名，三等奖10名，优秀奖50名。

9月8日　陆河县0—50公里新能源纯电动公交车投放启动仪式在新河工业园区举行。150辆纯电动公交车投入使用，成为全省第一个全面启用新能源公交的山区县。

9月25日　陆河举行"氧吧陆河 百里骑行"绿色骑行活动，来自广州、深圳、惠州、珠海、汕头、梅州、汕尾及香港、澳门等地1400多名骑行爱好者参加。全程125公里，历时11个小时，由省体育局、深圳对口帮扶汕尾指挥部、陆河县人民政府联合举办。

10月　陆河县推行服务型政府建设，在全市率先建成县、镇、村三级政务服务体系及网上办事大厅，同时建立县、镇公共服务交易中心。

10月13—14日，中共汕尾市委书记石奇珠、市

大事记

长杨绪松率市四套班子领导成员到陆河县新河工业园区,开展产业园区建设"查看比学"活动。

10月 陆河县获评"广东省第二批国地税合作县级示范区",是汕尾市首个国地税合作示范区。

10月 陆河县完成数字电视终端传输设备建设,在县城范围内开始数字电视信号转换工作。

10月26—28日 中共陆河县第八次代表大会在县政府六楼会议厅举行。大会应到代表273人,实到269人,大会选举产生中共陆河县第八届委员会。选举陈德忠、陈壮勇、罗炳新、庄红琴、陈良川、谢威宣、李招军、叶子美、彭少轩、杨学而为县委常委,陈德忠为书记,陈壮勇、罗炳新为副书记。选举县委委员48名,县委候补委员9名。选举谢威宣为县纪委书记,叶君玉、吴家宾为县纪委副书记,选举县纪委常委7名。

11月10日 "2016第七届品鉴岭南——中国著名作家广东行走进陆河"活动在陆河县举行。

11月17—19日 政协陆河县第八届委员会第一次会议在县政协四楼会议室举行。大会选举黄国生为县政协主席,孔金诺、叶步活、叶佐雄、彭俊生、郑少琴为副主席,选举县政协常委26名。

11月18—20日 陆河县第八届人民代表大会第一次会议在县政府六楼会议厅举行,大会应到代表173人,实到代表171人,会议听取和审议政府工作报告。大会选举余加瑞为县人大常委会主任,黄汝展、黄丕朕、叶佐超、彭金迎、陈旋飞、郑向荣为副主任;选举县人大常委18名。选举陈壮勇为县长,叶子美、李小鹏、连小珊、沈展峰、范秉康、彭武标为副县长。选举卓俊鸿为县人民法院院长,邱少瑶为县人民检察院检察长。选举出席汕尾市七届人民代表大会代表48名。

11月20日 陆河县在县人大二楼会议室举行新当选的县人大、县政府领导班子及国家工作人员向《中华人民共和国宪法》宣誓仪式。

12月13日 中共汕尾市委书记石奇珠到陆河县调研,市领导曹小华、余锡群、吕珠龙参加调研。要求陆河要坚定不移发展实体经济,依托资源优势,打造旅游品牌,在经济发展、打造"四大环境"和班子建设、基层治理、改革创新等方面领跑全市。县委书记陈德忠、县长陈壮勇陪同调研。

12月28日 潮惠高速公路全线建成通车,途经陆河县的水唇、东坑、河田、上护、河口、新田等6镇,县境主线双向6车道,全长39.24公里,连接线4.4公里,设陆河东、陆河南、新田3个互通口和新田服务区,总投资40亿元。

陆 河

LUHE YEARBOOK

年度关注

胡春华书记来陆河视察

2016年4月15日至16日期间,中共中央政治局委员、省委书记胡春华到陆河县调研,检查指导产业建设和对口帮扶工作,强调要继续扭住"三大抓手",抓住深圳对口帮扶的机遇,加快产业园区建设,集中力量推动更多产业项目落地投产,形成加快发展的良好势头。省委副书记、深圳市委书记马兴瑞,省委常委、常务副省长徐少华,省委常委、秘书长邹铭参加调研。

胡春华一行在市委书记、市人大常委会主任石奇珠和市长杨绪松的陪同下,察看陆河新河工业园伟泰建材项目、比亚迪汽车项目。并见证了比亚迪汽车陆河厂区首台纯电动大巴下线,肯定陆河县按照省委、省政府决策部署,加强合作,狠抓重大产业项目落地,引进项目的数量与质量不断提高,产业建设工作成效明显。

省委书记胡春华强调,要狠抓产业项目开工建设,对现有项目进行系统梳理,一个项目一个项目落实建设条件。

螺洞世外梅园

螺洞世外梅园位于水唇镇螺洞村委,该村原为罗洞村委,2016年10月更名为螺洞村。距陆河县城15千米。

2015年,水唇镇以推进美丽小镇建设为目标,提出"打造旅游名镇,建设美丽水唇"发展思路,以螺洞村为先行点,建设特色旅游名村和魅力乡村旅游胜地。同年11月,成立汕尾市首家村级股份制公司——广东罗洞投资股份有限公司,当地村民(农户)以土地、梅园、山林、现金等形式入股,共同参与旅游开发,构建利益共同体,发展集观光、娱乐、休闲、文化、探险、餐饮于一体的原生态旅游业。由深圳北林苑景观规划设计院编制"世外梅园"规划,结合螺洞村的自然生态资源,村内山、水、石、林等自然景观融入旅游规划,有万亩梅花、螺洞河、风响石、夫妻树、木偶戏剧、客家美味等,打造成为雷石问梅、清溪探梅、青岗踏梅等赏梅片区,规划建设楹联文化长廊、主题梅园、梅林花溪长廊等景点,将以往梅花观赏的旅游模式,拓展为休闲乡村旅游模式。

螺洞世外梅园在推进景区景点建设的同时,注重完善服务设施建设。开通螺洞村至东坑镇共光村万亩梅园基地的公路,实现2个梅园直接互通。沿河修建梅文化楹联长廊、河溪栈道、观赏亭台、天然游泳池、扩建停车场等。设置景区医务室,开通县城至螺洞公交专线、汕尾至螺洞旅游专线;光纤网络提升至10000兆,实现光纤全覆盖,开通手机银行业务,率先成为全县支付宝付费的村委之一。

螺洞村以梅为媒,带动种养业发展,通过农产品深加工,开发新产品,提高农产品附加值。以"旅游+"为产业,带动走出一条粤东西北落后地区的乡村振兴之路。村民发展种养业实现增收,种植青梅、黄榄、李子、柿子、蔬菜，养殖蜜蜂，制作青梅酒、黄榄酒、青梅干、李子蜜饯、柿饼、蜂蜜、菜干等，全村种植业每年收入200多万元。村民随着旅客量不断增多，开设山里人家、乡村农家乐等农家餐馆，现有民宿9家、农家乐10家。

螺洞世外梅园始终坚持绿色发展理念，保护青山绿水，发展生态旅游业。2016年，获得"汕尾十大休闲基地""广东省休闲农业与乡村旅游示范点"称号，同时被评为国家级AAA旅游景区。

广东省产业转移、坪山区合作共建园区陆河县新河工业园区简介

新河工业园区位于广东省最年轻的客家新县、美丽山城汕尾市陆河县。园区总体规划用地范围为33平方公里，人口规模为12.8万人，可建设用地24平方公里，其中首期已开发建设7平方公里。2013年新河工业园区重新启动建设，2014年由深圳市坪山区对口帮扶合作共建，于2015年5月被纳入广东省产业集聚区管理，入园企业同时享受坪山区相关产业扶持政策和省产业园扶持政策。2016年10月27日省级检查对口帮扶工作考评为"优秀"等次，园区现已被纳入国家开发区目录，成为省级产业转移工业园区。

园区紧紧依托陆河全国"中国建筑装饰之乡"品牌优势，并以比亚迪新能源项目落地为契机，以新能源、建筑装饰材料、机械设备制造、电子器材为主导产业。目前已收储用地17000多亩，投入近10亿元用于基础配套建设。建成11万伏变电站与容积2000立方米的自来水厂、日处理能力3万吨（首期1.5万吨）污水处理厂、10000立方米天然气库及管道已建成投入使用；园区首期7平方公里建设用地的道路及管网工程已经竣工投入使用。不断完善园区路网建设，重点抓好工业大道延伸段、坪山大道北段和新河大道东段新建工程、装饰大道及振兴路西段建设工程。按照国家级标准规划设计的建筑板材及软包装材料产品省级质量检测公共技术服务平台和陆河县公共实训基地已建成投入使用；孵化器基地、扶贫产业园、标准化厂房、扶贫厂房已规划建设，近期将建成投入运营。全力抓好园区绿化、亮化、美化工程建设，进一步优化园区环境，

提升园区形象，不断改善投资软环境。

园区的投资环境全面提升，入园企业14家，已建成投产企业有2家：汕尾陆河比亚迪汽车有限公司，总投资65亿元，建设用地约8000亩，一、二期厂房已建成投产，产值估计可达60亿元，创税1.5亿元；陆河首创五金塑胶制品有限公司，总投资2亿元，占地面积61亩，年产值2.5亿元，税收2000万元；在建企业12家。

县新河工业园区从2013年重建以来，在上级党政的正确领导和深圳市坪山区对口帮扶陆河的大力支持帮助下，依托全国"中国建筑装饰之乡"品牌优势，以"生态园区、诚信园区、效益园区、创新园区"为目标，致力打造全国重要的新型建筑装饰材料生产基地、新能源产业基地。从最初的无水泥路面、无施工项目、无生产企业到目前投产企业3家、在建企业6家。2016年园区工业产值约40亿元，税收1.2亿元，实现了工业产业的跨越发展。

陆河

政治

LUHE YEARBOOK

中共陆河县委员会领导成员

【2016年中共陆河县委领导名录】

2016年中共陆河县委换届前领导名录

县委书记：林少文（6月离任）
　　　　　陈德忠（6月任职）
县委副书记：许伟明（8月离任）
　　　　　　陈壮勇（8月任职）
　　　　　　叶祥振（10月离任）
　　　　　　罗炳新（10月任职）
常　　委：黄汝展（10月离任）
　　　　　谢威宣
　　　　　庄红琴
　　　　　陈良川
　　　　　李招军
　　　　　蔡志强
　　　　　杨　华
　　　　　向　军
　　　　　彭少轩
　　　　　屠治明（7月挂任）

2016年中共陆河县委换届后领导名录

县委书记：陈德忠
县委副书记：陈壮勇
　　　　　　罗炳新
常　　委：谢威宣
　　　　　庄红琴
　　　　　陈良川
　　　　　李招军
　　　　　向　军
　　　　　叶子美
　　　　　彭少轩
　　　　　杨学而
　　　　　屠治明

县委工作机构

【2016年中共陆河县委工作机构设置】2016年，中共陆河县委工作机构有中共陆河县委纪律检查委员会、中共陆河县委办公室、中共陆河县委组织部、中共陆河县委宣传部、中共陆河县委政法委员会、中共陆河县委统一战线工作部、陆河县机构编制委员会办公室、中共陆河县直属工作机关委员会。

重要会议

【县委七届五次全会】2016年1月28日，中共陆河县第七届委员会第五次全体会议召开。会议主要任务是深入贯彻党的十八届五中全会、省委十一届五次、六次全会和市委六届五次、六次全会精神，回顾总结"十二五"时期的发展成就，以新理念谋划"十三五"时期新发展，研究提出《中共陆河县委关于制定国民经济和社会发展第十三个五年规划的建议》，全面部署2016年工作，进一步动员全县上下坚定信心、后发追赶，不断增创发展新优势，确保如期实现全面建成小康社会宏伟目标。县委书记林少文主持会议并代表县委常委会作工作报告。

【县委七届六次会议】7月26日上午，中共陆河县委七届委员会第六次全体会议在县政府六楼会议室召开，县委委员、候补委员出席会议。县委书记陈德忠主持会议并作讲话。全会研究确定中国共产党陆河县第八次代表大会于2016年10月下旬在陆河县城召开。县委常委、组织部长陈良川对《关于召开中国共产党陆河县第八次代表大会的决议（草案）》作起草说明。大会讨论并表决通过《关于召开中国共产党陆河县第八次代表大会的决议》。

【中国共产党陆河县第八次代表大会】10月27

政治

日—28日，中国共产党陆河县第八次代表大会在县政府六楼会议室召开。出席这次大会的代表共273人，实到代表269人。县委书记陈德忠代表中共陆河县第七届委员会向大会所作的题为《打造优雅陆河 实现绿色崛起 努力建设宜居宜业宜游客家新山城》的报告。

【县委八届一次全会】10月28日，中国共产党陆河县第八届委员会第一次全体会议在县政府六楼会议室召开。陈德忠主持会议，全体县委委员、县委候补委员出席会议。会议选举产生中共陆河县第八届委员会常务委员会委员、书记、副书记。陈德忠当选为中共陆河县第八届委员会书记；陈壮勇、罗炳新当选为副书记。陈德忠、陈壮勇、罗炳新、庄红琴、陈良川、谢威宣、李招军、叶子美、彭少轩、杨学而当选为中共陆河县第八届委员会常务委员会委员。

【全县领导干部大会】8月29日上午，召开全县领导干部大会，宣布干部任免事项。县委书记陈德忠主持，汕尾职业技术学院党委书记、市委组织部副部长、老干局局长林勀，县委副书记、代县长陈壮勇，许伟明同志及县委委员、候补委员、县人大、县政府、县政协领导班子成员，县法院院长、县检察院检察长，县纪委副书记，担任过县领导班子正职和近一届担任县领导班子副职的老同志，县委、县政府办公室正副主任，县人大和县政协办公室主任，县直（含驻陆）正科级以上单位正职，各镇党政正职参加了会议。会上，林勀宣布了市委关于陈壮勇、许伟明同志的任命决定，并对加强我县领导班子建设提出了具体的要求。陈德忠在会上做了表态发言，表示坚决拥护市委的决定；维护班子的团结；竭尽所能，把陆河的各项工作做好。许伟明、陈壮勇分别在会上作了发言。

【县委理论学习中心组（扩大）学习会】7月8日，陆河县委中心组召开学习会，学习贯彻习近平总书记在"七一"庆祝中国共产党成立95周年大会上的重要讲话精神。县委书记陈德忠主持会议并作讲话。县四套班子成员、纪委副书记、政府办主任等相关同志参加学习会。

11月2日，陆河县委理论中心组召开学习会，学习贯彻党的十八届六中全会精神。县委书记陈德忠主持会议并作讲话。县四套班子成员、纪委副书记、各镇党委书记等相关同志参加学习会。会上要求学习贯彻全会精神与"两学一做"学习教育及做好当前各项工作结合起来，不折不扣地贯彻落实《关于新形势下党内政治生活的若干准则》和《中国共产党党内监督条例》，全面加强党的建设，确保党要管党、从严治党落到实处，为"打造优雅陆河、实现绿色崛起，建设宜居宜业宜游客家新山城"营造风清气正的政治环境。

11月24日晚，县委书记陈德忠主持召开县委理论中心组学习会议，会议主要传达学习省、市相关会议精神、领导讲话精神和要求，组织学习习近平总书记有关讲话精神，总结全县各项工作，研究部署如何进一步推进各项重点工作。全体县领导班子参加了会议。会上，陈德忠要求全体领导班子要学习好六中全会后颁布的《准则》和《条例》，严字当头，把学习贯彻全会精神与抓好全年各项工作任务有机结合起来。县长陈壮勇传达学习了省、市相关会议精神和领导讲话要求，并组织学习了习近平总书记在十八届二中全会讲话中《发扬钉钉子的精神，一张好的蓝图一干到底》的讲话精神。县委常委、纪委书记谢威宣组织学习了习近平总书记在中纪委十八届三次全会的讲话要点：深入推进党风廉政建设和反腐败斗争，并结合自身的学习体会提出工作要求。县委常委、常务副县长叶子美在会上通报了全年经济运行情况；县委常委、宣传部长庄红琴通报了全县"创文"工作情况；副县长范秉康通报了扶贫工作情况，并指出了各项工作中存在的问题，提出下来的工作意见和建议。

重大决策

【全面落实从严治党】打造优雅陆河、实现绿色崛起，落实从严治党是关键。全县各级党组织必须担负起党要管党、从严治党的责任，把全面从严治

党贯穿经济社会发展全过程，切实把党的政治优势和组织优势转化为加快发展的强大力量，为全面建成小康社会提供坚强保证。

一是切实强化思想引领。突出思想建党，抓好经常性思想政治教育，不断把"两学一做"学习教育引向深入，引导党员干部增强中国特色社会主义道路自信、理论自信、制度自信、文化自信，牢固树立政治意识、大局意识、核心意识、看齐意识，奋力争当"四个自觉"模范，始终与党中央、省市委保持高度一致。把学习党章党规、学习贯彻习近平总书记系列重要讲话精神作为首要政治任务，融入经济社会发展、民主政治建设、精神文明建设和从严管党治党的全过程。推进学习型党组织建设，完善层级化学习体系和党委（党组）理论中心组学习制度。严格落实党管意识形态工作主体责任，健全完善意识形态领域情况分析研判、预警和处置机制，提高新形势下舆论引导能力。要围绕实现今后五年目标任务，深入推动新一轮思想大解放，积极探索改革发展新思路、新办法、新途径，努力破解阻碍发展的瓶颈制约，以思想上的与时俱进推动发展上的突破创新。

二是全面夯实基层建设。牢固树立抓基层、强基础的鲜明导向。强化驻点联系群众制度，持续加大软弱涣散基层党组织整顿力度，进一步发挥基层党组织的领导核心和战斗堡垒作用。创新基层组织建设，建立党员工作群和外出乡贤名库，有计划地引导培养外出企业精英、杰出乡贤、回乡大学生入党，提高党员质量，增强党组织的活力和凝聚力，并不断健全党员教育、管理、服务长效机制。大力开展村（居）务公开"五化"创建活动，深入实施"领头雁"工程，选优配强基层党组织领导班子和带头人队伍。探索党建与发展融合、党建与为民服务融合的新办法新途径，在精准扶贫、新农村建设、乡村旅游等发展实践中挖掘典型、总结经验、探索创新，努力形成一批体现陆河特色的基层党建品牌。大力开展"暖镇行动"，全力支持、帮助乡镇解决困难和问题，使基层成为人人都想干事创业、都能干事创业的地方。实施基层党建保障工程，全面落实基层党组织基本运转经费，稳步提高村两委干部工作待遇，研究出台村干部养老保障方案。

三是着力打造过硬队伍。紧紧围绕"政治过硬、本领过硬、作风过硬、廉洁过硬"的领导班子建设要求，坚持德才兼备、以德为先的选人用人导向，从严管好班子、带好队伍，全力打造"钢的班子、铁的队伍"，全面提升执行力。加大干部教育培训力度，不断增强他们的责任意识、担当意识，激发大家主动作为、敢于碰硬，形成推进陆河加快发展的坚强力量。创新干部考核方式，积极推行清单式、日常式、跟进式、一线式考核，全面落实领导干部能上能下制度，着力打造一支忠诚干净担当的干部队伍。加强年轻干部、女干部、党外干部培养选拔任用工作，加强后备干部队伍建设，不断优化干部队伍结构。继续加大人才引进、培养、使用力度，为全面建成小康社会提供强有力的人才支撑。加大干部人文关怀，在思想上、工作上、生活上给予关心和帮助，制订实施干部定期体检计划等措施，让广大干部感受到组织的关怀和温暖，进一步激发大家干事创业的活力和动力。建立正向激励和容错纠错机制，旗帜鲜明地为实干者加油，为创新者鼓劲，为担当者撑腰，激励广大干部专心谋事、踏实干事、实干成事，营造心齐、气顺、劲足的干事创业氛围。

四是驰而不息正风肃纪。巩固和拓展群众路线教育实践活动和"三严三实"专题教育成果，坚决贯彻执行中央八项规定，密切关注"四风"新动向，盯紧重点领域、重要环节、重要节点，从严查处顶风违纪行为，加大通报曝光力度，严肃追究问责。认真贯彻执行《廉洁自律准则》《纪律处分条例》和《问责条例》等党内法规，引导广大党员自觉用党章党规党纪规范自己的言行，切实把纪律和规矩挺在前面。制订治理"为官不为"实施方案，采取"媒体曝光、书面检讨、学习教育、人大监督质询、组织纪律处分"五项举措，全面治理"为官不为、懒政怠政"，持续释放越往后力度越大、执纪越严、处理越重的强烈信号。进一步深化政务整治、正风肃纪集中行动，以铁的决心、铁的手腕、铁的纪律整治机关作风,全面整治不作为、慢作为、乱作为、吃拿卡要拖等各类问题,强力扫除影响和制约发展的"绊脚石",推动全县政务环境持续向好发展。健全重点项目、重点工作领导负责、现场办公、督查督办工作推进机制,雷厉风行、紧抓快办,推动各项决策部署落地见效。严格落实党风廉政建设"两个责任",完善"一案双查"机制,各级党委书记要负起党风廉政建设第一责任人的责任,不断把全面从严治党要求一级一级落实下去,让"失责必问、问责必严"成为常态。坚持纪在法前、纪严于法,综合运用监督执纪"四种形态",实现惩处极少数、教育大多数的政治效果和社会效果。要推动全面从严治党向基层延伸,加大农村基层作风巡查和问责力度,树立严查"微腐败"品牌,切实解决群众身边的不正之风和腐败问题。始终保持惩治腐败、正风肃纪高压态势,努力形成不敢腐、不能腐、不想腐的长效机制,着力营造风清气正的政治生态。

【推动经济建设新发展】打造优雅陆河、实现绿色崛起,加快经济发展是基础。要立足陆河的资源优势,精准规划、精心建设,加快推进新型工业化、农业现代化和旅游全域化,做大做强实体经济,进一步提升产业发展的层次和水平。

一是瞄准新型工业,大力发展园区经济。工业园区是陆河加快发展的希望所在,必须坚持以"深圳理念"发展园区,坚持以"陆河速度"建设园区,采取超常规的措施,将其打造成为陆河经济新的增长极。要完善园区规划。结合资源特色和自身优势,对园区的总规、详规、控规做进一步调整完善,做到科学规划,合理布局,提高园区承载项目、承接产业的能力,形成以新能源汽车、建筑装饰材料、机械设备制造、电子器材为主导的产业集群,配套现代物流、综合服务等功能,努力打造全国最大的新能源汽车生产基地和新型建筑装饰材料产业园。要加快项目建设。加快征地拆迁、"七通一平"和园区配套设施建设,继续推进园区道路、公共综合配套项目(扶贫产业园)、创业服务中心、质量检测服务中心等基础设施建设,加快签约、落地等项目的建设进度,力促比亚迪三期、试车场等尽快动工,争取早日建成投产、发挥效益。借力河口"全国重点镇"的政策扶持,加快河口南部新城项目建设步伐,高起点、高标准规划建设产城融合的现代化新城,实现工业园与河口镇发展无缝对接,产城互动,协调发展。要优化服务水平。全力推进市场开拓、融资租赁、创业服务、质量检测、现代物流、科技孵化基地等平台建设,为企业提供劳动力、资金、原材料等生产要素供给服务,全面提升园区承载能力和核心竞争力。进一步优化营商环境,大力开展"暖企行动",为企业排忧解难,实施一站式办公、保姆式服务,竭尽全力服务好、扶持好企业发展。要加大招商引资力度。利用坪山招商平台,落实"一把手"招商、精准招商、以诚招商,全力引进行业领军企业、上市公司和新兴产业项目,加快引进比亚迪上下游产业链和配套企业。充分挖掘利用陆河县人脉资源优势,积极引导外出乡贤回乡投资兴业。

二是立足特色转型,大力发展现代农业。结合陆河县农村自然条件、资源优势、发展基础等实际,大力推进传统农业向特色农业转型,坚持做精做优的发展方向,加快农业现代化进程。要推进特色转型。深度融合"种养加"和"种养旅"理念,促进特色农业优化升级、提质增效。推进青梅、灵芝等农产品的精深加工,延长产业链,提高附加值,积极开发一批具有市场美誉度、竞争力强的特色农产品。大力发展休闲观光农业,规划建设农业观赏园、采摘园等休闲体验观光农业项目。加快东坑省级休闲农业与乡村旅游示范镇、水唇罗洞省级休闲农业与乡村旅游示范点建设,强化示范带动,促进休闲农业与乡村旅游持续健康快速发展。要打造现代农业示范基地。依托现有特色农业基地,引导土地流转发展现代农业,进一步扩大青梅、木瓜、灵芝、油茶、木薯、花卉、木材、药材等种植规模;引进现代农业龙头企业辐射带动农业产业发展,扶持壮大以绿色蔬菜为主的特色优势农业,着力打造有机果蔬产品供应基地,进一步擦亮"国家有机产品认证示范创建县"的牌子,努力创建国家级、省级现代化农业种植示范园区。要着力提高农民收入。按照合作社、龙头企业和大户承包经营、群众自营等多种方式，吸纳农业基地"菜农"就近入园变"产业工人"，增加农民收入。大力发展农村电子商务，探索以农产品网上销售为主的电商扶贫之路，促使陆河更多的特色农产品远销外地、畅销全国。

三是依托资源禀赋，大力发展全域旅游。按照打造全域旅游的思路，修编完善旅游总体规划，编制8个特色小镇、美丽乡村的规划，统筹整合全县旅游资源，促进生态旅游、乡村旅游、客俗文化融合发展。要加快发展特色旅游。以生态为主线，以"旅游+"为切入点，积极推进旅游与农业、生态、文化、体育等产业深度融合，精心打造一批经典旅游线路。大力发展乡村旅游、民宿经济，建成一批各具特色的乡村旅游景点，积极打造罗洞AAA景区，推动乡村旅游与美丽乡村建设有机结合。出台激励措施，扶持发展观光花卉产业，真正让陆河"一年四季花不败"，成为乡村旅游的一大特色。深度发掘客家民俗、红色文化底蕴，启动古建筑的修葺工作，加大墩子寨、莲心湖、石下坝等特色古村落及激石溪、对门文化广场等红色革命教育基地的保护和开发力度，发展特色历史人文旅游。要创新合作开发模式。大力推广螺洞模式，鼓励支持民间和社会资本通过合作、入股、承包等方式整体打包开发旅游资源，研发一批特色旅游产品。制定完善相关优惠政策，吸引社会资本参与旅游项目的开发建设，进一步完善旅游景区基础设施的功能配套，尽快启动星级酒店建设。加快重点旅游景区的道路改造升级，实现各旅游景点互联互通，提升景区通达能力及景区形象。要强化旅游宣传推介。充分利用网络、微信公众平台等媒体，加大旅游策划、包装和宣传推介力度；开展"陆河八景"评选活动，筛选一批较有名气的景点，在网络或报纸等媒体上公开让市民投票评选，进一步提升旅游景点的名气；围绕"花泉林歌，悠然陆河"，充分利用陆河县秀丽的自然风光、厚重的人文历史和户外体育资源，经常性举办骑行、徒步、赏花观光、摄影、书画、楹联等系列"旅游+"活动，以"摄陆河、画陆河、写陆河、唱陆河"等重大活动为载体倾力做大旅游宣传。借助突出的生态资源和优势，积极申报"中国长寿之乡""中国温泉之乡""中国楹联文化之乡"，进一步提升陆河的知名度和美誉度。

【强化城乡建设管理】打造优雅陆河、实现绿色崛起，强化建设管理是手段。要加强特色小镇、美丽乡村规划建设，立足资源优势，尊重历史文化，注重品味，扎实推进城乡一体化发展。

一是推进中心城镇扩容提质。严格执行县城总体规划和控制性详规，加快县城"一河两岸"、陆河大道、北环路、东环路等重点片区的开发建设，打造融商贸、餐饮、休闲于一体的特色街区。千方百计推进朝阳路东段、陆河大道延伸段、东环路改造建设，加快打通断头路、瓶颈路，提升县城道路贯通能力。加快县城文体中心规划建设，进一步满足群众的文化活动需要。统筹推进特色小镇、美丽乡村建设，突出"一镇一特色"，分类打造有历史遗迹、地域特色、客俗风情、主导产业的特色小镇；用好用活河口"全国重点镇"、水唇"2511"美丽小镇试点、螺溪新农村示范片的政策"红利"，集中打造一批产业型、旅游型、生态型特色乡村，推动美丽乡村建设由"以点为主"向"由点带面"的全域建设。

二是完善城乡基础设施建设。加快完善交通规划编制，不断完善城乡路网建设。加快潮惠、兴汕高速公路建设，抓好潮惠高速互通口连接线、外环公路、河西公路、新田环城路等道路建设和升级改造。启动数字智慧城市建设，加快县城公共自行车交通服务系统、智能停车系统、公共停车场建设。大力发展新能源公交，加快完善新能源公交停保场、充电桩、公交站亭等基础设施，力争2017年实现0—50公里新能源纯电动公交车全覆盖。推进新一轮农村电网升级改造，实施农村通宽带工程，推进超高速无线局域网在农村应用。

三是提升城乡管理水平。树牢城乡全域景区化的理念，大力实施净化、绿化、亮化、美化工程，县城通镇、镇通镇公路全面安装路灯，在县城各出入口和重点地段设计安装富有客家文化元素的灯饰，全面提升县城的品位和形象。加大城乡环境卫生整治力度，按照县城一级、镇村二级的保洁标准，建立城乡环境卫生管理常态机制，加快推进螺溪、河口污水处理厂建设，尽快实现全县生活污水纳入集中处理。加强城乡管理，严格按规划实施建设，依法打击"两违"行为。推进森林围城进城、围镇进村工程，建设城市绿道，做到一路一品种、一路一景观，使陆河成为优雅的绿之城、花之乡。

四是坚决守好青山绿水。严格按照国家重点生态功能区的定位要求，科学谋划经济社会发展，落实强有力的举措，管理、保护好陆河的生态资源。深入开展新一轮绿化大行动，开展清理非法侵占林地专项治理，加快森林防火远程监控系统建设，坚决打击乱砍乱伐和毁林造坟等违法行为，推进生态修复和生态建设。继续实施中小河流治理，规划建设亲水景观平台，让群众亲水爱水，全面保护"三江之源"水环境，做好陆河水文章。

【补齐民生事业短板】打造优雅陆河、实现绿色崛起，补齐民生短板是根本。要坚持以人为本，把保障和改善民生作为工作的出发点和落脚点，推进公共服务均等化，不断提升人民群众的幸福感和满意度。

一是坚决打赢脱贫攻坚战。农村贫困人口脱贫是全面建成小康社会最艰巨的任务，也是最大"短板"。全县各级各部门要落实主体责任，健全工作机制，按照省、市"2018年贫困人口全部脱贫"的总体要求，全面实施脱贫攻坚三年行动计划。要因地制宜、精准施策，做好工业产业扶贫、农业产业扶贫、"美丽乡村+大众创业"扶贫、经济精英与支部结对扶贫这"四篇"精准扶贫文章，提高项目安排和资金使用的精准度，确保扶贫脱贫取得实效。要不断完善帮扶机制，主动对接、用好用活上级加大支持革命老区发展的政策，抓好与深圳坪山区全面对口帮扶对接工作，广泛动员凝聚社会各界力量共同参与，着力形成各级党政攻坚脱贫、各类资源聚焦脱贫、各方力量共助脱贫的新时期扶贫工作格局，确保如期全面实现脱贫目标。

二是加快社会事业发展。坚持"再穷不能穷教育"的理念，继续加大教育投入，推进教育现代化先进县创建工作。优化教育资源配置，均衡发展九年义务教育，重点推进解决中心区域"大班额"问题和农村中小学撤并工作，在县城南面规划建设一所集幼儿教育、九年义务教育于一体的学校。加快公立幼儿园改扩建工程，力争明年秋季开学前县城两所公立幼儿园竣工投入使用。多样化发展普通高中教育，创新发展职业教育，逐步缩小高中阶段教育普职招生比例，有效控制辍学率。优质发展民办教育，鼓励和引导社会力量办学，加大名牌学校引进和校地合作。深化医疗卫生体制改革，加强医疗卫生人才队伍建设，着力提升医疗卫生服务水平。调整优化全县医院规划布局，加快医疗卫生设施建设，大力扶持优质社会资本办医，加快县人民医院二期和乡镇卫生院标准化建设，大力推进县人民医院"二甲"创建工作，全力推进"卫生强县"工作。严格执行国家计划生育政策，提升计划生育服务工作水平。继续倡导文明丧葬新风，抓好县殡仪馆和镇级公益性公墓山建设，促进殡改工作有序开展。协调发展其他各项社会事业，不断强化公共服务职能。

三是加大民生保障力度。要坚守底线、保住基本、突出重点、完善制度，加强普惠性、基础性、兜底性民生建设，全心全意办好民生实事。完善城乡一体化社会保险制度，推进数字人社和社保经办标准化建设。加大农村危房改造力度，加快保障性住房建设，满足困难群体住房需求。加大劳动力培训转移，千方百计扩大就业。强化完善低保动态管理，落实城乡低保、农村五保、孤儿供养、重度残疾人等社会困难群体生活补助标准增长机制。加强和完善社会救助体系，拓宽救助渠道，做好助医助学等慈善救助工作，健全家庭经济困难学生资助体系，加大对困难弱势群体的医疗卫生服务和大病救助等保障，阻断贫困代际传递。认真做好优抚安置工作，推动双拥工作有效开展。不断提高底线民生保障水平，确保改革发展成果更多、更公平地惠及全县人民群众。

【激发振兴发展新活力】打造优雅陆河、实现绿色崛起，推进深化改革是动力。要立足陆河实际，强化问题导向，坚持以改革创新统领全局、引领发展，积极稳妥、扎实有效地推进各项改革，最大限度释放改革红利，进一步激发发展活力。

一是不折不扣推进重点领域改革。高举改革大旗，勇于先行先试，进一步增强改革的气魄和毅力，承接落实好中央、省委和市委重点改革任务。突出抓好试点改革，扩大基层治理机制改革试点工作成果，全面完成农村土地承包经营权确权登记颁证工作，加快推进商事制度改革，努力创造更多可复制推广的陆河经验。创新投融资方式，建立健全政府与社会资本合作机制，推广运用PPP建设模式，强化与国开行、农发行融资对接，争取更多低成本政策性贷款。统筹推进社会事业、生态文明体制等领域改革，加快形成更具活力的发展环境。

二是扎实推进供给侧结构性改革。认真贯彻落实中央和省、市关于推进供给侧结构性改革的部署要求，全面开展"三去一降一补"工作。要建立协调联动机制，制定相关配套政策、工作清单和台账，将去库存与重点项目建设紧密结合，加快危房改造，进一步扩大住房保障范围，规范和支持房地产企业发展。要优化招商引资环境，在服务企业方面下功夫，打好降成本"组合拳"，落实各项降低税负、财务、生产要素、物流等成本政策措施，为实体经济"松绑减负"。要把"补短板"放在首要位置，解决好资金筹措、征地拆迁、项目审批等问题，努力在民生事业、基础设施等领域取得更大成效，不断改善经济社会发展薄弱环节。

三是不断提高开放合作水平。依托外出乡贤、行业协会，加强与港澳台地区和欧美等发达国家的经贸合作，进一步提升对外开放水平。主动落实"融珠"发展战略，深化与珠三角地区在文化教育、商贸物流、金融服务、旅游产业等多领域的交流合作，形成区域经济共同发展的局面。加强与坪山区合作共建工业园区，大力引进深圳城市管理理念、智慧园区建设经验和现代金融体制，通过搭建对接深圳的产业创新发展信息平台，吸引深圳创新资源在陆河孵化，带动激发全社会的创新活力。

【净化环境凝聚力量】打造优雅陆河、实现绿色崛起，净化社会环境是保障。治安是第一环境，平安是最大民生。要加强社会治理，维护社会稳定，让陆河成为最安全的地区。要立足客家文化之"根"，凝聚人心、凝聚力量，激发干事创业的热情，营造积极向上的良好氛围。

一是守好禁毒底线。要时刻绷紧禁毒工作这根弦，级级压实责任，做到守土有责、守土负责、守土尽责。要加强宣传攻势，落实多形式的常态化巡查，做到"经常念、脑常醒、脚常走、剑常亮"，编织起禁毒工作的"天网、地网、人网"，打造"铁桶式"的禁毒防御阵势，坚决守好"拒制毒于县门之外、不成为毒品交易集散地、不成为聚众吸毒场所"这三条底线。要开展"无毒村"创建活动，筛选创建一批"无毒村"，通过总结经验，树立典型，示范带动，在全县形成禁毒良好氛围。

二是创新社会治理。积极推进政府治理、社会调节、居民自治的良性互动，着力构建全民共建共享的社会治理格局。推行网格化社会综合治理模式和"4+N"村级治理机制，不断探索新的社会治理机制，激发群众参与社会治理的积极性和主动性。创新建立重点领域矛盾纠纷专业调处机构，加快社会矛盾纠纷多元化解机制建设，继续落实完善县镇领导包案制度，深化领导干部下访、接访、走访群众活动，把矛盾纠纷化解在萌芽状态、解决在基层。深化平安陆河建设，加快推进平安视频监控网络体系建设，提高路面见警率，严厉打击各类违法犯罪活动，坚决打击闹访、缠访、越级访等一切歪风邪气，净化社会风气。建立健全公共安全体系，落实重大决策和重大项目社会稳定风险评估工作，完善安全生产管理机制，强化食品药品市场监管，加强防灾减灾和应急体系建设，妥善处置突发事件，切实维护社会稳定和人民生命财产安全。

三是加强精神文明建设。要立足陆河县深厚的客家文化，追根溯源，做好传承和弘扬。通过教育引导、舆论宣传、文化熏陶、制度保障等，让客家文化内化于心、外化于行，凝聚一切力量融入到全县经济社会各项事业发展中去。要按照"对标准、找差距、列清单、补短板、促创建"的思路，突出

政治 2017 陆河年鉴 LUHE YEARBOOK

生态文明特色，全面铺开县、镇、村三级文明联创，力争到2017年底进入省创建文明县城工作先进县城行列，2019年进入省级文明县城行列；镇、村级文明创建要在2016年完成30%，2017年完成60%，2018年全面完成、巩固提高。要加强非物质文化遗产保护，加大文化惠民力度，完善城乡公共文化设施建设，积极引导文艺精品的创作，大力开展"三下乡"活动。要出台激励机制，倡导发展一批书吧、读书休闲屋，最大限度满足人民群众精神文化需求。要积极培育和践行社会主义核心价值观，深入持久地开展思想道德教育，充分发挥道德模范的示范带动作用，使社会主义核心价值体系真正成为广大市民的价值追求和自觉行动。要强化网络阵地意识，深化各类媒体融合发展，讲好陆河故事，传播陆河好声音，为陆河振兴发展提供思想政治保障和舆论支持。

与此同时，大力支持县人大、县政协发挥作用、履行职能，扎实做好新形势下统战工作，充分发挥工青妇等群团组织的作用，进一步加强和改进党管武装工作，最大限度凝聚各方力量，推动形成加快振兴发展的强大合力。

县委工作

【机构设置】中共陆河县委办公室是协助县委领导同志处理日常工作的机构，中共陆河县委办公室机关编制36名（行政编制28名，含县委正、副书记，事业编制8名），办公室主任1名，副主任4名，党史研究室主任1名，机要局正、副局长各1名，保密局局长1名，正或副股长11名。内设秘书股、文电法规股、会务股、财管股、综合股、督办股、信息股、调研股。

【督察督办】2016年，督办工作在县委和办公室领导及市委督查主管部门的指导下，紧紧围绕上级及本级党委决策部署、县委主要领导重要批示指示要求，充分发挥检查督促、抓落实的职能作用，对重大决策部署重点督查、领导批示要求高效督查、目标任务安排分解督查、重点项目跟踪督查、阶段工作事项专项督查取得成效。

【保密工作】2016年，保密部门坚持狠抓宣传教育，增强保密责任意识。把宣传普及和教育工作，作为贯彻落实《中华人民共和国保护国家秘密法》的开路先锋，以领导干部和涉密人员为重点，密切结合"六五"普法工作，大力开展《中华人民共和国保护国家秘密法》知识和相关保密制度的宣传普及和教育工作。认真组织群体干部学习《中华人民共和国保护国家秘密法》、中央有关领导的讲话和省市委保密工作有关文件精神等。通过学习，保密工作质量得到进一步提升。

【调研工作】2016年，积极围绕县委领导关注的重大事项和热点问题，深入农村基层和企业调查研究，全面了解陆河经济社会发展动态，掌握第一手素材，着力提高决策参谋和政策咨询水平，发挥较好的参谋助手作用。同时，高度重视省、市安排的调研、联系点工作任务，以高度负责的态度，积极协调配合，认真做好上级领导和有关部门到陆河开展调研工作的协调配合以及其他相关筹备工作。

【信息工作】2016年，认真做好各类紧急重要信息的报送工作。加强信息约稿制度建设，积极为陆河县在省、市内部信息刊物上宣传陆河取得一定成效。

附：2016年中共陆河县委办公室领导名录

主　任：黄汝展（10月离任）
　　　　李招军（10月任职）
副主任：罗少刊　彭华亮　彭国泉
　　　　叶云年（7月离任）

组织工作

【概况】中共陆河县委组织部是县委负责领导班子、干部队伍、人才队伍建设和党的基层组织、党员队伍建设的职能部门。2016年，陆河县共有11个基层党（工）委，党总支10个，党支部412

·79·

个，其中村（社区）支部127个，"两新"组织（新经济组织、新社会组织）党组织52个。全县共有党员12602名，其中农村党员（不含社区）5820名，占46.18%；性别结构为：男性党员9940名，占78.88%；女性党员2662名，占21.12%。

【党组织管理工作】一是做好新形势下的发展党员工作。认真贯彻落实《中国共产党发展党员工作细则》，制定《陆河县2016年发展党员计划》，严把党员入口关，全年共发展新党员199名，严格党组织关系的转接程序，2016年，共办理党员转进、转出手续494宗。二是开展党员组织关系集中排查工作。按照党组织隶属关系，以各党支部为单位，采用"双查"办法分三个阶段九个步骤进行查找，取得联系党员69名。三是做好党员教育培训工作。2016年，县、镇共培训党员1380余人次，170多名支部书记、主任参加全县村（社区）书记、主任培训班。四是开展纪念建党95周年系列纪念活动。全县各级基层党组织开展各种形式的走访慰问活动209次，参加慰问的党员干部达925人次，共慰问老党员和困难党员282名，为老党员和困难党员解决实际问题185件，发放慰问金10多万元；积极培育基层党组织先进典型，打造一批党建工作示范点，陆河县东坑镇新东村党支部书记彭景增获得"省优秀共产党员"称号。

【干部任用与监督工作】2016年，县委组织部坚持把全面考准考实干部的德、能、勤、绩、廉贯穿到选人用人全过程，坚持围绕习总书记的20字"好干部"标准，不断落实从严治党、从严治吏，创新干部"选、育、用、管"机制，着力打造钢的班子，铁的队伍。结合县、镇换届工作，对部分单位主要领导进行调整交流，切实抓好乡镇领导班子和县直单位领导班子建设，配齐配强领导班子队伍。2016年，共协助县委提拔、调整科级干部15批次，其中提拔科级干部60人，平级调整科级干部76人；研究股级干部提拔调整9批次，其中提拔77人，平级调整55人。同时，结合各单位编制和职位空缺的情况，进一步补充公务员队伍新鲜"血液"。今年共招录公务员10名，县直机关单位招录3人，县法检系统招录7人。

【干部培训工作】2016年，县委组织部严格按照《干部教育培训工作条例（试行）》要求，依托省、市、县委党校资源，共完成市级以上调训任务56人次，其中省委党校第二期县（处）级领导干部进修一班1人次，处级干部进修班2人次，县（市、区）直部门正职进修班16人次，镇（街道）党政领导班子成员进修班16人次，中青年干部培训一班2人次，中青年干部培训二班2人次，赴延安学习班2人次，村"两委"书记（主任）研讨班10人次，县直机关"两学一做"学习教育党务工作培训班3期130多人次，换届工作业务培训班2800多人次；第19、20期粤东地区高级管理人员香港研讨班2人次，广东农村工作专题研讨班1人次，深圳市经理进修学院文化与旅游经济发展专题培训班和新型城镇化与特色小镇建设专题培训班各1人次，启动"村官学历提升"行动计划，全县共有67名村党组织书记和书记后备干部报名参加培训。

【县镇换届选举】圆满完成镇级换届工作，制定实施《镇领导班子换届工作实施方案》，充分做好领导班子分析研判、干部档案审核等前期工作。派出考察组对8个镇领导班子和领导干部进行换届考察。7月底，陆河县完成8个镇党委、纪委换届选举工作；圆满完成县级换届工作，积极配合省、市委考察组对陆河县党政领导班子的酝酿推荐、考察等相关工作。做好县级领导班子换届的各项筹备工作，精心组织好县党代会、人大会和政协会选举工作，确保县第八次党代会、县政协第八届会议和县第八届人大会选举圆满完成，分别顺利有序选出县委、人大、政府、政协和纪委领导班子；加强换届风气监督，实行每周一次报表，每季度一次盘点，半年一次集中调度，及时跟踪了解各镇换届工作进展、做法和成效。组织党员干部观看《镜鉴》《警钟》警示教育片和学习《严肃换届纪律文件选编》，联合县纪委组建换届风气巡回督查组，分组对各镇换届风气进行督查。畅通群众监督渠道，利用"12380"举报平台，及时受理反映违反换届纪律的问题。

【"两学一做"学习教育】协助县委制订"两学

政治

一做"学习教育实施方案,成立"两学一做"学习教育协调小组;全县8个乡镇、县委宣传部、县委组织部等单位开通共20多个"两学一做"微信公众服务号,建立"两学一做"学习教育工作群,以图片、短消息等形式及时转发上级有关学习教育精神,第一时间发布本地区本单位经验做法、进展动态,丰富学习内容,增强可读性;开展"争做合格党员"主题征文和"两学一做"考学活动,共收到优秀征文300多篇,10650名党员参加网上党章知识考学活动,其中满分1304人,考学率达90%以上;举办"践行'两学一做'争做时代先锋"的党团知识竞赛,举办3期县直机关"两学一做"学习教育党务工作培训班,130多名县直机关党务工作者参加培训;组织全县各级党员收看党员教育片《榜样》,观看《"两学一做"学习教育巡回宣讲党课课件》,举行"文明创建我先行"万名党员志愿者活动,动员全县各级党组织和广大党员立即行动起来,率先垂范,真抓实干,扎实推进创文各项工作,充分发挥各级党组织战斗堡垒作用,切实达到以"学"为基础,以"重"为重点的学习教育目的。

【驻点联系工作】在驻点联系工作中,注重创新载体,不断拓展驻点联系工作外延,做到"四个结合"。一是与精准扶贫相结合。共组织117个联合工作组,650名干部,深入到20个贫困村和97个非贫困村,核实贫困户6367户贫困人口19922人,完成贫困户建档立卡工作和制定贫困村和贫困户的三年帮扶规划。二是与一村一法律顾问工作结合。共聘请18名律师作为全县127个村(社区)的法律顾问,引导广大村民以合法方式途径解决遗留问题和群体性问题。三是与网格化管理相结合。积极引导大学生村官参与和指导村(社区)服务站建设、运行,并落实坐班制度,为基层群众办理事项586件,深受基层群众好评。四是与新兴媒介平台相结合。借助微信、QQ等新兴媒介平台,发布驻点联系工作有关信息100多条,建立微信工作群127个,通过微信反馈代办事项348宗,做到零距离沟通联系,无障碍反馈问题办理情况。同时成立4个督查组,对全县8个乡镇127个村(社区)开展驻点联系制度工作进行督查,通过"周一巡查、周二通报、月底汇总"等举措,推动驻点联系工作落实。

【基层党建创新"书记"项目】把"实行网格化管理,创建大数据平台"作为2016年县级"书记项目",并以推进基层治理机制改革工作为契机,推动工作的落实。在全面推进县、镇、村三级服务平台运作的基础上,建立公共管理信息平台,将每户成员的相关信息录入信息平台,及时掌握辖区人员动态,为群众提供帮助服务。构建村(社区)"网格化"综合治理模式,形成纵向到底,横向到边的基层服务管理网格体系,通过建立服务网格化管理实现服务重心的下移,管理职能的下沉,打造便民惠民服务平台,提升为民利民服务水平,2016年年末,共有56个村(社区)完成信息采集工作。同时,各镇党委、县直工委、县公安局党委也确定各自的"书记项目",增强一把手"主业"意识,进一步推动基层党建工作的创新。其中,有3个项目入选省委组织部"书记项目"备案库。

【"扬帆计划"申报工作】组织开展2016年度"扬帆计划"竞争性扶持市县重点人才工程申报工作,立足陆河实际,经多次排查摸底确定《陆河县世外梅园乡村旅游和休闲农业人才培育工程》,并不断发挥组织部门牵头抓总的作用,协调各方资源,为项目积极提供旅游人才、培训等资源扶持。12月,省委组织部、省财政厅组成的评委组一行于12月到陆河县对该项目进行实地察看和听取汇报工作,该项目正在由上级审核中。通过以"扬帆计划"的申报工作为契机,大力创新人才引育工作,切实推动全县人才工作创新上新台阶。

【组织部门自身建设】县组织部充分利用远程教育、理论教学、网上课堂等学习阵地,采取领导领学、集中讲学、交流促学、网上自学等方式,学习党的十八届六中全会精神、赵乐际部长在广东调研的讲话精神、县第八次党代会精神等,形成积极向上的浓厚学习氛围。落实全省组织系统廉政建设禁限清单和若干措施。完善部风监督员制度。抓好组工干部个人有关事项报告核查。依托"12380"举报电话,开通受理举报组工干部的专门通道。部机关工会以"健康工作，快乐生活"的主题多次开展形式多样的活动。组织部机关全体干部到河口镇云峰村开展义务植树活动，做好包干区15亩山地树苗护理工作；组织部内干部与县党政班子成员进村入户慰问贫困老党员，深学细照老一辈共产党员的先进事迹；组织全体干部职工重阳节开展户外登山、举行篮球友谊赛、开展健康体检等活动，切实做到"健康工作、快乐生活"。（彭惠东、邱焱）

附：2016年中共陆河县委组织部领导名录

部　　　长：陈良川

常务副部长：张洁（12月任职）

副　部　长：郑向荣（11月离任）　黄仲宾

老干部工作

【概况】县委老干部局（以下简称"县老干局"）以落实离休干部"两个待遇"为主线，以抓好离休干部服务管理为重点，以稳定老干部队伍和发挥老干部作用为目标，积极探索新形势下做好老干部工作的新思想、新举措，切实做到政治上尊重、思想上关心、生活上照顾、精神上关怀老干部，确保老干部政策的全面落实和老干部队伍的稳定。

【落实老干部政治待遇】落实离退休干部阅读文件、听报告、参加重要会议和重大活动、向离退休干部通报情况、组织离退休干部就近就地参观学习、走访慰问离退休干部等制度，使离退休干部能够及时了解党的路线方针政策、国际国内形势以及本地本部门的重要情况。全年走访慰问老干部139人次，探望住院老干部32人次。

【落实老干部生活待遇】认真抓好离休干部"三个机制"落实，及时为老干部解决好医疗保障和生活保障问题。2016年县老干局为离休干部78人次垫付医药费申请函件34件，同时认真做好离休干部报销医药费拨付跟踪落实工作。

【老干部精神文化生活】清明节前后，全县"五老"人员协调各镇部分学校学生缅怀先烈活动，对青少年进行革命传统和爱国主义教育。此外，在"七一"前夕，陆河县各地、各单位党支部根据"两学一做"工作要求，组织老党员老干部到"三一八"、河口革命纪念碑、新田激石溪革命根据地等地开展"两学一做"学习教育活动，以先烈为榜样争做合格党员，号召老党员老干部继续为党和人民的事业增添正能量。（叶娘青）

附：2016年中共陆河县委老干部局领导名录

局　　　长：郑向荣（12月离任）

宣传工作

【概况】2016年，全县宣传思想文化战线坚持围绕中心、服务大局，全面贯彻落实习近平总书记系列重要讲话精神，紧紧围绕"加快绿色发展，建设美丽陆河"这一主线和核心，着力抓好理论武装工作，切实把好舆论导向，广泛培育社会主义核心价值观，扎实推进精神文明建设，全面开展县、镇、村三级文明联创工作，扎实推进文化惠民工程，全面提高宣传思想工作科学化水平和服务经济发展的能力，为打造优雅陆河，实现绿色崛起，努力建设宜居、宜业、宜游客家新山城提供强大的思想保证、舆论支持和文化条件。

【理论武装】一是理论学习扎实推进。2016年初，拟定9大理论学习专题，制定下发《关于我县科级以上党委（党组、总支、支部）中心组2016年理论学习的意见》，共完成15次县委中心组集中学习会的协调服务工作，县委理论学习中心组成员参加各种辅导讲座和辅导报告达20余场次，参学率在98%以上。二是理论普及和理论研讨取得实效。邀请省委党史研究室主任杨建伟、省网信办专职副主任许华等专家学者到陆河县作《深入学习理解习近平总书记七一讲话精神》《当前网络传播特点与网络舆情应对》等专题学习辅导。组织广大党员干部观看《西式民主怎么了》《西方新闻自由只是传说》《冲锋号》《没有共产党就没有新中国》等教育专题片，并要求各级党组织就观后心得进行讨论。2016年，在"陆河宣传"和各镇微信公众号发布《每日一学》"两学一做"学习教育专题学习内容共120篇次，在"陆河宣传网"发布理论前沿文章40多篇、理论研究文章35篇。

【网络宣传】2016年，围绕县委、县政府的中心工作开展一系列主题宣传，依托各大网站和微信公众平台，积极展开网络宣传攻势。2016年，依托微博、微信和各大网站等平台报道各类信息8500多条次，形成强大的网络正面宣传导向，为陆河各项事业的建设和发展营造良好的网络舆论氛围。

【主题宣传】一是大力开展"纪念中国共产党建党95周年、红军长征胜利80周年"主题宣传活动，悬挂相关横幅标语300多条，播放相关宣传标语1000多条次；二是围绕县委县政府中心工作，策划组织开展一系列的宣传活动，为加快推进陆河振兴发展营造良好舆论氛围。2016年，推出"美丽陆河""喜迎党代会 回眸发展路"微信优秀作品各16份；在省、市报刊刊登报道相关信息共400多篇，其中在《汕尾日报》刊登468篇。播出《创文进行时》等系列报道89期；县电视台共播出新闻1620条，其中上送市台播出285条、上送省台播出5条。同时，发挥新闻媒体的监督作用，对城乡环境"脏乱差"、相关职能部门不作为、慢作为等问题进行及时曝光，推动各项工作的落实。围绕创文、禁毒等工作宣传，制作播出专题《创建文明城市》1期，播出禁毒、创文标语口号20000多条次。发放"小扇子""文明公约"等宣传资料61600多份，设置户外广告宣传牌600多个。

【外宣活动】组织开展一系列的外宣活动。2016年，邀请广东电视台、南方都市报、南方日报等省内外媒体记者20多人次到陆河县开展宣传推介活动。积极开展2016年第七届"品鉴岭南"中国著名作家媒体20余人走进陆河采风活动，邀请中央电视台《乡村大世界》于2017年"梅花节"期间录制节目，并在央视播出，有力提升陆河的对外形象。

【舆情引导】成立陆河县网络文化协会，引导各新兴媒体规范新闻报道、网上传播秩序；邀请广东省网信办专职副主任许华作《当前网络传播特点与网络舆情应对》专题辅导讲座；加强与主流媒体联络，全年共接待媒体采访40多人次；及时回应网络舆情，编制《舆情动态》26期。

【文体活动】围绕传统文化节日，组织策划一系列群众性文体活动，营造欢乐、喜庆、祥和的节日气氛。一是举办系列迎春活动。春节前夕，县委宣传部、县文联组织县书画院、县老年书协等书法爱好者在全县各乡镇开展"迎新春幸福春联送万家"巡回活动，农历年腊月二十五，县委宣传部联合深圳市文联在陆河公园开展深圳文艺家赴陆河送春联慰问活动，现场共送出春联560多副；春节期间，县城和各镇村开展迎新春文体活动80多场次，尤其是大年初七在水唇石下坝村举办陆河县首届擂茶制作技艺比赛，来自全县各镇150个代表队，共400多人参加比赛，大大丰富人民群众的节日文化生活；二是举办送文化下乡活动。2月底，联合深圳市文联、深圳市罗湖区委宣传部、汕尾市委宣传部、汕尾市文联举办"温暖你我心·深汕合作情——深圳文艺家赴陆河慰问演出"活动。组织县客家山歌剧团编创《欢叔与媳妇》在全县各镇、学校开展进基层巡演活动；三是组织开展百歌颂中华比赛。积极组织选拔歌手、合唱队参加"永远跟党走——汕尾市第十二届'百歌颂中华'"歌咏活动，合唱代表团荣获银奖，歌手廖丽霞、叶丽娜两位选手在歌手大赛中获得优秀歌手奖。四是全民阅读活动深入开展。制订印发《陆河县开展2016年"书香岭南"全民阅读活动工作方案》，组织开展"阅读与青年成长""最是书香能致远"、2016"书香陆河全民阅读"大型图书展等"书香陆河"系列主题活动，进一步拓展学习渠道，营造全民崇尚知识、使阅读逐渐成为一种社会风尚，形成热爱读书、崇尚读书的良好氛围，提高全民文化素质。

【文体设施建设和管理】利用好上级的政策，大力实施"文化惠民"工程，解决服务群众"最后一公里"问题。总投资8000多万元的县文体综合馆建设目前室内外装修装饰及室外墙面装饰已完工，现正在实施室外附属设施建设。重新规划建设县体质

测定与运动健身指导站和流动图书馆，已完成三层主体工程建设。做好镇级文化站的评估定级工作，东坑镇和河田镇文化站被评为二级文化站，上护镇、水唇镇、南万镇、新田镇、河口镇和螺溪镇文化站被评为三级文化站。实现行政村文化室全覆盖，加快推进村级文体小广场建设，完成全县127个村级文体广场建设任务，在全省率先实现全覆盖，配发安装健身路径100多条，推进村级文体设施完善。坚持以有线、无线和"村村通"协调发展，注重城乡统筹，推进广播电视覆盖面，全县有线模拟电视用户截至2016年9月18日为27100户，增加4套地面数字电视节目，广播电视覆盖率达98.8%。有序推进数字有线电视整转工作，截至11月中旬，整转有线数字电视机顶盒用户3677户，发放机顶盒5886台，其中高清4797台、标清1084台，传送有线数字电视信号节目标清86套、高清10套。整合红色人文、生态资源、客家民俗，将共光——罗洞青梅文化产业园区和南万——新田激石溪的红色生态文化产业园区纳入市、县"十三五"文化产业发展规划纲要。

【整治文化市场】结合"三大环境"专项整治工作，重拳出击，有针对性地对全县文化市场开展专项整治，取得明显的成效。2016年共出动执法人员96人次，检查印刷企业144家次，取缔流动图书游商地摊1家，取缔1家证照不齐酒吧和1家流动歌舞团演出，行政处罚违规网吧7宗。对全县广播电视村村通站点及私自设立的卫星广播地面接收设施进行全面清理清查。组织开展文化经营场所安全生产、消防安全大检查，督促检查文化经营场所182家次，整改小隐患2处。

【文物和非遗的普查申报、保护及利用】深入开展陆河县文物、非遗项目的挖掘和申报工作。5月份，组织选派陆河黄酒、灵芝饮料、陆河青梅等项目参加第十二届（深圳）国际文化产业博览交易会。组织陆河擂茶制作技艺代表汕尾市参加2016年中国"文化遗产日"广东连南分会场的展示，深受观摩人员喜欢。组织以市级非遗项目——东坑粄景为题材，创作、编排少儿舞蹈《团团圆圆》参加广东省少儿花会展演，并荣获铜奖。组织、协助、指导国家级非遗项目"河田高景"及省级非遗项目擂茶技艺参加2016年广东省（佛山）非物质文化遗产周暨佛山秋色民俗文化活动，受到省文化厅领导和佛山观众的一致好评。成功推荐省级非遗项目——东坑地景传承人彭细强为"广东省文化能人"称号。通过对非遗文化项目的保护利用，较好地传承和发扬陆河县的优秀传统文化。

【深化文化体制改革工作】贯彻落实中央、省、市关于深化文化体制改革的文件精神，把深化文化体制改革作为推动陆河文化强县建设的关键。顺利完成县电影公司改制工作，为全体干部职工解决社医保遗留问题，实现人员分流及县电影公司成功注销。县广电网络改革重组方案正在研究制定，改制的各项前期工作在积极稳步推进之中。

【人才队伍建设】在全县宣传文化系统中深入开展"走基层、转作风、改文风"活动，提高整个系统干部的工作效率和服务水平，锻造清新务实的工作作风；在文化窗口部门，重点加强纪律教育，提升服务质量和服务水平；在文化执法部门，倡导依法行政、文明执法；在新闻宣传队伍，倡导行业自律，坚决杜绝有偿新闻。完善宣传文化单位领导干部配备和管理工作，加大优秀人才的引进和培养力度，分期分批选送宣传干部参加各级各类业务培训班，提高队伍的业务能力和知识水平。拓宽用人视野，精心挑选优秀人才，壮大和夯实宣传文化干部队伍。（谢林振、朱华斌）

附：2016年中共陆河县委宣传部领导名录

部　　长：庄红琴

副部长：李茂悦　叶小彬

统战工作

【概况】县委统战部、县委台湾工作办公室（台办）、县民族宗教事务局合署办公，委托县委统战部统一管理。现有行政编制11人，其中副部长2人

政治

（一名兼任工商联党组书记、一名兼任民族宗教事务局局长），台办主任1人，台办副主任1人，股长2人，事业编制3人，普通工人1人。

【全县统一战线工作会议】11月3日，彭永豪副部长在政协一楼会议室主持召开全县非公有制经济代表人士综合评价成员单位工作会议，部署开展全县非公有制经济代表人士综合评价工作，彭少轩常委作综评工作强调，县委组织部、县公安局等15个综合评价成员单位分管领导和电脑操作员参加。

【换届工作】2016年是县政协和工商联换届年，统战部严格贯彻执行中办发〔2016〕61号和粤办发〔2016〕24号文件以及省委统战部《关于进一步明确市、县政协委员安排有关要求的通知》精神，把综合评价作为确定组织考察人选的前置环节，严把程序关；坚持客观公正，依法依规考核评价对象，实事求是确定评价结果，推进市、县政协委员的产生，推动工商联换届工作，营造了风清气正的换届环境。

政协委员换届工作 规范完善政协委员的产生程序：党内的由组织部门提名，党外的由统战部提名，继续提名的各界别政协委员应征求政协党组意见。建议名单由统战部门汇总并征求有关方面意见后由组织部门报同级党委审定，然后按《中国人民政治协商会议章程》规定的程序办理。为优化委员结构，增强广泛性和代表性，党外代表人士在各级政协中占了较大比例，经县委常委会通过，政协陆河县第八届委员会形成16个界别和163名（其中党内65人，占委员总数39.88%；党外98人，占委员总数60.12%；妇女委员17人，占委员总数的10.4%；港澳台胞8人，占委员总数的4.9%）；其中工商民企14人（继续提名委员7人，新提名委员7人）；对外经济67人（继续提名委员39人，新提名委员28人）；政协常委人选32人，占委员总数的19.63，（其中共产党员11人，占常委总数的34.48%；属继续提名的13人，新提名19人）。对政协委员人选中非公有制经济代表人士进行了综合评价，其中本地综评的共15人，委托异地综评的共62人。

工商联换届工作 经有关单位民主推荐、遴选，报市工商联换届工作领导小组讨论，并经我部部长会议研究和征求县委分管领导同意，新一届县工商联（第六届）执委规模为49名。11月21日胜利召开了陆河县工商业联合会（商会）第六届会员代表大会，按程序选举产生了新一届主席、副主席、副会长和副秘书长，圆满完成工商联换届工作。

【民族宗教】民宗局制定《陆河县宗教活动场所消防安全专项整治工作方案》，组织人员对全县寺观教堂开展地毯式安全消防检查，各地完善消防设施和消防安全责任制。12月24—27日，县委常委统战部部长彭少轩、民宗局局长邱景诺参加广东省市县分管民族宗教工作领导干部专题培训班。（彭刚勇）

附：2016年中共陆河县委统一战线工作部领导名录

部　　长：杨秀丹（9月离任）　彭少轩（9月任职）
副部长：彭永豪　邱景诺　黄志祥
民宗局局长：邱景诺
台办主任：彭永豪（12月离任）
　　　　　丘洪楼（12月任职）
台办副主任：彭力辉

机构编制

【概况】2016年，按照国家、省、市的工作部署，全力推进县政府职能转变和机构改革，继续深化行政审批制度改革，全面推进行政审批标准化建设、推行政府部门权责清单制度，强化机构编制管理，扎实做好控编减编工作。较好地完成上级机构编制部门和县委、县政府各项重点改革和工作任务，各项工作取得积极进展。

【推开行政审批标准化工作】根据《广东省人民政府办公厅关于抓紧做好行政审批标准化工作的通知》（粤府办明电〔2016〕43号）和《关于抓紧做好我市行政审批标准化工作的通知》（汕职转办〔2016〕5号）文件要求，印发《陆河县人民政府办公室关于做好行政审批标准化工作的通知》（陆河府办〔2016〕32号），对编制行政许可事项标准和公共服务事项统一申办受理标准工作做出部署。县编办梳理《陆河县2016年行政许可事项保留目录》，推动完善行政审批事项标准录入模块功能，组织展开县级事项标准合规性、合法性备案审查，举办全县业务培训，指导各有关单位切实做好行政许可和公共服务事项标准编制工作。努力在2016年完成行政许可事项标准和公共服务事项统一申办受理标准编制工作，并推动在线应用，提高行政审批事项网上全流程办理率和网上办结率。

【推进一门一网式政府服务模式】根据全省"互联网+政务服务"改革电视电话会议精神和《汕尾市推广一门式一网式政府服务模式改革工作方案》（汕府办〔2016〕37号）文件要求，推进一门一网式政府服务模式改革。8月，县政府组织召开全县"互联网+政务服务"和陆河县一门一网式政府服务模式改革工作会议，结合全县实际，对行政审批标准化和"一门式、一网式"政府服务模式改革作安排部署。会后，县编办草拟《陆河县简化优化公共服务流程方便基层群众办事创业工作方案（代拟稿）》和《陆河县推广一门式一网式政府服务模式改革工作方案（代拟稿）》。县政务服务中心已有42个单位进驻，设立47个办事服务窗口，另外，设置公安出入境及户政、交警车管所、民政婚姻登记3个分厅，可办理的行政审批事项共466项。已实现一窗通办，统一身份认证平台已完成对接，统一申办受理平台和统一收件管理系统正按省建设规范设计和对接，实现行政审批的减负提速增效。共受理、办理审批服务事项6000多件（不含社保年审及国税、地税、公安、交警、婚姻登记分中心业务量）。中心服务从咨询服务、信息查询、复印传真、POS机收费、排队等候、一次性告知等方面为企业和群众提供便利，建立政务管理办法、考勤考核规定办法、窗口工作人员服务规范、投诉受理制度。

【推行政府工作部门权责清单制度】县委、县政府于2015年9月22日出台《陆河县推行政府工作部门权责清单制度实施意见》（陆河委办发电〔2015〕19号），要求县政府工作部门行使的各项行政职权及其依据、行使主体、运行流程、对应责任等，以清单的形式向社会公布，接受社会监督。主要工作任务：一是全面梳理权责事项；二是大力清理调整行政职权；三是编制公布权责清单；四是加强权责清单管理。县编办采取"三报三审"的方式，汇总44个单位十类权责事项共6462项，其中行政许可232项，行政处罚4412项，行政强制279项，行政征收29项，行政给付62项，行政检查407项，行政确认101项，行政裁决10项，行政奖励34项，其他896项。经县法制局合法性审查后已报县委常委会议、县政府常务会议审议通过，于2016年7月经县政府门户网站向社会公布。

【清理行政审批中介服务事项】2016年8月，县编办转发《广东省人民政府办公厅关于印发清理规范省政府部门行政审批中介服务工作方案的通知》，要求各相关部门对照本单位实施的行政审批事项，梳理开展行政审批时，要求申请人委托企业、事业单位、社会组织等机构开展的作为行政审批受理条件的有偿服务事项及收费项目，逐项提出清理规范的意见。县编办已收集41个单位的中介服务事项及收费项目清理表，听取各方意见，编制形成调整和保留的中介服务事项清单。

【控编减编　加强机构编制管理工作】建立规章制度，严格按照上级有关文件要求，除政策性安置外，凡公务员招考、事业单位招聘，按照"超编单位只出不进，满编单位先出后进，余编单位留有余地"的原则严格把关核编。针对历史形成的许多单位职工人员超编现象，执行县委、县政府的有关规定，一律按自然减员核减财政供养经费，不予重新补充，每年为县财政减少人头费开支约1000万元。加大对违纪行为查处力度，充分发挥"12310"举报电话的监督检查作用，办理举报案件，维护机构编制管理的政策法规性。严格把关，不随便增设机构，不随便给单位增编，禁止各单位超编进人，确保行政编制、各类专项编制不突破中央、省核定的总额，事业编制总量、财政补助事业编制数额以2012年年底统计数为基数，只减不增，确保全县机构编制总数不超编。

【推行机构编制实名制各项工作】相继出台《陆

河县机关事业单位补充工作人员若干规定》《陆河县机关事业单位机构编制实名制管理实施意见》《陆河县机关事业单位机构编制实名制管理暂行办法》《关于加强机关事业单位新进人员管理的通知》等一系列文件加强机构编制管理,严肃机构编制纪律,挖掘机构编制潜力,加强机构编制基础建设,推进机构编制实名制管理,明确机构编制与组织、财政、人社等部门相互协调配合的机构编制管理机制,发挥机构编制资源使用效益。建立全县机构编制大数据共享平台,相互配合,相互监督,坚决守住本届政府任期全县"财政供养人员只减不增"的红线。

【推进县级行政体制改革】一是深化政务公开,加强政务服务,制定陆河县政务服务中心机构编制方案,优化职能、内设机构和人员编制配备。二是按照省市统一部署,为加强和改进县委对政法、综治、维稳、社会建设、法治建设工作的领导,县委决定重新组建县委政法委员会机关,县编办拟定县政法委"三定"方案,进一步优化职能、内设机构设置,加强人员编制配备,完善行政运行机制。

【综合行政执法体制改革】根据《汕尾市设立农业综合行政执法体制改革方案》和《汕尾市劳动保障监察综合行政执法体制改革实施方案》文件精神,整合农业和劳动保障监察行政执法职能。分别组建农业综合执法机构、劳动保障监察综合执法机构,其中在农业领域,将原由农业部门相关内设机构和所属事业单位承担的涉及农业生产安全、农产品质量安全等行政执法和应急管理职能交由县农业综合执法大队;在劳动保障监察领域,将分散在人力资源社会保障部门有关内设机构、事业单位等方面的监督检查、行政处罚职能交由劳动保障监察综合执法机构统一承担。加强农业、劳动保障监察综合执法机构编制资源配置,充实一线行政执法力量。落实属地执法责任,解决权责交叉、多头执法问题,形成监管合力。

【"三证合一、一照一码"制度】改革工商登记制度,推进工商注册制度便利化,大幅精简压减工商登记前置审批项目,由先证后照改为先照后证。陆河县工商部门全面实施国家前置目录《工商登记前置审批事项目录》(37项)、《企业变更登记、注销登记前置审批指导目录》(30项)和广东省人民政府办公厅印发的《广东省商事登记后置审批事项目录》(383项);根据《国务院关于批转发展改革委等部门法人和其他组织统一社会信用代码制度建设总体方案的通知》(国发〔2015〕33号)和《关于实施我省事业单位法人统一社会信用代码制度改革有关事项的通知》(粤机编办发〔2016〕24号)要求,2016年3月31日起,广东省对事业单位法人实行"三证合一",简化手续,缩短时限,推动营业执照、组织机构代码证、税务登记证"三证合一"和"一照一码"工作。运用统一社会信用代码制度、信用信息共享交换平台等手段,建立健全信用联合奖惩机制,加强社会信用体系建设。健全对外投资促进制度和服务体系,支持企业扩大对外投资,推动装备、技术、标准、服务走出去。县编办派员参加广东省建设统一社会信用代码制度暨事业单位登记管理业务培训班,传达学习中央和省对统一社会信用代码制度建设、登记管理工作的精神要求,交流工作经验、做法,学习掌握网上操作系统进行登记操作,提高业务水平。通知县机关事业单位主动提供组织机构代码数据库中原组织机构代码和名称等相关信息,要求申办者按照商事登记提交材料规范和商事登记申请文书规范提交申请材料,审批时限不超越工商局承诺时限;实现网上申请、网上受理、网上审核,推进工商注册登记的便利化。

【完善事业单位法人登记管理】做好事业单位法人设立登记、变更登记工作。截至2016年12月,共办理法人登记5个单位、办理变更登记21个单位。根据省编办"三证合一"的要求,发放新版《事业单位法人证书》121份,统一收缴旧版法人证书、税务登记证、组织机构代码证,对法人证书已废止但未办理注销登记的事业单位,督促举办单位组织清算、履行注销登记手续。严格审查事业单位年度报告,及时掌握事业单位法人运行状况。

【推进网上名称管理工作】按照省编办的统一部署重点抓好域名注册工作,以域名带动注册带动网站挂标工作。一是组织领导到位。县编办主要领导高度重视,把网上名称管理工作作为年度的重点工作来抓,列入议事日程,分管领导具体抓落实。二是经费落实到位。把域名注册费用纳入到财政统一支付作为重点难点问题来抓,争取财政部门的支持,全县中文域名注册经费全部纳入财政统一支付,较好地解决经费保障问题。

(罗丽君、陈丽莎)

【县机构编制委员会成员】

2016年编委会及编委办领导名单

编委会领导:

主　任:陈壮勇(县委副书记、县长)

副主任:罗炳新(县委副书记、政法委书记)

　　　　陈良川(县委常委、组织部部长、党校校长)

　　　　李招军(县委常委、县委办主任)

　　　　叶子美(县委常委、常务副县长)

委　员:彭云渊(县政府办主任)

　　　　彭俏茹(县编委办主任)

　　　　叶光辉(县人社局长)

　　　　李招健(县发改局长)

　　　　叶杰雄(县财政局局长)

编委办公室领导:

主　任:彭俏茹

副主任:吴晓威

信访工作

【概况】2016年,陆河县信访局认真贯彻落实市委、市政府工作部署,在县委、县政府高度重视和周密部署下,通过采取领导包案责任制、领导干部接访、开展集中化解信访突出问题和强化信访接待办理工作机制等一系列行之有效措施,全县的群众信访工作一直处于平稳可控状态之中,如期达到市委、市政府关于"实现信访总量较2015年下降30%以上,信访挂牌督办镇信访总量较2015年下降40%以上的目标"要求。

【来访】2016年,群众到县级以上部门上访总量为115批419人次,较上年同期167批518人次,批次下降31.1%、人次下降19.1%。其中:发生群众进京正常访1批1人次,与上年同期1批1人次同比持平;到省访17批39人次,较上年同期19批64人次同比批次下降10.5%、人次下降39.1%;到市访12批25人次,较上年同期26批68人次同比批次下降53.8%、人次下降63.2%;本县接访85批354人次,与上年同期132批458人次同比批次下降35.6%、人次下降22.7%。3个信访挂牌督办镇(河田镇、河口镇、水唇镇),群众到县级以上部门上访量大幅下降,其中河田镇同比批次下降49.1%,人次下降44.9%,河口镇同比批次下降91.7%、人次下降90.5%,水唇镇同比批次下降29.4%、人次下降24.4%。(彭娘江、罗王明)

附:2016年陆河县信访局领导名录

局　　长:张盛峰

副局长:彭娘江

党校工作

【概况】中共陆河县委党校创办于1992年,是陆河培训、轮训党政领导干部和理论骨干的主渠道、主阵地,为提升陆河党员干部的思想理论素质做出贡献。

【公务员培训】2016年,开办陆河县公务员全员培训(网络培训)、专业技术人员公需课培训(网络培训)等培训活动,参训人员近5000人次。(刘汉庭)

附:2016年中共陆河县委党校领导名录

校　　　长:陈良川

常务副校长:叶左展

副　校　长:廖伟凡　谢德周

校　务　委　员:罗国雄　刘汉庭

党史工作

【概况】2016年，中共陆河县委党史研究室按照上级党史部门的要求，围绕县委的中心工作，深入贯彻落实习近平总书记系列重要讲话精神，把"以史鉴今、资政育人"作为根本任务，积极开展党史各项工作，取得一定成绩。

【党史宣教工作】组织全县党员干部2500多人，观看党史题材故事片《冲锋号》和文献纪录片《没有共产党就没有新中国》，用实际行动，贯彻落实习近平总书记关于"用党的历史教育党员、教育干部"的讲话精神。把组织观看影片作为开展"两学一做"学习教育的重要内容，认真组织党员干部集中观看，由各单位组织党员干部撰写心得体会和理论文章。

附：2016年中共陆河县委党史研究室领导名录
  主 任：叶石建

陆河县人大常委会领导成员

【2016年换届前县人大常委会正、副主任名录】
  主 任：余加瑞
  副主任：林玉红（女） 郑建忠 黄丕朕
      练少周 叶佐超

【2016年换届后县人大常委会正、副主任名录】
  主 任：余加瑞
  副主任：黄汝展 黄丕朕 叶佐超 彭金迎
      陈旋飞 郑向荣

重 要 会 议

【县七届人大六次会议】2016年3月29日—30日，县七届人大六次会议在陆河县城举行。

会议议程 听取和审议县人大常委会工作报告、县人民政府工作报告、县人民法院工作报告、县人民检察院工作报告；审查和批准县国民经济和社会发展第十三个五年规划纲要；审查和批准县2015年国民经济和社会发展计划执行情况与2016年计划草案的报告及2016年国民经济和社会发展计划；审查县2015年预算执行情况和2016年预算草案的报告及2016年预算草案，批准县2015年预算执行情况和2016年预算草案的报告及2016年县级预算；补选叶佐超为县七届人大常委会副主任；补选郑向荣、丘信凡、彭新科为县七届人大常委会委员。

会议作出相关的决议，充分肯定了县人大常委会、县人民政府、县人民法院、县人民检察院的工作的成绩，客观总结了2015年的经验，明确提出了2016年奋斗目标。

【县八届人大一次会议】2016年11月18日—20日，县八届人大一次会议在陆河县城举行。

会议议程　听取和审议听取和审议县人大常委会工作报告、县人民政府工作报告、县人民法院工作报告、县人民检察院工作报告；选举余加瑞为县八届人大常委会主任、黄汝展、黄丕朕、叶佐超、彭金迎、陈旋飞、郑向荣为副主任；选举刘月灵、朱水清、朱昌赞等18位同志为县八届人大常委会委员；选举陈壮勇为县人民政府县长、叶子美、李小鹏、连小珊（女）、沈展峰、范秉康、彭武标为副县长；选举卓俊鸿为县人民法院院长；选举邱少瑶为县人民检察院检察长。

会议作出相关的决议，充分肯定了县人大常委会、县人民政府、县人民法院、县人民检察院的工作成绩，客观总结五年来的经验，明确提出下届奋斗目标。

【县人大常委会会议】2016年，县人大常委会共举行9次会议。会议主要听取和审议"一府两院"工作汇报、审议相关文件草案、人事任免事项、决定重大事项、研究常委会重要工作等。

3月21日上午，县七届人大常委会举行第29次会议。会议议程：审议县人民政府关于2015年度依法行政工作情况报告；审议政府工作报告、"十三五规划"、计划报告、财政报告、人大常委会工作报告、法院工作报告、检察院工作报告；听取和审议县人民政府《关于县七届人大五次会议议案建议办理情况报告》；决定县第七届人民代表大会第六次会议召开的时间及相关事项；其他事项。

4月19日上午，县七届人大常委会举行第30次会议。会议议程：听取县人民政府关于提请审议资产处置有关问题的报告；审议暂停个别代表执行代表职务事项；人事任免事项；举行新当选人员向宪法宣誓仪式。

5月23日上午，县七届人大常委会举行第31次会议，会议议程：人事任免事项；其他。

7月19日上午，县七届人大常委会举行第32次会议，会议议程：人事任免事项；听取和审议县人民政府关于县七届人大四次、五次、六次会议的议案办理方案报告；听取和审议县人大常委会视察组关于对新河工业园区视察的反馈意见；听取和审议县人民政府关于提请审议县2016年第一批新增地方政府债务额度安排方案的情况报告；听取和审议县人民政府关于提请审议土地储备中心向市农发行贷款的使用方案的情况报告；听取和审议县人民政府关于河平公路项目结欠工程款执行和解问题的情况报告；审议教科文卫工委关于医疗短板的调研报告；审议农工委关于扶贫短板的调研报告；审议选联工委关于调研政务服务中心运行、高速公路通车、旅游道路建设情况报告；审议主任会议对有关人员采取强制措施的决定；其他事项。

8月18日上午，县七届人大常委会举行第33次会议，会议议程：听取和审议《县人民政府2016年上半年国民经济和社会发展计划情况报告》；听取和审议《县人民政府2016年上半年预算执行情况报告》；任命县、镇选举委员会组成人员。

8月29日下午，县七届人大常委会举行第34次会议，会议议程：人事任免事项；其他。

10月10日上午，县七届人大常委会举行第35次会议，会议议程：审议《陆河县国有资产整合方案的函》；审议《2016年第二批、第三批新增地方政府债券额度安排方案的函》；审议《潮惠高速连接河东段市政道路及配套工程项目（含征地拆迁）PPP建设实施方案的函》；人事任免；其它事项。

11月3日上午，县七届人大常委会举行第36次会议，会议议程：听取和审查2015年财政决算；听取和审议2015年审计工作报告及2014年审计整改落实情况报告；听取和审议《生活污水处理设施整县捆绑PPP项目相关方案》；审议"一府两院"及县七届人大常委会工作报告；通过县第八届人民代表大会第一次会议召开时间的决定；审议通过代表资格审查委员会关于县第八届人民代表大会代表资格审查报告；通过县第八届人民代表大会第一次会议主席团成员及秘书长建议名单；通过县第八届人民代表大会第一次会议议案审查委员会组成人员建议名单；通过县第八届人民代表大会第一次会议列席及邀请列席人员范围的决定。

12月30日上午，县八届人大常委会举行第1次会议，会议议程：审议通过《县人民代表大会常务委员会议事规则》；审议县第八届人民代表大会常务委员会代表资格审查委员会组成人员名单；审议县政府2016年县级财政预算调整方案的报告；人事任免事项。

重要工作

【议案建议办理】 3月，县七届人大六次会议期间，共收到代表10人以上联名提出的议案39件。根据《陆河县第七届人民代表大会第六次会议主席团关于代表联名提出的议案处理决定》，将彭文办等12名代表提出的《关于朝阳路整修的议案》、彭汉卿等12名代表提出的《关于落实规划内容，解决民生问题，加快县城东区开发，推进水唇融入县城建设》、彭汉卿等10名代表提出的《关于要求扩宽潮惠高速陆河东出口至省道S335道路的议案》等3件议案合并为关于《加快朝阳路道路整修及推进城东区道路基础设施建设》的议案，作为县七届人大六次会议议案，由县政府承办。将丘文耀等12名代表《关于加大"三大环境"整治经费投入的议案》、黄显村等10名代表《关于进一步加大我县环境整治力度的议案》、彭瑞派等10名代表《关于加强建筑垃圾入河监管的议案》、朱伟南等12名代表《关于加强农村卫生环境整治的议案》等4件议案建议，合并为关于《加大城乡环境整治力度 建设美丽家园》，作为一号重点建议，将游晓阳等11名代表《关于建议建立县城供水备用水源的议案》作为二号重点建议。县政府按照"分级负责，归口办理"的原则，及时将人大代表议案、建议分别落实到有关责任单位办理，截至9月底，1件议案和33件建议已全部答复代表，答复率100%，代表满意率达到97%。

11月，县八届人大一次会议期间，共收到代表10人以上联名提出的议案22件。根据《陆河县第八届人民代表大会第一次会议主席团关于代表联名提出的议案处理决定》，将彭醒快等10名代表提出的《关于推进陆河大道南段建设的议案》和彭庆凡等12名代表提出的《关于建议扩宽改造滨河路的议案》合并为《关于推进陆河大道南段建设的议案》，作为本次大会议案，由县人大常委会交县人民政府办理。代表提出的其余20件建议，事关全县改革、发展和稳定，涉及农村农业、财政经济、科教文卫、道路交通、城建规划等民生问题，反映出基层人民群众的迫切要求，由县人大常委会交由相关部门办理。

【选举任免】 县人大及其常委会始终坚持党管干部的原则和依法任免有机结合，严格按照法律程序，认真做好选举任免工作。2016年，县人大及其常委会依法选举任免国家机关工作人员69人次，接受辞去职务共5人次。

重要活动

【代表视察】5月13日，县人大常委会专题视察组对新河工业园区进行专题视察，通过座谈、收集代表意见、实地视察和听取政府及相关职能部门的专项汇报，视察组提出以下意见：一要把握全县经济中心的新定位。要立足把新河工业园区建成全县经济中心的新定位，做到高起点规划、高标准建设、高效能招商、高质量服务、高水平管理等"五个高"，全力打造县域经济发展"新引擎"。二要正确配置园区管委会的机构和职权。县人民政府要尽快研究，设立园区常设机构，赋予其相应的管理权职，选强配好队伍，确保"五个高"的事权落实到人、责任落实到人，权责对等。三要依规报告建设和招商的重大事项。县人民政府对园区的公共基础设施建设方面要做好长、中、短期规划，对园区下一步规划、管理、地名命名等重大问题要报县人大常委会审议后，形成具有法律效力的决定、决议、意见予以实施。四要依照合同管理好进园企业。要分类管理好每一个进园企业，对前期的入园企业要督促加快建设进度，对以"屯地""圈地"为目的的企业，要依照合同勒令其退园。五要尽快促使企业出效益回应人民关切。园区管委会要对前期合同进行梳理，特别是对前期让利后的入园企业加强管理，按照税法规定收税，对无法完成合同税额的企业停止优惠政策，依合同收回奖励金，力求实现园区的产值和效益与投入同步增长。六要选择符合园区发展方向的企业入园。要兼顾落实生态功能区的规划，在守住生态"门槛"的基础上，以综合效益作为企业入园的"敲门砖"，有选择地引进企业入园，坚持好中选优、优中选强，使工业园区的发展驶上陆河振兴发展的快车道。

主要工作

【人大监督工作】 一是强化财政经济监督。听取和审议2015年县级财政决算、预算执行和其他收支的审计情况，2016年上半年国民经济和社会发展计划执行情况、预算执行情况。检查新修订的《中华人民共和国预算法》落实情况，加强"全口径"预、决算审查，针对计划和预算执行中的突出问题提出审议意见，督促政府及其有关部门改进工作。紧紧扭住"三大抓手"，持续关注园区建设、交通基础设施建设和县城扩容提质等重点工作，对工业园区建设、县"十三五"规划纲要实施等工作提出要求和意见。二是强化民生事业监督。深入调研扶贫攻坚、义务教育、医疗改革等工作，加大监督力度，为打好脱贫、教育、医疗卫生"三大攻坚战"提供推力。深化城乡环境整治，重点监督饮用水源保护、公共环境卫生、垃圾处理、规划管理等工作；深化社会环境整治，监督交通安全、禁毒缉枪、社会安全保障等工作，深化政务环境整治，约谈部门负责人。特别是加大禁毒缉枪监督力度，督办全县禁毒和缉枪工作，守护社会平安，筑牢民生之本。三是强化法律法规实施情况监督。在换届选举前，检查《中华人民共和国全国人民代表大会和地方各级人民代表大会选举法》《中华人民共和国地方各级人民代表大会和地方各级人民政府组织法》《中华人民共和国全国人民代表大会和地方各级人民代表大会代表法》等法律的实施情况，推动法律知识在县镇职能部门和广大选民中宣传普及，依法整治政务环境，营造学法用法、依法行政的法治氛围。

【依法履职发挥代表作用】 一是扎实开展代表活动。组织代表集中视察新河工业园区，就园区自身定位、规划管理、机构人员、转化效益等方面提出反馈意见。对县政务服务中心运行、高速公路建设通车、旅游道路建设等情况开展系列专题调研，分析存在的问题，有针对性地提出意见建议。二是密切联系代表。充分发挥镇人大主席团和代表联络站的作用，进一步完善常委会联系代表制度、代表联系选民制度，及时收集代表的意见和建议，为各级人大代表交流沟通提供平台。加强与上级人大的沟通联系，组织部分代表参加市人大常委会联络基层代表座谈会。针对当前陆河发展面临的土地使用指标、生态环境保护、基础设施融资、农村基层治理等问题向有关部门提出意见建议。三是加强议案建议办理工作。全年共督办县七届人大六次会议期间代表提出的议案1件、建议33件，代表满意率达97%，进一步推动社会事业发展。

【县镇换届任务】 严格按照《中华人民共和国全国人民代表大会和地方各级人民代表大会选举法》《中华人民共和国地方各级人民代表大会和地方各级人民政府组织法》等相关法律法规的规定，认真落实上级换届选举工作会议的部署，拟定方案、精心安排、科学推进，圆满完成县镇换届的各项任务，工作有创新、有亮点，得到省、市人大和督导组的充分肯定。一是全面完成人大代表换届。围绕落实新修订的选举法关于选举委员会组成人员、城乡同比的新规定和省市"两升一降"的新要求，切实抓好前期准备、宣传发动、选民登记、提名协商代表候选人、投票选举、召开会议等6个阶段工作，依法、有序、顺利、圆满地选出173名新一届县人大代表和482名新一届镇人大代表。二是顺利完成县镇班子换届。加强对镇人大的指导，一批表现优秀的干部在换届选举中高票当选为领导班子成员。认真做好县八届人大一次会议的筹备工作，按照省市对新一届领导班子的年龄、结构、素质等要求，依法选举产生县八届人大、县政府领导班子和县"两院"主要领导，以及市七届人大代表48名。三是依时完成部门正职任命。全面履行任前法律知识考试、投票表决、履职承诺、颁发任命证书、举行宪法宣誓仪式等任命程序。新一届政府组成部门正职在法律规定时间内依法任命，确保组织人事意图在法律框架内100%实现。9月29日全县8个镇相继召开人代会，全面完成人大、政府的换届选举工作。

【队伍建设】深入学习贯彻党的十八大和习总书记系列重要讲话精神、中央以及省、市关于加强县乡人大工作和建设的若干意见的文件精神，研究新形势下做好人大工作的思想体系、法律依据、制度建设等理论，提高常委会组成人员的思想政治水平。开展党的群众路线教育、"三严三实"专题教育等活动，巩固"四风"整治成果。认真开展"两学一做"，学习贯彻《中国共产党廉洁自律准则》《中国共产党纪律处分条例》，加强机关内部政治纪律建设，提升队伍的纪律和规矩意识。坚持群众路线，广泛联系代表，建设"代表之家"，使人大工作更加贴近民心、民意、民生。（朱水清、张秀琼）

【2016年陆河县第八届人大常委会办公室各工作委员会领导名录】

人大常委会办公室
副主任：刘德森　丘信凡
科教文卫工作委员会
主　任：彭雪枝（女）
选举联络人事任免工作委员会
副主任：彭新科
农村农业工作委员会
副主任：邓文达
法制工作委员会
副主任：廖仕本

陆河县人民政府领导成员

【2016年10月县换届前人民政府县长、副县长名录】
县　　　长：许伟明（8月离任）
　　　　　　陈壮勇（8月代县长）
常务副县长：罗炳新
副　县　长：杨　华（挂职）
　　　　　　彭永通（4月离任）
　　　　　　叶子美
　　　　　　孔金诺
　　　　　　连小珊
　　　　　　卓雄峰（5月离任）
　　　　　　李小鹏（5月任职）
　　　　　　范秉康（4月任职）
　　　　　　储昭东（挂职）

【2016年11月县换届后人民政府县长、副县长名录】
县　　　长：陈壮勇
常务副县长：叶子美
副　县　长：屠治明（12月挂职）
　　　　　　连小珊
　　　　　　李小鹏
　　　　　　沈展峰
　　　　　　范秉康
　　　　　　彭武标

县政府工作机构

【2016年陆河县人民政府工作机构设置】2016年，陆河县人民政府设有22个工作部门：县人民政府办公室、县发展和改革局、县经济和信息化局、县教育局、县民族宗教事务局、县公安局、县监察

局、县民政局、县司法局、县财政局、县人力资源和社会保障局、县国土资源局、县环境保护局、县住房和城乡规划建设局、县交通运输局、县水务局、县农业局、县林业局、县文化广电新闻出版局、县卫生和计划生育局、县审计局、县市场监督管理局、县安全生产监督管理局、县食品药品监督管理局、县统计局。

重要会议

【县政府常务会议】2016年，陆河县人民政府共召开11次常务会议。其中，涉及重大行政决策和民生实事的主要有：审议《政府工作报告（征求意见稿）》《2016年财政预算收支草案》《2015年国民经济和社会发展计划执行情况与2016年计划草案》《陆河县国民经济和社会发展第十三个五年规划纲要》《陆河县2016年十件民生实事》等规范性文件；讨论研究县政府部分领导分工、县直各部门权责清单、新能源公交车投放、调整县行政事业单位公职人员津贴补贴等工作。

【重点工作、重点项目推进会议】2016年，县政府召开重点工作、项目推进会13次，协调解决县长办公会议有关重点工作、重点项目的具体事项。县长陈壮勇主持召开市政建设项目、县城街道改造、园区重点项目征地、创文创卫、精准扶贫、禁毒缉枪、信访维稳、社会治理等重点工作、项目存在的问题；有序推进招商引资、城乡环境整治、省级新农村示范片建设等工作。

重要决策

【农业农村发展】加快发展基地农业，按照"公司+基地+协会+农户"发展模式，扶持青梅、油茶、木瓜、灵芝等八大农业基地扩大种植规模，打造一批省级现代农业种植示范区，形成具有陆河特色的生态农业产业链条。鼓励农业龙头企业加快发展规模化生产、集约化经营，扶持重信公司新三板上市。加快发展农民专业合作社、家庭农场等新型农业经营主体，培育新型职业农民。擦亮"全国有机产品认证示范县"和"陆河青梅地理标志"品牌，大力发展青梅、灵芝等农产品精深加工，延伸优势农产品产业链。依托"互联网+农业"模式，发展农产品加工流通和休闲观光农业，形成一、二、三产业融合发展的产业体系，促进全县农业生产由传统、粗放、低效向现代、精细、高效发展。农村综合改革有效推进，完成土地承包经营权确权登记颁证的行政村98个，颁发证书823份；完成农村"三资"交易67宗3201万元。基层治理改革深入推进，实施城乡社区基石计划示范工程，全县有95个行政村（社区）成为省村务公开民主管理示范单位。

【园区工业建设】加快新河工业园区扩能增效。推进园区工业大道、坪山大道、污水处理厂、供水供气、标记标识、绿化亮化建设，加快投资服务中心、检验检测公共服务平台、科技孵化基地等配套建设，搭建研发、物流、信息、融资、商务、贸易六大平台。创新管理服务机制，解决园区资金筹措、土地储备问题，完善基础设施和公共服务配套建设，在比亚迪一期新能源汽车项目投入生产的基础上，启动比亚迪二期项目比亚迪试车场用地征迁工作。引进新能源汽车产业链上下游企业，着力打造集技术研发、整车制造、检验试车、展示体验、物流仓储等为一体的新能源汽车产业园。开展全方位精准招商，推动建筑装饰产业全面回归、集聚发展，做大做强。首创电子、伟泰建材竣工投产，华南铝业等项目动工，智顺、华剑等企业完成签约，园区内新能源和建筑装饰产业基地初具规模。

【基础设施建设】全面推进交通、能源、水利、工业、农业、服务业、市政设施、生态环境、民生保障等方面的项目建设。按照"打造优雅陆河、实现绿色崛起，努力建设宜居宜业宜游客家新山城"目标，统筹县城工作发展持续性，加强市政管理，着力推进市政交通基础设施等重点项目建设。一是完善市政设施建设，提升县城综合承载能力。完成县城朝阳路、人民路、吉康路升级改造及配套设施建设，开通丰新二至六街共5条断头路；打造富有生活气息的螺河东岸，推进螺河西岸客家文化长廊建设；加快推进螺河半岛、亲水公园项目，实现一河两岸、改河路带状公园和部分重点场所的美化亮化建设。螺河湾、泰裕广场、翠堤湾、梓轩华府等商住项目相继建成。二是改进县城建设管理，补齐城市功能短板。针对县城公交、排污、休闲等功能设施不完善等问题，贯彻落实国家关于城市优先发展公共交通的战略部署，打造"便捷、高效、绿色、安全"的低碳公共交通，首批投放中型比亚迪K7纯电动公交车150辆，联通城乡公共交通网络，成为全省首个全面启用新能源公交的山区县。持续完善污水收集、供水、排水、燃气管网的建设。在一河两岸、改河路带状公园等处规划建设方便居民就近休憩、娱乐、健身休闲设施。三是实现城乡快捷交通网络。建设覆盖全县、外联内通的区域交通网络体系，确保潮惠高速全线提前建成通车，启动天汕高速陆河段建设，实施省道S335和S240线改造升级和镇村公路改造，启动陆河东互通与县城连接线、新田互通至新田河口连接线建设。开辟罗洞—共光—石塔—剑门一带"花海观光"旅游线路，打通新田、南万、螺溪三镇公路。完善县综合枢纽客运站和货运站项目规划建设。

【产业调整优化】紧紧围绕"一轴三圈"发展战略，扭住"三大抓手"，坚持抓好产业优化和扶持企业发展，提升实体经济发展质量和效益。扎实抓好传统产业调整优化。促进传统特色产业优化升级。进一步巩固产业基础，扶持产业适度稳步发展；鼓励企业进入工业园区发展；提升企业自主研发、创新能力，对规模以上和拥有自主品牌、技术专利的企业给予相应扶持、奖励，实施著名品牌效应；以比亚迪新能源汽车项目为驱动，加快发展绿色节能环保产业。打好供给侧结构性改革攻坚战，抓好企业的扶持和发展。积极落实去产能、去库存、去杠杆、降成本、补短板等措施，稳妥处置连年亏损的"垃圾工厂"；引导企业加强产销对接，化解房地产库存和产能过剩问题；引进华南铝业、智顺、华剑等企业，积极发展实体经济，促进县域经济的可持续发展。

【发展生态旅游】围绕"花泉林歌、悠然陆河"生态旅游品牌，编制《陆河县旅游总体概念规划》，提升特色旅游发展水平。打造"花海"观光旅游，推进罗洞世外梅园、共光万亩梅园设施建设，建设集赏梅观光、民俗体验、生态休闲等功能为一体的特色赏梅旅游区。加快发展"旅游+养生度假"业态，发展温泉健康产业，推进水唇温泉山庄和上护温泉度假村项目建设和御水湾温泉度假村改造升级。发展"旅游+文化"业态，加大对激石溪、谢非故居等红色革命教育基地的保护力度。实施红锥林、神象山、观天嶂等景区景点升级改造，加强墩子寨、莲心湖、石下坝等特色古村落保护开发。完善旅游酒店、自驾游、农家乐、农村家庭旅馆等旅游配套设施，鼓励社会资本和农村集体参与旅游项目开发建设。

【建设美丽城乡】发挥"三圈"中心镇辐射带动作用，引导产业和人口向县城和中心镇聚集发展，建设新型农村社区。实施河口生态宜居示范区、螺溪新农村、水唇镇"2511"美丽小镇等项目建设，打造融合文化、景观、产业、创新元素的美丽乡村。完善重要地段、街区的塑造识别性、标志性魅力景观，彰显陆河地域特色，建设具有时代特点和地域特征的新型特色城镇风貌，辐射带动全县新型城镇化建设。加快城乡便民利民服务配套建设，推动电子商务向农村延伸，扎实推进"农村淘宝"和"快递下乡"工程。加快城乡信息化基础设施建设，推进全县通信线路光纤化升级改造，打造"光网陆河"。

【实施脱贫攻坚】实施脱贫攻坚三年行动计划，落实"六个精准"要求，推进"五个一批"工程。充分利用国家扶持贫困山区及革命老区相关政策，全面深化与深圳市坪山区和省直帮扶单位做好帮扶对接，积极引进项目资金，改善贫困村基础设施，启动精准扶贫产业园项目建设，落实相对贫困人口实现脱贫。扎实做好丧失劳动能力贫困人口财政兜底和偏远山区贫困户实行异地搬迁工作，注重落实贫困户劳动技能培训，推动贫困户转移就业，解决因病致贫、因病返贫等问题。

【社会民生发展】实施积极的就业创业政策，落

实国家和省继续提高基本养老金标准要求，健全城乡居民养老医保待遇动态调整机制。加快发展社会福利和慈善事业，做好助学助孤助残、优抚安置和双拥工作。文化设施不断改善，县文体综合馆、流动图书馆和国民体质监测站基本完工，镇级文化站全部建成。抓好卫生强县创建工作，县人民医院通过二甲医院评审，镇级卫生院标准化建设全面铺开，实施分级诊疗制度、公共卫生服务和基本公共服务均等化。深化公立医院综合改革，扩大基本药物制度实施范围，推进妇幼健康标准化服务，促进人口均衡发展。落实活禽交易限制区"家禽集中屠宰、冷链配送、生鲜上市"工作。巩固教育"创强创均"成果，推进"心里程"智慧教育试点工作。河田中学、陆河中学分别通过"广东省国家级示范性高中""广东省一级学校"督导验收。

【政府效能建设】强化政府机关和各级干部责任担当，严格落实项目推进领导负责制，加强协调处置和督查督办，保障项目顺利推进。印发《陆河县政府部门权责清单》，公布权责事项6462项。"平安陆河"深入推进，"质量强县"建设走向深入，食品药品安全水平和市场经济秩序明显提升。修订完善《政府工作规则》，坚持依法行政，自觉接受人大法律监督、政协民主监督、媒体和社会各界舆论监督，做好议案、建议、提案办理工作。全力推进依法治县，严格按照法定权限和程序履行职责。全面贯彻从严治党要求，深入推进反腐倡廉建设，树立风清气正的政府新形象。

综合政务

【办文办会】2016年，县政府办公室认真做好办文、会务工作。从严要求，积极做好收发文及文件管理工作。通过大力改革公文审批制度，完善收文、拟文、签文、发文及登记跟踪程序，严把政策关、程序关、文字关，确保办理的政府机关各类公文的时效性、规范性和权威性。全年共制发县政府文件58个、函复78个，办公室文件75个、函复109个，各类会议纪要25期。

【民生实事】按照省、市十件民生实事部署，集中力量办好"继续提高底线民生保障水平、加大对困难弱势群体帮扶力度、强化低收入住房困难群体住房保障、改善农村生产生活条件、改革基层医疗卫生服务、促进教育文化等公共服务资源公平均衡配置、促进创业带动就业、加强污染治理和生态建设、提升社会安全指数、抓好防灾减灾"等十件民生实事，切实增进民生福祉。

【政务督办】2016年，县政府办公室全面落实县政府的工作部署，加强对全县中心工作和重点政务的跟踪督查，抽调办公室人员，组织县发改局等部门，对重点项目和民生实事等工作开展专项督办。全年共开展专项督查32次，编发督办通报或政务通报29期，有效推动全县重大决策部署的落实。

【自身建设】围绕县委、县政府努力营造优质、高效的政务环境要求，进一步加强政府系统法治、政务、民主、廉政及落实机制等建设。一是推进依法治县，强化依法行政。推行政府权力清单制度，严格按照法定权限和程序履职，坚持运用法治思维和法治方式办事；完善政府决策机制，提升科学决策水平。二是深化政务整治，强化问责追责。坚决落实中央"八项规定"精神和党的纪律处分条例及廉洁自律准则，推进"三严三实"专题教育活动整改落实，持续深入开展政务整治正风肃纪集中行动，把纪律和规矩挺在前面，把制度和规范立起来，从严整治查处不作为、乱作为、慢作为，不收敛、不收手等行为和问题。三是自觉接受监督，强化政务公开。不断拓宽建言机制和监督渠道，积极察民情、听民声、纳民意，自觉接受人大的法律监督、政协的民主监督和媒体、网络、社会舆论的公众监督；加强政务信息公开，让政府重大决策、重要工作更加公开透明。四是强化工作效率，抓好工作落实。围绕既定发展目标和任务，敢于担当、倒逼落实，始终在加快发展中勇于攻坚克难，在推进工作上保持速度与激情，确保把政府各项目标任务落到实处、取得实效。

【机关事务】圆满完成县委、县政府的会务和接

政治

待工作，全年完成2773次会议通知及会议筹备组织工作，接待来访27730人次，承办全县性大型会议会务工作11次。

附：2016年陆河县人民政府办公室领导名录
　　主　任：彭金迎（12月离任）
　　　　　　彭云渊（12月任职）
　　副主任：叶奔腾
　　　　　　余大治（7月离任）
　　　　　　刘兆李（7月离任）
　　　　　　蔡新勇（7月任职）
2016年陆河县机关事务局领导名录
　　局　长：刘志斌（12月离任）
　　副局长：罗小菊　吴昊

外事·侨务

【概况】2016年，陆河县外事侨务局（简称"县外侨局"）严格执行出访证照管理与办理制度；落实归难侨扶贫、救济工作，依法维护归侨、侨眷和海外侨胞合法权益；做好来访华侨华人、港澳同胞和社团接待工作。

【侨乡侨情】陆河县是广东省著名侨乡，旅居海外的外籍华人、华侨约17.50万人，分布于世界18个国家和地区。其中，东南亚各国有11.30万人，欧美诸国有5.60万人。持中华人民共和国护照居海外有0.60万人。有香港、澳门同胞约6.80万人。有归侨、侨眷和港澳台眷属7.27万人。主要团体有马来西亚惠州会馆，马来西亚海陆会馆，印尼棉兰惠州会馆，新加坡惠州会馆，香港汕尾市陆河海外联谊总会，香港油尖旺事务联会，香港星火基金会，香港宣明会与澳门分会。

【联谊交流】7月9日，来自马来西亚的28名华裔青少年参观上护客家民俗博物馆、河口昂塘古洋楼等文化景点和历史古迹，感受中华文化的博大精深，对增进中马文化，提高海外华裔青少年对祖籍国的认识，传承客家文化，具有深远意义；赴港参加陆河海外联谊会庆典活动，拜访在港乡贤，加强在港人士联谊。对于重点侨领彭云鹏先生和东南亚社团，通过传统佳节的问候和平时沟通来增进感情。

【侨务管理】2016年，陆河县归国华侨联合会加强组织建设，主动搭建服务平台，开展对外往来工作，加强与海内外华人华侨沟通联络，维护广大归侨侨眷及海外侨胞合法权益，为侨办实事、做好事。

慰问年老和困难归侨　在春节期间，连小珊副县长率局同志走访慰问了陆河县5户归侨，为他们送去节日慰问金4000元和新春祝福，体现了党和政府对年老和困难归侨的关心和厚爱。

开展捐赠活动　在年初，县外侨局经过向省侨界仁爱基金会寻求帮扶，为陆河县耳聋患者赠送价值人民币4.8万元的助听器60只，为部分乡村耳聋患者解决了实际困难，得到村民热烈拥护。

依法开展维侨护侨工作　做好来信来访工作，积极化解纠纷。5月份，省侨办收转国家驻泰国领事馆转彭某叔侄反映水唇村委学校教学楼挪作他用一事。县外侨局高度重视，立即成立以局长为组长的调处工作组，联合水唇镇府对该事件进行深入调查了解，通过查实情，访村民，找证据，多次约谈当事人，在与当事人多次沟通后，召开由当地镇委书记、香港汕尾市陆河海外联谊会会长、全体村干部、当事人及其部分亲属参加的座谈会，向其说明情况，消除误会，取得了双方满意的结果。

做好扶持贫困归侨省级专项资金发放工作　切实贯彻落实国家和省委、省政府有关扶持贫困归侨的精神，进一步改善归侨民生，缓解特殊贫困归侨家庭生活困难问题，做好扶持贫困归侨工作。于5月对全县贫困归侨人员进行登记，6月对贫困归侨人员进行审核，确定对全县8个镇贫困归侨共92人次进行帮扶，合计8.18万元。其中：贫困归侨临时救助53人次，贫困归侨低保补助39人次。节日期间，发放慰问金2万元。

【加强因公出国（境）签证管理】在办理因公出国（境）工作中，县外侨局认真贯彻落实中央"八项规定"精神，严格执行国家工作人员出国（境）的各项制度和规定。重点对各出访单位和团组的出

访任务、出访身份、随同人员人数、出访费用、邀请函内容、日程安排等严格审核，把好因公出国（境）审批，规范出国（境）审批手续，严格执行逐级审核审批制度，防止弄虚作假、公款旅游和违反外事纪律现象的发生。加强对陆河县因公出国（境）证照管理工作，实行证出即管的办法，严格执行领证凭主管领导审批表领取的工作流程。2016年，共办理公务人员赴港证件签注32人次，出国签证2人次。

（谢志雄）

附：2016年陆河县外事侨务局领导名录

　　局　　长：刘锡顺
　　副局长：吴何（7月离任）

政务服务中心

【概况】根据陆河县机构编制委员会《关于〈陆河县人民政府办公室关于成立陆河县政务服务管理办公室的请示〉的批复》（陆河机编〔2015〕45号）文件批准，陆河县政务服务中心（以下简称中心）成立，属公益一类事业单位，正科级，事业编制5名，配正、副主任各1名。并经陆河县政府常务会议批准（县政府常务会议纪要第36期，2016年1月11日），配社会购买服务人员9名。2016年度实有人员：管理人员（借调）有负责人1名、事业干部3名；聘用社会购买服务人员9名。

【主要职责】贯彻执行有关行政审批、政务服务等方面的方针政策和法律法规；负责规范全县政务服务工作，制定并组织实施全县政务服务标准、规程和规章制度；会同相关部门负责全县政务服务效能建设，指导进驻单位简化办事手续，优化办事流程，缩减办事时间，提高当场办结率；会同有关部门负责全县政务服务监督和考核，处理政务服务投诉、意见和建议；负责政务服务中心的日常管理，协调进驻单位工作；指导镇级政务服务工作；以及承办县政府及上级业务主管部门交办的其他事项。

【便民、高效服务】中心办事大厅为县级综合性公共服务平台，宗旨为"公正、透明、便民、高效"，运行模式为"一个窗口受理、一站式审批、一条龙服务、一个窗口收费"。设有办事窗口66个，银行窗口1个，后台卡位14个。大厅进驻原则为"应进必进，便民利企"。全县首批共进驻40个单位、466项行政审批和公共服务事项。2016年，中心办事大厅及3个分厅（即公安户籍及出入境、民政府婚姻登记、车辆管理3个分厅）累计受理申办事项约124081件，累计办结数123743件，办结率99.73%。（罗洪灶）

附：2016年政务服务中心领导名录

　　负责人：叶子彬

应急管理

【概况】2016年，全县应急管理工作全面发展，成效显著。陆河县应急管理办公室（以下简称"县应急办"）进一步充实值班力量，健全值守制度，完善应急指挥平台，积极开展应急知识宣教培训，大力推动突发事件应急处置督查督办，促进全县经济社会持续发展。

【机构人员】2016年，县应急办行政编制3名，县委县政府总值班室事业编制2名，共有5名在职人员。

【应急管理"一案三制"建设】2016年，陆河县编修县级专项应急预案3个，现陆河县专项应急预案总数20个，形成较为完善的县级专项预案系统。逐步在镇、村两级开始修订应急预案，进一步完善全县应急预案体系。

【应急保障体系建设】建设县应急平台、县应急通讯系统，由县应急办统一购置9部卫星电话分发至8个镇和县应急指挥部。在常规通讯中断的情况下，各地可启用应急卫星电话，确保领导第一时间获得现场信息，进一步提升陆河县应急管理和防灾减灾应急通讯能力。在县城和2个镇共设立应急避护（难）场所4处，面积约7万平方米，可容纳人数约5.5万人。分别位于县城人民广场、陆河公园、河田中学、陆河实验学校、河口中学以及螺溪镇文化广场。大力推进应急管理示范点创建工作，进一步提升社会综合防灾减灾水平；组织道路交通事故、

政治

突发地质灾害等应急演练，进一步提高应对突发事件能力。

【应急知识宣教培训工作】 2016年，共发放省、市《应急知识宣传手册》2000多册，并更新应急知识宣传栏。举办2场"百人百场"应急知识宣讲活动，通过电视、网络、印发宣传资料等形式宣传报道。各镇、各有关部门充分利用活动室、文化站、文化广场以及宣传栏等场所，开展应急知识普及教育。全方位推进应急知识宣传，全面普及预防、避险、自救、互救、减灾等知识。

【政府值班工作】 切实加强值班，重视突发事件信息报送工作。陆河县已建立县委县政府总值班室建设，明确各镇、各有关单位要按照（参照）市标准设立专门值班室，由专职人员24小时轮流值班，未设立专门值班室的单位，要求安排至少1名干部24小时电话值班。制定值班工作制度，明确节假日领导带班值班。

【预测预警和风险隐患排查评估工作】 2016年，县委县政府总值班室及时编辑《突发事件信息专报》25期上报市政府总值班室。分别在6月、12月组织2次为期1个月的风险隐患排查和整改工作，共排查风险隐患116处；全县8个乡镇建立气象服务站和117个气象农村大喇叭，对传递气象预报预警服务信息、收集气象灾情、宣传气象防灾减灾知识、改善农村气象灾害防御基础设施和提高应对灾害能力等方面将发挥重要作用。

【突发事件应对处置工作】 陆河县高度重视突发事件应对处置工作，始终坚持"准确研判、快速反应、及时上报、狠抓落实"的突发事件处置原则。2016年，及时处置河口镇污水处理厂征地引发的纠纷事件；县公安局及时破获河口镇"9·15"故意杀人案；有效防御台风"妮妲""海马"；有效处置多起交通事故以及多起突发敏感事件等。县应急办发挥职能作用，迅速做出反应，及时启动应急预案、信息报告、跟踪协调等工作。（朱伟东）

附：2016年陆河县人民政府应急管理办公室领导名录
　　主　任：朱水清

政协陆河县委员会领导成员

【2016年政协陆河县委员会正、副主席名录】
　　换届前正、副主席名录
　　主　席：黄国生
　　副主席：黄克宁
　　　　　　吴福万
　　　　　　彭金颂
　　　　　　杨秀丹
　　换届后正、副主席名录
　　主　席：黄国生
　　副主席：孔金诺
　　　　　　叶步活
　　　　　　叶佐雄
　　　　　　彭俊生
　　　　　　郑少琴

县政协工作机构

【机构设置】 县政协机关机构改革坚持精简、统一、效能的原则，设立一个科级综合办事机构：县政协办公室；3个科级工作委员会办公室：综合工作委员会办公室、提案工作委员会办公室、文史工作委员会办公室。县政协机关编制18名，其中行政9名，事业9名（含工勤4名）。正、副主席2名；主任、副主任共5名，其中县政协办公室主任、副主任2名，工作委员会办公室主任（或副主任）各1名（主任为正科级、副主任为副科级）。政协办公室下设4个职能股配股长（或副股长）4人。

重要会议

【县政协七届六次会议开幕】中国人民政治协商会议陆河县第七届委员会第六次会议于3月28日在陆河县城召开。县政协党组书记、县政协主席黄国生同志向大会作工作报告，报告从7个方面总结县政协一年来的工作。彭金颂副主席向大会报告七届五次会议以来的提案工作情况。七届五次会议以来，共收到委员提案41件。经过各方面的共同努力，政协提案提出的许多建议为促进我县经济社会各项事业加快发展发挥了积极作用。会议还表彰了县政协七届五次会议以来优秀提案和承办提案先进单位。

【委员发言大会】3月28日上午，县政协在进行了开幕大会后，举行委员发言大会。会议听取了政协委员发言，委员们围绕生态旅游、新农村建设、医疗卫生等方面作了大会发言，积极建言献策，提出了许多建设性意见和建议，为县委、县政府科学民主决策提供参考。

【县政协七届六次会议闭幕】3月29日下午，政协陆河县第七届委员会第六次会议圆满完成各项议程，胜利闭幕。会议期间，林少文书记代表县委作了重要讲话。肯定了县政协和全体政协委员的辛勤付出和努力。并对政协组织和政协委员提出了新的要求。委员们审议通过了常委会工作报告和提案工作报告，听取并讨论县政府工作报告及其它报告，提出许多意见和建议。县政协主席黄国生作闭幕讲话。黄国生强调，2016年是"十三五"时期开局之年，县政协机关和政协委员要紧紧围绕县委的工作部署要求，认真履行职能，充分发挥作用，更好地服务我县经济社会持续健康发展。大会以无记名投票方式增选了政协陆河县第七届委员会副主席彭永通，通过了政协陆河县第七届委员会第六次会议决议。

【政协陆河县第八届委员会第一次会议开幕】中国人民政治协商会议陆河县第八届委员会第一次会议于11月17日上午在陆河县城召开。县政协八届一次会议主席团常务主席黄国生向大会作七届县政协常委会工作报告。报告指出，七届县政协以来的五年，是我县政协事业不断发展的五年。报告从六个方面总结了县七届政协的工作，受县政协第七届委员会常务委员会的委托，县政协八届一次会议主席团常务主席彭金颂向大会作七届县政协常委会提案工作报告。七届政协共收到委员提案133件，立案127件，评选表彰了16个优秀提案和表彰了79个先进个人，截至目前，经各承办单位积极努力，交办的提案已全部办理完毕。这些提案体现了时代特征和政协特色，为促进我县经济社会发展发挥了重要作用。

【政协陆河县八届一次会议闭幕】11月19日上午，政协陆河县第八届委员会第一次会议圆满完成各项议程，胜利闭幕。大会以无记名投票方式选举产生了政协陆河县第八届委员会主席黄国生、副主席孔金诺、叶步活、叶佐雄、彭俊生、郑少琴以及26位政协常委。县委书记陈德忠代表县委作了重要讲话。会议期间，全体政协委员围绕全县经济社会发展，积极参政议政，提出意见和建议。陈德忠对政协组织和政协委员提出新的要求。委员们审议通过了常委会工作报告和提案工作报告，列席了县八届人大一次会议，听取并讨论了县政府工作报告及其它报告。县政协主席黄国生作闭幕讲话。大会通过了政协陆河县第八届委员会第一次会议决议。

主要工作

【议政协商】开展多层次的协商议政活动，提高委员对政府工作的参与度，在县政协七届六次、八届一次全会中，委员们围绕全县经济社会发展中的重大问题和群众关心的民生问题，协商议政，坦诚建言，对一些全局性的问题形成提案或建议，向县委、县政府建言献策，提高参政议政的实效性。同时，在例会期间，邀请县党政领导及有关部门负责人参加委员大会分组讨论，直接与委员开展面对面协商互动，接受委员的问询。2016年，围绕环境卫生治理、禁毒工作、生猪价格、殡葬改革等问题组织开展常委专题议政会、专题协商会等专题协商讨论，不少意见建议转化为党委、政府及有关部门的决策和工作措施。

【调研视察】 把专题调研作为履行职能的"精品"来打造，确立"人员选调要精、调查研究要实、建议意见要深"的调研原则。围绕常委会确定的年度调研课题，抽调相关界别的委员，采取听汇报、座谈、实地察看、查阅相关资料等方法开展调查研究，掌握第一手详实资料，使提出的意见建议更具有科学性、针对性和可操作性。县政协先后就河口镇新城镇建设项目、"教育精准扶贫"专题调研、民生建设项目、工业园区建设、农村环境卫生治理等课题开展专题视察，并将在视察中发现的问题及时反馈给相关部门，帮助改进工作。积极配合省政协开展的"关于依靠创新驱动、破解农村生活垃圾治理难题"专题调研工作。参与市政协到陆河县开展的多个专题视察调研，并取得预期的效果。

【民主监督】 增强委员在民主监督中的主体作用。推荐政协委员担任县公安局警务廉政监督员，选派委员代表参加县交警整治交通秩序座谈会，观摩县法院民事案件评审过程。县政协领导参与县委、县政府开展的各项监督、检查、评议活动，对相关单位的工作和窗口服务提出客观公正的评价，推动相关部门进一步改进工作作风、提高工作实效。

【提案工作】 县政协七届六次会议共收到委员提案28件，立案26件。所立提案贴近社会、贴近群众，切实发挥委员提案服务经济社会发展的作用。同时，为进一步提高提案办理实效，坚持县委、县政府主要领导牵头督办、政协领导领衔督办和专委会组织委员视察催办的提案办理工作机制，有力地促进提案办理落实工作。其中《关于加强我县禁毒工作的建议》《关于推进螺溪镇新农村示范片建设的建议》《关于重新建设县城柏油路的建议》等提案贴近实际、关注民生，充分反映社情民意。

【关注民生　服务群众】 县政协把关注民生、履职为民作为工作的出发点和落脚点，协助县委、县政府做好顺民心、解民忧、惠民生的各项工作。2016年，县政协政协爱心协会累计募集到位资金386.5万元，支出善款496万元。主要用于建校助学、修桥筑路、慰问敬老院和救危救急等方面。协会的成立和工作的开展，为解决群众困难、发展公益事业、促进社会和谐、密切政协与基层和群众的关系发挥特别的社会效益。此外，配合各方善举，协助市政协在陆河县举行的一系列献爱心送温暖慰问活动，开展"政协委员情系学子——大学新生奖学助学活动"和慰问贫困户、孤儿等活动。引导和协助各级政协委员开展敬老爱老活动和帮扶活动，展现政协组织和政协委员的良好形象和社会责任。

【联谊活动】 重视发挥政协团结统战功能，扎实做好团结各界、凝聚人心、汇聚力量的工作。加强与陆河香港海外联谊总会、陆河在京乡亲联谊会、深圳龙岗企业促进会、东莞陆河商会、惠州吉康文化交流协会的联系与交往，增进友谊，汇聚发展合力，致力为陆河县招商引资牵线搭桥。开展与兄弟市县（区）政协的横向和纵向联系、联谊，积极参加市政协主办的全市政协系统工作交流座谈会和理论研讨会等专题工作会议。

【队伍建设】 组织县政协党组、常委会和广大委员，学习党的十八届五中、六中全会精神，学习习近平总书记系列重要讲话精神、人民政协理论和统一战线理论，加深对中央治国理政新思想新要求的理解，增强做好政协工作的责任感和自觉性。政协领导和机关干部分别参加省政协举办的"国是学堂"学习培训，市举办的各类学习培训，拓宽工作视野和思路，明确履职方向和重点。深入开展纪律教育学习月活动和换届工作纪律专题教育活动，开展党章党规党纪学习教育，贯彻《中国共产党廉洁自律准则》和《中国共产党纪律处分条例》，严守政治纪律和政治规矩，锻造风清气正的政协队伍。加大警示教育力度，组织党员干部和换届相关人员认真学习湖南衡阳破坏选举案和四川南充拉票贿选案的警示教育片，汲取深刻教训，切实引以为戒。出台《政协陆河县委员会工作规则》，进一步规范和明确履行职能的内容、形式和程序，强化县委对政协工作的领导。狠抓各项管理制度的完善和落实，改进工作作风，提高办文、办会、办事和服务的质量，落实中央八项规定，提升机关工作效能和服务水平。（邱文达、朱少怀）

附：2016年县政协办公室及各工作委员会领导名录

办公室主任：叶子源

办公室副主任：邱文达

综合工作委员会主任：张世迪

提案工作委员会主任：张业水

文史工作委员会主任：杨瑞生

中国共产党陆河县纪律检查委员会陆河县监察局领导成员

【2016年中共陆河县纪律检查委员会书记、副书记、常委名录】

书　　记：谢威宣

副书记：傅木洪（9月离任）

　　　　叶佐超（3月离任）

　　　　叶君玉（女）（9月任职）

　　　　吴家宾（9月任职）

常　　委：杨瑞超（10月离任）

　　　　叶雪杯（女）（10月离任）

　　　　叶美习（11月离任）

　　　　叶新科

　　　　李洪海（10月任职）

　　　　罗全朕（10月任职）

【2016年陆河县监察局局长、副局长名录】

局　　长：傅木洪（12月离任）

　　　　叶君玉（女）（12月任职）

副局长：杨瑞超（12月任职）

重要会议

【中国共产党陆河县第七届纪律检查委员会第六次全体会议】2016年2月25日上午，中国共产党陆河县第七届纪律检查委员会第六次全体会议在县政府六楼会议室召开。会议总结了2015年全县党风廉政建设和反腐败工作，部署2016年党风廉政建设和反腐败工作任务。县委书记、县人大常委会主任林少文出席会议并作讲话。县委常委、县纪委书政治

记谢威宣代表县纪委常委会作《全面从严治党，把纪律和规矩挺在前面，坚定不移推进党风廉政建设和反腐败工作》工作报告，会议表决通过县纪委工作报告和县纪委七届六次全会决议。全会期间，南万、东坑2个镇党委书记和陆河县教育局、陆河县农业局、陆河县交通运输局3个单位党组织主要负责人作"述责述廉述德"报告，并接受了书面评议。县委常委、县人大、县政府、县政协领导班子党员同志，县法院院长、县检察院检察长、县纪委委员，各镇党委书记、纪委书记，吉溪林场负责人，县直（含驻陆）副科级以上单位主要领导，县纪委各派驻纪检组正副组长、县公安局纪委书记，县纪检监察机关内务监督委员会委员，县监察局特邀监察员，县纪委监察局机关副主任以上干部等共约230人参加会议。

【陆河县纪律教育学习月活动动员会】2016年8月11日下午，在陆河中学报告厅召开以"学党章强党性、讲规矩守纪律"为主题的全县纪律教育学习月活动动员会。县委书记陈德忠出席会议并作动员讲话，县长许伟明主持会议，县委常委、县纪委书记谢威宣对全县纪律教育学习月活动作了全面的动员部署，并对下半年全县反腐倡廉的重点工作提出了具体要求。与会人员观看了警示教育专题片。县委、县人大、县政府、县政协四套班子领导成员，县法院院长、县检察院检察长、县纪委副书记，各镇党政班子成员，县直各单位副科级以上干部，县纪委监察局全体干部共约500人参加会议。

【中国共产党陆河县第八届纪律检查委员会第一次全体会议】2016年10月28日下午，中共陆河县纪律检查委员会举行八届一次全体会议。会议选举产生了谢威宣、叶君玉、吴家宾、叶美习、叶新科、李洪海、罗全朕7名同志为中国共产党陆河县第八届纪律检查委员会常务委员会委员，谢威宣同志为中国共产党陆河县第八届纪律检查委员会书记，叶君玉、吴家宾同志为中国共产党陆河县第八届纪律检查委员会副书记。

主要工作

【执纪审查工作】2016年全县纪检监察机关共受理群众信访举报186件，立案85件，立案数同比增长23.2%，涉及科级干部5人，给予党政纪处分74人，诫勉谈话26人。通过办案挽回直接经济损失约120万元。其中镇纪委共立案71宗，同比增长86.8%。深入开展农村基层党员干部违纪违法线索集中排查工作，全县共排查线索291条，给予党政纪处分70人，重点查处了一批涉农、涉土、涉法案件，切实维护群众利益，有力推动农村基层党风廉政建设。2016年以来对拟提拔的161名干部进行任前廉政谈话，采取谈话函询20人次；全县共开展谈话提醒4568人次，其中县处级干部2人次，乡科级干部1050人次、一般干部3516人次。加强案件审理工作，严格执行案件质量评价标准，规范办案程序，提高办案质量，实现案件"零申诉"。严格落实办案安全责任制，确保执纪审查"零事故"，县、镇纪委全部建成标准化的谈话室，为依法依规办案提供基础保障。

【政务整治工作】围绕县委县政府中心任务，对文明创建、精准扶贫、禁毒缉枪、环境保护、安全生产等工作中存在的"慢作为、不作为、乱作为"现象，以问责开路，整治各种"为官不为"问题。2016年全县各级纪检监察机关共问责"为官不为"问题94个，其中立案57宗，给予党政纪处分41人，诫勉谈话26人，批评教育4人，责令作出书面检讨7人。加强对落实中央八项规定精神执行情况的监督检查，开展明查暗访89人次，查处违反中央八项规定精神案件2宗，处理党员干部2人。全县已建成"政务整治正风肃纪曝光台"37个，曝光本地调查处理的典型问题和案件共60宗，播放上级纪委统一制作的公开曝光内容五类共405个，起到了强有力的警示作用。在政务环境群众满意度第二次测评中，陆河县在各县区中总排名第一，六项指标排名第一，得到群众的高度认可。

【落实"两个责任"】坚持从严分解责任，协助

党委制定印发《县直有关单位落实2016年党风廉政建设和反腐败工作任务分工》，将反腐倡廉任务细分成6大方面31项，具体落实到全县42个责任单位，并督促各级各部门层层分解、逐级认领。坚持从严传导压力，县纪委班子成员深入各地各单位开展调研督导和谈话提醒工作，督促"两个责任"落实，把责任压实到基层。坚持从严执行述责述德述廉、责任制考核等制度。在县纪委七届六次全会上，南万镇党委书记、东坑镇党委书记、县教育局局长、县农业局局长、县交通运输局局长5位同志在全会上作"述责述德述廉"报告，并进行书面评议。开展党风廉政责任制考核，对结果进行排名，根据考核情况逐一列出问题清单，并发函督促整改。坚持从严问责追责，实行"一案双查"，全县共查处落实"两个责任"不力案件46件，给予党政纪处分31人，组织处理15人。

【宣传教育工作】扎实开展纪律教育学习月活动，增强党员干部党章党规党纪意识。2016年5月，县纪委联合县委组织部、团县委等部门举办全县党规党纪知识竞赛，在全县掀起了学习党规党纪的热潮；在全市"第二届廉洁火炬杯"党规党纪知识竞赛，陆河县派出的代表队获得了第二名的好成绩；为弘扬客家文化，县纪委联合县法院、县检察院等部门举办以"客俗桃源·廉洁陆河"为主题的全国联墨创作大赛，充分将传统文化与廉洁教育相结合，收到全国27省612名作者联墨作品近900副，评出优秀作品64副，并择优出版作品集，展示陆河独特的客家文化，推动廉政文化建设；开展"清风讲堂"进机关宣讲《中国共产党廉洁自律准则》和《中国共产党纪律处分条例》活动，县直各单位班子成员及重点岗位工作人员共500多人参加了学习活动。注重舆论宣传，对纪检监察工作、队伍建设和创新管理涌现出来的好做法、好经验、好典型及时进行总结，并在各类媒体报刊发表。2016年共编报综合信息、调研文章70多篇，被中央、省、市媒体采用共计40余篇。

【队伍建设工作】巩固清理议事协调机构成果，严格按照上级要求，及时对2015年2月以后新参与的议事协调机构进行梳理。扎实开展县、镇纪委换届工作。对新提名人选，坚持从系统内外选拔政治立场坚定、大局意识强、作风正派、敢于同违纪违法现象作斗争的优秀年轻干部，切实提高县镇两级纪委班子成员整体素质。本次换届，新提名县纪委副书记2名，常委2名，镇纪委书记5名，专职副书记5名，对县镇两级纪检干部交流提拔12人。认真组织"能力建设年"活动，开展镇级纪检干部业务培训班，选派到市纪委办案一线跟班学习26人次，选派15人次参加上级纪委举办的业务培训班，通过跟班学习、以案代训等多种形式，着力提升纪检监察干部业务能力水平。加强廉政风险防控，完善机关内部管理制度10多项，成立县级纪检监察机关内务监督委员会，开通"监督直通车"，有效解决"灯下黑"问题。（游永健、黄梦琼）

人民团体

陆河县总工会

【概况】2016年，陆河县总工会（以下简称"县总工会"）紧密结合陆河县企业实际和职工就业特点，深入开展工会组建工作。全县新组建工会5家，新增会员1135人，其中非公企业新建工会3家，新增农民工会员1068人。同时，基层工会民主换届5家，圆满完成市总工会下达的民主建会、民主换届和农民工入会任务，通过市总工会的年终考查。

【文体活动】为丰富职工群众文化生活，县总工会积极动员和支持基层工会开展丰富多彩的文体群众性业余文化体育活动。在劳动节前夕，陆河供电局工会举行职工篮球比赛；中国电信集团工会陆河县委员会举办"欢庆五一，相约梅园古道"员工徒步健身活动。

【帮扶职工行动】县总工会开展以帮扶困难职工群众为主体的"保民生"惠民行动，通过春送温暖、夏送清凉、金秋助学等活动，努力为全县困难职工办实事、办好事、解难事。2016年县总工会共发放帮扶资金48.7万元，帮扶637人，其中金秋助学金6万元，共帮扶59名困难职工子女上大学。

【"春风行动"招聘会】3月，县总工会与县人社局、县扶贫开发领导小组办公室、县妇女联合会在县人民广场联合举办陆河县2016年"春风行动"企业现场招聘会，共有70家企业到场招聘，涉及机械制造、建筑建材、信息产业、纺织等多个行业，现场求职人数达1900余人次，现场达成就业意向400多人，200多人成功就业，发放宣传资料12000多份。

【安全生产竞赛】在安全生产月期间，县总工会与县安委会进企业宣传安全生产法律法规，并组织安全生产知识竞赛活动，充分发挥工会组织的积极作用；开展"安康杯"安全生产竞赛活动，全县参赛企业20家、参赛职工2800多名。9月，广东电网汕尾陆河供电局局长江诚荣获2015年度广东省"安康杯"竞赛先进个人，为全县工会组织和工会干部树立榜样。

【评优选树活动】县总工会积极做好评优选树活动，进一步激发陆河县广大干部职工创先争优、建功立业的积极性。5月，陆河华月医院工会荣获广东省"工人先锋号"，陆河县人民医院急诊科主任叶龙彪荣获全国"五一劳动奖章"。（黄玉华）

附：2016年陆河县总工会领导名录

主　席：林玉红（11月离任）
　　　　郑向荣（11月任职）
副主席：彭　远　郑小红

共青团陆河县委员会

【概况】2016年，共青团陆河县委员会（以下简称"团县委"）以习近平总书记系列重要讲话精神为指导，牢牢把握政治性、先进性、群众性的根本要求，切实改进工作作风，着力深化品牌工作，全县共青团和少先队事业呈现出蓬勃向上的良好发展态势。

【基层团组织建设】全面提升团干素质，一是开展"团干讲团课"，要求各级专职团干部和获得省级五四系列表彰的团干部开展团干讲团课。二是选派乡镇、村、两新组织的优秀团干部前往省团校参加全省团干培训。三是面向全县基层团干和志愿者骨干举办"广东i志愿平台培训"，邀请团省委专业老师主讲。全县开展"走进青年、转变作风、改进工作"行动和"两学一做"专题教育活动。团员队伍中，荣获广东省"最美南粤少年"最佳人气奖

1名、2015—2016年度"广东省优秀共青团员"1名、2015—2016年度"广东省优秀少先队员"11名。陆河县外国语学校荣获"省红领巾示范学校"称号。

【青少年权益维护工作】一是开展普法、禁毒宣传。全面启动"珍爱生命·远离毒品"陆河县青少年禁毒讲堂暨禁毒宣教图片巡展活动，实现全县中学全覆盖。在14所中学发放禁毒宣传资料6000余份，展出禁毒展板14次，团员志愿者手绘禁毒宣传卡纸400余张。二是深入开展广东省优秀"青少年维权岗"创建活动。通过扩大维权队伍，完善创建制度，扎实为青少年解难事、办实事、办好事，切实维护青少年合法权益。2016年，陆河县人民法院、陆河县人民检察院被评为广东省"青少年维权岗"。

【服务青年创业就业】一是开展"领头雁"农村青年致富带头人的培育工作。组织乡镇团委负责人、贫困村的"领头雁"培养对象共14人参加市级"领头雁"农村青年人才培训。二是推进城乡青年就业创业。发动17名农村创业青年加入汕尾市青年促进现代农业促进会；联合县关工委、县农村信用联合等开展农村创业青年技能培训、农村青年创业小额贷款等，培训青年300多人次，为2名创业青年贷款10万元。三是服务大学生就业创业需求。发动全县机关、企事业单位、乡镇、社会团体，以及陆河青年企业家协会会员企业，为大中专学生暑期"三下乡"和社会实践活动提供实（见）习岗位，供在外就读的陆河籍在校大学生、应届毕业生和离校未就业的高校毕业生体验、实践。2016年已经为15名在校大学生提供见习实习岗位。

【送医下乡巡回义诊活动】2016年1月3日，县委组织部、县科协、团县委、陆河华月医院联合举行送医下乡巡回义诊活动，活动在河口镇麦湖小学拉开帷幕。当天共义诊100余人，发放健康宣传资料100余份，免费为村民发放一些家用药品，让老百姓在家门口享受优质的医疗服务，加强农民群众对疾病的重视，受到当地老百姓的热烈欢迎和一致好评。此次送医下乡巡回义诊活动将覆盖全县8个镇，在不同时段、不同地点举行30余场次的义诊活动。

【"青春情暖"走进陆河】2016年1月22日，团市委、市少工委、团县委在河田镇砂坑村侨光小学新宝希望家园举办"青春情暖"——爱心汇聚小鸟巢活动，团市委学校部负责人洪宇、团县委副书记邱艳、学校领导、志愿者辅导老师、砂坑青年志愿者协会会员和留守儿童共120人参与此次活动。活动以"主题队会＋游艺会"的形式进行，并深入慰问侨光希望小学73名留守儿童。

【开展城乡环境整治志愿活动】2016年3月3日，团县委组织河田中学、河城中学的青年团员志愿者共150余人，在吉康街、吉祥路等路段开展环境整治志愿活动。志愿者们弘扬雷锋精神，分工合作、齐心协力，认真清理吉康街、吉祥路道路两旁的垃圾。7月29日，团县委组织青年志愿者开展以"美丽城乡 志愿者在行动"为主题的志愿服务活动，20余名志愿者到火山嶂景区路段义务清理垃圾。活动从凌晨5点30分持续到早上8点30分。

【开展植树护绿活动】2016年3月17日，团县委组织开展"保护母亲河·美丽中国梦"——陆河县青少年植树护绿活动，共100多名志愿者参加活动。团县委、组织部、妇联、供电局、外国语学校的青年志愿者在林业局绿委办工作人员的带领下直奔植树目的地环北路"半嶂子"。经过3个小时的辛勤劳动，共种植相思树、木荷等树苗2000多株。

【召开团务工作会议】2016年3月16日，团县委在县政府三楼会议室组织召开陆河县团务工作会议，团县委全体人员，各镇、中学团干共30余人参加。会议强调，各镇，中学团委、团组织要进一步认识到基础团务工作的重要意义，以积极努力的态度，真扎实干的行动，做好基础团务工作，进一步推动陆河县团组织基础团务工作规范化、常态化、长效化建设。

【广东省红领巾示范校创建评审】2016年4月13日，省考核组一行深入到陆河外国语学校，开展第三批"广东省红领巾示范校"创建单位评审检查。团市委、团县委、县教育局有关负责同志陪同检查。

【举办"两学一做"党团知识竞赛】为深入学习

贯彻习近平总书记系列重要讲话精神，积极响应党中央关于开展"两学一做"学习教育活动的号召，2016年5月4日—5日，团县委联合县纪委、县委组织部举办主题为"践行'两学一做'争做时代先锋"的党团知识竞赛，由全县各镇、县直各单位青年党员、团干组成的16支代表队共48人参加比赛。县委常委、宣传部长庄红琴，县委常委、组织部长陈良川全程观看决赛并为获奖队伍颁奖。

【开展关爱孤残儿童活动】2016年5月15日第26个法定"全国助残日"，陆河县开展"关爱孤残儿童 让爱洒满人间"助残活动。5月12日，副县长孔金诺率县残联、县科协和团县委主要负责人与数十名助残志愿者一起，到县残联康复中心看望和慰问正在接受康复训练和教育学习的残疾儿童，为残疾儿童送上精美的书包和文具，并向儿童家长派发《残疾人知识手册》。

【开展关爱智障儿童活动】2016年5月8日，团县委陆河义工协会联合开展"感恩母亲情牵智障儿童"鲜花义卖公益活动。5月13日，为弘扬"奉献、友爱、互助、进步"的志愿者精神，团县委组织陆河县义工协会义工一行10多人走进康复中心，与小朋友做游戏，送礼物。

【开展关爱留守儿童活动】2016年5月27日，团县委联合县妇联、县科协到宝金小学开展游园活动，为留守儿童送关爱，共迎"六一"儿童节。东皇面包店的师傅专程到学校教小朋友们现场制作蛋糕。5月31日，县委书记林少文，县委副书记叶祥振，县妇儿工委主任、政协副主席彭永通，以及县妇联、县教育局、团县委等有关单位负责人一行分别到县实验小学、一洲幼儿园和陆兴幼儿园开展儿童节慰问活动。

【开展禁毒宣传活动】2016年6月25日至26日，团县委联合陆河县义工协会组织60多名义工分别在河田、新田等地举行以"参与禁毒斗争，构建和谐陆河"为主题的禁毒宣传活动。来自全县各阶层的义工们在现场的签名横幅上签下自己的名字以表示参与禁毒的决心，向过往群众和周边商户派发禁毒宣传手册和宣传单，并详细讲解制毒、贩毒、吸毒对个人、家庭和社会的危害。现场展出的一系列禁毒宣传挂图以详实的数据和鲜活的案例揭露毒品危害，进一步提高人民群众的拒毒防毒意识。

【省青农会调研活动】为更好指导陆河县青农会的发展壮大，2016年7月28日，省青农会调研组到陆河县就青农会相关工作进行调研，团县委有关人员陪同调研。调研组一行先后深入到绿源科技发展有限公司、勤顺发养殖场及乌盾山茶业科研发展有限公司等地，通过实地走访，与企业负责人座谈等方式，详细了解企业的生产、种养和发展等情况，并就相关工作提出指导意见。

【开展扶贫济困活动】团县委走访入户，了解到东坑镇丰田村8户贫困户所居住的扶贫屋有漏雨情况。团县委联系到外出热心青年企业家，共筹措房屋修缮资金一万余元。2016年8月15日，团县委将筹措所得资金交到丰田村干部手中，由村委组织落实专门施工队逐户上门维修，贫困户的屋顶漏雨问题得到妥善解决。

【开展"圆梦"助学走访活动】2016年8月20至21日，团县委联合东莞市潮汕商会开展"圆梦"助学走访活动。东莞市潮汕商会"圆梦助学"主要资助贫困家庭的优秀学生，每年资助每名符合条件的小学生1000元，中学生1600元，高中生2000元，特殊困难家庭学生适当增加助学款。自2014年至2016年年末，在陆河县共资助33名品学兼优的贫困学子，其中已有1人考上华师附中，8人考上大学。

【开展中秋慰问活动】2016年9月10日至11日，团县委携手陆河县义工协会走访慰问陆河县8个乡镇的50多位孤寡老人、特困家庭，向老人们传达社会各界人士的关怀和节日祝福，并带去大米、食用油以及慰问金等慰问品。

【文明劝导志愿活动】2016年9月15日，农历八月十五中秋佳节，为配合县委县政府统一行动，引导广大市民文明、有序地在螺河两岸游玩赏月，维护广场周边交通秩序，团县委组织50名来自县志愿者联合会和陆河县义工协会的青年志愿者们，开展中秋夜文明引导志愿服务活动。按照人流量的具体情况，志愿者们共分为四个小队，分别在螺河两岸以及泰安桥两侧路口人员比较集中地段开展活动，服务时间为晚上7：00—10：30。

【开展爱心助学活动】2016年9月24日，"让爱相随，让爱延续"爱心助学活动在东坑镇东坑小学举行，团县委、东坑镇人民政府、东坑镇中心小学等相关单位领导，香港、深圳、陆河三地捐赠方代表以及80名受资助学生代表共250多人参加活动仪式。此次爱心助学活动总共在全县资助500名孤儿、残疾、单亲、贫困的小学生，得到香港儒释道功德同修会、香港道教联合会道教青年团、深圳雪铁龙C5车友会和陆河车友会的爱心人士捐助。共募集助学资金17.5万元，募集的文体用品价值10万元。

【部署全面参与创文工作】2016年11月8日，陆河县召开陆河共青团全面开展文明创建推进会，会议传达学习粤东文明创建工作座谈会、汕尾市全面开展文明创建工作推进会、陆河县全面开展文明创建工作推进会精神，部署共青团参与创文工作。团县委副书记邱艳主持会议，团县委全体干部职工、各镇、学校团干共20余人参加会议。会议印发《陆河共青团创建广东省文明县城工作实施方案》，成立"陆河共青团参与广东省文明县城创建工作领导小组"。团县委负责人刘志扬对全面参与文明县城创建工作作详细部署。要求全县各级团组织要贯彻落实好全县全面开展文明创建的会议精神，切实把思想和行动统一到县委县政府对全面开展文明创建的部署和要求上来，根据《陆河共青团创建广东省文明县城工作实施方案》的细化清单，完成好志愿服务、青少年工作、基层团组织建设等各项工作任务。

【传达学习贯彻党的十八届六中全会精神】2016年11月8日，团县委召开会议传达学习贯彻党的十八届六中全会精神，安排部署贯彻落实工作。团县委副书记邱艳主持会议，团县委负责人刘志扬传达学习党的十八届六中全会、县第八次党代会精神，团县委全体干部职工、各镇、学校团干共20多人参加会议。会议指出，党的十八届六中全会是在全面深化改革、决胜全面小康的关键时刻，召开的一次十分重要的会议。全县各级团组织和各级团干部要充分认识党的十八届六中全会的重大意义、准确把握十八届六中全会的精神实质、坚决维护习近平总书记在全党的核心地位、在全县共青团系统迅速兴起学习宣传贯彻十八届六中全会精神的热潮。

【开展应急知识宣讲活动】为切实提高公众和基层干部防灾减灾意识和应对自然灾害能力，深入推动应急知识"六进"（进机关、进社区、进农村、进企业、进学校、进家庭）工程，全面提升公众掌握应急技能和自救互救能力，2016年11月7日，陆河县第六届"百人百场"应急知识宣讲活动，第一站在河口小学举行。本次活动由县应急办、教育局、卫计局、消防大队、团县委主办，河口小学承办。活动的主题是：增强全民应急意识，提升应急管理能力。活动内容有医护人员传授应急救护知识（心肺复苏术、气道异物梗阻急救、现场创伤救护技术）；公安消防官兵讲授应急避险（废墟自救、火灾逃生、群体踩踏）知识和技能培训；志愿者派发应急知识宣传资料等。

【争做文明先锋，共建文明县城】2016年11月15日，团县委、妇联、科协、禁毒大队联合在河城二中开展"争做文明先锋，共建文明县城"主题宣传活动，志愿者们及200多名学生代表参加活动，团县委负责人刘志扬、县妇联主席彭成近、县科协主席叶素琴、县禁毒大队警官吴恩欣、河城二中校长余健民出席活动。发放"争做文明先锋，共建文明县城"——致全县青少年的倡议书及禁毒宣传册，团县委负责人刘志扬作《争做文明先锋，共建文明县城》的动员讲话，号召全县广大青少年积极响应县委县政府的号召，践行文明行为，传播文明新风，服务文明创建。中学生代表带领全体人员做宣誓，承诺从我做起，当好创建文明县城活动的参与者、践行者、监督者。县禁毒大队警官吴恩欣结合真实的案例，讲解目前陆河县禁毒的形势，传授预防、抵制毒品侵害的方法。

【凝聚全县团员之力 深入推进文明创建】2016年11月2日，县委县政府吹响县、镇、村三级"文明联创"冲锋号以来，团县委以创建文明县城作为共青团服务党政中心的有力抓手，积极动员号召全县各级团组织，充分发挥青年生力军和先锋队作用,全力助推陆河县文明创建工作。11月5日,水唇中学组织40名青年志愿者到螺洞世外梅园旅游区开展志愿清理活动。11月14日,仑岭中学在晨会上举行"小手拉大手 共创文明城"的倡议大会。11月7日,东坑中学青年志愿者利用课余时间开展"卫生保洁,我在行动"环境卫生清理活动。11月11日,河城中学开展以"争当文明先锋,共创文明县城"为主题的宣传教育实践活动。11月14日,陆河县南溪中学组织共青团员、学生会干部和学生志愿者开展"南溪是我家,文明洁净靠大家"的环境卫生清理活动。11月15日,共青团东坑镇委员会组织志愿者服务队在东坑镇辖区开展环境卫生整治活动。

【开展送金融知识进校园活动】2016年11月16日,团县委联合陆河农村信用社在河田中学开展"送金融知识进校园"活动。通过在校园内设立咨询台、悬挂宣传横幅、发放宣传折页等形式开展宣传,向该校师生们详细推介2015年第五套人民币100元纸币防伪特征知识、个人征信知识、防范电信网络诈骗知识等内容,展示手机银行的各项功能,指导师生下载安装农信社手机银行客户端,教会他们使用转账、缴费、支付等基本功能应用。此次送金融知识进校园活动,旨在围绕县委、县政府创文和创卫工作目标,同时贯彻广东省银监、广东省教育厅关于开展送金融知识进校园活动的精神,进一步推进知识扶贫和诚信文化建设,引导和教育在校学生树立防范意识,培养学生正确的消费观念,创导学生诚信履约、自立自强,帮助青少年学生健康成长。

【"情暖陆河"志愿服务活动】2016年11月27日,"情暖陆河"——暖阳行动启动仪式在陆河县河田镇三楼会议室举行。县文明办、团县委、县民政局、河田镇、新田镇等有关单位负责同志,以及来自县义工协会、县青年志愿者等120人参加启动仪式。启动仪式上,县委宣传部副部长、县文明办主任叶小彬为活动致辞,团县委负责人刘志扬作讲话,并代表县志愿者联合会为暖阳行动志愿者服务队授旗,县义工协会会长叶伟挺对志愿服务工作进行布置。会议号召广大义工、志愿者们要通过开展"情暖陆河"—暖阳行动志愿服务活动,传承传统美德,弘扬志愿服务精神;要为青年们搭建好服务人民、奉献社会的实践平台,带动更多人参与志愿服务,带动志愿服务覆盖城乡并蓬勃开展,促使"奉献、友爱、互助、进步"的志愿服务精神扎根陆河。

【举办"广东i志愿平台陆河县志愿者管理员"培训班】2016年12月8日,团县委在县外国语学校举办"广东i志愿平台陆河县志愿者管理员"培训会,团省委青少年大数据及新媒体中心杨进清老师受邀担任主讲。各乡镇、学校、县直机关、陆河义工协会、县外国语学校共计130多名志愿者骨干参加培训,团县委副书记邱艳、县外国语学校副校长罗清坚出席培训会。团县委在全县范围内推广这一平台,进一步规范陆河县注册志愿者管理,提高志愿者的服务素质,方便志愿者之间的互相交流、沟通。

【开展禁毒·创文宣传志愿服务活动】2016年12月15日至16日,团县委联合县卫计局组成青年卫计志愿服务队,到水唇螺洞村、河田岳溪村开展"青春扶贫·健康同行"暨禁毒·创文宣传志愿服务。活动在水唇螺洞村启动,县卫计局副局长黄永坚、团县委副书记邱艳、水唇镇党委委员汪敏芝、水唇镇纪委书记罗志远、水唇镇卫生院院长刘业渡出席启动仪式。青年卫生计生志愿者利用医学仪器,为村民量血压、血糖,测心率、做B超。内科、外科、儿科、妇科的医生对村民们提出常见病、多发病的预防诊治等问题认真解答,询问了解村民的身体状况,针对疾病情况提出科学的医疗方案,让村民对疾病做到早发现、早预防、早治疗。同时,青年志愿服务者还向村民们宣传有关禁毒,创文等内容,并为村民们发放有关"健康、保健、肺结核防治及禁毒,创文"等宣传资料。

附:2016年共青团陆河县委员会领导名录

书　记:刘志扬

副书记:邱　艳

陆河县妇女联合会

【概况】2016年，陆河县妇女联合会（以下简称"县妇联"）引导广大妇女积极投身陆河经济社会建设，推动妇女创业就业，维护妇女权益，帮助困难家庭妇女儿童解决实际困难，开展"最美家庭""书香家庭"的创建活动，为陆河振兴发展、建设宜居宜业宜游客家新山城作出应有贡献。

【推动妇女创业就业】县妇联抓住当前陆河县经济社会持续向上发展的良好机遇，大力实施小额担保贷款，推进女农民合作社建设，创建巾帼示范基地，扶持"妇"字号龙头企业。2016年共发放小额担保贷款176万元，扶持创业妇女36人次，居汕尾市首位；开展全国、省、市"巾帼示范基地"创建活动，为获得省巾帼创业示范基地的陆河县农夫油柑种植专业合作社、首批省巾帼农民专业合作社南万镇希望青梅种植专业合作社分别争取扶持基金4万元和2万元；申报广东省"巾帼林"建设项目1个，争取扶持资金10万元。

【妇女儿童节日庆祝活动】为纪念国际劳动妇女节106周年，县妇联在县政府六楼会议室召开纪念大会暨"女性心理素养"专题讲座。妇女节期间，县妇联联合天地壹号公司开展慰问环卫女工活动，向60名环卫女职工送上慰问金和慰问品，并走访慰问部分特困女工家庭；"六一节"前夕，县妇联一是联合县教育局组织慰问团到实验小学、一洲幼儿园和陆兴幼儿园开展儿童节慰问活动，为孩子们送去慰问金和节日祝福。二是联合团县委、县科协到宝金小学为留守儿童送关爱，三是为河北小学的留守儿童送去书包、文具等节日礼物。

【开展家庭教育大讲堂活动】一是联合县河田中学、惠州智博中小企业培训有限公司在维业体育馆开展"奉献爱心，让爱传递"成长心连心大型公益活动，有400余位师生、家长和100余名义工参与。二是举办"卓越父母如何把孩子培养成才"家庭教育公益讲座。有学生家长约200人参加。

【帮扶困难妇女儿童】关爱妇女儿童健康 积极开展"爱心手牵手"救助先心病患儿活动、风湿性心脏病援助行动和"两癌"免费检查等，大力服务妇女儿童健康。2016年，为8512名妇女进行宫颈和乳腺免费筛查，为16名先心病患者提供免费检查，为4名先心病患者申请到手术救助。

重视留守儿童生活 县妇联陪同省、市妇联调研组一行开展留守儿童生存发展状况调研，深入到东坑镇大溪村、螺溪镇正大村，与镇、村工作人员进行座谈，走访大溪小学、正大小学、东坑中学、螺溪中学，与老师、学生、监护人进行面对面交流，实地解陆河县留守儿童情况。

注重单亲母亲帮扶 县妇联援建"单亲特困母亲安居房"5户，每户资助1万元，共5万元；为36名贫困母亲、72名困境儿童共争取3.5万元贫困补助。

【妇女儿童发展规划】县妇联发挥协调、监督作用，加强妇儿工委成员单位的联络与工作指导，定期召开妇女儿童工作会议，实施2010—2020年妇女儿童发展规划，促进妇女儿童事业发展，做好国家"两纲"中期评估督导和省"两个规划"中期评估督导"回头看"工作。

【妇女维权工作】一是加大普法宣传。陆河县各级妇联组织充分利用"三八"维权周、"6·26"国际禁毒日等开展各类宣传活动，利用微信、微博、QQ群等新媒体和电视媒体发布法律维权知识；通过发放宣传资料、张贴标语、举办知识讲座等多种形式宣传《中华人民共和国婚姻法》《中华人民共和国妇女权益保障法》及劳动、就业、社会保障等方面的法律法规知识，3月，中国首部《中华人民共和国反家庭暴力法》实施，各级妇联对《中华人民共和国反家庭暴力法》进行多角度、全方位宣传，增强广大妇女的法制意识和法制理念。至6月，共发宣传资料3000多份，张贴标语200多条。二是提升服务水平。县妇联对来访妇女做到热情服务、详细了解、做好笔录、给予正确引导，使问题解决在萌芽状态或依法维权。至6月，全县共受理来电、来信、来访件52人次，其中县妇联来信、来访26件28人次，结案率达98%。

【推进文明建设】陆河县各级妇联组织依托全县

127个"妇女之家"深入开展寻找"最美家庭""书香家庭"等创建工作，命名表彰3400户县文明家庭；围绕全县创建省级文明城市，县妇联引导妇女提升文明素质、践行文明言行，推进创建文明城市工作。加强宣传报道力度，开展"争做文明先锋，共建文明县城"宣传活动1场，"缅怀革命先烈 弘扬民族精神"爱国教育活动1场，环境卫生整治专项行动3场。利用电视、网络等媒体，对妇女工作和生活中涌现的先进典型进行报道。2016年，共撰写信息25条，其中在广东省女性E家园发表2条、陆河县政府网6条，县妇联微信公众帐号发布信息88条，及时地宣传陆河县妇女工作。2016年，被省妇联授予"巾帼文明岗"2个，被市妇联授予"三八红旗手"2人，"三八红旗集体"1个，"巾帼文明岗"2个。被县妇联授予"三八红旗手"20人，"三八红旗集体"5个。

【组织干部学习培训】县妇联组织各镇妇联负责人、省、市、县"妇女之家"示范点负责人到水唇镇下社村和河田镇河南社区，参观学习"妇女之家"建设工作的先进方式和成功经验，了解创建工作亮点。2016年，县妇联为省级示范点争取资金14.2万元，全县共有省级妇女之家示范点6个。

组织妇联系统干部到汕尾市参加《反家庭暴力法》宣讲活动。选派参加巾帼扶贫电商培训3人，参加儿童友好社区培训1人。2016年，县妇联3名党员参加"两学一做"学习教育党务工作培训班，1位同志参加市委组织部举办的县（市、区）直部门正职进修班培训。（叶丽萍）

附：2016年陆河县妇女联合会领导名录
主　席：彭成近
副主席：叶东晓　罗志雪

陆河县科学技术协会

【概况】陆河县科学技术协会（以下简称"县科协"）以"三服务一加强"为指针，团结和依靠广大科技工作者，扎实有效地开展科普宣传、科技咨询、科技示范和农村实用技术培训，指导基层科普工作及科普设施、科普画廊的规划建设和管理工作，积极组织安排好以科技、文化、卫生"三下乡""科技活动月""科技活动周""全国科普日"等为重点的全县科普宣传活动，认真抓好"科普惠农兴村计划"项目的申报、实施和监督管理工作，努力推动科技进步和陆河经济社会发展。现有编制3名。

【科技活动】县科协承办2016年广东省文化科技卫生"三下乡"活动启动仪式，并联合河田中学科普协会出版《科普快车2015年精华本》，并向广大群众免费赠阅图书800余本；选送120个项目参加市县十四届青少年科技创新大赛，陆河县代表队共获省6个奖项；承接广东省"中国流动科技馆"陆河站巡展活动，历时3个半月，共接待6万余人次的师生和群众前来参观体验。对提高青少年科学素养起到推动作用；组织科技型中小微企业开展科技政策宣传专题讲座，组织河田中学科普协会优秀成员代表和老师参加2016年全国青少年高校科学营华南理工大学分营活动；8月，汕尾市科协到陆河县螺溪镇正大村、螺溪社区开展科技政策宣传和走访慰问贫困户活动，并提出建设性的意见和建议。活动结束后，县科协陪同汕尾市科协党员小组一行前往激石溪革命根据地开展"两学一做"现场学习会。11月，举办陆河县第十五届青少年科技创新大赛作品组织初评活动，聘请6名相关专业人士对青少年科技创新成果等4个项目100多个作品进行评选，共评出优秀作品35项参加汕尾市第十五届青少年科技创新大赛评审。

【科普进校园活动】县科协一是承办省青少年科技教育协会、省青少年科技中心在陆河县联合举办为期3天的2016年科普报告进校园活动，活动邀请深圳市城市学院青少年创新创客教育研究院特聘教师吴庆元分别为陆河县实验小学、河南小学、陆河中学共1200多名师生宣讲《让创造实现我们的梦想》讲座，进一步提高全省中小学校青少年科技教育活动组织策划能力，促进边远农村地区青少年科技教育工作的发展。二是承办省青少中心在陆河县举办为期4天的2016年广东省青少年科学教育特色学校组织工作者培训班，省科协等相关领导、全省各市100多名青少年科技教育机构和省级特色学校的组织工作者参加，陆河县"陆河擂茶的传承与开发研究"项目在此次科技实践活动设计成果展示活动评选中荣获一等奖。

【举办粤东西北地区科学家科普报告校园行活动】县科协承办省青少年科技中心、省青少年科技教育协会联合在陆河县举办为期3天的粤东西北地区科学家科普报告校园行活动。活动邀请中国科学院老科学家科普演讲团专家、军事医学科学院附属医院原门诊部主任、副主任医师韩莉教授作《卫生习惯与病毒变脸》《青春期的女生要学会撑起自己健康的"保护伞"》《职场女性与疲劳综合症》5场2000多人参加的专题报告，进一步推动粤东西北地区青少年科技教育均衡发展，提高广大青少年的科学文化素质。（叶素琴、罗秋锦）

附：2016年陆河县科学技术协会领导名录
　　主　　席：叶素琴
　　副主席：罗国科

陆河县文学艺术界联合会

【文联文艺活动】成功启动"中国楹联文化之乡"创建工作，举办水唇螺洞"世外梅园"楹联征集活动和"客俗桃源 廉洁陆河"全国联墨创作大赛，并将联墨创作获奖作品汇编成册。先后挂牌成立陆河中学、河口中学和县实验中学"汕尾市楹联文化培训教育基地"，并在陆河中学举办"楹联知识讲座"和"陆河县楹联书画展"。收集全县祠堂庙宇、名胜古迹的古对名联，编辑出版《陆河楹联》一书。协调县客家文化研究会在水唇镇罗洞村挂牌成立"陆河县客家文化研究会罗洞研究基地"，编辑出版《陆河客家》第一期。协调县舞协创编舞蹈《小鸡和虫》《邵多丽》获得广东省中小学师生艺术比赛二等奖，创编舞蹈《点绛唇》获得"海外桃李杯"第6届国际舞蹈大赛中国分赛区选拔赛少年B组二等奖。成功推荐县作协彭涌波的作品《小鸡找食》获得2016年广东省优秀童谣征集比赛三等奖。

县残联

【概况】陆河县残疾人联合会（以下简称"县残联"）是全县各类别残疾人的统一合法组织及残疾人事业的专门工作机构，具有"代表、服务、管理"职能：代表残疾人共同利益，维护残疾人合法权益；开展各项业务和活动，直接为残疾人服务；承担政府委托的部分行政职能，发展和管理残疾人事业。县残联承担着政府残疾人工作委员会的日常工作，做好综合、组织、协调和服务，指导和管理残疾人群众组织；承担政府交办的其他工作。

【扶贫助残】2016年春节前，争取到外出乡贤的资助，筹集300多份大米、食用油及棉被等物资和3万多元慰问金，由领导分别带队深入到镇70多户贫困残疾人家庭中进行慰问。8月初，给每户贫困户送去大米、食用油各1份，进行慰问。全国助残期间，组织开展以"关爱孤残儿童，让爱洒满人间"为主题的助残活动，分发《残疾人知识手册》，宣传加快残疾人小康进程政策和康复服务等知识，对60多位残疾儿童送上精美书包等礼物。

【推行下乡办证服务】与县人民医院协商，由县残联人员和人民医院医生组成下乡评残小组，巡回到8个镇进行上门评定服务。首期共为78位残疾人做残疾评定，并为其承办残疾人证。精神残疾评定机构批复后，我们又再次组织精神评定医生深入到各乡镇为精神严重障碍患者开残疾评定，共解决近10位精神残疾人办证问题。

【两项津贴补贴】残疾人的两项津贴提升到国家层面的优惠待遇。执行这项政策，关系残疾人生活保障和社会公平正义等重大政治问题，决定不能有疏漏。自5月15日助残后，即着手组织开展这项工作。印发文件资料表格，广泛动员申报，层层审核把关，最后送财政、银行进行社会化核发。其中，审核工作量巨大，5000多人次必须逐一对照办证系统进行身份和级别审核，以做到不错漏，全覆盖。2016年，共核发困难残疾人生活补贴1839人，共220.68万元，重度残疾人护理补贴3203人，共576.54万元，核发工作走在全市前列。

【康复工作】实施0—6周岁残疾儿童的抢救性康复工作，开展白内障复明手术，协调卫计、医院等有关部门做好"全国白内障无障碍县"创建工作，顺利通过省市专家工作组的检查验收，获得"全国白内障无障碍县"称号。组织创建康园工疗站，开展阳光家园社区康复服务工作。2016年，共为残疾人免费参加医保约3200人。完成白内障复明671例；为贫困肢残者安装普及型假肢（大、小腿、手）5例；发放儿童矫正鞋30双；免费提供残疾人辅助器具（如拐杖、坐便椅等）一批；免费发放轮椅50多部。积极开展残疾人康复训练与服务工作，每年完成60多名脑瘫、聋儿、智力和孤独症残疾儿童的抢救性康复训练。

【残疾人事业其它工作】做好全省十项民生工程工作，完成镇村8个镇、127个村（居委）残疾人专职委员推选、培训、聘任、待遇核发工作。加强残疾人保障金征收工作。与财政、地税等相关部门协调，出台新一年度的残疾人保障金征收办法，印发征收文件，加紧征收。开展残疾人劳动就业培训，利用残疾人扶贫就业培训基地，对80多名农村残疾人进行新品种新技术应用培训，完成今年的培训任务。强化残疾人维权，对残疾人诉求进行受理，对其合法权益进行保障。开展残疾人基本状况需求数据动态更新工作，进行人员培训、入户调查、数据录入、审核把关等各项工作，现已全面完成。

【基础设施建设】在全县大型建筑、公共场所全面推行无障碍设施建设，各镇村将残疾人活动室纳入到村（居）服务设施之中。并且在水唇镇高塘村建立助残健身示范点，投入近20万元，修整残疾人活动室，配备残疾人专用康复运动器材，现正在申请增加河南康园工疗站。

【南粤扶残助学工程】做好省培英学校的招生工作。通过多种形式宣传，扩大影响力，鼓励辖区内适龄残疾学生积极报名入校学习，全县有1名入省培英学校学习。并实施"南粤扶残助学工程"，按照救助程序对上报资料进行审核，确保残疾大学生应助尽助。2016年，全县共有3名残疾大学生（其中本科生1名、专科生2名）符合资助条件。（刘达生、叶思柳）

附：2016年陆河县残疾人联合会领导名录
理 事 长：彭永显（12月任职）、李洪海
副理事长：刘达生

陆河县工商联

【概况】陆河县工商业联合会（以下简称"县工商联"）是中国共产党领导的以非公有制企业和非公有制经济人士为主体的人民团体和商会组织，是党和政府联系非公有制经济人士的桥梁和纽带，是政府管理非公有制经济的助手，具有统战性、经济性、民间性。工商联的工作任务是加强非公有制经济人士的思想政治工作，积极参政议政，推动经贸交流和协作，服务非公有制企业发展，参与协调劳动关系，反映企业诉求，维护其合法权益。

【基层分会建设】按照基层商会"十有六好"标准，县工商联注重发展行业协会、商会和异地商会的建设，积极参与各行业协会筹备工作。目前，陆河县的行业协会有4个，分别是小水电行业协会、青梅协会、酒类行业协会、小水电行业协会，成立镇级商会2个，分别是河田商会、河口商会。县工商联现有总会员724人，会员人数比上届增长300%，会员中，团体会员占80%。

【商会活动】2016年11月—12月，县工商联组织会员赴海南、广西参加商会活动，参观了汕尾籍民企在海南、南宁的企业。为加强对会员企业的调查研究，增进企业的互相了解，陆河工商联多次到绿源科技有限公司、陆兴家私厂、陆兴汽车城等企业联系工作，促进陆河县民营企业的健康发展。

【参政议政】 县工商联结合陆河县非公有制经济实际工作中的热点难点问题，组织部分会员深入基层，走进企业，视察调研，了解企情，为企代言，在两会会议上撰写提案、议案6件，直接向党委和政府反映非公有制经济和民营企业经营者的呼声和意见。

【社会公益活动】 据县委、县政府关于开展精准扶贫工作的部署要求，对螺溪镇欧东村进行驻村扶贫帮扶。在深入摸排、认真分析研究的基础上，按照"扶贫到户、精准到人"的原则，采取座谈、走访、入户等多种形式，切实瞄准扶贫对象，全面摸清47户贫困家庭基本情况、收入情况、就业情况和主要诉求，分类建档立册，按照"一类一政策、一户一办法"的要求，会同村"两委"一同制定《欧东村贫困户脱贫三年规划》《欧东村贫困户2016年脱贫计划》，明确任务目标、帮扶单位和责任人。认真开展"直联制"驻村活动，协助村开展新农村建设、森林防火、防台风等工作。县工商联结合工作实际，有序开展各项社会主义核心价值观主题教育实践活动，通过组织开展社会主义核心价值观活动，吸引广大群众踊跃参与，引导非公企业和非工人士积极从自我做起，认真践行社会主义核心价值观。省工商联对口帮扶陆河，省联领导多次到陆河调研，县工商联积极协助，联系镇、村做好有关工作。通过沟通联系，增加省工商联对陆河的了解。

（欧容、朱婷婷）

附：2016年陆河县工商业联合会领导名录

  主　　席：彭武林
  副主席：彭永豪　欧　容　刘子宁　李金东
      邱远华　林　菓　郭振志　彭子锐
      彭少肖　彭进柱

陆河

LUHE YEARBOOK

政法

政法

综述

【概况】2016年,陆河县政法(综治、维稳)部门围绕"四项建设"和创建"平安陆河"的目标,着力"防控风险、服务发展,破解难题、补齐短板",扎实开展"飓风2016+"专项打击整治行动、"三大环境"整治和"两学一做"专题教育活动,全面落实维护稳定、严打整治、治安防控、队伍建设等工作,深化司法办案,深入推进司法改革,继续构建和谐司法环境,为全面建成小康社会、顺利实施"十三五"规划营造良好的法治环境。全年没有发生影响社会稳定的恶性事件,刑事立案162宗,破案144宗,破案率为88.9%,立案数同比下降12%、破案率同比上升15.5%。

【维护社会稳定】县政法(综治、维稳)部门以社会矛盾"5+3"专项治理为抓手,进一步加大排查防控,有效解决一批涉及群众切身利益、影响社会和谐稳定的根本性问题,维护全县社会大局的持续稳定。2016年,全县排查并筛选上报各类不稳定因素22起;排查重大社会矛盾纠纷并列入省、市、县台帐重大矛盾纠纷9宗,已化解8宗,化解率88.9%;圆满完成春节等传统重大节日和全国、省、市、县"两会"、十八届六中全会、杭州"G20"峰会及"六四""七五"等重要会议、敏感时期的全县安保维稳工作,实现"五个坚决防止发生"的目标。

【网格化建设】认真落实"中心+网格化+信息化"建设,确定河田、河口、新田3个镇作为试点镇,围绕防控违法犯罪、化解矛盾纠纷、排除公共安全隐患三大工作重点,完成"定格""定人",初步完成"定职""定流程"的网格化管理机制建设。

【救治救助工作】县综治办组织对疑似严重精神障碍患者进行排查,逐一登记建档,建立救治救助服务管理工作格局。全县现有在册严重精神障碍患者659人,其中在管484人,非在管73人,失访79人,死亡23人,登记在册的管控率为73.4%;落实享受重度残疾人护理津贴的精神障碍患者有285人、享受残疾人生活津贴的精神障碍患者有245人,两项合计530人。2016年,全县无发生严重精神障碍患者杀、伤人、肇祸事件,流浪精神病人得到有效管控。

【社会治安防控建设】全县建成"平安陆河"社会治安视频监控系统一期工程,并充分发挥视频监控系统在治安防控、交通管理等方面的积极作用,投入建设"天眼"监控工程,着力推进二期工程和全县9个治安卡口及视频监控向县直单位、各镇村延伸,增加覆盖面,扩大监控效能,全县打防控一体化建设明显完善。

【司法体制改革】2016年,县法院进行首批员额法官入额考核工作,通过严格的选任标准和选任程序,确定10个员额制法官。全面启用电子送达收法律文书,推进案件繁简分流,以最快的速度和最低的诉讼成本,实现当事人诉求。全年共新收简易案件122件,占全部民事案件的48%。县检察院积极推进检察官单独序列和职务保障制度改革、人员分类管理和检察官办案责任制。坚持民主公开、择优选任原则,遴选出11名员额检察官,公开招录4名司法辅助人员。

【政法队伍建设】县政法部门投身"三严三实""两学一做"等学习教育活动,不断提高广大政法干警治素养。采取个人自学、集中研讨等形式开展学习教育活动。同时利用单位内网、微博、微信公众号开辟"两学一做"专栏,及时宣传最新精神、学习资料、先进事迹等,营造浓厚的学习氛围。2016年,政法各部门为干警上党课16次,各党委、党组、党支部先后组织各类学习77场次,组织干警参加各类培训939人次,增强干警的政治意识、大局意识、核心意识、看齐意识,树立政法机关良

政法

好的队伍形象。（陈伟燕）

附：2016年中共陆河县委政法委员会领导名录

书　记：李招军（10月离任）
　　　　 罗炳新（10月任职）
副书记：彭俊能（12月离任）　叶佐然

审判

【概况】2016年，陆河县人民法院（以下简称"县法院"）坚持"让人民群众在每一个司法案件中都能感受到公平正义"工作目标，发挥审判职能优势，通过提升案件质量、提升案件审判效率、提升司法服务品质，增强司法公信力、推进司法改革、营造和谐司法氛围，为全面建成小康社会营造良好的法治环境。2016年，县法院依法受理各类案件共541件；结案491件；结案率90.76%，审限内结案率100%。

【受理案件情况】

年度	受理案件	刑事案件	民商事案件	行政案件	执行案件	其他案件
2016	541	112	294	25	107	3
	审结案件	刑事案件	民商事案件	行政案件	执行案件	其他案件
	491	106	265	19	98	3

【刑事审判】2016年，新收刑事案件109件136人，结案106件130人，判处五年以上有期徒刑5件共7人，案件重刑率达到5.38%。其中受理未成年人案件4件4人，非监禁刑适用率达到21.49%。在刑事案件中主要以毒品犯罪案件为主，共新收45件，占41.28%。为有效预防毒品犯罪，县法院利用国际禁毒日期间加大禁毒宣传力度，通过横幅、电子显示屏等媒介，宣传禁毒理念，增强社会群众拒毒防毒意识。

【民事审判】新收民事案件271件，审结265件，结案率97.78%。发挥民事调解功能做到案结事了，调解结案37件，撤诉结案68件，调撤率达39.62%。在民事审判工作中，加大调解力度，共审结机动车交通事故责任纠纷28件，确保赔偿到位，实现弱势群体的合法权益。

【行政审判】2016年，行政案件共25件，审结19件，分别同比增长150%和72.73%。其中共审查非诉行政执行案件8件，裁定准予执行8件，切实维护行政权依法行使的有效性和权威性。

【执行工作】2016年，新收执行案件102件，执结98件，结案率96.08%，执结标的1432.00万元。为巩固2015年清理执行积案成果，整合执行力量，组建专项小组，开展"百日执行会战"活动和夏季执行大会战工作，已成功执结一批案件，已发布失信被执行人黑名单57人次。同时将执行案款清理工作与执行大会战活动紧密结合，共梳理出未发放案款涉及金额196.54万元，已发放案款涉及金额114.92万元，尚存未发放金额81.62万元，取得预期效果。

【深化司法体制改革】一是全面启用电子送达，无偿为当事人及诉讼代理人提供专用邮箱，方便当事人能够及时接收法律文书。推进案件繁简分流，以最快的速度和最低的诉讼成本，实现当事人诉求。2016年，共新收简易案件122件，占全部民事案件的48%，有效提高案件审判效率，满足新形势对法院工作提出的新要求。二是进行首批员额法官入额考核工作，通过严格的选任标准和选任程序，确定10个员额制法官，实现法官正规化、专业化、职业化，有利于提高法官的积极性，提升法官的司法能力，做出更为准确的司法裁判，促进司法公正的实现。

【党风廉政建设】加强党风廉政建设，组织全体干警学习党章，观看反面典型警示教育片，并到反腐倡廉教育基地接受教育，推进反腐倡廉建设。通过开展"两学一做"学习教育活动、激石溪纪念园缅怀烈士活动、廉洁司法集中教育活动、纪律教育学习月活动，增强干警四个意识，提高队伍素质。

（张秋玲）

附：2016年陆河县人民法院领导名录

院　　长：卓俊鸿

副 院 长：范利权 范智宣 彭文扬
政工科长：叶九鼎
纪检组长：叶光辽
执行局长：余志如

检察

【概况】2016年，陆河县人民检察院（以下简称"县检察院"）进一步深化司法办案，推进检察体制改革，强化队伍素质建设，为陆河社会经济发展保驾护航。

【打击刑事犯罪】把严重暴力犯罪、侵犯财产犯罪和"黄赌毒"犯罪作为打击重点，从严从速打击。2016年，共受理审查逮捕案件132件176人，批捕123件155人，受理审查起诉案件151件196人（受理后改变管辖7件7人），起诉101件122人，已起诉案件法院均作有罪判决。加大毒品犯罪打击力度，共批捕57人，起诉52人。对疑难复杂案件采取提前介入引导公安机关侦查取证等措施，确保办案质量和办案效率。进一步加强未成年人司法保护，设立未成年人检察工作办公室，探索完善符合未成年人特点的分案起诉、犯罪记录封存等制度，把贯彻教育、感化、挽救的方针落实到每一个案件上。参与毒品专项整治等综合治理各项工作，开展"举报宣传周""法治进校园"等系列法治宣传活动，扩大普法覆盖面，提高群众的法治意识。

【控告申诉工作】畅通群众诉求表达渠道，树立理性、平和、文明、规范执法的接访理念，坚持检察长接访制度，对群众来访耐心释法说理，用心解决群众反映的问题，定纷止争，把矛盾化解在基层。共受理群众控告申诉案件21件，接待来信来访102人次。切实落实司法救助制度，依法办理刑事司法救助案件2件。

【职务犯罪查处和预防工作】加大职务犯罪案件查处力度，共立案12件14人，立案数较2015年上升33.3%。其中，贪污贿赂5件6人，渎职侵权7件8人。严查涉农扶贫领域职务犯罪，继续开展集中整治和加强预防扶贫领域职务犯罪专项工作，对陆河县11个村委有关征地补偿、救灾、扶贫等款项的审核发放进行全面梳理，排查漏洞隐患，确保惠农资金安全。有效运用侦查一体化模式，合理整合办案资源，在市检察院的统一指挥下，成功侦办海丰海洋渔政系统案件6件7人，陆河公路系统案件3件4人，有效震慑腐败犯罪。同时，努力提升预防工作实效，将重大工程项目同步预防作为职务犯罪预防工作的重点，注重源头，特别是把重大工程招投标"准入口"，共审查招投标备案文件51份，受理行贿犯罪记录查询220份。对办案中发现的管理漏洞和薄弱环节，向相关单位发出检察建议，促其加强制度管理，完善内部监督。

【诉讼监督工作】依法加强立案、侦查活动监督。对公安机关侦查活动中的违法行为，依法发出《侦查活动监督通知书》12份，《纠正违法通知书》2份，提出检察建议1份，纠正漏捕4人，纠正漏罪2件，追诉漏犯1人。落实中央、上级检察机关关于"建立和健全人民检察院对公安派出所进行监督的工作机制"的要求，将河田、河口派出所定为试点，设置驻所检察官办公室，采取同步跟踪监督等措施，加强对派出所侦查活动监督，促进依法取证、规范执法；依法加强刑事审判监督。逐步规范被告人认罪案件简化审理工作，共建议法庭适用简化程序审理50件65人。全面开展量刑建议和量刑规范化工作，发出量刑建议书74份，已判采纳率达97%，切实维护司法公正；依法加强刑罚执行和监管活动。积极开展社区矫正法律监督，依法纠正4名社区矫正人员脱管问题。对因换押不及时造成的超期羁押，监督纠正3人次。加大羁押必要性审查工作力度，经审查，对6名犯罪嫌疑人变更强制措施，依法维护犯罪嫌疑人的合法权益；拓展民事行政检察工作。做到依法监督、善于监督、敢于监督，对1宗涉及环境资源保护的公益诉讼案件线索及时上报。

【检察体制改革工作】按照上级关于司法体制改革的相关部署，做好省统管后的资产债务清理核查工作，推进检察官单独序列和职务保障制度改革，以及人员分类管理和检察官办案责任制。坚持民主

政法

公开、择优选任原则，遴选出11名员额检察官，公开招录4名司法辅助人员，促进队伍的专业化、职业化、精英化。

【检务公开工作】完善检务公开制度，开通"两微一端"，发布县检察院重大工作部署、重大案件信息、重要工作成效等信息10篇，重点推进执法办案信息公开和检察文书说理，共公开案件程序性信息548条，重要案件信息27条，法律文书114份。开展举报宣传周、法治进校园等系列法治宣传活动10多场，扩大普法覆盖面，提高检察工作知晓度和群众法治意识。（朱建柱、彭晓柳）

附：2016年陆河县人民检察院领导名录

检察长：陈汉明（10月离任）
　　　　邱少瑶（10月任职）
副检察长：罗林俊　彭素丽
党组成员、政工科科长：彭宝国

公安

【概况】2016年，陆河县公安机关紧紧围绕"四项建设"和创建"平安陆河"的目标，着力"防控风险、服务发展、破解难题、补齐短板"，扎实开展专项整治行动和专题教育活动，全面落实维护稳定、严打整治、治安防控、队伍建设等工作，为实现陆河县"十三五"规划良好开局，服务全县社会经济发展和保障人民群众安居乐业做出积极贡献。

【维稳工作】陆河县公安局始终把维护社会政治稳定摆在公安工作的首位，落实各项维稳工作措施，抓早、抓小、抓主动，全年没有发生群体性事件和重大越级上访案件，全县社会政治大局持续稳定。2016年共排查化解不稳定因素和矛盾纠纷，共处理各类不稳定因素22起，调处各类矛盾纠纷400余起，其中及时发现并成功处置上访事件1起，有效把矛盾稳控化解在基层。同时，抽调警力7批420人次参与处置乌坎涉稳问题；加强重点人员管控和信访工作。排查梳理出涉军、涉毒、刑满释放、扬言报复社会等各类重点人员1221名，逐一定级并登记造册，逐人落实稳控措施，盯死看牢，确保走访登记率为100%；深入推进公安信访"抓源头、打基础、强机制、促规范"专项活动，落实领导接访、包案制度，共受理信访案件17宗，办结15宗，有效把重点信访人员稳控在当地，把问题控制和解决在基层。

【禁毒缉枪工作】针对当前严峻的毒情形势，发挥公安机关禁毒主力军作用，推进"4+6"禁毒措施，构筑天网、地网、人网+查网、补网的"五网"禁毒工作格局，形成铁桶型高压防控态势，坚决守住"拒制毒于县门之外、决不成为毒品交易集散地、决不成为聚众吸毒之场所"三条底线。同时，广泛发动群众，大力开展收缴非法枪支工作。通过全县上下的共同努力，确保全年无发生制毒犯罪，无发现制毒窝点，无发生涉枪案件。一是编织"天网"。购置10台无人机实行空地侦察，提高巡查、排查的密度和覆盖面；二是编织"地网"。各镇、村、各派出所深入全面进行核查，将辖区有关管控信息（包括空置房、出租屋、养殖场、废弃的厂房、宾馆、KTV、网吧、小旅馆等）实行统一信息化录入，建立台账，并落实网格化管理制度。三是编织"人网"。落实县、镇、村三级巡查制度，在全县各镇组织开展禁毒清理清查行动，出动力量2100余人，各类车辆322辆次，对辖区内的果场、石场、林场、废弃房屋、临时工棚、养殖场、水库等易制毒场所进行地毯式、滚动式的清理清查；进一步修订出台《陆河县对举报毒品违法犯罪有功人员的奖励办法》，将举报制毒奖励金由原来的5万元增加到30万元，充分调动广大群众参与禁毒的积极性；充分利用电视台、互联网、平面广告等新闻媒体开展全方位、立体式、多层次的宣传。特别是在新学期第一课，组织85名民警分赴全县各中小学校开展禁毒法制宣传，提升青少年学生的识毒、防毒、拒毒意识和能力。此外，开展"查网""补网"，对各镇、村及禁毒成员单位落实禁毒措施进行逐项督查，确保"天网""地网""人网"措施真正落实到位。

【打击刑事犯罪】始终坚持以打开路、以打促

防、以打维稳的工作思路，以"飓风2016+"专项打击整治行动为主线，全力推进破案追逃攻坚战役，取得明显成效。全年共立刑事案件179宗，破160宗，破案率为89.4%，同比立案数下降10.9%，破案率上升13.8%；抓获各类犯罪嫌疑人185人（在逃人员27人），打掉各类犯罪团伙9个54人，刑事拘留172人，执行逮捕151人，移送起诉136宗176人，取保候审60人，逮捕数、起诉数同比分别上升17.1%、18.9%。其中共立盗抢案件70宗，破案62宗，破案率88.5%，刑拘39人，逮捕39人，移送起诉48人，起诉涉10起个案人数1人，缴获被盗汽车12辆、摩托车10辆，抓获年前逃犯6人、当年逃犯1人；共破立涉黑恶案件21宗，刑拘38人，逮捕36人，移送起诉44人，打掉重大恶势力团伙1个，抓获逃犯8人。2016年9月，成功侦破河口"9·15"故意杀人案；10月18日和27日，分别在广州、河源两地成功抓获逃匿长达22年之久，涉嫌抢劫、绑架、强奸和拐卖儿童的批捕犯罪嫌疑人朱木生、张甲成。

【治安管控工作】自8月8日起，局机关民警落实"每天奉献一小时"措施，与巡警大队、县城两个派出所的协调联动，加大夜间巡逻密度，有效压缩发案。全年仅发生6宗路面"双抢"案件，全部告破，并带破往年积案5宗。对出租屋、旅馆业、网吧、KTV等公共娱乐场所、易燃易爆等行业场所实行规范化管理，执行安全检查制度，开展常态化清理清查行动，消除安全隐患。加大治安案件的查处力度，全年共受理治安案件188起，查处179起295人，查处率95.2%，同比受案数下降13%，对社会面的掌控能力进一步提升。

【交通安全整治工作】全年共查扣无牌证摩托车1040辆，行政拘留无证驾驶人员7人，查处醉驾案件8宗，查处超载货车121辆，销毁无牌无证报废机动车637辆；开展交通安全宣传，发放张贴各类宣传手册、信件、海报等5万余份，录制交通安全宣传片3套，进一步提高广大群众交通安全意识。全年共处理交通事故797起，事故中死亡26人，受伤817人，直接经济损失320.9万元，查处各类交通违法行为1199起，受伤人数、交通违法行为数同比分别下降7.5%和61.2%，道路交通秩序逐步好转。

【消防安全管理工作】深入开展夏季消防检查、易燃易爆场所大排查，"三小"场所、出租屋等专项消防整治，严厉查处各类消防违法行为。全年消防大队共检查单位743间次，发现火灾隐患1240处，整改火灾隐患1235处，下发责令改正通知书665份、行政处罚决定书11份，罚款16.71万元，临时查封单位12家，责令"三停"8家，行政拘留2人。全年共发生火灾事故49宗，无人员伤亡，火灾形势持续稳定。

【便民服务】8月，推出12项便民利民措施，服务范围和项目涵盖出入境24小时自助办证区等两项，居民身份证省内异地办理等六项，以及110接处警、路面巡逻、公安信访、车管业务各一项，其中陆河县作为全市首个推出出入境常态化节假日照常上班和24小时自助办证区、国产小型汽车新车入户业务、公安信访接待场所为的县区，得到广大群众和社会各界的高度关注和一致好评。

【队伍建设】始终坚持政治建警、从严治警、素质强警、从优待警方针，按照"抓班子、带队伍、促工作、保平安"的工作思路，不断强化各项保障，队伍建设取得明显成效。全局荣立集体三等功1个、个人二等功3名、个人三等功9名，5个集体和37名个人被荣记嘉奖。《南方法治报》《汕尾日报》、平安汕尾公众号报道先进典型4名。（陈庆澳、叶茂彩）

附：2016年陆河县公安局领导名录

副县长、公安局党委书记、局长：卓雄峰
（5月离任）
副县长、公安局党委书记、局长：李小鹏
（5月离任）
局党委副书记、政委：叶光辉（12月离任）
局党委委员、副局长：罗文放
局党委委员、副局长：刘志远
局党委委员、副局长：朱达文
局党委委员、纪委书记：黄楚阳
局党委委员：朱佐辉
局党委委员、巡逻警察大队大队长：陈志光

政法

司法行政

【概况】2016年，陆河县司法局紧紧围绕"一轴三圈"和"园区工业、基地农业、生态旅游、美丽城乡、活力陆河"的发展战略，扭住"三大抓手"，守住"两条底线"开展"四大行动"，全力优化社会环境，全面推进"人民调解、普法宣传、法律服务"等工作。

【普法工作】一是聚焦"七五"普法。为开展"七五"普法打好基础，根据中共陆河县委、陆河县人民政府印发的《关于在全县公民中开展法治宣传教育的第七个五年计划（2016—2020年）》的通知，启动"七五"普法规划；二是聚焦"法律六进"，深入开展"法律进机关""法律进企业""法律进校园""法律进社区""法律进单位""法律进农村"等活动；三是进行普法宣传。发放《中华人民共和国宪法》《中华人民共和国森林法》《中华人民共和国消防法》《中华人民共和国村民委员会组织法》和《中华人民共和国法律援助条例》等宣传资料23000多份，开设法治宣传专栏550多期，悬挂横幅6000多条，法律宣传展板300多块，张贴标语、条幅12600多张；印刷和发放普法读本15000多本。

【法律援助与公证工作】推进公共法律服务体系建设，2016年，陆河县"12348"法律服务热线平台，接受法律咨询、来电来访600多人次。陆河县司法局法律援助处已办理法律援助案件127宗，其中刑事法律援助案件12宗，民事法律援助115宗；非诉讼案件30宗，代写法律文书60多份。2016年，全县127个村（社区）与广东润科律师事务所和广东吉河律师事务所的18名执业律师签订法律顾问合同，实现全县100%村（社区）法律服务全覆盖。注册在陆河县的广东吉河律师事务所、广东吴小平律师事务所共4名律师通过年审注册；2016年办理民事公证案件231宗，接受群众法律咨询300多人次，接受外地公证处委托调查8件。

【基础维稳工作】加快规范化建设 把司法所打造成开展人民调解、法治宣传、法律服务、法律援助等工作综合平台。贯彻落实汕尾市市委、市政府"十件民生实事"之一，按照汕尾委办字（2016）12号文《关于进一步加强人民调解工作的意见》的精神，争取每个司法所配备2名以上专职的人民调解员，填补司法所人员方面的不足。在全县开展规范化主题活动，形成"比、学、赶、帮、超"氛围，进一步提升司法所规范化建设整体水平。

推进人民调解 根据有关法律法规和上级有关文件精神，制定"以案定补"标准。完成人民调解组织规范化建设，争取实现达标率：镇级调委会100%，村级调委会100%。2016年，全县镇、村调委会调处民间纠纷953宗，成功调处933宗，调解成功率98%，无重大社会影响的恶性群体事件发生。

健全社区矫正机制 建立行之有效的安置帮教和社区矫正工作体系，推动社区矫正中心平台建设。陆河县社区矫正中心2016年共接收矫正42人，解矫45人，全力维护社会安全稳定。在册社区服刑人员140人，全县未发生社区矫正工作人员违法违纪现象，未发生社区服刑人员影响社会稳定的重大事件。按照"两院两部"《社区矫正实施办法》的要求，全面推进县（市、区）社区矫正场所建设，打造集管理、教育和帮扶等功能为一体的工作平台，对社区服刑人员进行入矫解矫宣告、电子定位、视频指挥、巡查督查、应急处置、集体学习、心理矫治、社会适应性指导和就业培训，不断提高社区矫正教育管理水平。

提升安置帮教实效 及时做好回归的安置帮教对象的接纳工作，建立电子档案，依托社区平台，进一步完善"多对一"监管帮扶工作机制。抓好服刑人员信息核查和释放前衔接工作，着力实现服刑人员信息核查率在96%以上。着力过渡性安置基地建设，完善安置帮教责任机制，预防和杜绝刑满释放人员的重新违法。全面构建"教育、管理、服务"三位一体管控模式。

【推进信息化建设】全面推进司法行政信息化工程建设，构建司法行政信息化标准规范体系、网络数据体系、应急指挥体系和业务保障体系，打造网络互联互通、信息资源共享、标准规范统一、业务

功能完备的信息化应用平台，全面提升司法行政信息化工作水平。为各司法所配备微机、电子监控等装置，实行局与各司法所、法律服务机构和有关调解组织联网。

积极推进网上办公，推进政务微博、微信、手机客户端建设，不断提高工作信息化、科技化水平和服务效能。（黄定深）

附：2016年陆河县司法局领导名录

局　　长：陈旋飞（12月离任）

副局长：彭伟旋　彭新村

陆河

军事

LUHE YEARBOOK

军事

人民武装

【概况】2016年,陆河县人民武装部(以下简称"县人武部")按照"强作风、严制度、促改革、保稳定"的工作思路,狠抓各项工作落实,部队和民兵预备役思想政治建设水平进一步提升,单位全面建设呈现出稳步发展、安全发展的良好态势。

【思想政治建设】两项重大教育 县人武部坚持把学习领会习主席系列讲话精神摆在思想政治建设首位,把改革强军主题教育和"学党章党规、学系列讲话、做合格党员"学习教育活动作为2016年思想政治建设的重要抓手,大力加强思想政治建设。4月,参加省军区两项重大教育动员部署,机关党支部围绕"坚定理想信念、明确政治方向"进行讨论发言。

党委班子建设 党委注重理论联系实际、在解决问题上求深化谋转化,把握方向能力不断加强。在谋划和统筹政治教育、民兵组织调整、民兵训练、征兵工作、协调控制军转干部上访、预防灾情疫情等大项工作中,均较好完成任务。

党管武装工作 2016年,认真落实党管武装各项制度、党委议军和人民武装委员会制度。按照实战化要求,抓好党委班子建设,提高党委抓民兵预备役工作建设水平。通过县四套班子领导成员和县国动委成员过军事日活动,增强党政领导干部的国防意识和军事素质。2016年6月增补县委书记陈德忠同志为中共陆河县人民武装部委员会委员、党委第一书记。

民兵政治教育工作 2016年,为做好应急作战准备的要求,加强民兵预备役人员的政治教育工作。开展革命传统和国防历史教育,进一步提升民兵预备役官兵思想素质和全民国防观念。探索和改进教育方法,搞好属地教育、动态教育和民营企业民兵教育,借助地方丰富教育资源,开辟民兵政治教育新途径。

【军事训练管理】战备工作 按照《中国人民解放军战备工作条例》和《战备工作实施细则》,县人武部针对辖区敌社民情以及周边实际情况,和县有关部门进行适时对接,及时进行完善和补充。4月,市召开反恐工作会议后,军事科结合辖区和县人武部实际,与县公安局、武警中队、消防大队、县应急办取得沟通联系,掌握辖区敌社民情,完善军地情报互通和会商研判制度,并组织公安、武警、消防、医院、民兵应急分队等单位和部门,进行营院和民兵武器装备仓库反恐处突应急演练。投入资金购置一批反恐器材,进一步提高反恐处突能力。

军事训练 以军分区年度军事工作指示为依据,结合任务实际,拟定单位的军事工作计划。6月,选派1名干部、3名专武干部参加军分区组织的冲锋舟骨干集训;7月,组织一期专武干部、民兵骨干冲锋舟集训;11月组织一期专武干部、职工集训,成效显著。

民兵预备役训练 抓好民兵应急力量建设,重视配强专武干部,提拔优秀军转干部担任镇武装部长,启用优秀复退军人到重要岗位。通过参与比亚迪项目征地、河口生态宜居示范区征地和潮惠高速征地等任务,民兵的应急能力得到锻炼和提升。为配合各镇开展夜间禁毒巡查,全县陆续出动民兵8个批次,每批投入90人。

【国防动员】后备力量建设工作 根据"编为用、建为战"的原则,重点抓好应急分队和对口专业分队的建设工作,特别是县民兵应急连的建设,在县交通局、卫计局、公路局、公用事业局组、民政局、林业局、公路站、电信局等8个单位组建。

兵役登记制度 县人武部按照"佛冈试点"精神要求,制定兵役登记实施方案计划,在螺溪镇武装部开展兵役登记站(点)建设试点观摩会,并在

军事

全县其它7个镇进行推广。

征兵工作 8月，召开征兵工作县人武部部署会，组织应征青年体检，在各领导与群众监督下，组织陆河县阳光征兵暨电脑随机派号定兵大会，完成上级赋予的征集任务。征兵工作会议后，层层签订征兵工作目标责任书，进一步明确廉洁征兵的总体要求；县人武部党委和全体干部职工签订廉洁征兵责任书，坚决落实"四公开"要求，向全县公开三级廉洁征兵举报电话、信箱，并将体检政治考核合格人员名单及时向社会公开；召开征兵工作家长座谈会，全体干部在会上对廉洁征兵进行公开承诺，并将全体干部的联系方式发放到应征青年家长手中，随时接受社会的监督。

【安全管理工作】安全管理工作 2016年，县人武部以防范重大安全问题为抓手，以确保重大活动顺利实施为重点牢固树立安全发展理念，确保部队高度集中统一和安全稳定。突出抓制度落实、抓责任追究，通过经常性教育、检查讲评，切实增强各级安全工作责任感。依法从严治车，分阶段、有重点地开展落实条令法规，狠抓机关作风纪律整顿，开展安全整治活动，全年无安全责任事故，无违规违纪事件发生。

民兵武器装备仓库管理工作 按照省军区"八查八看"的要求，武装部重点对民兵武器装备仓库进行整改。定期对看管人员进行安全常识教育，部领导每周对民兵武器装备仓库进行不少于三次的检查，严格落实干部24小时住库制度；按照要求配备拒马，在库区门口设置警戒线和警戒标志，补充消防器材和反恐器材，定期对监控系统和脉冲电网进行维护，对仓库围墙架设铁丝网并进行加高，及时对仓库缓冲区进行补漏，将技术区防护门更换为不锈钢指纹密码门，购置存放钥匙的保险柜；对监控视频录像进行留存一年的技术改造，监控视频接入值班室，对避雷设施进行检测，对武器装备进行铅封和油封，对旧杂武器进行清点造册单独存放。

【后勤保障】基础设施改造 立足现有条件进一步对营院进行规划布局，对办公楼大门、办公室大门进行更换，统一购置办公桌椅，补充完善战备器材库相关器材，并对办公设施设备进行定人定位管理。完善民兵武器装备仓库防爆设施，对库区老化的线路进行改造，同时加强对仓库围墙、脉冲电网、监控设施、防雷防火设施的维护检修。

后勤管理工作 按照"保障作战、服务官兵、精确高效"的要求，狠抓后勤战备训练，强化后勤管理，提高服务保障质量。严格落实上级规定要求，采取边查边整改的方式，突出抓好预算管控不严格、经费开支不规范、公务消费超标准、虚假发票报销等问题的自查自纠，做好迎检的各项准备工作。

装备保障 按照"科学化、制度化、经常化"标准和要求抓好武器装备的使用和管理，定期组织仓管人员进行擦拭保养，真正做到无丢失、无损坏、无锈蚀、无霉烂变质，使武器装备始终处于良好的技术状态。

【"双拥"共建】县人武部积极开展形式多样的活动，组织干部职工认真学习党史中央、国务院和省、市、县关于双拥工作的有关文件，提高干部职工的拥政爱民意识。对驻地学校、企业、政府等职能部门开展双拥活动。7—8月，协调组训力量，帮助学校开展学生军训、建军节前夕组织政府职能部门过军事日。全年出动民兵1200余人次，车辆30多台次，组织民兵参加县委县政府组织的消防应急演练，配合公安机关，对全县所有乡镇进行一次拉网式的查毒禁毒活动，在抗击超强台风"海马"的过程中及时启动抢险救灾预案，发动广大民兵预备役人员积极参加救灾与复产工作，挽救人民群众的生命财产损失。积极参与"维权"活动，维护军人军属的切身利益，主动与当地政府、司法部门进行协商，督促有关部门合情、合理、合法的处理，处理来信来访5件。（林海川）

附：2016年陆河县人民武装部领导名录

部　　长：房建伟（5月离任）
副 部 长：陈宇全
政治委员：向　军

武警中队

【概况】中国人民武装警察部队广东省总队汕尾市支队陆河县中队（正连级建制）（以下简称"武警陆河中队"）重新组建于1990年8月，由武警广东省总队建制领导。主要担负着陆河县看守所外围警戒、陆河地区城市武装巡逻、处置突发事件、反恐和抢险救灾等各项任务。2016年，武警陆河中队始终坚持依法治警、从严治警方针。全体官兵坚持把思想政治建设摆在首位，严格管理，严格训练，科学建队，圆满完成以执勤和处置突发事件为中心的各项任务，确保陆河县社会治安稳定和人民生活安居乐业。

【按纲建队】一是紧紧围绕基层十种不良风气持续深入开展党的群众路线教育实践活动。6月底，支队工作组到武警陆河中队检查指导群众路线教育实践活动开展情况并参加武警陆河中队民主生活会，对武警陆河中队干部骨干能够坚决整改不良风气、接受群众监督、广泛听取官兵意见建议等做法予以肯定，并对下一步工作提出希望。二是开展学习成武中队活动，在活动中找差距、寻找不足。为贯彻落实上级学习成武中队的要求，武警陆河中队按照上级通知精神，制定口袋书、开展黑板报和手抄党章100天活动，营造氛围，在工作中找出差距不足，明确下步努力方向。三是团支部和武警委员会助手和参谋作用显著。团支部积极研究青年官兵的特点，扎实做好青年官兵的思想工作，认真组织适合团员青年特点的文体活动，调动官兵工作积极性。

【思想政治教育和文化建设】一是多措并举持续开展好主题教育活动。通过问卷调查、思想骨干汇报、谈心交流等方式，全面细致地掌握官兵思想现状。二是以务求实效为着力点抓好经常性、基础性和主题教育。注重抓好基础理论学习，提高官兵理论素养，做到每个教育开展有计划，有备课，有落实，有检查，认真做好阅读批阅工作，通过笔记批改交流反馈来促进战士思想层次的提高。同时注重把经常性思想工作做到哨位上，确保中心任务的完成。三是贴近武警陆河中队实际，丰富警营文化生活。按照"紧贴时代、突出特色、聚集中心、服务官兵"的思路，初步形成以宣传标语、板报、荣誉室、网络学习室为主体的警营文化环境，不断提升武警陆河中队建设"软实力"。

【做好经常性思想工作】一是着力提高思想骨干的素质能力。每月召开一次思想骨干汇报会，扎实摸清武警陆河中队官兵的现实思想，同时强化思想骨干的责任心，激发工作动力。二是注重真爱兵、深爱兵工作。班长骨干均书写"爱兵日记"，记录自己每天带兵心得，交流体会，不断提高带兵能力。三是以解决实际困难为突破口，主动帮助官兵解决问题和困难。四是把握阶段工作重点，夏季时节武警陆河中队开展"向哨所送清凉""干部党员哨"等活动，在训练场上常备绿豆汤和西瓜等防暑食品，持续开展好"三严三实"专题教育活动。

【执勤战备工作】一是加强支部议勤质量，每月结合按纲建队形势分析执勤安全形势，查找薄弱环节，提出整改意见；认真开展执勤战备教育，分析敌情，树立忧患意识。二是搞好专勤专训和方案演练。武警陆河中队每周开展不少于2次专勤专训，每周不少于1次的导调式方案拉动演练，每月组织1次防脱逃、营区遭袭击、抢险救灾等科目的演练，尤其是以总队执勤正规化等级评定和支队执勤能力考核为契机，提高官兵执勤和应急处置能力。三是完善执勤奖惩机制。对在执勤工作中表现突出的个人，在入党、考学、评选优秀士兵和改选士官等方面优先考虑；在执勤中有违纪被通报批评的，实行一票否决制，解决一些执勤"常见病""多见病"的产生。四是加大查勤力度。每周制定查铺查哨计划，突出两个"12时"后和节假日、休息日等时段查勤，夜间查哨必查铺，杜绝以前查哨规律性的问题。执勤隐患排查活动成效明显。

【提升官兵军事素质】一是按纲施训，强化领导，保证训练"四落实"。二是严格操场纪律，维护训练秩序。三是按"先易后难、先简单后复杂、先分解后连贯"的原则，科学组训，注重调动训练积极性。四是抓好训练中安全措施，保证训练安全

军事

无事故。

【后勤保障工作】一是抓好伙食精细化保障制度落实。每周征求1次官兵对伙食的意见，并进行整改。加强管理伙房的卫生安全。二是搞好"菜篮子"建设。制定详细的蔬菜种植规划，共种植蔬菜10余种。三是严格按照制度控制经费开支。党支部每月对大项经费开支有研究有审议。武警陆河中队经济民主组定期对财务开支情况进行检查监督，同时对上月账目进行审查。四是完善"四配套"设施。五是认真卫生防病教育，定期向官兵传授卫生常识、防护自求常识。

【"双拥"工作】武警陆河中队利用驻地的红色资源开展双拥共建活动、爱民助民活动。中队主官经常向县委、县政府和县公安局主要领导汇报工作情况，反映困难，理顺关系，赢得支持。每逢重大节日，县委、县政府和县公安局主要领导都深入武警陆河中队看望慰问官兵，警政警民关系和谐融洽。

【武警部队履行职责】2016年，出动兵力50人次。9月，武警陆河县中队出动12名官兵圆满完成烈士纪念日公祭礼宾及安全保卫任务。武警陆河县中队担负陆河县看守所武装押解任务3起，转移犯罪嫌疑人24人。2016年，中队官兵邱茂楷荣立三等功。（武警陆河县中队）

附：2016年武警陆河县中队领导名录

中 队 长：张　玉
政治指导员：黄西安

人民防空

【概况】2016年，陆河县人民防空办公室（以下简称"陆河人防"）坚持人防建设"长期准备、重点建设、平战结合"的方针和经济建设协调发展、与城市建设相结合的原则，围绕"战时防空、平时服务、应急支援"的使命任务，全力推进人防建设与管理的各项工作。被汕尾市人防办评为达标先进单位。

【防空警报试鸣】陆河人防加强对现有的防空警报器及相关设备进行检测、维护、升级改造和管理工作。2016年，增设2部警报器，12月13日举行年度防空警报试鸣活动，县城警报音响覆盖率和报知率达到100%。

【人防"结建"工作】陆河人防坚持"工程报建，人防先行"和"以建为主，以收促建"的原则，推进项目人防工程报建和人防易地建设的报批工作。2016年，受理人防报建宗数和收取人防"易地建设费"相比上年度略有上升，人防工程建设不断推进。

【法制宣传教育工作】陆河人防推进人防教育，进学校，进社区，进机关，进企业，进网络工作。免费发放人防知识手册和宣传资料，提高人民群众掌握防空防灾知识以及应对空袭和灾害的技能。同时，严格规范人防报建审批业务，坚决执行强制性条文和设计要点，严把人防工程质量关，从严控制易地建设，杜绝不合格人防地下室建设。人防执法检查部分民用建筑，追缴相应人防"易地建设费"。

【机关建设】陆河人防坚持政治坚定、业务精湛加强干部队伍建设。开展"两学一做"教育和"纪律教育学习月"活动，努力打造"四讲"班子，着眼"内强素质"，加强干部的业务能力。3月，选派人防办主任参加市防办组织的到揭阳考察学习先进经验和做法；5月，全体工作人员参加由市人防牵头组织的以人民防空法规、国家安全环境、识图用图、作战标图、人民防空信息系统及队列训练为主要内容的训练。（张世猛、黄娘水）

附：2016年陆河县人民防空办公室领导名录

主　任：张世猛
副主任：黄娘水

陆河

经济

LUHE YEARBOOK

综合经济管理

发展和改革

【概况】2016年是全面实施"十三五"规划的开局之年，陆河县积极推进经济体制改革，完善基本经济制度，推进商事制度改革，加快新能源和建筑装饰产业基地建设，推动休闲农业和乡村旅游产业快速发展，发展现代服务业，促进全县经济更好发展。

【经济体制改革】一是推进社会信用体系建设，拟定《陆河县行政许可和行政处罚等信用信息公示工作方案》并提交县政府印发，各相关单位开展持续性的行政许可和行政处罚信息录入工作。二是推进公务用车制度改革工作，按照省、市公务用车制度改革工作部署，逐步完成各项车改任务，9月公开拍卖公车21辆，最终成交17辆，流拍4辆，拍卖起价44.66万元，拍卖成交总值53.14万元，溢价19％。拍卖成交合同已签订完毕，并完成车辆有关资料的交接。三是推进基层治理机制改革工作，建成1个县级政务服务中心、8个镇级便民服务中心、127个村级公共服务站，县、镇、村三级服务平台已投入使用。四是推进商事登记制度改革，推进"五证合一、一照一码"改革工作。至2016年年末，全县拥有各类市场主体数达10782户，实施商事登记制度改革以来全县新登记各类市场主体3679户，是陆河建县以来增长最快的时期，增速为24.7％。五是推进一门一网式政府服务模式改革，县政务服务中心已有42个单位进驻，设立47个办事服务窗口，另设公安出入境及户政、交警车管所、民政婚姻登记3个分厅，可办理的行政审批事项共466项。六是推进农村综合改革，8个镇"三资"交易平台完成建设，各项规章制度逐步健全，人员落实到位，平台交易量逐步增加。全年共完成平台交易67宗，总成交额3201.77万元；推进医药卫生体制改革；推进"营改增"试点工作。

【年度计划编制与经济运行监测】2016年，在全面总结陆河县2015年经济和社会发展计划执行情况的基础上，着重分析宏观经济环境和全县经济社会发展存在的问题。经过深入调查研究，按照"十三五"规划总体目标，分解年度目标及发展速度，以确保"十三五"规划圆满完成。年初形成《2015国民经济执行情况和2016社会发展计划（草案）》，经县委、县政府同意后报县人大审议通过后实施，全年切实加强经济运行分析，研究破解热点、难点问题，并提出对策措施，努力做到科学监测，强化分析，定期形成经济运行分析报告，供县委、县政府领导决策。

陆河县2016年国民经济和社会发展计划主要指标

类别	指标	计算单位	2014年实际数	2015年		2016年计划		十三五年均增长目标
				全年完成数	同比增长（％）	绝对数	增长（％）	
经济发展	1.地区生产总值（当年价）	亿元	45.58	48.8	8.2	56.6	16	16
	第一产业	亿元	9.75	10.28	4.3	10.8	5	5
	第二产业	亿元	8.76	9.54	12.6	14.6	55	30
	#工业增加值	亿元	5.65	6.28	14.3	8.29	32	32
	第三产业	亿元	27.07	28.95	6.7	31.2	10	10
	2.人均GDP（常住人口）	元	15946	17000	7.5	19760	15	15
	3.农业总产值	亿元	16.52	17.45	4.3	19.12	5	5
	4.规模以上工业增加值	亿元	3.29	3.96	21.8	7.13	80	35
	5.公共财政预算收入	亿元	3.73	2.64	−29.4	3.06	16	16

续表

类别	指标	计算单位	2014年实际数	2015年 全年完成数	2015年 同比增长（%）	2016年计划 绝对数	2016年计划 增长（%）	十三五年均增长目标
经济发展	6.固定资产投资	亿元	15.73	19.72	25.4	42.60	116	30
	7.社会消费品零售总额	亿元	29.17	31.73	8.8	35.5	12	12
	8.居民消费价格指数（上年100）	%	102.7	101.3	—	103	—	103
	9.进出口总额（市下达计划）	万美元	5810	4856	-16.4	5341	10	—
	＃出口	万美元	4242	3214	-24.2	3535	10	—
	进口	万美元	1568	1642	4.7	1806	10	—
	10.实际利用外商直接投资（市下达计划）	万美元	202	42	-79.2	2000	—	—
	11.城镇化率	%	52.25	52.49	—	53	—	—
社会民生	12.年末总人口（常住人口）	人	279116	280954	0.66	282782	0.65	0.65
	13.人口自然增长率	‰	6.48	6.43	—	8	—	—
	14.初中毕业生升学率	%	98.58	98.6	0.16	98.63	0.03	0.03
	15.高中阶段教育毛入学率	%	87.72	87.73	0.01	87.75	0.02	0.02
	16.居民人均可支配收入（初步统计数）	元	12029	13045.2	8.4	14219.2	9	9.5
	＃城镇常住居民人均可支配收入	元	15143	16634.6	9.8	18298	10	9.5
	农村常住居民人均可支配收入	元	8411	9117.5	8.4	10029.2	10	9.5
	17.城镇新增就业人数	人	2632	2680	1.82	2700	0.74	0.75
	18.新增转移农村劳动力就业人数	人	6086	6100	0.23	6200	1.64	1.5
	19.城镇登记失业率	%	2.28	2.26	-0.02	2.3	0.04	-0.01
	20.城镇职工参加基本养老保险人数	万人	4.9677	4.98	0.2	4.99	0.2	1.6
	21.城乡居民社会养老保险参保人数	万人	10.15	13.8	37.8	13.938	1	1
	22.城乡参加基本医疗保险人数	万人	31.3	31.33	0.09	31.353	0.07	0.4
	＃城乡居民参加基本医疗保险人数	万人	28.5	28.5	—	28.614	0.4	0.4
	城镇职工参加基本医疗保险人数	万人	2.8	2.83	1	2.853	1	1
	23.每千人口医院和卫生院病床数	张	623	684	9.79	984	43.86	0.021
	24.农村饮用水安全普及率	%	80.61	80.61	0	100	19.39	3.878
	25.城镇保障性住房开工量	套	130	106	-18.5	48	-54.1	
	26.城乡居民最低生活保障人数	人	9652	10402	7.8	10902	4.8	500
	27.为残疾人服务设施数	个	3	3	100	2	100	5
	28.万元GDP能耗	吨标煤	0.397	0.278	-5.15	完成上级下达任务		—
	29.森林覆盖率	%	72.07	73.27	1.67	73.5	0.3	0.3
	30.耕地保有量	万亩	15.47	15.47	0	15.464	-0.039%	-0.0058
	31.主要污染物排放总量控制							
	SO2排放量	万吨	0.00901	0.00901	0	完成上级下达任务		
	COD排放量	万吨	0.758	0.64	-15.5			
	氨氮排放量	万吨	0.0949	0.07	-26.2			
	氮氧化物排放量	万吨	0.00221	0.00221	0			
	32.单位工业增加值用水量	立方米/万元	33.4	32	-4	30	-6	-27
	33.工业固体废物综合利用率	%	100	100	—	完成上级下达任务		

续表

类别	指标	计算单位	2014年实际数	2015年		2016年计划		十三五年均增长目标
				全年完成数	同比增长（%）	绝对数	增长（%）	
社会民生	34. 城市人均公园绿地面积	平方米	13	14	7.7	14.5	3.6	5
	35. 城镇生活污水集中处理率	%	75	81	6	82	1	
	36. 城市生活垃圾无害化处理率	%	96	98	2	99	1	

【工业经济发展】比亚迪新能源客车制造一期落户投产，创造"陆河速度"，带动新型环保建筑装饰材料生产企业聚集入园落户；首创电子、伟泰建材竣工投产，维业、安星、广美、华南金属等项目动工建设，燕浩建材即将动工，园区内新能源和建筑装饰产业基地初具规模，发展势头良好。加快风电等清洁能源开发，督促螺溪风电加快完善报批手续及河口风电场开工建设，协助新田风电场列入省2017年核准计划。

【现代农业】为优化农业产业和布局，县发改局打造"一镇一业"和"一村一品"，加快形成陆河特色优势产业带和优势产区；依托"互联网+农业"模式，大力发展农产品电子商务，引导各类经营主体与电商网商合作，促进农产品流通；全力推进休闲旅游农业发展，培育农业主题公园、观光农庄、休闲农业特色村等农业景区，促进农业与旅游相融合，推动休闲农业和乡村旅游产业快速发展。

【打造旅游产业】编制《陆河县旅游发展总体规（2016—2030）》，推动旅游产业从数量规模向质量效益，依托农村特色资源，打造一批特色旅游村镇。抓好重点景区建设，螺洞世外梅园获得中央预算内投资1000万元，用于旅游基础设施建设和公共服务设施建设，并通过3A景区评审。

【发展现代服务业】积极开发精品乡村旅游路线，加强旅游配套设施建设。以阿里巴巴集团农村淘宝项目为契机，大力发展电子商务，推进县城和工业园区物流园规划建设；加快培育发展现代金融、文化创意、休闲度假、服务外包、健康养老等新兴服务业；稳定发展房地产业。（叶翠女、吕海平）

附：2016年陆河县发展和改革局领导名录

　　局　　长：李招健

　　副局长：彭作伟、陈庆图、余新烽

国有资产监督管理

【概况】2016年，陆河县国有资产经营管理公司（以下简称"县国资公司"）加强国资监管基础性工作，深化国有企业改革，继续推进"僵尸企业"出清重组，推进国有资本结构优化，加强投融资工作，提高资本运营能力。

【企业监管】县国资公司加强干部队伍学习教育培训，提高干部队伍业务工作能力，增强履职水平，提高队伍整体素质；大力加强对所属企业的行政监督管理，确保企业安全生产和国有资产保值增值；不插手干预企业的内部经营管理，保障企业的经营自主权和积极性；推进县国资公司监管和国企信息公开，依法依规公开县属企业生产经营、主要行业盈利、重大变化事项等情况，指导企业做好信息公开试点工作。

【企业改制改革】开展国有企业改革，成立出清重组国有"僵尸企业"领导小组，处置国有"僵尸企业"12家，企业总人数283人，其中在职员工176人，离退休人员107人。

【融资工作】承担县政府融资工作任务，申请汕尾市农发行贷款1.6亿元，用于新河工业园区征地拆迁补偿资金。同时，统一全县20个省定贫困村管理扶贫资金，投入新河工业园区的基础设施建设。（叶木校、林奇标）

附：2016年陆河县国有资产监督管理公司领导名录

　　经　　理：叶木校

审计

【概况】2016年，陆河县审计局（以下简称"县审计局"）完成审计和审计调查项目29个，发现各类违规资金235万元，管理不规范资金3579万元，审计处理处罚金额1903万元，（其中，归还原渠道资金31万元、向财政上缴罚款207万元，减少财政拨款461万元，调账处理资金1204万元），挽回损失461万元。2016年，县审计局被评为"全国审计宣传工作先进单位"和"全国审计通联宣传工作先进单位"。

【民生项目资金审计】组织开展县精准扶贫资金、县本级供给侧改革、促进旅游投资和消费政策落实的审计项目，抽调业务骨干参加省、市审计组对汕尾市保障性安居工程审计，确保国家各项政策措施落实到位。

【财政资金审计】县审计局逐年深入财政预算执行审计，着力构建财政审计大格局。继续加大对二、三级预算单位的审计力度，注重审计资金使用的真实性、合法性和效益性，并将同级审计部门预算执行审计、投资审计、专项审计相结合，加强财政审计整改督查。

【政府投资建设项目审计】加强对财政性资金投入的重点工程、重点项目的监督检查。对陆河县职业技术学校建设第一期工程、学校道路及排水工程，道路、停车场、球场工程（第二期）、陆河县生活垃圾无害化处理填埋场工程、陆河县2014年农业水价综合改革示范项目工程结算进行审计，送审金额达到7101万元，共核减投资额392万元，促进项目建设资金安全运行。

【经济责任审计】坚持"全面审计，突出重点"的工作方针，对13名党政领导干部开展经济责任审计，其中任中审计8个，离任审计5个。审计查处主要问题金额共2681万元，其中违规金额57万元，管理不规范金额2624万元，提交审计报告和审计结果报告24篇，提出意见和建议44条。通过审计，增强领导干部执行中央"八项规定"精神和财经纪律的意识，促进领导干部依法行使权力和履行职责，提高单位财务管理水平和依法理财能力。

【专项资金审计】结合陆河县实际，把群众最关心关注、涉及群众切身利益的专项资金作为审计工作的重点，对陆河县水污染防治专项资金、县2012年7月至2015年12月住房公积金管理使用情况和坪山新区帮扶陆河县资金等专项资金进行审计和审计调查。对审计发现的问题及时督促相关项目单位进行整改和纠正，促使各项专项资金规范管理、有效运行。（黄海锚、王丹蔚）

附：2016年陆河县审计局领导名录

局　　长：刘远东
副 局 长：彭国海　彭伟谋
总审计师：黄晋禄

物价管理

【概况】2016年，陆河县物价局规范价费管理，履行价格服务与管理职能。强化市场价格常态监管，集中力量开展专项整治工作，切实保护经营者和消费者的合法价格权益。

【规范价费管理】一是加强价格监测预警工作。落实重要商品价格监测每日一报制度，切实抓好粮食、生猪、茶叶及市场供应的各类市菜等重要农产品的成本调查工作，为上级物价部门的科学决策提供有力依据。二是做好价格管理工作。结合上级价格主管部门放管的要求，认真执行《广东省定价目录（2015年版）》，特别是涉及与群众生产生活紧密相关的收费事项。三是抓好价费审批工作。按照政策和上级有关规定抓好教育、学生宿舍、业务培训、物业服务、机动车停放保管服务和公益性公墓服务等方面定价收费的审批工作。四是抓好收费综合年审和清费治乱工作。会同财政、审计等部门对全县收费单位进行收费年审，开展收费许可证换发工作。

【加强价格和收费监管】一是在全县范围内开展医疗、医药价格收费专项检查工作。共检查医疗、医药单位36家，查处违规金额26万元，罚款3.4万元；制止违法收费3家，处理价格投资5宗。二是在全县范围内开展"反价格欺诈"专项整治工作。重点整治药品市场、大中型商场超市。共检查药品零售企业6家，商场超市3家，检查其是否使用欺骗性或误导性的语言、文字、图片、计算单位进行虚假宣传等价格欺诈行为。检查其交易记录，做到原价查实，最低价查准，未发现存在问题。三是受理价格咨询和信访举报，严格按照法定程序办理价格举报案件，及时有效地处理群众投诉的问题。2016年共受理价格举报、咨询11件，做到"有诉必理、有理必果"，处理回复率达到100%。

【价格认证工作】2016年，价格鉴定业务开展宗总数为166宗，总标的金额2034.05万元。其中价格认证11宗，1748.88万元、车损评估4宗，25.94万元、涉案评估151宗，259.23万元。

【价费调整工作】开展阶梯水价和污水处理费调整工作。按照上级工作部署，及时制定陆河县阶梯水价实施方案及污水处理费调整方案，12月26日召开陆河县城供水实施阶梯式计量水价和调整城镇污水处理费征收标准方案听证会。（叶翠女、吕海平）

国土资源管理

【概况】2016年，陆河县国土资源局以服务大局、保障发展为主线，以保护资源、合理利用为目标，以强化职能、依法行政为准则，做到"四保四强"，做好土地规划，落实耕地保护责任制，建立不动产权籍管理系统。9月1日土地利用现状图数据投入使用。全县出让工业用地7宗，面积31.16公顷，出让总价款6313万元；划拨土地2宗，面积3.21公顷。完成采石场采矿权出让2宗，出让价款共800万元。

【土地规划】推进省重点项目河口镇城镇扩容提质建设项目及比亚迪汽车制造项目专项调规工作，调整用地规模约187公顷，调规方案已通过专家论证。

【耕地保护】按照耕地保护责任制的要求，完成全县耕地保有量不少于10293.33公顷、基本农田面积不少于9326.67公顷的耕地保护责任目标任务。完成2015年度基本农田保护经济补偿427.32万元的发放工作。完成2014年度河口镇高标准基本农田608公顷的建设任务，总投资1368万元。完成2015年度灾毁农田垦复工作，共投入资金410万元。

【不动产权颁证】2016年6月28日，陆河县颁发首本不动产权证书。全年共登记颁发《不动产权证书》428份，《不动产登记证明》293份。

【地灾防治】制定年度地质灾害防治方案，明确每个地灾隐患点的监测人和防灾责任人，实现全县地质灾害无伤亡事故。至2016年年末，全县共有地质灾害隐患点45处，其中威胁100人以上7处、100人以下38处，潜在经济损失5764.1万元，受威胁人数2300人。

【测绘管理】完成地形和面积测量约1040公顷，主要包括城镇建设用地批报、新河工业园区、比亚迪汽车、河口宜居生态示范镇、潮惠高速连接线、交通道路等测绘任务。投入639.5万元组织实施数字陆河地理空间框架建设项目，至2016年年末，已完成数字陆河地理空间框架硬件和机房建设。

【执法监察】2016年，全县立案查处违法用地22宗，移送公安机关1宗，拆除违法建筑面积0.842公顷，复耕面积1.383公顷，复绿面积6.19公顷。经查处整改，全县违法用地占用耕地占新增建设用地占用耕地的比例为8.9%，通过省2015年度卫片执法检查工作的验收。

【国土信访】落实《广东省信访条例》，进一步建立健全领导接访制度和信访督办制度。2016年，来共收到来信来访53宗（其中：来信3件、上级交办35件、来访15起34人次），申请信息公开13宗，行政复议7宗，行政诉讼7件。（叶帝飞、彭颖）

附：2016年陆河县国土资源局领导名录

局　　长：彭武标

副局长：彭武晓　叶佐文

执法监察队队长：朱少平

纪检组长：汤春阳

市场和质量监督管理

【概况】陆河县市场和质量监督管理局实施商事制度改革，推进"年度报告"工作，强化企业管理，加强行政执法，维护市场经济的秩序，开展集贸市场与基层医疗卫生单位计量器具检测，全面推进质量强县工作，2016年陆河县泰润人造板公司获评"广东省名牌产品"。

【机构人员】陆河县市场和质量监督管理局（以下简称"县市质局"），为县人民政府工作部门。将县工商行政管理局的职责、县质量技术监督局的职责整合划入县市质局。县市质局机关行政编制37名，其中：局长1名、副局长3名；正、副股长20名，后勤人员13名。下设稽查大队，核定行政执法编制10名，其中队长1名，副队长2名；设立5个副科级市场和质量监督管理所，各所下设综合组、监管组2个副股级内设机构；核定行政编制42名，其中所长5名、副所长5名、组长10名。

【商事制度改革】在落实好注册资本认缴制、"先照后证"、企业年检等宽松登记措施的基础上，大力推进"五证合一，一照一码"改革工作。至2016年年末，全县拥有各类市场主体数达10782户，其中内资企业379户、私营838户、个体9350户、农民专业合作社215户，注册资本（金）分别是101271.14万元、227012.2万元、35413.95万元、17681.05万元。

【企业管理】推进"年度报告"工作，至6月底，全县各类市场主体2015年度企业年报率达87%、个体工商户年报率达88.2%；抓好企业抽查，共抽查企业35户；严格经营异常名录管理，对违反企业信息公示相关规定的81户企业、14户农民专业合作社，列入经营异常名录或标记为经营异常状态；对提出移出申请的16户企业经审查后作出移出决定，共对5户没有按时年报的企业进行处罚。

【质量监管体系】为进一步加强陆河县工业产品质量安全监管，组织开展为期1个月的工业产品生产企业专项调查工作。2016年，陆河县工业产品生产企业有39户；制定实施方案，指导陆河县密度合成及胶合木板进行产品质量提升；大力开展流通领域产品质量抽查工作。

【计量器具检定】开展集贸市场与基层医疗卫生单位计量器具强制检定工作。至9月底，已检定集贸市场14家，检定衡器共1546台，其中合格1506台，不合格40台，合格率为97%；检定基层医疗卫生机构8家、血压计158台，合格146台，不合格12台，合格率为92%，不合格计量器具均已停止使用。检定压力表44个、戥秤122台，合格率均为100%。开展瓶装液化气充装站、集贸市场、加油站等计量监督检查工作，打击一切欺骗消费者、缺斤短两的不法行为。

【强化市场监管】推进行政执法工作，严厉打击各类市场经济违法违规行为。全系统共立案查处并办结的行政处罚案件110宗，罚没款30.4万元，依法查扣汽车配件、机油、大米等涉案物资；抓好日常巡查监管工作，检查各类市场主体12804户次；加强安全生产宣传和巡查监管工作，开展安全生产专项检查行动37批次，检查高危重点行业经营户485户次，出动执法人员47人次，检查特种设备行业108次，立案7宗，罚款120000元；抓好无照经营查处取缔工作，共查处无照经营案件14宗；协调全县相关职能部门开展各类市场大检查；开展农资产品的抽检抽查工作，共出动执法车辆50多车次、执法人员420多人次，分发宣传资料1000多份，检查集贸市场30多次、农资经营企业128户次，全年没有涉农案件；加强流通领域商品质量监测，抽检化肥5批次；抓好商标广告监管工作，积极帮扶引导两家企业申请注册商标，查处商标侵权案件1宗，没收洋酒一批，罚款2000元，出动执法人员210人，执法车辆65车次，检查经营主体290户，依法查处违法广告案件4宗，处罚13000元；加强对网吧、酒吧、KTV、会所等的巡查监管，与各相关商户签订禁毒责任书136份。（孔俊豪、黎建兴）

附：2016年陆河县市场和质量监督管理局领导名录

局　　长：罗作庭（12月离任）

邱学平（12月任职）

副局长：彭桂忠　彭映春　彭惠忠
　　　　张火生　罗展培

食品药品监督管理

【概况】2016年，陆河县食品药品监督管理局（以下简称"县食药监局"）加强食品药品安全监管，各项工作取得较好的成绩，有效地保障全县公众饮食用药安全。

【简化许可审批】为全面深化政务公开加强政务服务工作，县食药监局积极落实食品经营许可"三证合一"登记制度改革，将食品流通许可、餐饮服务许可、保健食品流通许可整合为食品经营许可，实行"一网登记"，简化办事环节，降低办事成本，优化审批流程。同时将所有行政审批事项移至县政务服务中心统一办理，方便群众办事。2016年，共审批许可颁发《食品经营许可证》246张，《药品经营许可证》33张（新办12张、换证21张）。

【食药专项整治】食品方面，相继开展学校校园及周边食品安全、餐饮服务环节"百日清无"、凉茶经营企业、餐饮环节含铝食品添加剂、食品生产加工小作坊、肉制品、打击走私商品行动和农村食品安全等专项整治活动；药械方面，开展中药饮片专项整治，加强对含特殊管理成分药品和疫苗专项检查等；保化方面，打击化妆品非法添加违法行为，推进化妆品市场安全治理示范区建设工作等，有效规范食药市场秩序。

【监督检测工作】做好政府十大民生实事之一——"农贸市场（超市）食品安全快速检测工作"。县食药监局根据工作实际，及时出台工作方案，对市场开办者、管理者以及经营户加强食用农产品快检工作宣传。7月开始，对指定的6家市场开展食用农产品快检工作，共检测1857批次，其中合格1822批次，不合格35批次，合格率为98.12%，处理不合格食用农产品632公斤；按照省、市局的工作部署，开展食品药品抽检工作。2016年，完成各项食品抽检350批，药品评价性抽样32批次、监督性抽样39批次，药品快筛快检抽样205批次。共上报药品不良反应146例、医疗器械不良事件67例、化妆品不良反应10例。

【投诉举报、稽查打假工作】县食药监局加强投诉举报工作，多途径受理群众投诉举报，并积极开展核查。2016年，共受理食品药品生产经营质量安全问题投诉举报信息18条，核查举报信息10件，函件回复投诉方（当事人）6件（包括当场回复8件）。同时，县食药监局将日常监督检查与专项整治相结合，切实加强食品药品安全综合监管，努力提高食品药品监管水平和保障能力。2016年食品药品案件共立案38宗，其中药品案件20宗、食品案件17宗、化妆品案件1宗；已结案38宗，罚没款5.2万余元。确保人民群众饮食用药安全。

【食品安全追溯系统的推广和应用】安排专人负责智慧食药监平台工作开展，在全县推广食品追溯系统录入工作，全县共52家食品企业加入平台，纳入统计企业加入率100%，上传食品经营企业共进货信息1737条，生产信息16条，重点品种覆盖成功率100%，重点品种溯源成功率100%。

【推进餐饮企业量化分级管理和"明厨亮灶"】2016年，实施量化分级管理单位329家，量化管理覆盖率90.9%，其中达到A级标准4家，达到B级标准128家，"明厨亮灶"工作已实施46家，其中视频监控式（显示屏展示）10家，透明玻璃式36家。

【社会共治格局深化】县食药监局在重要节日期间，突出重点领域，开展食品药品安全宣传活动。2016年相继开展"3·15"食品药品安全知识、食品药品投诉举报、食品安全宣传周、药品安全宣传月等专题宣传活动18场次，发放宣传资料10000多份，悬挂宣传标语80多幅，接受现场咨询3000余人次。营造良好的人人参与食品药品安全监督氛围。（汪玥）

附：**2016年陆河县食品药品监督管理局领导名录**

局　　长：余小勇

副局长：陈子练　叶志凡　叶汉龙

安全生产监督管理

【概况】 2016年，陆河县安全生产监督管理局（以下简称"县安监局"）落实安全生产责任，完善安全生产责任体系建设，强化宣传教育和安全监管，开展安全生产大检查和专项行动。2016年，陆河县共发生各类生产安全事故12宗、死亡5人、受伤4人；其中：道路交通事故9宗、死亡2人、受伤4人；建筑施工生产安全事故2宗、死亡2人；高处坠落生产安全事故1宗、死亡1人；未发生较大以上生产安全事故。

【机构设置】 2016年6月，经县编委同意，增设职业安全健康监督管理股，将其作为安监局内设机构。

【安全事故调查处理】 2016年发生2起建筑安全事故、1宗高处坠落事故。陆河县人民政府按照有关法律法规规定成立事故处理调查组，按照"四不放过"原则，开展事故调查工作，并按照审批程序完成3宗案件审批结案工作。

【强化责任落实】 县委县政府不定期召开常委会和政府常务会议，协调解决安全生产工作突出问题。县安监局每季度召开1次全县防范重特大安全事故会议，落实安全生产责任。定期开展责任制履职情况考核工作，落实各镇人民政府及县直部门安全监管责任。落实企业安全生产主体责任。确保企业安全生产责任"五到位、五落实"，明确企业应负安全生产责任，督促企业完善安全管理制度和台账。

【强化宣传教育培训力度】 全县共计悬挂宣传横幅132条、标语1352条、宣传画42张，出版安全专栏189版，展出道路交通安全宣传板块120余次，印发安全生产宣传资料2.7万多份，发放《致家长的一封信》55000多份，发放交通安全贴500多张、交通安全提示20000多张，派出宣传车辆40多辆次，并在县电视台连续播放安全生产知识宣传及警示片。培训特种作业人员560多人次、建筑施工负责人和从业人员183人次，派出监管执法人员参加省市业务培训32人次。

【隐患排查治理行动】 2016年，检查各类生产经营单位1000余家，排查出安全隐患1337处，发出现场检查记录20份、整改通知书672份，完成整改1294处，临时查封单位12家，责令"三停"8家，立案16宗，罚款21.89万元，查处非法成品油经营点1个，取缔非法烟花爆竹经营点18家，查扣爆竹、土制顿炮一批；检查机动车22300多辆次、运输车辆700辆次，纠正各类违规经营行为50多宗，查处各类交通违法行为4268宗、违法营运车辆37辆，查扣违法车辆1161部，行政拘留无证驾驶人员7人，罚款12万元。

【重点行业（领域）专项治理】 县安监局督促各建筑工地加强安全管理，共发出整改通知书48份，要求整改记录157条，出动106人次，组织从业人员上岗再培训共183人次。开展城市风险点危险源排查整治专项行动，共计排查出红色风险1个、橙色风险1个、黄色风险6个、蓝色风险52个。并制定《风险点危险源排查管控清单》，明确各风险点、危险源的名称和类别、所在位置、所属单位、主管（监管）单位、管控措施等。

【强化安全科技支撑】 推进安全生产标准化建设。已完成标准化建设企业有27家，其中非煤矿山企业2家、加油站12家、工商贸企业9家、4家客运企业；推进安全科技运用。加快安全科技运用进程，督促运输车辆安装汽车行驶记录仪或GPS，加强车辆和驾驶员的实时监控和动态监管，防止司机超速、超载、疲劳驾驶和不按规定线路行驶等行为。全县有235辆营运车辆安装汽车行驶记录仪或GPS，跨县客运车辆、出租车、旅游包车、教练车、农村客运车辆安装率达100%。

【强化应急管理】 建立安全生产24小时应急值守制度，每日指定1名领导、1名值班组长和2名值班人员值守，确保每项举报、投诉和安全事故信息的正常接收，杜绝各项信息无人接报、处置的现象出现；督促各企业开展应急预案演练，增强应急预案的针对性和可行性；强化应急队伍建设。依托县消防综合救援队，各镇、各重点行业主管部门建立兼职应急救援队伍，提高全县应急救援能力。（朱文创）

附：2016年陆河县安全生产监督管理局领导名录

局　长：朱伟东（12月离任）

　　　　彭俊能（12月任职）

副局长：彭志会

统计

【概况】2016年，陆河县统计局（以下简称"县统计局"）把开展"两学一做"学习教育活动与统计工作相结合，以培育"四上"企业和第三次全国农业普查为重点，扎实推进统计各项工作。2016年，县统计局不断强化基层基础，发挥统计三大职能，着力提高人员素质和统计服务水平。

【全国农业普查工作】陆河县按照国务院的决定，开展第三次全国农业普查准备工作。一是为保障启动经费，县统计局起草《陆河县第三次全国农业普查经费预算表》，并提请县人民政府常务会议研究通过陆河县农业普查工作总体经费200万元，2016年安排经费100万元；二是农普办抽调4人分别对8个镇的种植业、林业、畜牧业、渔业和农林牧渔服务业数据进行提前介入和整合分析；三是开展试点工作，9月，全体普查人员到河田镇甘坪村进行入户调查和现场登记，各小组按方案要求对数据进行汇总、分析，总结经验和查找不足；四是开展宣传月活动。11月，县统计局、县农普办通过在县城红绿灯路口制作宣传栏，在各个镇重要位置制作广告牌，在陆河县广播电视台制作《致农业普查对象的一封信》宣传片等方式积极开展第三次全国农业普查宣传月活动；五是开展"两员"选聘和培训，全县8个镇共选聘123名指导员和358名普查员，并对全县481名"两员"进行集中培训；六是布置清查摸底工作。明确职责、强化审核，收集数据底册，正确分析并进行比对；七是实行分组督查，在清查摸底过程中实行分期、分批深入到镇、村普查区及农户检查指导摸底工作开展情况，现场收集和解决问题。

【"两学一做"学习教育活动】一是传达学习，精心研究部署。"两学一做"学习教育活动开展后，统计局高度重视，召开支委会议，传达学习有关会议和文件精神，准确把握开展学习教育的总体要求，部署全局学习教育工作，研究拟订学习教育实施方案，启动学习教育工作。二是以党支部为单位组织党员开展学习。以身作则，发挥"关键少数"的示范引领作用，为其他党员开展学习教育做出表率。三是加强党性教育。坚持个人自学与集体学习、理论学习与研讨交流、学习教育与党性锤炼相结合。同时，认真组织开展警示教育，增强纪律自觉，严守党规党纪。

【城乡一体化住户调查】2016年，陆河县城乡一体化住户调查工作在市调查队的指导下，圆满完成城乡一体化住户调查的各项工作任务。全县13个调查小区，124户样本户均按照调查制度的规定和要求，按时按质上报每月数据，无统计违法现象。同时，编码、录入等各项工作均按照制度要求顺利完成。2016年1—10月份陆河县城镇人均可支配收入为16435元，同比增长11.8%，农村可支配收入为9580元，同比增长15.9%。

【"四上"企业培育】根据《汕尾市人民政府关于大力培育"四上"企业的实施意见》文件精神，县统计局召开股室工作会议，安排布置"四上"企业清理核查工作。县政府拟定陆河县"四上"企业培育实施方案，并组织召开工业、贸易、餐饮行业会议，摸底调查企业50多家，有针对性进行培育。二是由班子成员分批带队，分头到各单位协调并提取相关企业数据，同时加强与发改局、交通局、住建局等部门沟通，及时掌握项目进展情况，合力做好投资入库工作。三是实地评估，对摸底调查50多家的企业经济状况进行全面实地核查。2016年，陆河县共培育"四上"企业11家。其中：9家企业已通过名录库审核（包括工业3家、贸易业3家、房地产业2家、服务业1家）。

【创文工作】县统计局一是召开全体干部职工会议，制定《陆河县统计局开展文明创建工作实施方案》。要求全体干部职工全身心投入到创文工作中，发挥好党员先锋带头和志愿者服务精神，参加志愿者服务活动；二是创新宣传方式方法，围绕创建文明城市工作进行宣传，充分利用"陆河统计"公众发布平台、宣传栏，大力开展宣传教育活动。三是积极配合做好片区卫生清理工作，共出动清理巡查人员100多人次、清除卫生死角90多处、清理电线杆10条。

【统计执法工作】及时部署"四上"企业和农村统计联网直报等常规性调查任务，准确收集基层基础数据，加强与相关部门的沟通，确保统计调查源头数据客观准确。贯彻执行《广东省统计局推广随机抽查实施方案（2016-2018年）》，在日常下乡调研时开展统计常规检查，督促乡镇、企业做好统计规范化建设和建立统计台账，做好迎接省局执法组"飞行检查"工作。深入开展统计普法宣传教育、统计执法检查和经常性的统计审查工作，查处统计违法违纪行为。组织开展联网直报中违法违规和不规范报送行为的专项整治工作，切实推进联网直报的制度化规范化，坚决遏制、消除冒名报送和指令报送行为，以提高统计数据质量和政府公信力。（郑飞跃、吴远辉）

附：2016年陆河县统计局领导名录
  局 长：郑飞跃
  副局长：朱火雄 温事业

财政·税务

财政

【概况】2016年，陆河县财政局（以下简称"县财政局"）坚持稳中求进工作总基调，坚持以提高经济发展质量和效益为中心，发挥财政职能作用，严格执行预算法，深化财税改革，实施积极有效的财政政策，支持振兴发展，保障改善民生，促进陆河县经济社会平稳健康发展。

【财政收入】2016年，陆河县七届人大六次会议通过及县八届人大常委会第一次会议通过的调整公共财政预算收入任务为26532万元。实际完成26550万元，为调整后预算数的100.07%，可比增长8.08%。

【财政支出】2016年，县级一般公共预算总支出完成234073万元，比上年减少22773万元，同比减少8.87%，完成调整预算的108.29%。县本级支出215865万元，上解支出3702万元，债务还本支出9436万元。其中：公共安全支出完成5878万元；教育支出完成49033万元；科学技术支出完成3646万元；文化体育与传媒支出完成4275万元；社会保障和就业支出完成22639万元，分别完成调整预算的106.02%、102.24%、767.58%、117.16%、82.48%，主要是将原预算社会保障支出的村委经费和镇级财力补助2个项目资金调整为扶贫支出和政府办公厅（室）及相关事务支出；医疗卫生支出完成24056万元，节能环保支出完成7793万元；城乡社区事务支出完成25156万元；农林水事务支出完成23227万元；交通运输支出完成22360万元；分别完成调整预算的94.93%、134.20%、101.24%、

154.95%、228.47%。

【财政运行】一是加强收入管理,提高收入质量。加强新常态下财政经济运行的监测和分析,协调抓好收入组织工作。应对"营改增"等结构性减税政策的实施对税收收入的影响,促进财税收入稳定增长。2016年,陆河县税收收入增幅比非税收入增幅高13.7个百分点,税收收入占比61.5%,比上年提高3.1个百分点。二是加强支出管理,提高预算执行率。县财政局多次召开全县专题会议布置抓预算支出工作,加强重点支出监控力度,督促县直部门(单位)和各镇加快支出进度。进一步优化支出结构,从严控制一般行政性经费和"三公"经费增长;突出"保重点",确保民生和重点领域支出需要。三是争取上级支持,提高保障水平。密切关注中央和省投资重点,找准县域经济与国家政策的契合点,积极协调相关部门做好项目的谋划、筛选、申报工作,努力争取上级项目支持。2016年,全县共争取上级转移支付资金154163万元,比2015年增加4499万元。

【财政保障】完善民生保障机制,提高民生保障水平。一是落实民生保障资金。2016年民生类支出187254万元,占全部支出的86.75%,比2015年增加3.1个百分点;十件民生实事支出33940万元,完成预算的94.05%;底线民生支出9273万元,完成预算的100%。二是提高民生保障水平。城乡居民医疗保险补助、城乡居民基本养老保险基础养老金、城镇低保补差水平等标准稳步提高。三是落实强农惠农政策。全面推开基层公共服务平台整合建设,建立财政支持农业信贷担保体系;完善财政扶贫资金增长机制,支持精准扶贫、精准脱贫。完善农村基层组织工作经费保障制度,进一步提高村干部待遇。

【财政管理】一是加大监督检查力度。组织开展专项转移支付资金和一般性转移支付资金检查,作出处罚决定3件,收缴违规资金14万元。二是加大投资评审力度。全年审核工程结算254宗,送审金额27704万元,核定金额23514万元,核减金额1206万元,核减率4.88%。三是加大政府采购监督力度。全年完成政府采购69宗,采购预算金额29204万元,中标(成交)金额27209万元,节约资金1995万元,节约率6.83%。四是加强国有资产监督管理。2016年依法依规处置国有资产11宗,金额共计1219万元。组织开展全县行政事业单位的国有资产清查工作,督促各单位建立办公用房台账。

【财政改革】深化财政预算管理制度改革,加快建立预算编制科学完整、预算执行规范有效、预算监督公开透明"三位一体"的预算管理制度。统筹推进非税收入管理改革、基层公共服务综合平台建设、乡镇国库集中支付制度改革、政府采购改革等各领域改革。建立财政存量资金定期清理机制,加强项目资金的统筹使用,加大政府性基金预算调入一般公共预算的力度。完善专项资金管理,加强地方政府债务管理,加大财政监督检查力度,扩大绩效管理覆盖范围。全面推进财政信息公开,督促整改存在问题,完善和细化公开内容。(黄国振、丘洪样、叶海苏)

附:2016年陆河县财政局领导名录
局　　长:叶杰雄
副局长:林少坚　叶晓丽
国资办主任:叶木校

国家税务

【概况】2016年,陆河县国税局(以下简称"县国税局")围绕实现税收现代化这一主题,紧扣"一个率先、五个现代化、六大体系建设"的工作主线,做好全面从严治党、组织收入、纳税服务、干部队伍建设、依法治税、税收征管、文化建设、行政效能建设等"八大文章",为"十三五"规划工作开好头、起好步。

【税收征管】县国税局作为基层征收单位直接负责全县税收的征收管理。其中:税源一股负责年纳税总额达到10万元以上的企业、注册资金2000万元以上的新办企业或属于高风险行业和特殊行业的其他重点税源企业,对所辖重点税源进行监控管理工作，对纳税人实行集约管理和有效服务；税源二股负责对所辖税源进行监控管理工作，对纳税人实行分类或分片管理和有效服务；税源三股负责纳税评估工作的组织实施，建立专业化纳税评估模式，制定本地各税种纳税评估的制度、办法和具体实施意见。

【税收管理】管理重点税源，将年纳税额达到5万元以上的60户企业纳入重点管理，形成重点监控表；强化风险企业日常巡查工作，推进征管平台信息化建设。组织落实市局督办的所得税零申报企业清理清查工作，做好所得税汇算清缴专项工作；加强个体户税负调整工作，增幅在全市排名靠前；发挥税务稽查职能，抓好日常稽查、专项检查工作，开展打击发票违法犯罪活动工作。

【税收法制建设】一是正确应用税收执法行政裁量权的适用规则和裁量基准，完善并落实重大税务案件审理制度。2016年，受理、审理并审结重大税务案件6宗，全部采取书面审理定案，没有引起税务行政复议和行政诉讼。做好税收执法督察工作，减少执法随意性，提高税收执法风险防范能力；二是通过税收宣传月、税法宣传基地、门户网站、国地税微信平台等多途径普及税法知识；三是国地税、税警、税检联合办案，开展打击出口骗税、虚开发票等专项活动。稽查立案检查8户，结案8户，查补税款总额72.76万元。调增应纳税所得额11.88万元，弥补以前年度亏损11.88万元；四是落实对小型微利企业增值税和企业所得税税收优惠政策。有25户企业享受小型微利企业所得税优惠政策，减免税额51.67万元；有2873户企业享受小型微利企业增值税优惠政策，减免税额670.31万元，受惠面达100%；办理免抵调库1233万元，办理退税1138万元，做好7户出口退（免）税企业分类管理评定工作，评出二类企业4户，三类企业2户，四类企业1户；五是做好非居民企业和企业的所得税管理工作，非居民企业所得税收入入库3.5万元，企业所得税汇算清缴应申报户数370户，所得税入库16.5万元，申报率100%。

【拓展纳税服务举措】建立集业务办理、指导、协调、反馈"四位一体"环形服务机制、建立纳税服务质量评价反馈机制和监督反馈渠道。进驻政务中心设置国地税联合办税厅，提供"一窗通办"，办理国地税业务16000余笔，建设全市首个国地税合作县级示范区。开展"便民办税春风行动"，提供二维码扫描、一次性告知等多项服务，以电子税务局、网上办税、电子发票等落实"互联网+税务"无纸化办税要求，推进"税银互动"。对重点行业企业加强服务，对高新技术、节能降耗、自主创新以及服务业、小型微利企业等加强帮扶，落实各项税收优惠政策，提供业务办理、政策咨询等多项便利，建立税企四级常态化对接工作机制。

【营改增试点改革稳步实施】5月，"营改增"试点范围扩大到建筑业、房地产业、金融业和生活服务业"四大行业"，惠及陆河县"四大行业"470余户纳税人。县国税局组织召开"营改增"专题动员会和业务商讨会；对"营改增"税收政策进行宣传；受理陆河县绿之旅旅行社有限公司的首份发票领购申请，完成"营改增"第一笔发票发售业务。

【组织收入】2016年，陆河国税共组织税收收入23962万元，同比增长77.47%，增收10460万元。其中：中央级收入15372万元，同比增收4819万元，增长45.66%；省级收入4089万元，同比增收3461万元，增长551.11%；县级收入4501万元，同比增收2180万元，增长93.93%。剔除四大行业"营改增"收入3918万元，国内税收收入20044万元，同比增长48.45%。办理出口退税1138万元，同比下降45.68%，办理免抵调库1233万元，同比下降33.13%。

【主税种三增一降】国内增值税收入16490万元，同比增收9166元，增长125.15%，增幅最大；消费税收入3809万元，同比增收1077万元，增长39.42%；车辆购置税收入2093万元，同比增收388万元，增长22.76%；企业所得税收入1563万元，同比减收177万元，下降10.17%。

【各税种占国内税收收入比例】在各税种中，增值税占国内税收收入比例最高。陆河国税2016年组织国内税收收入23962万元，增值税占国内税收收入的68.81%；消费税占国内税收收入的15.89%；企业所得税占国内税收收入的6.52%；车辆购置税占国内税收收入的8.73%，其他税种占国内税收收入的0.05%。（罗秋平、郑超颖）

附：2016年陆河县国税局领导名录

局　　　长：郭郁

副　局　长：徐文生　吴国兆　黄炜

纪检组长：朱炯滇

稽查局局长：郑建平

地方税务

【概况】2016年，陆河县地税局（以下简称"县地税局"）抓好组织收入、税收征管、绩效管理、国地税征管体制改革等各方面工作，切实服务地方经济发展。陆河地税累计组织税收收入19698万元，可比增长6.29%，增收1166万元，完成年度预期101.04%。其中：县本级收入11974万元，可比增长18.26%，完成年度预期100.62%。组织社保费收入为19222万元，同比增长17.64%，增收2882万元，圆满完成市局和县委县政府下达的税收任务。

【依法治税】一是开展专项清理。成立营业税专项清理领导小组，分阶段分步骤组织开展专项清理，共清理3户，入库714万元。全面核查纳税人欠税状况，共清理欠税纳税人41户，清理税额263万元。二是推进信息共享。加强与国土、住建、工商、国税等相关部门沟通协调，推进涉税信息共享与应用工作，在税源监控、信息比对、综合分析各方面取得预期成效，共获取涉税信息1989条，产生税款1062.17万元。三是加强税种管理。开展企业所得税汇算清缴工作，主动进行纳税辅导、加强政策宣传，汇缴面达到98.82%，补缴企业所得税290万元。做好资源税改革工作，全面落实财税〔2016〕53号文件精神，对5户纳税人征收资源税7.37万元。强化地方税种管理，转移征管重心，创新征管手段，共组织地方税种税收收入6668万元，同比增长19.03%，增收1066万元。

【国地合作示范县】推进联合办税，实行"进一个门，办两家事"，成为汕尾市首个共驻政务服务中心的联合办税服务厅。开展税收宣传活动，开展税宣月政策现场咨询、视频动画、海报条幅宣传120余次，发放各类资料3000余份；打造国地税联合微信平台，共发布各类政策法规信息110余条；在汕尾电视台、汕尾日报等主流媒体开展合作宣传20余次，营造"国地一家，办税为民"的良好氛围，同时陆河国地税被省国地税确定为第二批国地税合作县级示范区。

【税收服务】一是落实税收优惠政策。贯彻营业税起征点、转让不动产契税和个人所得税优惠、小微企业所得税优惠等各项税收优惠政策。2016年共征前减免税费1560.83万元，其中：减免营业税318.78万元，减免增值税252.93万元，减免土地增值175.31万元，税减免契税183.73万元；减免个人所得税433.41万元；减免企业所得税9.16万元，减免其他税费187.5万元。二是构建和谐征纳关系。开展"便民办税春风行动"下企业调研活动，县地税局深入陆河首创塑胶五金制品有限公司、陆河移动公司、陆河麦卡厂、陆河泰安水建公司等企业开展调研活动。一方面通过了解企业生产经营情况，全力帮助梳理问题、解决困难；另一方面通过听取纳税人的意见和建议，及时归纳整理，对照整改，以求实现征纳和谐共进。

【党廉建设】落实"两个责任"。用制度明确和规范两个责任，确保任务到岗，责任到人，形成"一把手负总责、一级抓一级，层层抓落实"的工作格局，确保党风廉政工作真正落到实处，融入绩效考核体系；建立"八小时以外"机制。作为陆河县党员领导干部"八小时以外"活动监督试点单位，建立和健全单位、个人、家庭、单位"四位一体"的监督管理机制，制定《陆河县地方税务局党员领导干部"八小时以外"重大问题重要事项报告有关规定（试行）的通知》等3项制度，加强对党员领导干部"社交圈""生活圈"和"休闲圈"的监督，全面提升陆河地税党员干部队伍在公众中健康正派的良好形象；建立作风建设长效机制。加大明察暗访频率，对个别违纪行为，及时批评，推动明察暗访常态化。2016年，纪检组织开展明察暗访17次，开展"抓早抓小"谈话提醒活动、集体谈话提醒、个人谈话提醒合计282人次。

【队伍建设】树立正确选人用人导向。加大交流轮岗力度，合理优化人力资源配置，对17名干部职工进行交流轮岗；同时按照人事管理规定，积极开展股级干部选拔工作，坚持德才兼备、群众公认，选拔出4名年轻股级干部，充实到干部队伍，优化中层干部队伍结构。全面推进绩效管理实效。加强绩效考评结果运用，县地税局制定《陆河县地方税务局绩效考评结果运用办法》（试行），从制度上确保绩效考核发挥作用，推动重点工作落到实处。落实党建管理工作。深入开展"两学一做"活动，完善党支部制度建设，加强党员日常管理工作，开展井冈山"两学一做"教育培训和参观碣石革命纪念博物馆等党日活动，充分发挥基层党支部战斗堡垒的作用。（彭武略、黄凯伦）

附：2016年陆河县地税局领导名录

局　　　长：彭伟彬

副 局 长：朱弋戈　林世洲

纪检组长：叶色智

总经济师：罗少灵

总会计师：彭文献

金融

综述

陆河县金融机构把金融服务改革贯穿到经济发展的各个环节，改进信贷管理和服务方式，合理均衡发放贷款，优化信贷结构，加大对"三农"、小微企业、新兴产业和扶贫助学等社会经济薄弱环节的支持力度，营造良好的金融生态环境，促进陆河经济健康持续发展。2016年，全县各项存款余额71.55亿元，比年初增加11.97亿元，增长20.09%；各项贷款余额27.76亿元，比年初增加3.8亿元，增长15.8%；贷存比为38.8%。全县经济发展态势良好。

银行

【中国人民银行陆河县支行】中国人民银行陆河县支行（以下简称"人行陆河支行"）成立于1988年2月23日，是中国人民银行的派出机构，行政由汕尾市中心支行垂直管理，机构行政级别为正科（局）级，同时设置外汇管理局陆河县支局、中华人民共和国国家金库陆河县支库。人行陆河支行作为中国人民银行的派出机构，根据上级行的授权，贯彻执行货币政策，维护辖区金融稳定，提供金融服务，并承办职责范围内的有关业务。

贯彻稳健货币政策　通过向政府领导汇报工作、召开会议、约见谈话和走访调研等方式，认真做好新常态下稳健货币政策的宣传和解释工作，引导和鼓励金融机构、企业抢抓发展机遇又注重效益。针对陆河经济金融发展态势，通过"政、银、企"沟通平台、召开座谈会、约见谈话和宣传、引导等形式，让地方政府、财税银单位和企业等正确理解"新常态"下稳健货币政策的内涵，把握好稳增长和调结构的平衡点，科学安排贷款进度，盘活存量，用好增量，保持货币信贷总量与社会融资规模合理增长。

引导优化信贷结构　利用"窗口指导""信贷提示""政、银、企"沟通平台、货币政策与地方经济发展座谈会等形式，与地方政府、金融机构和企业共同探讨，认真贯彻广州分行《关于金融业支持广东稳增长调结构的若干意见》等文件精神，围绕陆河2016年重点项目，优化信贷结构，创新金融服务，大力支持"潮惠高速""新河工业园""教育学园"和"比亚迪新能源汽车"等重点项目建设，积极开拓消费信贷和商业信贷市场，培育新的经济增长点，促进地方经济结构调整和转型升级。2016年，全辖各项存款余额71.55亿元，比年初增加11.97亿元，增长20.09%；各项贷款余额27.76亿元，比年初增加3.8亿元，增长15.8%；贷存比为38.8%。人行陆河支行根据陆河经济发展规划和农业、产业发展特点，充分运用"支农再贷款""差别存款准备金率"等货币政策工具，引导金融机构加大对农业龙头企业和农业转型升级的扶持力度，积极解决中小微企业和民生领域融资难问题。

开展金融执法检查　积极配合上级行对金融机构开展人民币管理、个人存款账户身份信息真实性核查、征信业务、涉农金融统计、外汇管理等检查；派出检查组对金融机构开展国库经收业务检查，加强对同级财政、征收机关预算收支业务和经收处、国库集中支付、授权代理银行等的合规性监督，及时做好与财税部门对账工作；派出检查组对陆河农联社开展支农再贷款专项检查，加强对支农再贷款使用、管理情况跟踪、检查，督促支农再贷款更好地服务"三农"经济、中小微企业和民生领域、经济薄弱环节；加大对陆河农联社改革进展及效果的监测分析力度；贯彻落实《金融机构反洗钱规定》和《中华人民共和国反洗钱法》，组织参加上级行举办的反洗钱宣传培训，严格执行大额及可疑人民币资金交易报告制度，严厉打击各种洗钱行为。

推进反假货币整治工作　11月30日，人行陆河支行联合建行陆河县支行在县委党校视频教学室举办反假货币宣传培训，现场共发放宣传册约1000份，向从业人员和群众普及辨别真假人民币的相关知识，取得良好的宣传效果；到人群密集地带张贴反假货币宣传画和发放反假货币宣传小册子，深入偏远乡村、社区和企业，向农村群众、企业员工悉心讲解真假人民币特征对比和反假货币法律法规，耐心解答疑惑，提高农村群众、企业员工对人民币和反假货币的认识；积极配合上级行实施人民币"净化工程"和"放心工程"，督促金融机构做好现金供应、残损钞票兑换和回收、人民币券别调剂，保证小面额零钞供应和整洁度提高，更好地履行社会责任。

提升金融服务水平　一是推广现代支付结算服务，改善城乡支付结算环境。建成银行卡助农取款点60个、2016年共布放ATM机52台、POS机552台；二是做好支付结算和国库会计核算工作，提高金融服务质量。2016年，办理各级预算收入入库金额9.07亿元、一般预算调拨收入入库21.51亿元、一般预算支出25.50亿元、预算收入退库0.34亿元；三是加强征信业务建设，构建诚信社会信用体系。与政府部门、金融机构协调、合作，大力推动《陆河县社会信用体系建设工作方案》的实施，稳步推进社会信用环境建设；四是建立金融消费权益保护工作信息共享、合作平台。如在各金融机构营业网点设立咨询投诉台，组织开展"3·15金融消费者权益日"宣传咨询服务活动、"金融知识普及月"活动、"保障用卡安全，维护消费权益"为主题的支付结算宣传活动，深入普及支付结算金融知识。

外汇管理工作　一是推进外汇管理改革。积极推进资本项目简政放权改革，大力宣传直接投资外汇管理政策调整和改革外商投资企业外汇资本金结汇管理方式，主动走访县发改局、县经信局、外汇指定银行和涉外企业，推介外汇管理改革政策，现场指导系统操作；充分运用跨境资金流动监测和分析系统，全面落实非现场监测工作制度。二是全力服务实体经济发展。深入推进外汇管理制度改革，在认真做好综合分析、现场和非现场核查及分类管理工作的基础上，及时掌握外贸形势和贸易外汇收支状况，密切关注国内外经济金融形势变化，加强对跨境贸易资金异常流出的监测；对陆河首创塑胶五金制品有限公司开展购付汇业务专项核查，认真做好异常资金线索的筛选和分析工作，严厉打击外汇违法违规行为，提高外汇管理效能。至12月末，完成外商投资企业年度报告7家，货物贸易进出口4496万美元，个人结购汇22万美元。三是提高内部管理水平和履职能力。严格执行上级的各项规章制度，积极配合中心支局开展内控制度检查，对发现的问题及时整改；严格按照外汇操作规程向相关企业发出《风险提示函》，组织人员认真对照省分局核查内容对涉外企业购汇、付汇业务开展专项现场核查；组织参加上级举办的各类外汇业务培训，切实增强外汇业务人员对涉外企业服务的操作技能。

加强内部管理 一是落实安全措施，实现全年安全无事故。坚持"谁主管、谁负责"原则，签订综合治理、消防管理和安全保密责任书，加强节假日值班制度，落实"三防一保"措施；定期开展计算机安全、印章密件管理、国库资金和账户管理等检查，对检查发现的问题及时进行整改；制定办公安全规划，规范办公流程和工作秩序，合理布置办公用房，美化办公环境，定期对水电、消防、车辆和厨房卫生等进行巡查，并定期组织开展消防应急演练，确保全年安全无事故；二是严格财务管理，推进"节约型机关"建设。坚持"厉行节约、勤俭办行"原则，加强预算约束和支出管理；三是加强队伍建设，集聚和谐发展正能量。坚持"集体领导、民主集中、个别酝酿、会议决定"原则，建立行领导定期谈心交心制度，加大对党员、干部的教育、管理和培养力度，组织观看党风廉政教育专题片《疯狂抢建的背后贪腐乱象》和《陨落的"新星"》，开展谈心交心活动，实施人文关怀和举办廉政教育课以及参加各种培训，认真学习《焦裕禄》《杨善洲》等先进事迹和到比亚迪陆河厂参观学习；推行"群众评议工作"机制，不定期对党员、干部的工作表现、工作成效和群众满意度等进行评议；开展"学党章强党性，讲规矩守纪律"教育学习月活动。四是加强信息调研，提高信息反馈效率。通过参加地方经济工作会议、人大政协专题会议和深入基层、金融机构、企业走访调研等方式，扩大与政府部门、金融机构、企业的信息交流，掌握地方经济金融发展态势和货币政策运行效果，积极向上级行、地方政府报送动态信息、调研报告，及时反馈情况、交流经验。2016年共组织撰写调研文章7篇，动态信息10篇，为上级领导和地方政府决策提供重要参考。（彭思思）

附：2016年中国人民银行陆河县支行领导名录

行　　长：庄成帆

副行长：陈木生　成楚诚

副主任科员：罗奕楚

【中国农业银行陆河县支行】中国农业银行陆河县支行（以下简称"农行陆河支行"）全面推动转型发展、创新发展、稳健发展，深入推进从严治党、从严治行，全力实现市场竞争力、风险防控力、价值创造力、队伍战斗力"四个提升"，结合实际，把握重点，紧紧围绕陆河县委县政府提出的"科学发展，绿色崛起"，建设"悠然陆河"的主要目标，积极服务县域建设这个中心，稳中求进。

存贷业务 至2016年年末，农行陆河支行各项存款33855万元，比年初增加3757万元，完成年度任务的251%；个人贷款余额3548万元，比2015年同期增加213万元；中间业务收入116万元，完成市分行下达计划的93%；拨备前利润607万元，完成分行任务的90%；盈利水平大幅提高，支行的经营管理工作跨上新的台阶。

其他工作 4月，中国农业银行陆河县支行先后派出3名干部专职开展精准扶贫工作；7月，中国农业银行陆河县支行营业部发行粤通信用卡，为客户提供优质的服务。（彭碧光）

附：2016年中国农业银行陆河县支行领导名录

行　　长：叶远华
副 行 长：彭俊岳
纪委书记：彭少阳

【中国工商银行陆河支行】中国工商银行陆河支行（以下简称"工行陆河支行"）是一家服务功能齐全、公众信任度高的国有股份制银行。在陆河区域设1个营业网点，办理存贷款、信用卡、理财外汇结算等业务及各种代收代付等金融服务。2016年，工行陆河支行狠抓资产质量，强化风险管理，不断提升发展能力和核心竞争力，各项金融业务得到稳步发展，在同业竞争中继续保持领先地位。全年实现贷款余额5.89亿元，存款余额7.12亿元，其中对公存款余额3.1亿元，实现对公存款增量、贷款规模均在四行中占比第一。

存贷款业务 至2016年年末，工行陆河支行个人存款有效客户数超过40898户，比2015年增加近4000户。12月底，工行陆河支行本外币各项存款余额为7.12亿元，比年初增加1.37亿元。其中：本外币储蓄存款余额4.02亿元、本外币对公存款为3.1亿元、本外币各项贷款余额5.89亿元，分别比年初增加4399万元、9239万元、2.32亿元。公司贷款余额1.17亿元，个人贷款余额4.71亿元，比年初净增2.54亿元，存量、增量排名四行第一。

智能化银行 工行陆河支行在信息化、智能化建设方面不断加快部署，通过网点智能化改造、加大智能设备投入，提升基础服务能力；依托发展互联网金融的重要战略，打造工行"融E联""融E购"和"融E行"平台，发展互联网特色金融竞争业务。

内控管理 2016年，工行陆河支行通过强化内控管理和案防工作，全年实现"三无"目标，继续保持内控评价一类行。一是开展内控合规"基础强化年""重塑合规年"主题活动，努力提高全员内控案防意识，进一步筑牢内控案防基础。二是开展"两加强两遏制"回头看和"十大重点领域和关键环节"风险治理活动，认真做好安全生产、反洗钱等日常工作，确保内控评价一类行地位。三是加强员工思想动态排查。认真开展内控案防主题教育活动，继续开展反赌禁赌活动，将赌博行为作为员工不触碰的红线，防止员工参与民间借贷、赌博和投资过度引发案件。

党建工作 2016年，工行陆河支行进一步加强党风廉政建设，明确各网点在廉政建设和案件防范工作中的责任，有效预防职务犯罪，从意识形态上切实加强道德风险防范，确保全行党风廉政建设和反腐败工作任务的落实；进一步加强队伍建设、"共创共健共享"家园文化建设，关心员工，进一步增强员工队伍凝聚力。（刘立强、黄舒祺）

附：2016年中国工商银行陆河支行领导名录

行　　长：刘立强
副行长：罗芳盛　黄春辉

【中国建设银行陆河支行】2016年，中国建设银行陆河支行（以下简称"建行陆河支行"）以管理促经营，补短板、提份额。在管理升级、经营进位的进程中，努力践行分行市场竞争能力、价值创造能力和员工幸福感的同步提升的指导思想，在规范经营和确保安全的基础上，推动各项业务快速健康发展，经营管理水平不断提升。2016年，陆河支行没有发生案件和违法违纪行为，为业务发展奠定良好的基础。

机构网点 建行陆河支行是一家服务功能齐全、服务手段先进、科技金融发达、公众信任度高的国有股份制商业银行。陆河区域设1个营业网点，并配置1个附行式自助银行区，在县城区域内设立2个离行式自助银行。主要业务办理人民币存款、贷款、结算、债券、代收代付、信用卡等金融服务。

存贷款业务 建行陆河支行不断探讨客户服务和业务发展之路，确立"市场份额和发展增速实现双确保，双提升"的工作思路，保持存款和贷款业务稳步快速发展。加强公私联动，组建户外营销团队，积极开展户外营销活动。对公账户开户、产品配置等方面，取得良好的成效。同时根据不同客户需求、客户的风险承受能力和客户偏好，为客户提供不同的、有针对性的投资理财产品,在期限、收益、风险等给客户宽广的选择空间,使客户在银行得到投资增值。建行陆河支行为地方政府、企业和个人提供信贷支持,为方便个人客户在"衣、食、住、行"方面的资金需求,从小额的信用卡个人消费、快贷、龙信贷、购物分期付款,到住房贷款、消费贷款以及个人助业贷款,都提供便捷高效的信贷支持。2016年,全口径存款新增同业排名第一,为陆河地区的经济建设和民生发展作出应有贡献。

中间业务 除保持传统存款结算和贷款业务外,还努力创新产品,拓展新的业务增长,如代发社保费,代客理财,代收代付,代理保险,代售基金、黄金、股票,代理国债销售,以及投资银行业务,跨境人民币结算,国际外汇结算,贸易融资,信用卡分期,电子银行,百易安,粤通卡等业务,使中间业务得到稳步发展。

金融服务 建行陆河支行一贯践行"以市场为导向,以客户为中心"的服务理念,注重细节管理,精心打造"满意在建行"品牌的服务。积极投入三综合网点建设,从人员的岗位定编到窗口的设置均进行重新定位,促进综合柜员、综合网点、综合营销团队建设的深入开展。在营业网点的择址和装修上加大资源投入,改善营业场所的环境建设,完善服务设施,为客户创造优美舒适的服务环境。2016年,在传统的柜台金融服务基础上,推出智慧柜员机2部,24小时自助银行设备和网上银行、手机银行、电话银行,为客户提供优质方便的网络服务。积极开展"送金融服务下乡"活动宣传反假、识假;为企业和商户提供代发工资、电子银行产品配送、结算E办理等金融服务,得到广大客户的好评,为发展地方经济、普及金融知识和提升企业经营做出贡献。

外汇管理 建行陆河支行严格按照外汇业务监管部门的要求,稳步发展外汇业务。经过业务拓展,除发展传统个人、企业外汇结售汇、跨境人民币结算业务外,加强贸易融资产品的创新与拓展。至2016年年末,贸易融资有信用证、海外代付、托收、国外保函、即(远)期结售汇、外汇买卖等业务。外汇业务在陆河区域已占据较大市场,国际结算业务量逐年上升。

内部管理 深化党建与业务相融合,增强党建引领作用。全面履行"一岗双责"的职责要求,全面推进从严治行。坚持党建工作贯穿经营管理的始终,把党建的核心作用体现在业务发展上,提升价值创造的党建引领作用,实现党建工作和转型发展融合的互相促进。落实"合规平安年"各项要求。组织员工学习"合规手册",要求员工结合自身岗位了解金融机构从业人员职业操守底线,更好地遵守各项规章制度,提高从业人员职业道德和业务素质。强化员工"规则牢不可破""合规就是保饭碗,违规就是砸饭碗"的底线意识、红线意识,发挥好合规文化的导向作用、约束作用。落实好"一加强两遏制"工作。加强员工异常行为排查,密切关注员工思想动态、不良社会交往、与收入不匹配的大额消费等异常情况,坚持以"零容忍"的态度对待违规违纪,严防与信贷客户发生资金往来、参与非法民间借贷等违规行为的发生。组织员工开展"案例说规"活动,引导员工以案为鉴,营造合规经营、规范操作的良好合规文化氛围;做实员工关爱,激发创造价值活力。把员工关爱作为全年的重点工作来抓,持续抓好"温暖工程",让员工有更多的幸福感和获得感,关注员工成长,为员工搭建多样化的成长平台,加强典型塑造,积极深入传播正能量,使员工关爱工作转化为"争先进位"的强大动力。开展形式多样、内容丰富的文体活动,增强企业凝聚力。(罗惠雄、黄伟燦)

附:2016年中国建设银行陆河支行领导名录

行　长:丘玉深(8月离任)
　　　　罗惠雄(8月任职)
副行长:朱秋品

【中国邮政储蓄银行陆河县支行】2016年,中国邮政储蓄银行陆河县支行(以下简称"邮储陆河支行")坚持服务"三农"、中小企业、社区的市场定位,有力支持陆河经济建设和社会发展。经过全行员工的共同努力,各项业务指标均开创历史新

高,取得较好的以济效益和社会效益,首次获得全省十个县一级支行"经营效益奖",同时是全市唯一的县级支行"经营效益奖"。至2016年年末,各项贷款累计结余达23000万元,同比增长49.4%;个人新增贷款余额达6597万元,占全县新增个人贷款余额的8.2%,全县银行业个人贷款余额增量排名第三位;近五年(2012年至2016年)小企业贷款平均增速达60%;个人贷款贷款平均增速达50%。

农村信贷建设 邮储陆河支行拥有7个实体网点,40%以上分布在乡镇地区,具有服务"三农"的天然优势。为加大对各类农业经营主体的信贷支持力度,成立"三农"金融事业部陆河县支部,将农业发展、农村建设和农民致富作为"三农"金融工作的首要任务;开发针对汕尾地区市场方担保个人商务贷款、渔船抵押贷款、新型农业经营主体贷款、再就业担保贷款等符合陆河地方经济特色信贷新产品。至2016年年末,累计发放再就业担保贷款36笔,发放金额达313万元,目前结余243万元,用于支持创业贷款担保贴息。累计发放新型农业经营主体贷款1笔,金额30万元,目前结余1笔,对支持和促进农民增收致富起到有效的作用;小额贷款当前结余50笔,达960万元,笔均金额19.2万元,直接服务个体工商户和农户约260人次。

重点项目建设 邮储陆河支行围绕"大众创业、万众创新"金融服务实体需求,发挥资金优势,积极参与陆河重大项目建设、新型专业镇建设,助推陆河县产业新格局。12月,市分行与汕尾市工商业联合会(总商会)签订战略合作协议,共同推行教育培训工作,建立信贷工作联系制度,开展产品和服务模式创新;连续六年举办"创富大赛",为陆河中小企业搭建集"资金、支持、品牌传播、技术指导、商业模式交流"于一体的综合助力平台。

加强助农服务 邮储陆河支行投身"新农保"工作,建设政府公共服务落地主渠道,为老龄用户、流动务工者、农民等提供更加便捷的金融服务。至2016年年末,已为全县约3.8万人提供养老金代发服务,累计代发金额近1.84亿元。在全县共投放ATM15台、助农取款服务点约34个,覆盖全县各农村金融空白地区。助农取款交易笔数新增0.1万笔,累计约1.7万笔,助农取款交易金额新增1050万元,累计7888万元。(郑桂颂)

附:2016年中国邮政储蓄银行陆河县支行领导名录

行　　长:叶力行(8月离任)
　　　　　张泽梯(8月任职)
副行长:吕学明

【陆河县农村信用合作联社】2016年,在广东省农村信用社联合社(以下简称"省联社")和省联社汕尾办事处的正确引领下,陆河县农村信用合作联社(以下简称"陆河联社")主动适应经济金融发展新常态,沉着应对经济下行压力,以深化改革创新为动力,加强对供给侧结构性改革的支持力度,深入践行支农支小、农村普惠金融服务和推动县域实体经济发展的经营宗旨,扎实稳妥推进经营战略转型升级,持续壮大综合发展实力。

经营规模持续壮大 至2016年年末,陆河联社全辖共有营业网点15个,其中营业部1个、信用社7个、分社7个,农村金融服务网点覆盖率100%。全辖在编员工216人,是陆河县金融服务网点分布最广、涉农信贷投放最多、农村普惠金融服务贡献最大的金融服务机构。

各项经营指标不断向好 至2016年年末,全辖各项存款余额33.92亿元,增幅24.35%,增量全县金融同业排名第一,各项贷款余额18.31亿元,增幅4.84%,存、贷款余额在陆河金融同业占比分别为47.4%和65.95%,排名均为同业第一名。全辖累计对外发卡9.11万张,手银网银客户存量1.45万户,短信通存量3.97万户。

中间业务提速发展 一是互联网金融创新取得新成效。在省联社的指导下,有效依托"鲜特汇"电商平台,成功上线陆河特色货品9种,鲜特汇有效注册客户数595户,品牌形象影响力进一步扩大。二是信贷业务创新取得新成绩。结合辖区陆河县的经济发展特点和县域工薪阶层信贷消费需求特点,量身定制推出"家装贷"和"工薪贷"2类信贷产品。

三是理财业务实现新突破。陆河联社已获批交易员资格，相关业务人员已顺利通过中央国债登记结算公司培训，取得相关资格。

普惠金融建设深入践行 一是扎实落实农村普惠金融服务工作。认真落实省委、省政府有关农村金融服务工作部署，持续加大对农村区域金融服务资源投入，不断创新和丰富服务方式和金融产品，进一步扩大农村金融服务半径和覆盖面。截至2016年年末，全辖涉农贷款余额16.24亿元，占各项贷款总额的88.65%，在陆河涉农贷款市场份额稳居第一；小微企业贷款余额6.87亿元，增幅5.79%，高于各项贷款增幅0.95个百分点，小微企业贷款户数同比多增59户，申贷获得率100%，实现"三个不低于"目标。二是持续提升民生金融服务水平。在地方政府相关财政政策扶持下，开辟"绿色"融资通道，持续加大妇女创业贷款支持力度。截至2016年年末，受理妇女小额担保贷款130笔，合计金额524万元。三是进一步改善县域支付环境。1.在县辖7镇布设在行式柜员机18部，全辖新增粤信通POS机114部，有效拓宽金融服务覆盖面。2.认真落实助农取款服务点建设工作，全辖已建立助农取款服务点60个，安装助农取款POS终端60部，基本覆盖全县117个行政村，有效构建支农、惠农、便农的支付绿色通道。

党建工作建设更上新台阶 一是积极开展党建工作。通过严格落实从严管党治党责任制，扎实开展"两学一做"教育学习活动、党组织关系排查工作、严格落实"三会一课"制度，举办"四讲四有"党员标准专题研讨会和落实党员大会第一届委员会和纪律检查委员会委员选举工作等，积极推进学习型、服务型和廉洁型党组织建设。二是贯彻执行民主集中制。通过组织召开民主生活会、专题研讨会等方式，增进领导班子成员之间相互了解，相互监督，增强勤政廉洁意识，充分发扬党内民主精神，进一步提高决策的科学性、正确性和有效性。

企业文化建设稳步推进 一是健全完善企业文化工作建设机制。通过积极深入开展省联社部署的企业文化组织领导建设、宣传体系建设和信贷、风险、法制、创新文化氛围的弘扬等建设工作，构建富有农信特色的企业文化工作新格局。二是积极开展各类文体及创先争优活动。2016年，陆河联社陆续组织参加合唱比赛、五四青年户外拓展活动、《安全生产大家谈》电子期刊征稿活动和员工技能比赛等，其中获得"2016年南粤女职工文明岗""省级荣誉称号。三是加强员工队伍建设。通过抓好新员工准入关，择优录用10名专科以上学历应届毕业大学生。（李满、刘晋伟）

附：2016年陆河县农村信用合作联社领导名录
理事长：罗方星
主　任：陈志钟

保险

【中国人民财产保险股份有限公司陆河支公司】2016年，中国人民财产保险股份有限公司陆河支公司（以下简称"人保财险陆河支公司"）实现全年保费收入1783万元，同比增长11.95%，赔款1030万元，利润300万元，完成上级公司下达的全年保费任务和利润指标。其中：车险保费收入1638万元，赔付802万元，非车险保费收入145万元，赔付230万元（其中政策性农险业务赔付181万元）。充分发挥中国人保财险国有骨干保险企业的经济补偿和社会管理功能，忠诚履行"人民保险，服务人民"的社会责任，为陆河经济社会发展提供有力的保险保障，实现社会效益与企业效益的共赢。

作风建设 认真学习贯彻中央关于改进工作作风"八项规定"的精神，深入开展党的群众路线教育和"两学一做"学习教育活动，努力使公司广大党员和员工进一步增强政治意识、大局意识、综合素质、服务意识，把公司各项管理工作和内外服务提升到更高水平。

业务发展 根据本地汽车需求和销量持续增长的良好时机，加大资源投入和服务力度，加快车险新转保业务的发展，加大新型渠道拓展。提升服务能

力,加快理赔速度,提高理赔工作效率,满足全县广大保户的投保和服务需求;及时跟进陆河南部新城、新河工业园区等县内重点项目建设进度,拓展企业财产险、公众责任保险、安全生产责任险、建筑施工团体意外险等相关保险配套服务。

政策性保险业务 积极配合县相关职能部门及各镇政府,完成全县的政策性农村住房保险统保任务和政策性水稻保险工作。受10月21日"海马"台风影响,造成全县广大农户投保的房屋、种植水稻受损,接报案后人保财险陆河支公司迅速查勘理赔,共核损赔付金额181万元,公司简化赔付处理程序,及时帮助受灾农户尽快恢复生产生活,得到广大人民群众的高度认可,把党和政府的支农惠农政策落到实处。(彭伟科)

附:2016年中国人民财产保险股份有限公司陆河支公司领导名录

经　　理:彭伟平
副 经 理:彭国灿

【**中国人寿保险股份有限公司陆河县支公司**】2016年,中国人寿保险股份有限公司陆河县支公司(以下简称"中国人寿陆河县支公司")狠抓基础建设,着力提升服务水平,防范经营风险,进一步巩固和扩大结构调整成果,加快推动发展方式转变,促进公司业务持续、健康、快速发展。至2016年年末,总保费累计收入达2090万元,全年赔付支出总计达215.83万元,同比增长16.28%。满期及年金给付320.14万元,同比增长-6.47%。陆河当地缴纳税金26.66万元,同比增长36.91%,为促进改革、稳定社会、保障经济发挥积极作用。

业务稳健发展 2016年,总保费收入2090万元,同比增长14.88%,其中新单保费收入646万元,同比增长18.1%。其中:个险渠道完成433万元、团险渠道完成短期险201万元,同比增长分别是50.6%、63%。通过大力发展意外险业务,使团险渠道得到进步,打开发展局面,为陆河县多家大型企业承保意外保障服务。

依法依规经营 中国人寿陆河县支公司纪检监察部门加大监控力度和对违法违规案件查处力度,分析经营风险,加强内部控制建设,规范公司业务流程,提高经营管理的规范化水平。认真学习反洗钱法律法规、监管规定、公司规章制度和文件,切实加强自查自纠,确保人员、时间、内容的落实,高质量完成工作。

优化服务质量 2016年,中国人寿陆河县支公司把满足客户需求作为一切展开的目标和中心。在民生服务工程中,受理民政统保80岁以上老人6421人,70岁以上老人1万人,60岁以上五保户2052人,解决乡村客户的疑难问题。同时,大力加强宣传力度,每位员工从自身做起,提高服务形象,扩大公司品牌知名度。

营造良好氛围 2016年,中国人寿陆河县支公司做好职工书屋和职工活动室建设,为广大干部员工提供学习、活动的平台。举办各种活动,丰富员工业余文化生活。面对员工队伍年轻化的局面,十分注重团委建设工作,对团委成员进行重新选举,增加团委人数,充实团干部队伍。(张汉祥)

附:2016年中国人寿保险股份有限公司陆河县支公司领导名录

总经理:张汉祥

民营经济

综述

【概况】民营经济是指除国有和国有控股企业、外商和港澳台商独资及其控股企业以外的多种所有制经济的统称,包括国有民营经济、个体经济、私营经济、农民专业合作社等类型,是具有中国特色的一种经济概念和经济形式。民营经济是保持经济平稳较快发展的重要基础,对于转变发展方式、增加供给、提高人民生活水平和生活质量、增加社会就业、促进社会和谐具有重要作用。

【发展情况】至2016年11月,全县实有内资各类市场主体10632户,资金总额383252.24万元,同比增长5.71%、23.57%。其中:全县内资企业实有378户,注册资本(金)101271.14万元;私营企业实有818户,注册资本(金)230180.4万元;个体工商户实有9223户,资金数额34254.65万元;农民专业合作社实有213户,出资总额17546.05万元。2016年全年全县共新登记新登记内资各类市场主体1339户,资金总额75804.62万元。其中:内资企业21户,注册资本(金)19350万元;私营企业177户,注册资本(金)46303万元;个体工商户1119户,资金数额7946.62万元,农民专业合作社22户,出资总额2205万元。

个体经济

【概况】个体经济,指在劳动者个人占有生产资料的基础上,从事个体劳动和个体经营的私有制经济,具有规模小、工具简单、操作方便、经营灵活等特点。在个体经济中,生产者既是直接的劳动者,又是生产资料的私有者,劳动者主要依靠自己的劳动取得收入,是一种不带有剥削关系的私有经济。个体经济促进国民经济快速增长、扩大社会就业、推进所有制结构的调整和优化,促进社会主义基本经济制度的完善和市场经济的发展。

【发展情况】至2016年年末,全县共有个体工商户实有9223户,资金数额34254.65万元,同比增长4.17%、21.11%。其中2016年全年共新注册成立个体工商户1119户,资金数额7946.62万元。

私营经济

【概况】私营经济是指以生产资料私有和雇工劳动为基础,并以盈利为目的和按资分配为主的一种经济类型,是个体经济发展的必然趋势,是一种私有制的经济形式。在中国社会主义初级阶段中,由私人投资兴建,归私人所有,存在雇佣劳动关系的经济成份。在社会主义条件下,它同占优势的公有制经济相联系,并受公有制经济的巨大影响。私营经济有利于企业产权多元化和产权明晰;运行机制最接近于市场经济,对国有经济的改革具有一定的借鉴作用;有利于增加供给、提高人民生活水平和生活质量;有利于增加社会就业、调动多种积极性。

【发展情况】至2016年年末,全县共有私营企业818户,注册资本(金)230180.4万元,同比增长25.65%、26.61%。其中2016年全年全县新成立私营企业177户,注册资本(金)46303万元。(孔俊豪、黎建兴)

农业

综述

【概况】2016年,陆河县继续强化农业基础地位,努力促进农民持续增收,为经济社会持续健康发展提供有力支撑。2016年,累计完成农业总产值207350万元,比2015年增长3.7%。其中:农业产值122373万元,增长4.2%;农民人均纯收入9118元,同比增长12.5%,继续保持较快的增长速度。

【农村体制改革】2016年,陆河县以农村承包土地确权登记颁证为重点,全面深化农村体制机制改革,促进农业增效、农民增收、农村发展。一是在全县展开土地承包经营权确权登记颁证工作,至2016年年末,全县8个乡镇已完成权属调查任务98个行政村,占全县行政村的77%;实测面积12.1万亩,占总面积的78%;颁发证书823份,调解土地纠纷295宗。二是农村"三资"平台建设不断完善,各项规章制度逐步健全,人员落实到位,平台交易量逐步增加。至11月底,全县8个镇共完成平台交易44宗,总成交额2083.391万元,其中:资产资源类交易5宗,交易金额56.96万元,溢价49.26%;工程类交易39宗,工程造价533.4325万元,成交价2027.231万元,降价1.2%。三是村级"一事一议"建设共实施35个项目,下达财政奖补资金584万元,建设内容包涵村道、桥涵、小型水利、环境设施、村容美化亮化等,有力地改善农村生产生活条件。名镇名村示范村建设和农民负担监测等工作有序开展。四是农村沼气建设不断推进,100个户用沼气池建设任务目前已完成70个。

【农村集体资产清理核实工作】2016年,共清理经联社127个,合作社784个,清理核实各类三资信息7083条,其中资源资产类信息3820条,包括资源性资产1633条,物业资产656条,实物资产928条,其他资产460条,合同清理143份。

【农村产业化经营】2016年,陆河县紧紧围绕"农业增效、农民增收"这一目标,以发展工业的理念发展农业,突出特色,调整农业产业结构。一是大力发展特色产业:新田木瓜、上护火龙果、河口油柑、南万茶叶等。二是扶持培育新型经营主体,以扶持和发展农业产业化龙头企业为重点,龙头企业和专业合作经济组织的发展壮大,有效地推进农业产前、产中、产后的全面发展,拉长农业产业链,为农业增效、农民增收和农村稳定做出较大贡献。

【新农村建设】2016年螺溪新农村连片示范建设基本建成,至2016年年末,投入资金1.162084亿元(其中省级专项资金投入7544.84万元,县级项目配套资金和群众自筹资金投入4076万元),完成一系列村居建设、环保设施建设、公益设施建设、文化设施建设和产业设施建设,5个主体村,30个自然村面貌一新。

种植业

【概况】2016年,陆河县农业局(以下简称"县农业局")落实创新、协调、绿色、开放、共享的发展理念,在稳定粮食生产的基础上,调整优化种植业结构,发展以青梅为主的农产品,确保农产品综合产出。大力开展农田基础设施建设,推广农业优良品种和先进科技,加强农业投入品种和农产品质量监管,为农业生产发展提供有力支撑。

【粮食生产】落实粮食生产责任制,调动农民种粮积极性,确保粮食生产安全。一是贯彻落实国家惠农政策,2016年共下达种粮补贴核实面积130560.1亩,其中早稻53650.856亩、晚稻76909.24亩,下达补贴总金额10666760.17元,有力支持了全县粮食生产。二是全力开展灾后复产指导和灾害损失冬种补工作。全年种植农作物总种面积28.783万亩，其中：粮食作物19.264万亩，总产量6.3258万吨；经济作物2.668万亩；其他作物6.851万亩。

【青梅生产】认真做好全县青梅的生产管理和防灾减灾工作。2016年由于开花期受到大雨和冻灾的袭击，全县青梅减产80%，共产青梅5000多吨，平均价格每市斤约2.1元，鲜果产值2100万元。

【农田基本建设】一是面对全县高标准农田建设的新形势，县农业局积极做好与国土、财政、镇村以及施工单位的沟通协调工作，克服雨水多等不利因素的影响，派出工作组加强对施工进度和施工质量的监督与管理，有力地推动工程建设。至1月25日，上护镇6080亩高标准基本农田建设任务全面完成，并通过市验收；至2016年年末，新田镇5360亩高标准基本农田建设已完成30%；二是积极开展土壤有机质提升工作和测土配方工作，分析样品300个，样品分布全县117个行政村，发放土壤调理剂750吨、腐秆剂120吨，改善改良耕地面积3万亩。

【农业技术推广】一是积极开展科技培训工作，2016年，共培训指导员5期41人次，培训农民804人次；宣传推广水稻、青梅、茶叶等主推品种6个和水稻"三控"施肥技术、水稻测土配方施肥技术、秧盘育秧抛秧技术、高杆青梅嫁接技术、香蕉病虫综合防治技术、地力提升等主推技术8项；培育科技示范户404户，建设科技示范基地3个，辐射带动农户6060户。农技指导员包村联户，积极开展农业技术指导，提高全县农业生产的科技水平。二是开展主导品种和主推技术试验。创建主导品种和主推广技术试验示范基地1个、河口粮食创高产示范基地1个、甘薯新品试验示范基地4个。三是完成建设河口良种良法示范项目。项目建设给排水系统、机耕路、铁丝网围墙、展示培训中心、电网及配电房、喷灌系统和温室大棚等基础设施，接待参观人员1000多人次，共展示良种68个、良法12个，培训农民110多人次，取得良好的示范和推广效果。四是开展物种资源普查。普查地方品种、当地特色栽培作物和珍稀濒危野生近缘农作物种质资源98个，征集当地特色品种和野生种质资源32份。

【农业品牌建设】积极培育并且推广陆河县农产品品牌，分别组织生宝、重信、乌顿山茶等多家农业企业，共25个产品参加第十四届中国国际农产品交易会、第七届广东现代农业博览会，扩大陆河农产品的影响。

【农产品质量安全管理】为确保人民群众"舌尖上的安全"，陆河县一是认真抓好农产品安全监管，2016年，在全县各乡镇及农贸市场抽样检测农产品1100个，其中呈阳性0个，农产品合格率达到100%。认真抓好农产品质量提升。二是综合行政执法大队定期深入全县农产品生产基地和农资市场开展执法工作，切实维护广大农民切身利益。积极开展日常检查工作，共出动执法人员268人次，检查农资销售店铺或企业65家，发放农资识假辨假资料3300份，有力维护农民利益，进一步规范全县农资市场秩序。

现代农业

【概况】 2016年，农业总产值持续增长。农业产值122373万元，增长4.2%；农民人均纯收入9118元，同比增长12.5%，继续保持较快的增长速度。据不完全统计，全县共成立农民合作社212个，家庭农场49个，粮油、蔬菜、水果、茶叶类种植大户共469户等一道农业新型经营主体。

【发展农业观光旅游】通过"一事一议"奖补等措施，支持、引导水唇罗洞、东坑共光等村利用青梅面积连片万亩的独特优势，发展农业观光旅游。2016年，水唇镇罗洞村成立广东罗洞投资发展股份有限公司，共投入1000多万资金完善交通、住宿、环境卫生、生态保护等基础建设，积极策划梅花摄影比赛、央视乡村大世界等大型活动，并利用电视、互联网、微信等媒体，广泛宣传推广等陆河青梅、"梅花"，农村旅游取得良好开端。年初，陆河世外梅园被汕尾市旅游局评为汕尾十大休闲基地。3月，陆河世外梅园旅游建设项目被列为汕尾市政府重点发展项目。4月，陆河罗洞世外梅园旅

游景区建设项目被列入国家"十三五"规划项目库，国家发展改革委下拨1000万元用于基础设施建设。

（彭金轮、陈婵丝）

附：2016年陆河县农业局领导名录
　　局　　长：钟裕村
　　副局长：朱子勇　彭金轮　彭文光

畜牧业

【概况】陆河县畜牧兽医局（以下简称"县畜牧局"）是陆河县人民政府管理全县畜牧兽医工作的正科级事业单位，赋予行政管理职能。负责对全县动物防疫、检疫、畜禽良种引进、推广及饲料新技术推广等工作，加强兽药和饲料的管理；对镇级畜牧兽医机构的监督、指导等职能。畜牧兽医局内设人秘股、畜牧兽医股，下设陆河县动物卫生监督所、疫病预防控制中心、畜牧技术推广站和8个乡镇畜牧兽医站。2016年，陆河县各级畜牧兽医部门落实各项畜牧业发展政策和科技措施，战胜重大动物疫情，畜牧业保持快速发展的良好势头，推动陆河县的畜牧业生产发展。

【畜牧业生产】2016年，陆河县生猪存栏10.7万头，出栏16.8万头；肉牛存栏3.01万头，出栏1.3万头；羊存栏0.40万头，出栏0.68万头。肉类总产量达18000吨。畜牧业产值进一步提高，农民牧业增收显著。

【畜牧业面源污染治理】2016年，抓好陆河县病死畜禽无害化体系建设，对照禁养区、限养区和适合养殖区"三区"划分，做好畜禽养殖业户粪污无害化处理技术指导和服务，逐步压减散养比例，搞好面源污染治理，发展畜牧循环经济。

【畜禽屠宰管理】陆河县开展畜禽屠宰专项整治行动，畜禽屠宰企业基础信息管理实现视频化、信息化、表格化、图片化。与公安、市场管理、食品药品监管等部门，合力打击违法屠宰。2016年，共出动执法车辆50多台次，执法人员210余人次，检查屠宰企业、肉品市场120余次。根据陆河县委县政府的工作安排，县畜牧局联合公安、食药监、工商、供电、供水等部门对县城内7家非法牛羊屠宰窝点进行取缔。

【畜牧科技助农】陆河县畜牧干部全面实施科技助农增收计划，开展畜牧农技推广工作。一是加大畜禽良种推广力度，大力推广优良种猪养殖、三黄鸡养殖和肉牛养殖，做好科技示范，共选出并培训出10名畜牧科技指导员指导100户畜牧养殖户，取得良好效果。二是加大科技培训力度，组织广大养殖户开展动物疫病防治培训和现代养鸡、养猪技术培训，围绕重点产业，广泛开展科学养畜、畜禽标识及可追溯体系建设、疫病防治等技术培训。2016年，共举办各类培训2期，有310人次科技人员联系户参加。

【疫病防控工作】2016年，在春、秋的预防性免疫工作中，县畜牧局组织2个督查组分别对8个乡镇进行动物防疫检查，重大动物疫病防疫均达100%，其他动物疫病防疫在98%以上。在周边地区出现口蹄疫、猪链球菌病和禽流感的严重形势下，陆河县做到畜禽清静无疫。（张小玉）

附：2016年陆河县畜牧兽医局领导名录
　　局　　长：叶黄范（12月离任）
　　　　　　　朱少伟（12月任职）
　　副局长：彭伟泉　范海宏

林业

【概况】陆河县林业局（以下简称"县林业局"）持续推进"新一轮绿化大行动"，落实林业重点生态工程建设；坚持创新林业资源管护，不断完善资源管护队伍建设。2016年全县林地面积74170.67公顷，占全县总面积的78%；有林地68128.13公顷，林地绿化率92.4%；生态公益林面积28380公顷，占林业用地面积38.3%；森林覆盖率73.49%，活立木蓄积量325.3335万立方米，森林覆盖率和活立木蓄积量和分别比2015年同期增长0.76%和6.3%。2016

年，森林资源保护和发展目标责任制考核被省政府评为优秀，得分为97.49分。

【林业重点生态工程】 2016年上级下达林业重点工程造林共1.86万亩，封山育林面积0.5万亩。其中：防护林工程2015年中央预算内投资项目造林工程1.2万亩；2016年森林碳汇重点生态工程造林面积0.66万亩。

【森林抚育工程】 2016年上级下达森林抚育工程共7.5963万亩，总投资85.72万元，为切实做好抚育工程建设，局领导带队深入各镇调查，做好抚育选点工作，委托设计单位进行规划设计并报上级批准实施。同时，按规定进行招标工作，由中标单位组织实施，确保造林成效。

【乡村绿化美化工程】 2016年省下达陆河县"乡村绿化美化"示范点建设14个，其中省级示范点3个，资金60万元。为确保"乡村绿化美化"示范点建设，首先做好示范点调查选点工作，并聘请设计单位进行规划设计，组织园林绿化单位进行实施。14个示范点绿化工作全面完成，经检查绿化质量良好。

【义务植树】 为成功开展2016年全民义务植树活动，县林业局做好前期义务植树活动准备工作，开展宣传活动，并做好义务植树活动方案，确保全县义务植树活动顺利进行。3月15日县四套领导班子和机关干部职工共160多人，在县领导带领下在河田镇上径村牛皮沥参加义务植树活动，义务植树1万多株。全县在义务植树节期间共完成义务植树60万株，镇办义务植树点8个。

【森林资源保护工作】 县林业局严格执行森林采伐限额管理。全年共完成林木采伐审批12宗，森林蓄积4351多立方米；依法依规进行林地审核上报，共完成林地审核报批5宗，面积105.69公顷；规范木材流通秩序，针对木材流通市场，对木材经营加工单位和个人的木料来源进行检查，制定常态检查制度，共发放木材运输证280多份；加大执法力度，遏制非法收购、加工和无证运输木材的违法行为；加强野生动植物资源的管理，制定《陆河县突发重大陆生野生动物疫情应急预案》，实行县镇村三级管理，通过采取咨询、标语、横幅、电视网络等手段加大宣传，以加强陆河县陆生野生动物疫源疫病的监测与防控工作，确保全县的生态安全和人民健康安全。2016年对经营野生动物各场所进行检查共35间，发放通知35份；加强林权管理工作，积极调处林权纠纷。全县林权纠纷案件今年共发生1宗，积案8宗，达成调处5宗。

【森林防火工作】 2016年，发生森林火灾受害面积517.5亩，受害率为0.46%，小于省规定的5%。由于森林防火工作各项措施落实，火情信息通报畅通，火灾及时扑救，未造成严重损失或重大影响，未发生重大人员伤亡和财产损失的森林火灾事故。

【林业有害生物防治检疫工作】 2016年，全县共发生云南杂毛虫、毒蛾、松毛虫、桉树尺蠖和松墨天牛等林业有害生物面积1.07万亩（除两蚧），防治林业有害生物面积1.07万亩（除两蚧），林业有害生物防治率100%；发生虫情等级程度为轻度，林业有害生物成灾率为0%；全县应施产地检疫面积50亩，实施产地检疫面积50亩，产地检疫率100%，林业有害生物防治检疫工作成效显著。（朱玉祥、叶吉星）

附：2016年陆河县林业局领导名录

局　　长：范元展（12月离任）
副局长：朱丹江　叶景委　朱玉祥
绿化办副主任：叶建厂
防火办副主任：李传锦

吉溪林场

【概况】 汕尾市国有吉溪林场地处陆河县西南部山区，毗邻紫金、惠东、海丰县。林场下设办公室、计财股、生产股、森林公安派出所。现有在职干部职工52人，退休职工112人。下有背音山、石碓涵、竹头窝、黄拐塘、下村、下吉、南房、三把坑8个林业工区。全场总面积4492.7公顷，林地面积4430.4公顷。森林总蓄积量18万立方米，森林覆盖率91.7%。

【林业生产情况】2016年，新开林区公路8.5千米，投资20多万元维修林道35千米、防火线25千米。森林抚育面积253.33公顷；完成2016年碳汇造林面积100.07公顷；造林补贴任务200公顷；完成2015年防护林工程人工造林面积266.67公顷；封山育林面积406.67公顷。

【森林资源管护】吉溪林场落实任务和责任，按岗定人、定片、定职责、定任务、定目标。确保森林资源安全；积极配合当地政法机关开展打击涉枪涉毒违法犯罪活动。通过开展宣传教育工作、落实责任制、实行网格化管理，对所有区域实行拉网式排查，保证林场所在区域不出现制毒贩毒的现象。

【森林防火工作】一是加强宣传。多次召开林区防火会议，在林区路口显眼处或林区内写森林防火标语，竖立固定防火宣传牌8个，张贴防火宣传标语20条。二是加强值班值守。在森林防火期，实行24小时值班，确保通信信息畅通。三是加强检查。在特别防火期，深入细致开展森林火灾隐患排查工作，对所有隐患实行零容忍。清明节、重阳节等节日期间，在重点区域加强巡逻检查，严密防范森林火灾的发生，确保森林资源和人民群众生命财产安全。四是加强防火线的修整。2016年，筹措20多万元资金投入到防火隔离带的维修和生物防火林带的维护。

【安全生产工作】由林场领导带队，组成检查组，开展突发事件风险排查。对自查出来的安全隐患立即进行整改，通过检查督促，保证各项制度的落实。全年没有发生安全生产事故。

【林场体制改革】根据中共中央国务院关于印发《国有林场改革方案》的通知和广东省人民政府关于印发的《广东省国有林场改革方案》的通知，吉溪林场积极开展国有林场改革，打破原来定位不清、事企不分的管理模式，实行政事分开、事企分开，对林场重新进行定位、定性、定编，初步完成改革方案。（黄晓春、曹祥建）

附：2016年吉溪林场领导名录

　　场　长：吴克雄
　　副场长：林　辉

红锥林自然保护区

【概况】广东陆河南万红锥林省级自然保护区（下称"保护区"）于2001年10月经广东省人民政府批准建立。根据矢量化测量结果，保护区东西长约10千米、南北宽约6.5千米，总面积为2911.4公顷。其中：核心区面积1027.3公顷；缓冲区面积621.1公顷；实验区面积1263.0公顷。其主要保护对象为红锥天然林及其生长环境、国家重点保护和珍稀濒危动植物物种资源及其栖息环境，属于森林生态系统类型自然保护区。保护区保存有中国面积最大、分布最集中、保护完好、原生性强的红锥群落，红锥是中国珍贵的优良乡土阔叶树种，也是中国南方主要造林树种。保护区内最具代表性和多样性的天然红锥群落类型，是中国珍贵的红锥种质资源库，其原生性的红锥生长环境及自然生态系统，具有很高的科学研究价值和保护价值，是开展红锥种苗培育和研发速生丰产技术的天然宝库，也是陆河县青少年开展生物多样性科普教育实践基地。

【地理环境】保护区地处北回归线以南，属莲花山脉南麓，位于陆河县西北部的螺河上游。东经115°29′28.83″—115°35′10.10″，北纬23°19′26.64″—23°22′35.71″，属南亚热带季风气候，年均气温约21.3℃，极端最高气温37.8℃，极端最低气温为1℃，年降雨量2100毫米—2300毫米。海拔高程为290米—866米，保护区森林覆盖率为91.6%，活立木总蓄积量为9.31万立方米。保护区得天独厚的立地条件和气候条件，为红锥树种繁衍成大面积的森林植物群落提供非常有利的条件。

【野生植物资源】据广州大学城乡生态规划研究所于2006年开展的自然资源和社会经济综合调查结果显示，保护区内现有红锥林总面积2222.8公顷。其中：红锥纯林1032.6公顷，以红锥为建群种的红锥混交林633.2公顷，以其它树种为建群种的红锥林557.0公顷；保护区内动植物资源丰富，有维管束植物约900多种，有国家二级保护植物桫椤、华南锥、樟树、苏铁蕨、土沉香、半枫荷、闽楠、

经济

禾雀花、金毛狗等11种。丰富的植物资源为南万镇创建"森林小镇"提供独特的生态环境。

【野生动物资源】保护区内有国家一级保护动物蟒蛇、巨蜥2种和国家二级保护动物穿山甲、白眼镜鹀蛇、虎纹蛙、娃娃鱼、猫头鹰、水獭、大壁虎等14种，其他陆生野生脊椎动物24目56科146种，其中两栖动物5科14种，爬行动物8科32种，鸟类27科71种，哺乳动物11科29种。

【水资源】保护区内分布有万全河、丁洋河和长坑河，是螺河支流主要发源地之一，也是广东省一级水源保护区，区内南告水库集雨面积152.7平方公里，库容7870万立方米，是陆河县城主要饮用水源。因此，加强自然保护区的建设和管护对涵养水源、保持水土、调节气候、改善生态环境以及螺河下游200多万人民的生产生活用水都具有重要作用。

【自然景观】"南万锥涛"是汕尾八景之一。保护区山峦起伏，沟谷纵横，山峰秀丽，绿树婆娑，是一处含负离子极高的天然氧吧。置身于百年红锥树林中，给人以回归自然、反璞归真之感，是人们享受大自然的好去处，也是落实振兴乡村战略、发展森林康养和生态旅游良好的自然资源环境。

【资源管护】自然资源管护是保护区的基础和核心工作，坚决贯彻《中华人民共和国森林法》《中华人民共共和国自然保护区条例》《中华人民共和国森林防火条例》《广东省森林和陆生野生动物类型自然保护区管理办法》等有关法律法规，加强保护区自然资源环境的管护工作。区内设有万全保护站、南告保护站，聘请专职护林员6人，兼职护林员10人。保护区管理处与当地镇、村、中小学校及企业单位组织成立"共建共管委员会"，不定期会同县森林分局、镇林业站联合开展专项整治，加大对破坏生态环境违法行为的打击力度，有效地遏制破坏自然资源行为的发生，促进生态环境的改善，提高物种栖息场所和野生动植物资源的安全，为推进新一轮绿化广东大行动创造良好的林区环境。

【科研宣教】保护区有高级工程师1人，工程师2人，助理工程师1人。保护区与广东省林业科学研究院签订科技支撑协议书，与广东生态工程学院建立科研合作关系。在保护区内中小学校、社区开展一系列宣教活动，在进入保护区主要道路出入口设置宣传牌100多块，以提高社区群众的生态保护意识和森林防火意识，提升保护区管理水平和科研监测能力。

【基础设施建设】保护区管理处为副处级事业单位，核定事业编制10名，设综合科、保护管理科和科研宣教科，下设万全保护站、南告保护站。在上级主管部门的重视和大力支持下，保护区管理处先后完成820平方米管理处及宣教中心、130平方米万全保护站和160平方米南告保护站、办公楼及其配套设施建设，保护区实现办公、供水、供电、固话、移动通讯和宽带互联网等设施配套完善。

【社区建设】坚决贯彻执行党的十八大以来关于生态文明建设的政策和自然保护区法律法规，准确把握保护与建设并重的原则，执行建设项目前置审批制度。加强与陆河县委、县政府、南万镇委、镇政府的汇报交流，引导和配合当地政府和社区群众依托省级自然保护区丰富的自然资源和良好的生态环境，重点发展青梅、单丛茶、美人芋丝、香菇等特色农产品和巴戟、何首乌、沉香等珍贵药材种植加工，以及娃娃鱼、蜜蜂、锦鸡等养殖产业。支持南万镇充分发挥资源环境优势，创建"森林小镇"，致力打造花海观赏、森林康养、徒步登山和民俗体验等特色生态旅游景区景点。为实现"优雅陆河，绿色崛起"的发展目标提供有力支撑，并初步实现"生态保护与经济建设双赢""人与自然和谐发展"的目标。（钟锦城）

附：2016年广东陆河南万红锥林省级自然保护区领导名录

主　任：彭及才
副主任：彭振梧

水产业

【概况】2016年，在县委、县政府的正确领导

和省、市渔业主管部门的支持帮助下,陆河县水产局(以下简称"县水产局")紧紧围绕"渔业增效、渔民增收"这一目标,以渔业结构调整为主线,加大特色品种的开发利用力度,努力提高水产养殖的科技含量,大力实施生态健康养殖技术,狠抓水产品质量安全管理,全县水产事业实现持续较快发展。

【渔业经济稳定发展】县水产局坚持因地制宜,扎实推进渔业转方式调结构,积极开展水产健康养殖技术、生态养殖新技术,推进特色水产业融合发展。在发展传统品种"四大家鱼"、中华鳖、罗非鱼等的基础上,大力发展水生珍稀物种养殖业,"陆河泰临""陆河珑潭"两家珍稀水产养殖企业总投资1000多万元且先后投产,2016年又发展一家"陆河稳佳珍稀水产养殖合作社",投资300万元左右养殖金钱龟等珍稀龟类。全县渔业经济结构逐步得到优化,渔业经济稳步健康增长。

2016年陆河县水产生产情况表

养殖面积(公顷)	池塘养殖面积(公顷)	水库面积(公顷)	湖泊面积(公顷)	备注
700	231	259	112	
其他养殖面积(公顷)	渔业从业人口(人)	渔业生产总值(万元)	渔业总产量(吨)	备注
98	782	9279.39	4759	

【保护区建设管理工作】一是完善保护区的基础设施建设,3月,县水产局在保护区重要地段新建20多个专题宣传牌,5月,水产局投入10多万元资金,在保护区河田中学附近新建一条高3米、长30多米的不锈钢结构生态教育径;二是强化保护区的巡护工作,县水产局把保护区分成4个片区由8名协管员负责日常管理。每个月定期开展保护区专项执法行动2次以上。2016年12月,陆河大队与汕尾渔政支队联合开展水生野生动物保护专项执法行动,共出动人员32人次,重点检查驯养繁殖场2家、酒楼饭店12家、水产品交易市场2个。2016年,水产局开展保护区专项巡护活动20多起,先后在保护区内发现"电、炸、毒"鱼和捕捞保护物种等违法违规案件5次,教育处理12人次,并按时把巡护工作情况上报到农业部管理工作考核系统,管护工作水平逐年得到提高。

【水产品质量安全监管】一是建立健全水产品安全监管机制。县水产局坚持从严管理水产质量安全工作,落实责任分工,制定方案,以水产养殖场为监管对象,以水产养殖生产记录,渔业投入品、添加剂等为主要内容,2016年开展专项执法行动20多次;二是开展水产健康养殖培训工作。8月,县水产局举办陆河县水产健康养殖培训班,邀请省局专家教授前来授课,共培训96人次、发放资料800多份,提高养殖户健康养殖水平;三是开展水产品质量安全抽检工作。8月,省质检中心完成全县水产品18个样品的药物残留定量检测及风险监测,抽检合格率100%,确保群众吃上放心鱼;四是开展元旦、春节、劳动节等节假日期间水产品质量安全专项执法检查,出动执法人员65人次,出动车辆12车次,督查水产养殖场28家和水产苗种场2家。

【水生动物防疫检疫】根据省水生动物疫病预防控制中心下达的鱼病防疫检疫监测任务,水产局积极开展水生动物防疫检疫工作,其中下乡采样检测100多次,养殖户送样检测32例,检验鱼苗5批次200多万尾,检验中发现的主要病害有车轮虫病、水霉病、小瓜虫病等。县水产局根据检测结果,及时反馈给养殖户,并建议养殖户及时采取相应的防治措施,使鱼病得到控制,为养殖户挽回鱼病经济损失约80多万元。(谢志龙、彭思程)

附:2016年陆河县水产局领导名录

局　长:罗国创
副局长:谢志龙

水利

【概况】2016年,陆河县水务局按照县委陈德忠书记提出的"加倍干、踏实干、清单干、用心干、限时干、干净干"工作要求,推进水利改革发展。在防汛抗灾、农田水利基本建设、水政执法、水管体制改革、精准扶贫精准脱贫、创文创卫和自身建设等方面做大量工作。

【**农田水利产权制度和创新运行**】2016年，农田水利设施产权制度改革和创新运行管护机制试点项目：项目总投资835万元（其中上级补助667万元、地方配套及收益群众自筹168万元），涉及螺溪、河田、上护、河口4个镇。工程项目38个，包括堤围加固6宗，堤坝加固4宗，水陂重建或加固8宗，渠道防渗加固共20宗。

【**河塘整治工程**】陆河县河塘清淤整治试点工程分3个年度（2013—2015年度）实施。涉及8个乡镇，工程总投资5876.94万元。其中：2013年度工程投资2033万元，2014年度工程投资2017.07万元、2015年度工程投资1826.84万元；新田河小流域综合治理工程：工程计划总投资5155万元（其中中央补助500万元，省级补助3093万元、地方配套1562万元）。

【**灌区加固改造工程**】富梅灌区加固改造工程，属陆河县重点水利项目，工程总投资1500万元（其中中央补助1010万元、地方配套4900万元），设计灌溉面积1.01万亩。

【**高效节水灌溉工程**】2016年高效节水示范工程包括上护、河口、新田3个镇共9个项目建设，工程计划总投资2062万元（其中中央补助706万元、省级补助706万元、地方自筹650万元），高效节水灌溉面积1.111万亩。

【**自来水工程**】陆河县村村通自来水工程覆盖全县8个乡镇，工程项目分2014、2015两个年度实施，工程总投资7850.18万元，其中2014年度包括螺溪、水唇、河田、南万镇村村通自来水工程建设，工程总投资3929.35万元。2015年度包含河口、新田、上护、东坑镇村村通自来水工程建设，工程总投资3920.83万元；新田镇饮用水源地达标建设工程，工程总投资115万元。

【**三防工作**】受超强厄尔尼诺现象的影响，2016年汛期入汛偏早，降雨量偏多，陆河县2016年降雨量2853毫米，比2015年增加1143毫米，偏多149.6%，比多年平均降雨量增加625毫米，偏多28%。2016年，陆河县召开2次县级防汛工作动员会，组织全县成员单位成员参加8次视频会议，启动3次防风I级应急响应，组织1支县级突击队伍共86人、8支镇级抢险队伍共117人、27支村级自救队伍630多人。（傅木洪、彭浩伟）

附：2016年陆河县水务局领导名录

 局 长：叶佐雄（9月离任）

     傅木洪（12月任职）

 副局长：朱少坚 罗陈李 朱培镜

农业机械化

【**概况**】陆河县农业机械化管理局（以下简称"县农机局"），始建于1988年，为正科级事业单位，赋予农业机械行业的行政管理职能。2016年，县农机局深入群众路线教育实践，正视形势，勇于创新，为努力实现生态文明县目标做出新的更大的贡献。至2016年年末，全县农业机械总动力达9.9582万千瓦，机械耕作业面积率达到90%以上，全县水稻耕种收综合机械化综合水平达到58%。

【**落实强农惠农政策**】扶持农民购置新型农业机械工作，大力推广适应山区新型农业机械，并采取多元化、多渠道发展新农机；及时向社会公布农机购置补贴政策，采取销售点现场集中咨询服务、下乡到村发放宣传资料、悬挂横幅等多样形式，加强农机购置补贴的宣传工作，讲解农机购置补贴政策内容、程序和要求，认真答疑解惑。2016年，在农业机械化的普及和应用方面都取得良好的成绩，使农民对购机致富有新的认识。

【**发展农机 安全生产**】2016年，共出动85人次深入到农村田间和场院等作业场所，印发安全生产教育传单600份，查处无牌无证、违规违章驾驶（操作）102宗，报废封存2辆（台），纠正教育违规操作150余人次，排查安全事故隐患3宗，连续实现重大事故零记录。

【**开展技术培训工作**】聘请10名农机专业技术人员，集中开展技术培训农民100人，做好新购机农户和示范户的技术指导工作，免费为新购机农户服务，保证每个新购机者都能正确熟练操作农业机械，投入农业生产。充分利用农机合作组织、耕田大户、农机大户的示范作用，以点带面示范推广先进农业机械耕。（朱国伟）

附：2016年陆河县农业机械化管理局领导名录
　　局　长：罗志捷

气象

【概况】陆河县气象局（以下简称"县气象局"）抓住"省部合作推动率先实现气象现代化建设"契机。全年的气象服务工作做到"预报准、预警早、广覆盖、传递快、效益好"的目标，为陆河县的防灾减灾做出贡献。2016年，共发布台风暴雨等各类预警87次，有效应对各极端恶劣天气，为防灾减灾提供有力保障，实现全县气象灾害零伤亡的成效。

【机构人员】2015年县气象局正式成立，为县政府直属单位，属公益一类，业务用房和突发事件预警信息发布中心通过验收正式使用。内设5个机构：办公室、预警防灾股（重大气象灾害应急指挥部办公室）、战网股、预报股、财务股。3个属下事业单位：气象台、突发事件预警信息发布中心和防雷中心。

【气象现代化建设】至2016年年末，共有7个气象自动站运行，建设完成全县8个乡镇气象服务站、117个行政村气象预警大喇叭，形成遍布各行政村的预警信息全网发布机制，基本实现气象现代化。（陈敏、张小柳）

附：2016陆河县气象局领导名录
　　局　长：卢雪锋

工业

综述

【概况】2016年，陆河县工业企业发展共846家，实现增加值14.3亿元，同比增长76%，行业涉及水电、水果加工、纺织、电工器材、电子、铸造、珠宝、食品、中密度板、胶合板、塑胶五金等。规模以上工业共22家，新增3家，实现规模以上工业增加值127210万元，增长126.3%。规模以上工业完成总产值521175万元，增长185%；完成规模以上工业销售产值501126万元，增长3225.6%。全社会工业拉动GDP增长8.9个百分点，贡献率达59.6%。完成工业固定资产投资125627万元，增长171.3%。完成基础设施建设投资224283万元，增长176.3%；完成民间投资87370万元，增长22.1%。

【节能减排工作】"十三五"期间，陆河县纳入省、市重点用能单位监管年综合能源消耗1000吨标准煤以上的企业2家。其中：纳入市重点用能单位监管年综合能源消耗量1000吨标准煤以上的企业是陆河县泰润人造板有限公司；纳入省重点用能单位监管年综合能源消耗量5000吨标准煤以上的企业是麦卡电工器材（陆河）有限公司。麦卡电工器材（陆河）有限公司2016年12月投资100万元，用于更换生物质新锅炉节能改造项目。同时对原有约350千瓦的电机进行能效提升，全部更换成二级能效的高效电机，加快企业高耗能设备的淘汰步伐。陆河泰润人造板有限公司在第二轮持续清洁生产审核过程中，通过淘汰和更换一批耗能设备，进一步达到节能减排效果。（刘伟刚、欧阳婷）

经济

附：2016年陆河县经济和信息化局领导名录

局　长：胡治营（12月任职）

副局长：叶石茂　江业鹏　俞汉怀（12月离任）

副总经理：刘展蓬　郑俊彦

纪委书记：蔡勤东

工会主席：朱文状

电力工业

【南告水电有限责任公司】2016年，汕尾市南告水电有限责任公司（以下简称"市南告水电公司"）抓安全生产和设备技术改造，强化内部经营管理，取得一定成绩。全年完成发电量1641.6万千瓦时，比历年均值多2成，比2015年度增加9451万千瓦时；厂用电率0.13%，实现营业收入7161万元，比2015年度增加4253万元，实现利润总额741万元。实现安全生产连续运行366天及全年3个100天无考核记录。

安全生产管理　2016年，市南告水电公司坚持"安全第一、常备不解、以防为主、全力抢险"防汛工作方针，做到"思想、组织、措施、物资"四落实。10月21日，第21号台风"海马"正面袭击汕尾，公司各部门安排24小时值班制，及时与陆河县三防指挥中心沟通情况，无出现人身安全及生产事故。

增效扩容改造工程　2016年，市南告水电公司如期推进增效扩容改造工程按计划。至12月底，完成压力隧洞灌浆，安装2号机球阀油压装置、低压气机、高压气机；6.3千伏共箱母线、高压开关柜；10千伏开关柜；400伏低压配电柜、动力柜、动力电缆；2#机转轮。1#机水轮机改造工作按计划进行。安全生产标准化工作方面，6.3千伏高压开关柜、10千伏开关柜、400伏低压配电柜标识挂牌工作，完成全厂油水气管路，球阀除锈、油漆工作；升压站金属构支架除锈、油漆，水泥构支架防腐补强工作。（甘长庚、许群康）

附：2016年汕尾市南告水电厂有限责任公司领导名录

党委书记、总经理：郑镇旺

制造业

【新河工业园区】汕尾陆河比亚迪汽车有限公司总投资65亿元，建设用地1500亩，分三期建设，一期新能源大巴项目总投资约10亿元，总建筑面积近20万平方米，2016年4月份建成投产，办公楼、食堂、员工宿舍等建筑已完成主体建设。比亚迪一期新能源汽车项目生产大巴近3000部，产值35亿元，纳税超过1亿元。

陆河首创五金塑胶制品有限公司一期、伟泰新型建材竣工投产，华南铝业等项目动工建设，智顺、华剑等多家企业完成签约，新河工业园区内新能源和建筑装饰产业基地初具规模。

交通·通信

交通

【概况】陆河县交通运输局(以下简称"县交通局")紧紧围绕陆河县经济发展战略目标,切实加快交通建设步伐,不断提高行政执法水平,进一步加强行业管理,圆满完成各项工作任务。2016年,重点开展公路建设、交通教育与科技建设等工作。

交通设施建设

【重点公路建设】2016年累计投入交通基础设施建设资金约19.7亿元,其中高速公路建设投入资金18.1385亿元,已全线通车;S335线河口至新田段公路改建工程(省道改建)5.07千米,按一级公路标准设计,总投资12600万元;完成河口上坝桥至潮惠高速新田互通段道路建设,全长3.4千米,完成投资9000万元;陆河县东坑至水唇梅园公路改建工程,按三级公路标准设计,全长17.856千米,已完成路基工程2千米,完成投资600万元;田嶂公路(一期)改建工程,按四级公路标准设计,全长6.53千米,已完成路基路面工程5.5千米,完成总投资1100万元;陆河县河口西湖至东坑大溪公路改建工程,按三级公路标准设计,全长12.5千米,路基工程正在建设中,完成投资800万元;完成县乡桥梁3座,投入资金450万元。

【农村公路建设(含县道、乡道)】根据省委、省政府加快山区和贫困地区建设要求,全县公路建设步伐明显加快,2003年至2016年,全县总通车里程共1648.358千米,总投资82417.9万元。其中,2016年改建里程为36.886千米,投资13038万元。农村公路硬底化建设73.29千米,累计投入资金3664.5万元,基本上消灭县乡沙土路,推进县通镇公路的建设,完善县乡的交通网络,实现乡村公路"硬底化",使广大农村交通条件得到较大改善。

【交通教育与科技(节能减排、环保)建设】2016年,陆河县交通运输行业节能减排工作以《转发交通运输行业贯彻落实2016年节能减排低碳发展行动方案〉的实施意见的通知》为指导,继续重点做好各项节能减排工作:一是严格执行营运车辆燃料消耗量限值标准,共核准3辆达标货车进入运营;二是推进驾驶员培训机构模拟驾驶设备的应用,共计新购模拟设备25台,推广汽车驾驶模拟训练;三是开展机关节能减排工作,与2015年相比,电消费量下降14%,水消费量下降15%,车用油量下降30%。

交通生产

【运输生产】大力发展长短途和农村旅客运输,全行业共完成旅客运输量1222万人,旅客周转量120988万人公里,同比增长11.3%和19%;货物运输量1133万吨,货物周转量115507万吨公里,同比增长15%和19%。

交通管理

【运输管理】坚持保护合法经营,打击非法经营,确保交通运输安全。2016年,累计出动执法人员600多人次、车次300次、检查各类运输车辆700多辆次,查处违法营运车辆37辆,罚款12多万元,纠正各类违规经营行为50多起。

【交通行业安全生产管理】2016年,全县交通运输安全生产工作坚持以科学发展、安全发展为主题,强化底线和红线思维,通过安全生产"一岗双责"构建交通运输安全生产综合监管体系,扎实开展"安全生产月""道路货运安全年""道路客运安全年"和安全生产隐患排查治理攻坚行动等活动,抓好安全生产源头管理和各项防范措施的落实,加大安全生产监督检查和隐患排查治理工作力度,有效防范重特大安全生产事故的发生,全县交通运输行业的安全生产形势持续稳定好转,未发生道路运输安全事故。

在应急管理工作方面,组织修订《陆河县交通运输局"三防"工作应急预案》和《陆河县道路运输保障应急预案》,提高应对防风、防汛、防旱工作水平和应急反应能力,确保国家和人民群众生命财产安全,迅速、有序、高效地开展抢险救灾工作,最大限度减少因自然灾害造成国家和人民生命财产的损失。7月,县地方公路站开展公路防汛抢险应急演练,检验预案的实用性和完善预案在实际演练中的不足。(罗冬菊、蒋思考)

附:2016年陆河县交通运输局领导名录

局　　　长:朱昌赞(12月离任)
　　　　　　刘志斌(12月任职)
副　局　长:罗智惠　彭建设
副主任科员:黄运辉

公路

【概况】2016年,陆河县公路局(以下简称"县公路局")坚持以服务当地经济社会发展为目标,以公路养、管、建为中心努力推动陆河公路新发展,为陆河经济社会发展作出积极贡献。县公路局主要负责拟订辖区内省养公路发展规划和年度计划、公路养护管理和省养公路的路政管理工作等。

【路政执法管理】2016年,县公路局以加强路政管理为抓手,贯彻执行《中华人民共和国公路法》《广东省公路管理条例》和《公路安全保护条例》。一是多次组织路政员参加专业培训,将理论学习与日常工作相结合,将法律法规和上级文件精神融会贯通,以达到执法严明,依法治路;二是加大路面巡查密度,维护路产路权。坚持每月巡查不少于24天,及时处理突发事件,做好巡查记录,有效制止违法违规现象,确保日常巡查的力度和效率。至11月末,累计巡查公路里程达20536千米,有效制止各类违法案件21宗,抄送交通综合执法机构的案件10宗;三是开展路政宣传工作,在村镇公路沿线悬挂路政宣传标语15条、派发宣传单516张、张贴告示30多张,增强群众爱桥护路意识;四是提高服务质量,加强队伍建设,提高公路服务形象。8月—11月,县公路局联合县、乡镇有关部门依法对水唇、东坑、河田、上护、河口、新田镇范围内省道公路以及违章建筑物进行集中整治行动。依法拆除铁皮、寮棚等违法建筑800多间、违法广告标牌250多块。对省道S335线和S240线穿城路段两侧建筑垃圾和生活垃圾进行多次清理,共清理垃圾和各类堆积物累计350处5000余吨。

【公路养护】县公路局坚持公路养护优先的工作理念,提高公路养护水平。一是精心养护,提高路况水平;二是真抓实干,提高养护效果;三是加强管养站日常管理,提高路容路貌。加大管养站的日常养护管理力度,增加资金投入。2016年,结合县委、县政府关于全县道路交通安全集中整治专项行动的工作要求,对S335线K143+000至k182+357(水唇元昇厂至海丰交界路段)、S240线K0+000至K4+457(河口至陆丰交界路段)29.26公里的路容路貌进行整修,对沿线堆放垃圾、建筑废料进行清理。共投入资金28万元,从而提高公路路况水平;四是加大桥梁管理力度,提高桥梁运载能力。做好对桥梁的日常检查,及时掌握桥梁现状,做好桥梁登记建档工作。确保公路畅通和桥梁运行的安全。

【应急抢险】2016年,受台风"妮妲""海马"灾害影响,辖区公路遭受重大损失,坍塌土方3700立方米/27处、冲毁路基土方2000立方米、路面2800平方米,直接水毁损失约80.5万元。县公路局在市局和县委、县政府的大力支持下,采用"先抢通,后修复"的办法,投入资金约15.2万元,清理塌方、路障,抢通公路,保证道路安全、畅通。

【安全生产】县公路局全面开展安全生产大检查和安全隐患整治,实现"零"责任事故管理目标。加强宣传教育,提高安全意识;加强日常检查,整改存在问题;加强在建工地安全检查,落实责任,加强管理;大力开展安全生产月活动;启动应急机制,保障公路安全畅通。(罗丽娟)

附:2016年陆河县公路局领导名录

党支部书记:陈宗武(10月任职)

副 局 长:叶秋月

地方公路

【概况】2016年,陆河县地方公路管理站是担负全县地方公路(县、乡、村道)、桥梁养护和安全管理任务。有养护道班4个;现有生产车辆7部;抢险装载机1部。全县地方公路养护农村公路里程1158.445公里,其中县道124.775公里,乡道679.847公里,村道353.843公里。桥梁301座。

【地方公路养护】全县地方公路养护农村公路里程1158.445公里,其中县道124.775公里,乡道679.847公里,村道353.843公里。按技术等级分,二级公路54.711公里(其中县道41.064公里、乡道13.134公里、村道0.513公里);三级公路74.729公里(其中县道43.657公里、乡道30.033公里、村道1.039公里);四级公路858.238公里(其中县道40.034公里、乡道609.296公里、村道208.908公里);等外公路170.767公里(其中乡道27.384公里、村道143.383公里)。

【公路建设】2016年,地方公路管理站积极做好"勤政为民办实事",完成村道C151线参城桥、乡道Y842线的溪东桥和Y802线K0+000—K9+844段安全生命防护工程(一期),Y878线河口桥改造工程也已进入工程收尾阶段。另外,重点建设项目X123线K5+517至K29+948段水泥路面大修项目(一期)进入竣工验收结算阶段。

【安全管理】地方公路管理站自筹资金对部分路段的交通事故"黑点"进行处治,采取设置警示桩、防撞墙、警示标志等措施,有效降低交通事故的发生,保障人民群众的生命财产安全。对六条县道增设公路标线6736平方米、减速带2997米、标志牌152座(含更新标志牌面)、警示桩2150根、弯道镜4座,危险路段安全整治6处。受2016年"妮姐""海马"等台风的影响,全县多条县道路肩两旁的树木遭受台风吹袭倒塌,造成交通中断。站组织人力对全县地方公路进行全面排查,在路桥险段设置警示标志,全面保障抢险救物资的运送和交通畅通。(彭凯、彭秋蓓)

附:2016年陆河县地方公路管理站领导名录

站 长:朱伟干

副站长:罗明强 叶志权

邮政

【概况】2016年,中国邮政集团公司广东省陆河县分公司(以下简称"邮政陆河分公司")认真落实市公司工作部署,结合广东邮政改革发展实际,紧扣全年工作目标,以"深化改革,强化基础,细化管理,加快市场拓展步伐,提升邮政服务水平,构建邮政和谐企业"为主线,扎实、稳妥推进各方面工作,为全面完成2016年各项目标任务打下坚定的基础。2016年,全县邮政业务总收入累计完成1564万元,完成年计划102.896%,完成收支差额235.05万元,完成进度100.02%。

【储蓄业务发展】通过"斗志昂扬""众人拾财火焰高""余额升级跳"等主题营销活动和"走千访万""驻村征战"等客户维护和拓展活动以及后台兼职营销活动,促进余额和保险业务的稳步快速发展,实现储蓄专业收入1090.97万元,企业邮储余额达到5.86亿元,净增余额6417万元,代理保险新增保费6417万元,同比增长12.19%。

2016年,函件业务实现收入18.33万元,完成年计划183.3%,同比增长162.61%;报刊流转额为78万元，完成年计划101%；集邮业务实现收入43.90万元，同期增长28.75%。通过抓好新邮预订、年册销售工作，清欠压库等有效措施，盘活库存邮品，加快库存邮品的营销工作；在机要业务方面保证收寄、封发、接发、投递的及时和操作规范，全年未出现任何质量问题，受到上级好评；实现包裹快递业务收入41.24万元，完成年计划的237.4%。

【提升服务水平】服务是企业生存和发展之本，是企业持续发展的基础和保障。邮政陆河分公司紧紧围绕县委、县政府组织开展的"创文"活动要求，明确服务目标，提出服务要求，强化"5S"管理，进一步提升服务水平。

【安全工作】邮政陆河分公司强调各单位负责人为各单位安全责任人，"谁出事，谁负责"，杜绝各种隐患。在资金安全上，着重加强各支局的资金安全检查，对涉及资金的网点的人员进行排查，确保邮政资金和人员安全。定期组织相关人员学习安全警示教育，通过各类案例予以警戒，有效杜绝类似案件的发生。

【企业文化建设】积极开展邮政发展形势教育，增强职工的危机感、紧迫感和争先创优的使命感；对管理人员实行综合考评，能者上，庸者让，实行动态管理，使人人思想上有压力，有动力，增强工作上的积极性、主动性；参加市公司组织的篮球比赛、乒乓球比赛等活动，并取得优异成绩；组织员工徒步、野炊等活动，既增强企业的凝聚力、向心力和战斗力，又调动职工为邮政事业奉献的热情和工作积极性，营造较好的工作氛围。（罗瑞庆、范讯影）

附：中国邮政集团公司广东省陆河县分公司领导名录

总 经 理：余广海

副总经理：黄茂泉

电信

【概况】中国电信股份有限公司陆河分公司（以下简称"电信陆河分公司"）主要经营4G移动电话、高速光纤宽带上网、固定电话、114号码百事通等电信服务，并为党政军和企业客户提供计算机网络应用、系统集成、光纤组网等信息化服务。

【市场运营】推进划小经营承包、光网战略，强化规模与效益发展，收入结构持续优化，全面完成年度经营目标，取得良好业绩，实现"十三五"良好开局。业务收入完成市分公司下达年度预算的102.47%，在汕尾市排名第一。

【电信设施】推进移动4G站点建设，完成118个基站（含12个室分）建设和开通入网工作。加大资源获取力度，完成292个小区28540个端口的建设工作；累计建成有423个小区51815个端口，光网建设初具规模。持续简化网络，加快无效设备退网。实现退铜1.1万线对公里；完成河口、水唇、新田3个S1240端局退网。

【文明创建】推进文明创建，更新大院内宣传栏，实施"点亮"工程，切实做好"门前三包"的卫生整治；配合县委县政府开展创文宣传和志愿者活动，迁移杆路38处，通信管道18管孔公里。

【企业建设与文化】加强党建工作，优化划小承包，渠道建设初见成效；精细管理逐步加强，员工福利得到提升。2016年，电信陆河分公司党总支荣获省公司"先进基层党组织"称号。

（罗卫平、彭秋芬）

附：2016年中国电信股份有限公司陆河分公司领导名录

总 经 理：叶仲文（5月离任）

　　　　　张焕乾（5月任职）

副总经理：黄楚鑫　朱锦标

　　　　　郑木信（挂职）（8月任职）

移动通信

【概况】2016年，中国移动通信集团广东有限公司陆河分公司（简称中国移动陆河分公司）积极响应国家"宽带中国""互联网+"战略要求，强化网络格局建设、转变市场运营观念、强化企业管理和队伍建设，锐意进取、特色发展，提高发展质量和效益，持续提升信息网络服务水平。

【网络建设】巩固网络优势，加快基础网络建设，使4G网络实现乡镇全覆盖。协同潮惠高速、工业园区、教育园区、公路改造等基础建设工作，完成年度投资近3000万元，移动网络覆盖更加全面，信息网络基础更加稳固，让更多用户享受到移动4G的便捷与高效，并增强为政企、家庭、个人提供信息化整体解决方案的基础能力。

【客户服务】推进"和4G心服务"服务举措，强化服务业务与素质培训，提高服务能力；开展营业网点的明查暗访，提升服务质量；优化集团客户，强化"贴身"服务、个性服务，保持集团客户的稳定高满意度。

【聚焦4G发展】结合地方特点开展特色营销，强化实名认证、4G换卡，通过全服务界面推动、阶段优化和持续改善，推动4G快速发展，4G客户渗透率近40%；加强监管、开展培训与宣传、持续改善，确保4G服务质量。

【全业务发展】大力拓展政企与家庭宽带业务，行政村以上公务单位和所有企事业单位、工业园区、教育园区实现政企信息化解决能力全覆盖；近3万个家庭开通宽带业务，家宽产品广受群众好评；强化教育信息化，全县70%的学校开通"和教育"服务，并试点开通智能卡等移动互联服务，切实协同提升教学管理水平。

【企业管理】实行"首问责任制、工作时限制、闭环管理制"，强化过程管控，细化目标管理。强化安全教育宣传、环境整治，优化公司内外环境。组织系列团队活动，激活员工活力，团队氛围更加团结向上。切实履行"三严三实"，推进党风廉政工作，营造企业和谐发展氛围。（李志妙、彭志源）

附：2016年中国移动通信集团广东有限公司陆河分公司领导名录

　总　经　理：张贵阳（11月离任）

副 总 经 理：余坚勇（11月任职）
总经理助理：庄卫星（5月离任）

联通通信

【概况】2016年，中国联通陆河县分公司在省、市公司和县委、县政府的正确领导和支持下，动员全体干部员工凝智聚力，抢抓机遇，变革创新，着力提升收入规模和市场份额。

【腾讯公司联合中国联通推出腾讯王卡】2016年年末，为回馈腾讯老用户，腾讯公司联合中国联通而推出的号卡产品，其最大亮点就是提供腾讯旗下的应用免流量服务。

【企业团队建设】2016年8月4日上午，汕尾联通在田家炳中学举行以"活力向汕，运动联通"为主题的第一届职工运动会。共300余位职工代表参加此次运动会。本次运动会践行"激情工作，快乐生活"的企业人文关怀主题，同时展现汕尾联通积极向上、勇往直前的精神面貌，是汕尾联通全面提高人才素质的重要内容。（曾俊欣、彭思丹）

附：2016年中国联通陆河县分公司领导名录

　总经理：余木义

城乡建设·房地产业

综述

【概况】陆河县住房和城乡建设局(以下简称"县住建局")围绕县委、县政府"打造优雅陆河,实现绿色崛起,建设宜居宜业宜游客家新山城"的总体目标,按照工作计划,履行职责,服务全县发展大局。

城乡规划

【县城总体规划】县住建局按照《陆河县振兴发展行动计划》,落实好"一轴三圈"战略规划,完成《陆河县县城城市总体规划》修编初步成果,计划按程序上报。参与新河产业集聚区总体规划,完善各项规划编制,服务好企业进园区各项准备工作。同时,县住建局积极争取省、市相关部门和县委、县政府支持,加快推进县城片区和镇村规划工作的实施。

【垃圾收运建设】县住建局制订《关于建立健全城乡生活垃圾管理长效机制的工作方案(试行)》,争取县财政每年拨付374万元资金专项用于农村环境卫生管理工作。同时,在全县农村生活垃圾"四有"的行政村达到100%基础上,抓好7个镇的村级生活垃圾收集设施示范点建设,促进全县收集点设施的全面升级完善。

【污水处理设施建设】河口镇、螺溪镇的污水处理厂基本完成厂区、配套管网的建设和设备安装,已通水试运行;陆河县作为全省15个整体推进村镇污水处理设施PPP招商示范县之一,已完成采购招标社会资本所有前期工作,进度排在全省15个示范县的第5名。

房地产建设

【房地产管理】县住建局贯彻国家和省、市房地产调控政策,稳定房地产市场。对螺河湾、泰裕广场、泰安居、梓轩华府、翠堤湾等房地产项目加强监管,确保工程质量和施工安全,确保房地产企业健康发展。同时,跟踪服务好河口新城、螺河半岛等房地产项目建设。

村镇建设

【宜居村镇建设】至2016年年末,螺溪镇、河田镇、河口镇、水唇镇被省住建厅评为广东省宜居示范城镇;水唇镇高塘村、新田镇参城村、河田镇共联村、新田镇丰山村、河口镇剑门村、螺溪镇螺溪村被省住建厅评为广东省宜居示范村庄。

【农村危房改造】2016年,全县农村危房改造任务2254户,县住建局严格按照制定的《陆河县农村危房改造实施方案》等系列文件,遵循公平、公开、公正的原则,推进农村危房改造工作,做到完成一批发放补助资金一次,现已全部开工,实际竣工1843户,已拨付资金737户1105.5万元。

建设管理

【燃气市场管理】加强燃气安全生产管理,与相关职能部门加强沟通协调,齐抓共管,确保安全。同时,推动中燃公司新河产业集聚区管道燃气按时实现通气点火,加快推进县城管道燃气建设。

【建筑工程管理】一是建立健全质量安全监管体系。县住建局履行职能,加强建筑工程质量安全法

律法规宣传、建筑施工安全管理、专项检查和施工过程监管。落实档案管理和报监制度，全面深入治理高支模、深基坑、塔吊等各类事故易发部位，以预防高处坠落、机电伤害和坍塌事故。加大淘汰、限制使用落后技术工艺和设备的力度，确保工程的安全和质量。全县在建工程14个，共开展建筑工程安全生产检查129次，出动386人（次），发出整改通知书108份，要求整改记录147条，进行动态管理扣分有93条，涉及的监理和建筑企业共9家。二是加强勘察设计管理和测绘工作。依照《广东省建设工程勘察设计管理条例》等法规，县住建局加强对勘察设计活动的监管。2016年工程项目均按要求进行勘察设计，达到国家规范的各项要求。

建筑业

【健全招标投标制度】按照《广东省实施〈中华人民共和国招标投标〉办法》《广东省招标投标管理规定》等有关规定，规范建设工程招投标市场秩序，对各项程序严格把关，全程监管，确保建设工程招投标做到公平、公正、公开，实现招投标项目零投诉。2016年全县招投标的建设项目共27宗，总招标价15512.6万元，中标14837.6万元，节约资金675万元，平均下降4.35%。

【健全质量监管体系】建筑工程质量安全监督站履行职能，加强建筑工程质量安全法律法规宣传落实档案管理和报监制度，完善工程质量安全检测、抽查、考核和验收制度，加强建筑工程质量、建筑施工安全管理、专项检查和施工过程监管。

（彭丽思）

附：2016年陆河县住房和城乡建设局领导名录
  局　　长：罗洪声
  副局长：彭秋娜　罗金焕　黄建军

房地产业

【概况】陆河县房地产开发总公司是经营房地产开发及商品销售的房地产开发企业，资质等级为三级。房地产总公司所开发的吉康商贸大厦建设顺利进行，为陆河县的税收收入做出重大贡献，是创税大户，创造出客观社会效益和经济效益。

【吉康商贸大厦项目】房地产总公司所开发的吉康商贸大厦项目位于陆河县县城陆河大道（聚福苑以北）是市重点项目之一。为加快推进陆河环境整治和城市化进程，为陆河建设成为宜居宜业宜游客家新山城提供经济社会可持续发展开发重要项目。该项目规划总用地面积6940平方米，规划总建筑面积为85600平方米。其中：规划地下停车场3层，地上2栋22层、2栋26层；1至3层为综合市场、4至26层为住宅楼，住宅总户数为320户。项目分为A、B、C、D共四幢，其中首期开发的是C、D幢。首期工程进展基本顺利，项目于2015年12月开工建设，至12月，项目已完成吉康商贸大厦C、D幢的桩基础、支护桩工程项目、地面6层主体建设。

（马文欢）

附：2016年陆河县房地产开发总公司领导名录
  总经理：彭汉勇

环境保护

【概况】陆河县环境保护局(以下简称"县环保局")对本行政区域内饮用水源水质保护工作实施统一监督管理,根据省政府《广东省人民政府关于印发部分市乡镇集中式饮用水源保护区划分方案的通知》(粤府函〔2015〕17号)的批复,陆河县8个乡镇及县城集中式饮用水水源保护区达50多平方公里。2016年已全部完成全县9个集中式饮用水源地保护区的隔离防护设施工程。

【生态文明建设】做好饮用水源地环境保护工作,落实全县集中式饮用水源保护区的监测工作和加强乡镇集中式饮用水源的环境执法,确保饮水安全;加大环境污染治理力度,重点抓好示范县二期项目、螺河环境综合整治及保护陆河县城二期管网续建工程等项目的建设,确保早日发挥环境效益。

【生态环境保护】以陆河县农村环境连片整治示范县试点项目为重点,大力推进陆河县农村环境保护工作。2016年,重点实施陆河县农村环境连片整治示范县试点项目,总投入3000万元。竣工项目有:农村生活污水湿地处理示范工程、垃圾处理工程等项目,起到"以点带面"的示范作用,确保专项资金落到实处。续建项目有:陆河县城二号泵站及人民南路二期管网续建工程和二期续建工程、螺河环境综合整治及保护(一期)续建工程、陆河县农村环境连片整治示范县项目。

【环境污染治理】对高砂大塘、河东高田和下半径、上径下屯、各安、内洞连塘、圳口田尾、共联下圳坝、樟河圩和野鸭等10个自然村开展农村环境连片综合整治,建设10套人工湿地农村生活污水处理设施,规模达2420吨/日;开展螺河整治及保护工程,清理万全河道,对螺河沿岸部分村庄进行截污。对新田锡矿塌山环境整治、新田村环境连片整治、南万万全河水环境综合整治等项目的监督管理。

【环境监测】2016年共完成企业常规性监测20多家,河流地表水监测20次。在螺河、榕江11个乡镇交界水质监测点位,共监测12次,并建立螺河、榕江监测数据台帐,委托市监测站对109项指标进行监测,确保饮用水水源安全。

【污水处理】2016年,全县建成污水处理厂1座、农村污水处理人工湿地11套,河口、螺溪两中心镇污水处理厂已完成厂区主体工程建设,全县污水日处理能力1.762万吨,实际全年处理水量521.6万吨,增长3%。(范世欢、彭秋瑾)

附:2016年陆河县环境保护局领导名录
局　　长:陈庆欣(10月离任)
副局长:郑建康　谢援参(7月离任)

商贸流通

批发零售业

【批发零售业】批发零售业是社会化大生产过程中的重要环节,是决定经济运行速度、质量和效益的引导性力量,是全国市场化程度最高、竞争最为激烈的行业之一。至2016年年末,全县批发零售业商品销售总额406537万元,其中限额以上59208万元,限额以下347329万元;批发业销售额85103万元,限额以上43915万元,限额以下41188万元;共有批发零售业8803户,零售业销售额321434万元,限额以上15293万元,限额以下306141万元。

粮食储备供应

【粮食宏观调控】一是研究拟定粮食行业发展战略和中长期规划,编制全县粮食购销、储备年度计划,并按照逐级平衡、分级管理的原则,组织实施和监督检查全县总量平衡;二是组织、协调、检查、抓好粮食收购工作,做好城乡、军队、水库移民、缺粮贫困地区和国家重点建设项目的粮油供应;三是提出粮油储备的布局规划并组织实施;监管企业代储中央、省、市储备粮油,检查督促各存粮库点县级粮油储备计划的落实;推动库存粮食推陈储新,组织实施社会粮油流通的宏观调控,调剂丰欠余缺,应付突发事件;四是会同有关部门对粮油市场、粮油价格进行调控管理;贯彻执行国家粮油质量标准、粮油检测制度和办法,对粮油安全储藏、推陈储新进行监督检查和指导;五是按照基本建设管理程序,负责重点粮油设施的规划布局和建设管理,参与指导各粮所粮油流通设施的建设;六是会同有关部门管理粮食风险基金,按政策落实拨补各项专项补贴资金到位,组织实施粮食财务、会计制度、汇编财务统计报告和会计决算;指导和监督粮食系统财务工作;负责粮油等各项统计工作;七是管理直属单位,指导各粮所和直属单位的安全生产工作、管理全县粮食职工队伍建设,负责粮食信息的上传下达,组织推广重大科技成果。

【粮食储备与管理】认真做好储备粮油管理工作。抓好科学储粮,保质保量监督检查每一批次粮食,做好质量检验审核和样品抽检等相关手续,坚持抓好粮食监测检查,及时做好通风散热、虫情监测、熏蒸除虫等工作,确保陆河县储备库存粮油任务的储放安全。

全面落实粮油储备任务 2016年全县国有粮食企业落实储备粮任务(原粮)4326吨、食用植物油70吨、县级粮食风险金130万元。

粮食安全政府责任制考核 根据《汕尾市人民政府关于完善粮食安全政府责任制的实施意见》(汕府〔2016〕26号)、《汕尾市人民政府办公室关于印发〈汕尾市粮食安全责任考核办法〉的通知》(汕府办〔2016〕38号)号精神,县委、县政府全面落实各级政府和职能部门的粮食安全工作责任,将粮食工作纳入党政领导政绩考核的主要内容,牵头组织发改、粮食、农业、财政等职能部门,贯彻国家省、市粮食政策,落实粮食安全各项工作措施,确保全县粮食安全。2016年经汕尾市人民政府粮食安全责任考核领导小组考评,被评定为"优秀"。

粮食安全监测工作 贯彻落实《粮食流通管理条例》《广东省粮食安全保障条例》,确保全县粮食安全各项工作措施落实到位、陆河县储备粮油数量真实、质量保证、储放安全。贯彻落实《陆河县粮食应急预案》《陆河县粮油市场保供稳价工作方案》等应急机制,加强粮油市场监测,健全完善全县粮油市场监测网络,建立粮食应急网点12个、价格监测采集点2个、粮油供应平衡调查联系户23户,随时掌握全县粮食供应信息和价格水平以及粮食市场经济

动向，为平仰粮价提供可靠的信息平台，保持与周边县（市、区）主要产粮区长期稳定的购销合作关系，有效地保持企业粮食库存规模，平衡粮食市场供求，确保粮食市场价格平稳，稳定全县粮食市场秩序。（欧阳碧绸、叶国活）

附：2016年陆河县粮食局领导名录

　　局　长：朱锡裕
　　副局长：沈思涛（4月离任）
　　　　　　彭永作　欧阳碧绸（7月任职）

石油销售

【石油销售】陆河县共有12家加油站（国有企业5家，民营企业7家），总罐容量为1126立方米，加油机共42台。2016年，油品销量达18799吨，实现总经营额17884万元。（刘伟刚、欧阳婷）

商品供销

【概况】2016年陆河县供销合作联社（以下简称"县供销联社"）在县委、县政府的领导和上级主管部门的精心指导下，认真贯彻落实中央国务院、省市供销社改革发展的重大部署，围绕县委、县政府的中心工作，积极服务"三农"，发挥供销职能作用；切实做好维稳，构建和谐供销。

【服务三农】县供销系统分别组建上护香蕉种植、河口齐巴石种植、水唇连湖黄榄种植、新田坡坑青梅种植、螺溪黄竹塘苗竹种植等22家农民专业合作社，带动农户1350户参与农业产业化经营，以实现助农增收和自身发展；根据陆河县农村市场流通特点，发挥自身优势，县供销社积极参与"万千乡村"市场工程建设，构建新农村现代流通网络，在县城设立"配送中心"、村镇设立"农家店"，为农村消费提供便捷服务，积极开展"农超对接"。至2016年年末，实现农超对接的农民专业合作社有22家，平价商店4家。县供销联社始终把实现好、维护好、发展好最广大人民群众的根本利益作为一切工作的出发点和落脚点，为服务"三农"工作发挥最实质性的职能作用。

【构建和谐供销】县供销联社各基层社有企业普遍存在散、弱、小甚至名存实亡的状态，加上历史债务包袱重，拖欠职工社保费数额较大，维稳压力大。资不抵债，给供销系统业务开展带来许多不稳定因素。维稳工作便成为县供销联社的重要政治任务，主要领导负总责，带头化解矛盾纠纷，认真对待上访信访等工作，定期排查及时掌握最新动态和苗头倾向性问题，采取有力措施力争以妥善解决，把问题化解在最基层，避免出现群体性不良事件和集体上访时间，维护社会、供销社的和谐稳定。（朱凤台、罗丽莎）

附：2016年陆河县供销合作联社领导名录

　　主　任：朱少伟（12月离任）
　　　　　　张世迪（12月任职）
　　副主任：叶永茂　朱学颂

生活服务业

【生活服务业】生活服务业是服务经济的重要组成部分，是国民经济的基础性支柱产业，它直接向居民提供物质和精神生活消费产品及服务，其产品、服务用于解决购买者生活中（非生产中）的各种需求。主要包括餐饮业、住宿业、家政服务业、洗染业、美发美容业、沐浴业、人像摄影业、维修服务业和再生资源回收业等服务业态。大力发展生活服务业，是全面建设"两型社会"的现实需要，有利于转变经济发展方式，扩大消费需求，增加就业，优化经济结构，富民惠民，改善民生，增进社会和谐。至2016年年末，全县共有生活服务业2004户。（孔俊豪、黎建兴）

市场物业管理

【概况】陆河县市场物业局管理的市场有新城市场、螺溪市场（未经营，属闲置产业），主要工作任务是管理市场、协助县政府规划全县市场布局和市场的建设开发，拟定本县市场物业管理的规章制度和广告业务；维护和完善市场设施，开展检查监督，落实"创文""创卫"、挂驻村精准扶贫、市场安全防火，卫生等工作。

【新城市场】新城综合市场共三层，总建筑面积约6500平方米。综合市场分为肉菜、服装、家私三大类市场。其中：一楼肉菜市场面积2000平方米，档位154个，包括蔬菜档25个，猪肉档25个，牛肉档4个，烧腊档30个，鸡鸭档10个，水鱼海鲜档30个，京杂档30个；二楼服装市场面积2000平方米，服装档位共50个，主要经营男、女成人服装和童装以及各种鞋类；三楼家私市场面积2000平方米，主要经营顺德、佛山、东莞等地方的名牌家私，有家用、办公等木、皮制品中高档家私。一、二、三层市场管理完善，配套齐全。

【市场管理条例】档主按规定档位的范围内经营，服从新城市场管理人员的统一领导，统一管理。规范档主禁止销售的物品以及在市场交易中行为准则。人人都有保障市场的安全生产和经营的责任，凡在市场经营的档户，必须签订《安全防火责任书》并严格执行；要求各档户主自觉维护公共消防安全，掌握最基本的消防知识。

（邱志欢、彭意城）

附：2016年陆河县市场物业局领导名录

　　局　　长：邱志欢
　　副局长：叶佐露　叶娘凡

商业集团

【概况】陆河县商业企业集团公司按照《陆河县生猪屠宰管理机制改革方案》的工作要求，利用下属县食品公司各食品站定点屠宰场的资源优势进行生猪屠宰，由陆河县食品公司河城肉联厂生产，生猪收购及肉品配送由各食品站自主经营，实行生猪统一收购、检疫、屠宰、肉品批发、优先收购本地农户猪的原则。（叶子海）

2016年全县生猪收购、定点屠宰量、年产值等情况

本地猪	数量（头）	外地猪	数量（头）	年屠宰量（头）	年产值（元）
河口	6542				
上护	4646				
新田	5624				
东坑	2020	福建省	3060	41180	118941.629.5
水唇	4430				
河田	6854				
螺溪	8059				
南万	368			368	552.000
合计	38543	1	3060	41548	119493.629.5

烟草专卖

【概况】陆河县烟草专卖局、广东烟草汕尾市有限公司陆河分公司属"两块牌子、一套人马"的垂直管理体制，内设综合管理部、专卖管理办公室（稽查大队，下辖2个中队）、营销部3个职能部门。陆河县烟草专卖局（以下简称"县烟草局"）一方面努力践行"国家利益至上，消费者利益至上"行业共同价值观，自觉维护国家利益和消费者利益，上为国家创税利、下为社会谋福利，与国家共发展、与客户共盈利。另一方面，长期坚持把文明创建与行业发展的各项工作紧密联系起来，将文明建设工作目标列入班子、各部门负责人的目标责任书，广泛开展文明行业、文明单位等创建活动，员工文明素质得到不断提升，努力塑造"责任烟草、和谐烟草、诚信烟草、文明烟草"的良好企业形象。

【卷烟营销】县烟草局（分公司）狠抓卷烟营销、品牌培育、网上订货、电子结算、客户服务、终端

建设等工作,促进卷烟销量和效益的增长。2016年,共销售卷烟1.22万箱,同比增长4.96%;实现销售收入3.19亿元,同比增长6.02%;实现单箱销售收入3.06万元,同比增长0.99%;实现税利8676万元,同比增长13.54%。至2016年年末,实现零售客户满意度94%,同比基本持平;电子结算率97.10%,同比增加0.35个百分点;网订客户率96.69%,同比增加1.14个百分点;现代终端零售客户占比20.89%。

【卷烟打假及市场监管】加强卷烟打假和市场监管,始终保持卷烟打假高压态势,把"端窝点、断源头、破网络、抓主犯"为工作重点,加强对山区、果林场、城乡结合部等易发生制假案件的地点和场所进行巡查和监控,向社会大力宣传烟草专卖法律法规和打假政策。积极开展打击非法走私烟草专卖品专项行动、卷烟市场专项整治行动,严格执行"343"市场监管工作法和"3、9、10"时间分配要求。先后联合打假办、公安局、市场和质量局开展了1次打击假冒卷烟和清理整治卷烟市场联合行动,3次集中整治专项行动,突出打击摆卖假、私、非烟行为。全年共查处涉烟案件264宗,其中一般案件69宗,简易案件195宗。共查处5万元以上打假打私案件2宗,查获涉案卷烟209万支,烟丝1.75吨,总案值229万元。8月3日,县烟草局联合陆河县公安机关在潮惠高速公路陆河东路口查获无证运输卷烟案件1宗,案值50多万元,现场抓获司机2名。查获涉嫌运载假冒"中华(硬)""玉溪(软)""芙蓉王(硬)""南京(九五)""黄鹤楼(硬1916)"等32个品种规格卷烟共1732条。(彭苏怡)

附:2016年陆河县烟草局(分公司)领导名录

　　局　　长(经理):黄汉雄
　　副经理:钟晓宁
　　副局长:卢振帆

食盐专卖

【概况】2016年,广东省盐业集团汕尾有限公司陆河分公司(广东省汕尾市盐务局陆河县分局)在县委县政府和广盐集团汕尾有限公司的正确领导下,食盐安全得到稳固保障,专营政策有效落实、企业管理和配送网络制度逐步完善。2016年,销售各类盐产品1092吨。其中:小包装碘盐销售565吨,比2015年同期增销47吨,增销8.3%;食品加工用盐销售523吨,比2015年同期减销232吨,减销44.3%,工业盐销售3.9吨,全年非盐销售20.3万元。

【加强内部管理】推进客户经理工作,落实考勤和问责制度,提高队伍执行力,加强队伍管理。主要做好拜访客户、推介产品、落实定单和售后服务等主要工作内容,使其履行好配送访销、市场监管、销售网络增值三位一体职责。

【盐政执法】盐务局严格执行《关于加强全省食盐市场经营管理的通告》和《转发关于在学校后勤检查工作中开展食盐安全专项检查的报告》,认真开展对各类学校、幼儿园食堂、机关企事业等单位以及食品加工企业购买使用食盐的监管和检查工作。对辖区内的用盐单位进行全面的清理清查、造册登记、资料收集、建档管理,并与部分用盐单位签订"两书"(承诺书和合同书),对用盐单位实行定期检查和不定期抽查,对盐产品流向实行跟踪管理,有效地预防非食用盐冲销食盐市场的违法行为。同时加大对餐饮行业、食品加工行业的检查力度,严格查处把工业盐充当食盐使用的行为,对群众举报的线索,及时落实人员进行稽查核实,加大对案源的摸查力度并进行打击,有效地规范食盐市场的市场秩序。2016年,出动检查人员2000人次,与相关部门联合执法3次,检查市场280次(其中包括检查用盐企业5家;商场超市55家;饮食店、机关和学校食堂51家),发放宣传资料1万余份,查获盐业违法案件23宗,没收盐产品1.50吨,罚没收入0.52万元。

【食盐安全宣传】认真开展各项宣传活动。一方面,放发宣传资料一万余份,贴挂《关于加强全省食盐市场经营管理的通告》90张,发放并回收食盐安全调查问卷2350份,并录制VCD宣传片,通过陆河电视台、网络等渠道进行播放,有效地提高

当地群众对碘缺乏危害的认识,取得良好的宣传效果。另一方面,联合县相关职能单位开展市场检查工作,查处违法涉盐案件多宗,进一步规范食盐市场秩序。(庄尚霞)

附:2016年广东省盐业集团汕尾有限公司陆河分公司领导名录

　　经理(副局长):彭军科
　　局长:朱文象

对外贸易

【概况】陆河县外贸进出口企业共5家:日升珠宝厂、祥盛针织品有限公司、麦卡电工(陆河)有限公司、陆河首创塑胶五金有限公司、宏玮幼童用品有限公司。

【进出口贸易】2016年,完成进出口总额4671万美元。其中,外贸出口总额3804万美元,同比增长18.4%;外贸进口总额867万美元,同比下降47.2%。

【利用外资】合同利用外资766万美元,下降41.2%。实际利用外资增幅大。实际利用外商直接投资128万美元,增长195%。(刘伟刚、欧阳婷)

旅游业

【概况】陆河县旅游局（以下简称"县旅游局"）按照县委县政府提出的"园区工业、基地农业、生态旅游、美丽城乡、活力陆河"的发展战略，围绕"花泉林歌、悠然陆河"旅游品牌，做好各项工作。据统计，2016年陆河县旅游人数达到69万人次，同比增长18%，旅游收入约19714万元，同比增长20%。

【旅游宣传推介】参加广东省旅游产业博览会，同时到贵州、福建、江西等地进行旅游推介，印制宣传画册和认定展位，宣传陆河县的旅游资源，向当地推广陆河旅游文化特色以及旅游景区景点。同时拍摄县旅游宣传片，加大生态陆河形象宣传，通过旅游宣传引进更多的商业机遇。

【申请资金建设旅游项目】3月，县旅游局与县发改局联合上报"关于陆河县旅游基础设施和公共服务设施建设2016年中央预算内投资计划建议方案的请示"，获得中央投资经费1000万元，用于罗洞世外梅园旅游基础设施和公共服务设施建设。同时申报螺洞世外梅园旅游厕所项目获得建设资金15万元，现该项目已竣工使用。

【开展旅游规划编制工作】邀请广东省旅游控股集团旅游产业研究院有限公司到陆河县进行全面调研，修编《陆河县旅游发展总体规划》，做到旅游发展，规划先行，进一步推动陆河县旅游业可持续发展。

【罗洞世外梅园景区建设项目】罗洞世外梅园项目已完成可研、环评等立项工作，并成立汕尾市首个村级股份公司。目前，景区路桥扩建、游客服务中心等配套项目正在建设，3A景区已通过评审，并规划在3至5年内在罗洞建成宾馆、酒店、民俗展示馆等项目，使罗洞成为整个粤东地区最具特色的乡村旅游景区之一。

【规范行业管理】一是开展"诚信旅行社"评选活动，规范旅游企业经营及服务行为，引导督促旅游企业重视信用建设；二是和各旅游企业签订《安全生产承诺书》，实现陆河县全年无旅游事故发生。

（叶伟振、彭美玲）

附：2016年陆河县旅游局领导名录
  局 长：罗小宁（8月离任）
  副局长：罗洪广

陆河

教育·科学

LUHE YEARBOOK

教育

综述

【概况】 2016年,全县教育工作以"科教兴县""人才强县"战略,坚持"巩固、发展、稳定、提高"为原则,巩固创建"广东省教育强县""义务教育发展基本均衡县"成果,以开展教育攻坚战为契机,积极推进教育现代化先进县建设,顺利完成年度工作任务。至2016年年末,全县共有小学78所、初级中学14所、普通高中5所,在校生43176人;职业技术学校1所,在校生1669人;幼儿园26所,在园幼儿10029人;广播电视大学1所,在校生2600人。全县在编教职工共3680人。

【教育园区】 教育园区按照"一园六校多配套"建设规划,高标准、高效率全力推进,并取得显著成效。陆河中学新建校门,学校设施趋于完善;县职校教师公租房建设即将完工;县特殊学校主体工程和配套设施基本完善,为2017年招生打下坚实的基础;党校、电大综合楼已竣工验收,于9月投入使用;集"五馆"于一体的县文体综合馆已完成基础工程建设。

【推进教育现代化先进县建设】 为进一步提升教育综合实力和整体水平,实现教育跨越发展,制定《陆河县创建"广东省推进教育现代化先进县建设"实施方案》,并开展创建工作。至2016年年末,陆河"教育云平台"硬件工程已建成,全县各学校制订"特色学校"创建方案,河南小学、河田小学、高砂小学、河东小学、实验小学等学校的智慧教育试点顺利开展。

【实施强师兴教工程】 一是实行校长公开选拔、竞争上岗制度,暑假已完成50%的初中校长竞争上岗工作。二是组织全县中小学教师进行信息技术应用提升培训、243名中小学教师报名参加北京师范大学网络教育的贫困老区县学历提升项目本科、专科培训。三是全县教育系统开展"守纪律讲规矩、正作风提效能"宣誓活动。四是开展"陆河县十大最美教师"评选和"我心中最美的教师"征文活动。

【教育科研】 全县教师积极参加课题研究,课题研究结硕果。2016年中小学共有27个省市级课题结题,其中25项省级小课题获广东省第二届小课题教育教学成果奖,占全市总数的32%;有53个市级"十三五"课题立项,5个省级"十三五"课题立项。

各类教育

【学前教育】 2016年,全县幼儿园26所,其中教育部门举办9所,社会力量举办17所;学前教育在园幼儿10029人,学前三年毛入园率91.40%;教职工519人,其中专任教师316人。全县规范化幼儿园22所,占比84.61%。全县普惠性幼儿园23所,占比88.46%。

【特殊教育】 全县残疾儿童少年随班就读37人,其中在中学随班就读4人,在小学随班就读33人,"三残"(智残、体残、肌残)儿童少年入学率97.80%。

【义务教育】 全县有完全小学69所、小学教学点7所、九年一贯制学校1所、十二年一贯制学校1所;小学在校生22791人,适龄儿童入学率100%,毕业生3545人,升学率100%;教职工1728人,其中专任教师1483人,本科以上学历356人。全县有初级中学14所(含完全中学2所、九年一贯制学校1所、十二年一贯制学校1所);在校生11560人,毛入学率103.78%;教职工1286人,其中专任教师1119人,本科以上学历935人。全县义务教育阶段标准化学校覆盖率100%。

【高中阶段教育】 全县有高中阶段学校6所,其中普通高中5所(高级中学2所、完全中学2所、十二年一贯制学校1所）、中等职业技术学校1所。普通高中在校生8825人，有2960人参加高考，本科以上入围790人，其中第一批本科入围136人；教职工762人，其中专任教师711人，本科学历716人。县职业技术学校在校生1669人，毕业生549人，毕业生"双证率"达93%、就业率98%；教职工112人，其中专任教师98人，本科以上学历97人；专任专业课教师59人，"双师型"教师32人。2016年全县高中阶段教育毛入学率91.70%。

【民办教育】全县有民办幼儿园17所，其中县城8所，农村9所，持《办学许可证》17所；在园幼儿3776人（大班1751人、中班1295人、小班730人），占全县在园幼儿的37.65%。全县有民办学校1所——陆河县外国语学校，是十二年一贯制学校。在校生2007人。其中：小学生676人、初中生696人、普通高中生623人；教职工149人，其中专任教师123人，本科以上学历123人。（张益龄、彭武年）

附：2016年陆河县教育局领导名录

局　　长：叶胜杯

副局长：江展翔（兼陆河中学校长）

　　　　林振发　叶向阳

学校选介

【陆河县广播电视大学】陆河县广播电视大学创办于1993年，于2013年6月与中共陆河县委党校合署办公，实行一套班子，两块牌子的建制管理，内设办公室、教务处、总务处、远教中心、培训处、教研处、招生办等7个职能部门。现有在职教职工22人，政府雇员11人，临工1人，稳定兼职教师30多人。

陆河县广播电视大学是陆河县政府直属的以开展成人学历教育、非学历短期培训为主的成人高等学校。

电大开放教育　本学年共开设30个专业班，注册在籍学员1900多人，本科专业2个，专科专业4个，总开出课程177门，培养本、专科毕业生913人（其中本科生137人，专科生766人）。

奥鹏网络教育　电大奥鹏学习中心的福建师范大学、大连理工大学、中国医科大学、哈尔滨工业大学四所授权高校，注册在籍学员共700多人，2016年毕业生共275人。（刘汉庭）

附：2016年陆河县广播电视大学领导名录

广播电视大学校长：叶左展

副　校　长：廖伟凡　谢德周

校务委员：罗国雄　刘汉庭

【陆河县河田中学】陆河县河田中学地处粤东海陆丰革命老区，是汕尾市重点高中，广东省一级学校。创办于1934年，原名陆丰县立第二中学，办学历史悠久，文化底蕴深厚。1988年3月陆河建县，学校更名为陆河县河田中学。1999年9月，成为全市第一所高级中学。2002年9月，学校步入快速发展期，并迁至现在县城南郊的新校，具有一流的自然环境和教育设施。

河田中学是公办制三年高中学校，现有60个教学班，学生3400人，教职工234人，其中专任教师200人。校园占地总面积18万平方米，生均57平方米；教学楼、行政办公楼、图书馆、电教楼、实验楼、师生公寓、食堂等建筑面积近6万多平方米，生均近20平方米。各种教辅功能室较为齐全，学校常规教学仪器设备均按国家级示范性高中标准配齐，图书馆藏书22万册，电子图书（高中版）30多万册，电教多媒体阶梯课室2间，座位1000个；教学平台68个，计算机总台数648台。学校有100兆网线接入国际互联网，宽带网终端接入每一个处室，并且建立校园网、资源库、微信公众号、智慧教室、信号屏蔽系统、考试监控系统、网上评卷系统和安全监控系统。

河田中学将办学思想与素质教育、优良传统与时代精神、文化积淀和内涵发展结合起来，用科学发展的眼光，明确"办人民满意学校、育现代合格人才"的办学宗旨，确立"以人为本、和谐发展"

的办学理念，"制度保障、人文关怀"的管理理念，"教学相长、师生共进"的教学理念，秉承"学会做人、学会求知、学会健体、学会创新"的校训，形成"朴实、勤奋、守纪、进取"的校风，"敬业、爱生、严谨、团结"的教风和"谦虚、好学、刻苦、向上"的学风，将"艰苦奋斗、自强不息"的河中精神发扬光大，取得显著的办学效益，高考成绩突飞猛进，办学实力不断提升，实现跨越式发展，赢得社会广泛好评。学校先后被评为省一级学校、省普通高中教学水平优秀学校、省优秀现代教育技术实验学校、"英特尔未来教育"项目推广示范学校、省绿色学校、省安全文明校园、省文明单位、省国家级示范性普通高中、全国精神文明建设工作先进单位、全国师德建设先进集体。（黄显韶）

附：2016年陆河县河田中学领导名录

校　　长：刘贵真

副校长：彭伟翔　马德岸　叶庆元

【陆河中学】 陆河中学创建于2008年，是一所公办普通高中，于2008年秋开始招生，因新校尚未建成，借用县城附近的一所空置的小学招收249个高一新生开始办学。2009年迁入位于陆河县教育园区的新校，新校占地面积390亩，建筑面积89000平方米，概算总投入2亿元，建成后可提供4500个普通高中学位。教学区、生活区、运动区基本独立，教学区规划有1栋综合楼、1栋劳技艺术楼和3栋教学实验楼，3个年级可实现独立管理。生活区规划设计有2个食堂、4栋学生宿舍和教师工作房。运动区有400米标准田径场。学校按省一级学校标准高起点规划设计，建筑群以客家"围龙屋"传统建筑风格为设计理念，融入生态文明的先进理念，依山傍水而建，从而达到环境与建筑的和谐统一，打造一流的人文与育人环境。学校的办学方略是"以规范促发展，以质量创名校，以特色树品牌"。至2016年年末，学校已经发展壮大为拥有3000名学生，243名教职工的办学规模，2016年度被评为汕尾市艺体类高考优胜奖。

2016年，狠抓教学质量的提升。始终把教学质量的提升作为学校的中心工作，作为学校发展的重中之重，凝心聚力抓教学，千方百计提质量，与全校教工形成共识，立足校情，通过抓师德师能建设、抓教研组备课组建设、抓教学常规的精细化管理、抓教学科研、抓毕业班管理等措施，有力地提升教育教学质量。陆河中学在2016年高考中大幅度超额完成教育主管部门下达的指标，实现"低进高出，高进优出"的育人目标。各类竞赛成绩突出，数学、化学、生物、物理、书画、演讲等各类比赛成绩突出。

教师是学校可持续发展的生命之源，师资队伍建设是学校建设的基础工程。建设一支合格的、优秀的教师队伍，是学校改革与发展的根本保证。陆河中学十分重视教师的成长，努力营造教师的敬业环境，积极铺垫教师成功之路。以新的理念关注教师的发展，以新的要求确定教师的标准，以新的举措编织教师成长的摇篮。

学校实行后勤社会化管理，全面实现全寄宿后勤服务和管理体系。加强行政后勤工作管理，提高保障质量。不断教育引导行政、后勤人员树立服务师生意识，完善岗位职责制度，做好服务保障工作，使行政、后勤切实做到为师生排忧解难、办实事好事，确保教学秩序正常运转。重视党建、工会、团组织工作，充分发挥党员先锋模范带头作用，发挥群团组织在学校工作中的建设性作用，使之成为学校党政领导联系教职工的桥梁通道。（柏振江、彭志干）

附：2016年陆河中学领导名录

校　　长：江展翔

副校长：黄德忠　柏振江

【陆河县职业技术学校】 位于陆河教育园区，2016年有全日制在校生1669人，教职工112人，毕业生549人，毕业生"双证率"93%、就业率98%；其中专任教师98人，本科学历96人，专业教师59人，双师型教师32人，研究生学历或硕士学位以上学历1人。

2016年，新校已完成征地25公顷。一期建设工程已投资3500万元，分别建有2栋实训楼共7549平方米、1栋艺术楼3529平方米、2栋学生宿舍5132平方米、1栋食堂。新校配置有专业实训室40间，多媒体教学平台教室27间，实训仪器设备总值695万元。

陆河职校办学11年来，秉承"厚德强技，知行合一"的校训精神，坚持以服务为宗旨，以就业为导向，以培养具有综合职业能力，在生产、管理、服务一线工作的高素质劳动者和技能型人才为目标，厚植工匠文化，培养一批又一批的优秀毕业生，为社会、企业、高职院校输送大量的优秀人才。开设专业有学前教育、建筑装饰、会计、计算机应用、电子商务、计算机平面设计、汽车维护与应用7个专业和高职高考班。在校生全部享受国家免学费政策，贫困生同时享受国家助学金补助。2016年，学校有116人享受国家助学金补助，每人每年补助2000元。学校还设立企业奖学金每年5万元，奖励优秀学生和帮扶贫困学生。学校已与70多家企事业单位建立良好的实习、就业合作关系，毕业生就业渠道畅通，就业率达98%以上。

学校努力打通"三二分段"中高职衔接、"3+证书"高考等全日制高职院校升学通道。其中：学前教育、建筑装饰、会计3个专业同高职院校开展"三二分段"合作办学，即学生在陆河职校学习三年，可到高职院校继续学习二年，毕业后可取得高职院校全日制大专毕业证书。

2016年8月，学校被中共广东省委、广东省人民政府、广东省军区评为"广东省爱国拥军模范单位"。（罗名倍、彭永旺）

附：2016年陆河县职业技术学校领导名录

校　　长：彭顺荣

副校长：罗名倍　彭永协（9月任职）

科学技术

综述

【概况】陆河县科学技术局（以下简称"县科技局"）属陆河县正科级事业单位，共有编制12人，现有干部职工12人。内设人秘股、科技业务股和知识产权股，下设有陆河县地震局（副科级事业单位）和陆河县生产力促进中心（股级事业单位），县科技局行使政府科技行政管理职能，负责全县科技工作以及科技政策、法规制定等工作。

科技工作

【科技示范基地建设】2016年陆河县创建广东省青梅种植加工技术创新专业镇1个（东坑镇）、汕尾市技术创新专业镇1个（南万镇），建立汕尾市技术研发中心4个（乌盾山、伟能、生宝、重信）、广东省健康农业示范基地2个（伟能、生宝），依托乌盾山茶业公司建立华南农业大学茶业教育科研基地和教学实习基地1个、广东省青少年科技教育基地1个（南万红椎林），生宝、伟能、乌盾山、重信等4家企业成为省农业科技园入园企业，在伟能食品有限公司创建省农业科技创新中心，建立县级现代农业科技示范基地3家，县级小型科普基地5家。

【科技攻关课题立项】2016年陆河县向省、市推荐科技计划项目8个，3个课题通过省、市立项，在研省、市课题5项，其中，陆河县重信生物开发有限公司"灵芝膏产品研发及生产技术改造"项目获得市科技计划立项。陆河县重信生物开发有限公司获批市级研发中心。

【科技宣传培训】针对陆河县的特色产业，举办培训班。充分利用"科技进步活动月""4·26知识产权宣传周""5·12防灾减灾日"等活动，组织科技工作者利用科技宣传、咨询、培训、讲座等形式，开展青年科技创业、农业实用技术、电脑以及现代企业管理等培训，使科学文化知识深入到社区、学校、企业、农户，进一步提高广大群众科技文化素质。共组织大型科技宣传咨询活动5场，各类培训班8期，参加培训学员400多人次，讲座4场，参加人员达400多人次。

知识产权

【知识产权宣传与保护】在2016年"4·26"知识产权宣讲周，全县中小学校开展知识产权教育，积极培养青少年的创新精神、创新能力和实践能力；加强专利管理执法队伍建设，组织相关人员参加省、市、县知识产权业务培训29人次。开展专利行政执法检查共3次，出动12人次，进一步完善专利产品销售规范管理，杜绝侵权假冒专利产品上架销售。

【专利申请与授权】2016年全县专利申请量共64件。其中：发明专利13件、实用新型23件，外观设计28件。专利授权量共31件。其中：发明专利1件，实用新型14件，外观设计16件。

地震测防

【日常维护工作和GPS基准站道路建设】做好辖区内1个强震台、3个预警台和1个GPS基准站的日常维护工作。投入6.5万元完成河田中学GPS基准站道路等配套设施建设。多次联合县教育局在全县范围内开展地震应急避险模拟演练。

【地震烈度台网选址成功】为做好陆河县烈度仪观测一般台站勘选工作，先后到螺溪、河口、水唇进行勘选，最终选定螺溪镇人民政府办公楼、水唇镇人民政府办公楼、河口镇河口屯小学为烈度仪观测一般台站地址。勘定河口镇河口中学、县实验小学作为地震应急预警信息终端试点。

（叶向阳、叶春霞）

附：**2016年陆河县科技局领导名录**
　局　长：余世潘
　副局长：叶向阳

2016年陆河县地震局领导名录
　局　长：欧存（8月任职）
　副主任科员：叶胜年

陆河

文化·卫生·体育

LUHE YEARBOOK

文化

综述

【概况】陆河县文化广电新闻出版局（以下简称"县文广新局"）围绕打响"花泉林歌、悠然陆河"品牌，以文化繁荣发展为主线，以文化惠民为主旨，立足岗位职责，抓改革促发展，抓服务惠民生，抓活动拓平台，全面推动陆河县文化体育广电新闻出版工作创新性、探索性、引领性发展。2016年，县文广新局被汕尾市文化广电新闻出版局评为具有汕尾市特色文化品牌的荣誉称号。

文化设施建设

【公共文体建设】一是县文体综合馆建设项目。陆河县文体综合馆融合体育馆、文化馆、博物馆、图书馆、科技馆、游泳池"五馆一池"于一体，目前已完主体工程建设，室内外装修装饰及室外墙面装饰已基本完工。二是县流动图书馆、体质测定与运动健身指导站。按上级要求，陆河县重新规划建设体质测定与运动健身指导站，与流动图书馆合为1幢共6层，至2016年年末，已完成三层主体工程建设。三是陆河县文体中心建设项目。已完成文体中心的初步规划等前期工作，不断推进县城文体中心周边道路及配套设施建设。

【基层文体设施建设】一是镇级文体设施建设。河口镇文化站建设项目、东坑镇文化站二楼阅览室改造工程已竣工投入使用。并做好评估定级工作，其中东坑镇和河田镇文化站被评为二级文化站，上护镇、水唇镇、南万镇、新田镇、河口镇和螺溪镇文化站被评为三级文化站。二是村级文体设施建设。2016年计划完成全县127个村级文体广场建设任务，已完成127个，实现全覆盖。同时陆河县正不断加大投入，配发安装健身路径100多条，进一步推进村级文体设施的完善。

【文化艺术】为加强陆河县文化队伍建设，提升陆河县文艺骨干综合素质和专业水平，积极开展文艺培训工作。举办三期客语音乐的现状及发展暨邹锦龙新歌抢听众筹音乐会、对参加汕尾市首届少儿花会节目人员进行创作培训辅导，在花会节目中喜获1金2银；文化馆长邱春颂、辅导员姚静深入农信系统排练演讲，演讲节目、舞蹈节目《梅乡笠影》到市演出深受好评。

群众文艺

【节日文体活动】春节期间举办2016年迎新春幸福春联送万家活动、陆河县第七届大学生联欢晚会、迎新春乒乓球男子单打比赛、"体彩杯"象棋比赛和围棋比赛、擂茶制作技艺比赛等文体活动，城乡文化气氛浓厚。

【对外文化交流活动】5月，组织陆河黄酒、灵芝饮料、陆河青梅等项目参加第十二届（深圳）国际文化产业博览交易会、广东省第一次全国可移动文物普查成果和博物馆与文化景观摄影展、陆河擂茶制作技艺代表汕尾市参加中国"文化遗产日"广东分会场（连南）的展示。

【农村电影任务】2016年全县农村电影放映工程任务1404场，至11月完成放映场次1388场，完成98.86%。

文化产业

【文化产业】陆河县文化广电新闻出版局立足陆河特色文化资源优势，加强政策引导和对外文化交流，同时坚持开拓市场、发展市场与规范市场并举，积极开展文化招商，鼓励引导社会资本兴办文化企业，努力打造一批陆河文化产业优势品牌，壮大和繁荣陆河县文化市场，提高文化产品经济效益。

【体育彩票】体育彩票销量不断提升。通过加大宣传，增机扩点，有效提升陆河县体育彩票的销

文化市场

【文化市场管理】全县有文化经营单位51家。其中：网吧12家，印刷企业6家，图书零售21家，演出团体3家、娱乐场所7家。依法依规严把市场准入关，加强从业人员培训，规范其合法经营。2016年举办网络文化经营户法律知识培训会2场，网吧业主和管理人员45人参加。开展网吧接纳未成年人、超时经营、酒吧无证经营、农村私设卫星广播地面接收设施等专项整治活动。强化执法工作，针对出版领域、娱乐市场、流动演出团体、网吧进行巡查，及时处置违规经营活动，立案7宗，行政处罚7宗，结案率100%，平台系统办案率100%；加大文化市场管理宣传力度，悬挂横幅25条，张贴消防宣传标语200多条，发放安全生产宣传材料1000多份。加强禁毒宣传工作，积极开展"扫黄打非"五项专项行动工作。

文化遗产保护

【文物保护】陆河县积极开展文物普查工作，通过对8个镇117个村委10居委的实地调查，共完成125处不可移动文物的普查登记建档工作。2016年新发现15处不可移动文物，并将其列入不可移动文物名录；13处公布为第二批陆河县文物保护单位，完成红色军事文化遗产、红色革命旧址和古驿道的普查登记工作以及省级文物保护单位"时雍楼""五星祠"的修缮工程设计方案；勘察测量编制市级文物保护单位"九厅十八井""墩子寨围龙屋"。

【非物质文化遗产保护】2016年，文广新局调查挖掘全县非遗项目，积极申报第五批省级非物质文化传承工作。春节期间组织各种非遗文化活动。在水唇石下坝举行陆河县首届大型擂茶文化节、擂茶技艺比赛；非遗部工作人员带领陆河擂茶制作技艺人员到广东连南县参加2016年中国"文化遗产日"活动；组织国家级非遗项目"河田高景"以及省级擂茶技艺参加2016年广东省（佛山）非物质文化遗产周暨佛山秋色民俗文化活动。（丘志辉）

附：2016年陆河县文化广电新闻出版局领导名录
  局　　长：黄国振
  副局长：刘兴瑞　彭有墙　彭秋兰　陈达文

档案工作

【概况】2016年，陆河县档案局（馆）认真贯彻落实中办、国办印发《关于加强和改进新形式下档案工作的意见》文件精神，把档案事业发展列入国民经济和社会发展"十三五"规划。加强对档案法律法规的宣传，提升社会的档案意识和档案法制观念。

【修订档案馆收集细则】根据新形势下档案工作的社会发展要求，县政府印发新修订的《陆河县档案馆收集档案范围实施细则》，该细则拓展档案收集门类，把文书档案、专业档案摆在同等重要地位；扩大单位的收集面，除收集县直单位形成的档案，还增加其下属单位形成的档案，体现以人为本原则，适应社会发展要求。

【加强档案业务指导】履行档案行政管理和业务监督指导职能，坚持依法治档，对县重点建设项目、重点工作形成的档案的加强监管。妥善处置在机构改革中撤并单位档案问题，重点对县农业局、县交通运输局、县公共事业局和新田镇等单位的档案进行业务指导，使应归档文件材料及时完整归档。

【档案保护和利用工作】贯彻落实全省档案信息化工作会议精神，加强重点档案抢救和保护工作，采用复印抢救和档案全文数字化对重点档案进行保护。根据季节的变化，适时对库房进行除湿控温，对新进馆的档案全部进行冷冻式消毒，定期更换防虫药等保护措施。

以政府公开信息查阅中心为平台，完善档案查阅制度、服务指南、服务承诺等便民措施，提升档案服务水平。（黎志维）

附：2016年陆河县档案局（馆）领导名录
  局（馆）长：彭国城

地方志工作

【概况】2016年，陆河县人民政府地方志办公室（以下简称"县地方志办"），充分发挥地方志工作服务职能，围绕地方志修志编鉴的主业作用，完成《广东年鉴·2016陆河篇》《汕尾年鉴·2016陆河篇》组稿编写；全面启动自然村落历史人文普查工作，推动地方志资源开发取得新进展。

【自然村落历史人文普查】2016年5月，县政府召开全县自然村落历史人文普查工作会议，并对各镇业务人员进行业务培训。会后各镇相应成立自然村落历史人文普查工作领导小组，制定自然村落历史人文普查工作方案，全面启动自然村落历史人文普查工作。县普查办组织人员进行业务指导。抽取部分村现场指导《普查表》的填报，解答普查工作中遇到的问题，对普查工作提出具体指导意见。

【古驿道普查工作】2016年7月，根据省、市古驿道调查工作会议要求，在抓好自然村落历史人文普查工作的同时，做好古驿道的调查工作。经调查，陆河区域内有公元1558年增置北路（海丰通长乐县）的古驿道驿铺8个，即横陇、新田、麻竹坑、杨家庄、赤花、半径、车田坝、砭头铺。驿道沿途古迹大部分已毁坏，仅在上护镇和水唇镇境内留存有几段鹅卵石铺成的路。

【地方志信息化】县地方志办注重强化信息化工作，结合网络整治工作要求，加强对陆河县地情网栏目进行更新，充实有关地情内容，丰富地情资料、图片等，切实做到专人专管，确保网络信息安全。（黎志维）

附：2016年陆河县人民政府地方志办公室领导名录
  主 任：彭国城

广播电视

【电视新闻中心】2016年陆续推出《创文进行时》《创文曝光台》《政务整治 正风肃纪》《陆河县机关作风建设公开承诺》《环境卫生整治》等系列报道，较好地完成全年宣传报道工作任务。2016年共播出新闻1600多条，上送市台播出185条、上送省台播出8条；播出《城乡视点》39期，公益广告8500多条次。

【有线电视网络传输中心】一是数字电视整转工作有序推进。5月启动数字电视整转工作，9月完成前端设备项目招投标工作，为早日实现有线电视数字化打下扎实基础。二是有线电视节目不断丰富，覆盖面不断扩大。新建光纤线路2.2公里，整改主杆线路5.8公里，新报装有线电视用户622户，抢修较大雷击线路故障15次；各镇站不断扩展网络延伸，终端用户不断增加，新增用户185户、整改主杆线路2.4公里、新架光纤线路1.8公里。网络传输中心新增"优购物"等电视节目3套，现共播出电视节目51套；全县新报装有线电视用户622户、有线电视用户27100户。

【微波站】广播电视无线信号覆盖全县及邻县周边地区，覆盖率98.8%。2015年播出四套电视节目（中央1台1000瓦，中央7台1000瓦，广东卫视300瓦，珠江台300瓦），四套调频广播节目（中国之声300瓦、广东卫星台300瓦、音乐台300瓦）；10月，省局完成火山嶂微波站防雷工程的验收工作，高压供电线路工程完成招投标等前期工作。按省局工作部署要求，广电总局验收组和省局科技处、市局实地验收由省局组织实施的火山嶂中央数字广播电视无线覆盖工程项目。

【广播电视"村村通"】全县涉及8个镇129个行政村688个自然村实现广播电视，惠及6500多个农户，满足边远山区人民群众收听收看广播电视节目的需要，使党的民心工程惠及千家万户，丰富农村群众的精神文化生活，进一步提升全县文化软实力。（蔡潍操、朱伟峰）

附：2016年陆河县广播电视台领导名录
  副台长：庄君道 罗洪鼎 叶雁飞

文化·卫生·体育

医疗卫生

综述

【概况】2016年,全县出生人口3313人,人口自然增长率为6.81‰,政策生育率95.77%,政策外多孩率为1.21%,性别比为118.39。全县有县级公立医院3家(县人民医院、县中医院、县妇计中心)、民营医院2家(陆河华月医院、陆河残联康复医院)、县直卫生单位3间(县疾控中心、县卫生监督所、县慢病站)、乡镇卫生院8家,村卫生站172个,个体诊所10家;全县核定病床数1574张,实际开放915张,每千常住人口床位数3.23张。全县医疗卫生机构核准编制数1226人,医疗卫生机构现有卫生技术人员总数635人,持有职称人数555人,执业医师199人,执业助理医师221人,注册护士111人,公卫人员145人,其中高级职称14人,中级职称95人,初级职称250人;本科学历95人,研究生1人。

【医药卫生体制改革】对医改工作加强监测监督,落实重点任务指标,按要求定期报送医改监测报表,做到及时发现、整改问题;继续深化医药卫生体制改革,深入破除以药补医机制,调整医疗服务价格和医保报销政策,出台《陆河县县级公立医院医药价格改革试点工作实施方案的通知》(陆河价〔2013〕54号),将诊查费、手术费等服务收费适度上调,并纳入城乡居民基本医疗保险报销;积极推进县级公立医院改革,县人民医院综合大楼计划总投资1亿元,建筑面积27260平方米,2016年10月完成主体工程的外墙装饰工作;继续完善基本医保市级统筹,实现省内16家定点异地就医费用直接结算;制定《陆河县人民政府办公室关于建立分级诊疗和双向转诊制度的实施意见》(陆河府办〔2016〕61号),进一步完善分级诊疗制度;建设以电子病历和医院管理为重点的可扩展县级医院管理信息系统,与医疗保障信息系统衔接,逐步实现互联互通。加强远程医学信息支持系统建设,逐步实现远程会诊、远程病理诊断和远程教育等,发挥优质医疗资源的辐射作用。

预防与保健

【疾病预防控制】2016年,疾病预防控制工作贯彻落实"预防为主"的工作方针,各类法定传染病发病率得到有效控制,卫生监测检验工作有序开展,切实履行疾控机构的公共服务职能。

严格执行传染病报告制度 2016年,全年报告传染病24种3298例。其中乙类传染病1131例,死亡1例;丙类传染病2167例;传染病发病前三位分别为腹泻:1042例;肝炎:754例;手足口病:557例。无甲类传染病报告。乙、丙类传染病报告发病率为1107.239/10万,死亡率为0.3357/10万。报告总病例数与2015年同期累计比上升15.4034%。

加强预防接种工作 2016年,全县免疫接种总针次为117375针,常规免疫接种报告完整率达100%。计划内疫苗情况分别为:卡介苗应种5197剂次,实种5176剂次,接种率98.9%;脊髓灰质炎糖丸应种21870剂次,实种21312剂次,接种率97.4%;百白破三联疫苗应种21356剂次,实种21101剂次,接种率98.8%;白破疫苗应种6728剂次,实种6578剂次,接种率96.1%;含麻类疫苗应种10891剂次,实种10744剂次,接种率98.6%;乙肝疫苗应种16148剂次,实种15917剂次,接种率98.5%;乙脑疫苗应种10847剂次,实种10596剂次,接种率97.6%;流脑A群疫苗应种10298剂次,实种10032剂次,接种率97.4%;甲肝疫苗应种6072剂次,实种5958剂次,接种率97.3%。

公共卫生监测工作 2016年监测全县和餐饮经

营单位156户，餐具监测样品1675份，合格1525份，合格率91%；托幼机构消毒质量监测23户，监测345份，合格312份，合格率90%；碘盐监测300份，合格300份，合格率100%；水质监测136份；监测公共场所经营单位11户，用具监测220份，合格198份，合格率90%；预防性健康体检55485人，其中从业人员体检8833人次，学生体检46652人次。（朱锡轩、彭素美）

【妇幼保健】陆河县妇幼保健计划生育服务中心（以下简称"县妇计中心"）由陆河县妇幼保健院与陆河县计划生育服务站于2016年4月14日合并成立，合并后有两处业务用房，2016年年末对原县计生服务站进行整体装修，完成后将合并办公，现有业务用房由县国资公司收回处置。

机构人员 县妇计中心拥有医学专业人才44人，其中高级职称4人，中级称职5人，初级职称28人。开设妇产科、儿童保健科门诊、产科住院部等临床业务科室。住院床位10张，产床2张。拥有彩超、阴超、电子阴道镜、多普勒胎监仪、新生儿抢救台、全自动血液计数仪、生化分析仪等医疗设备一批。年就诊人数约为18000人次，住院分娩约300人次。

妇幼项目检查 县妇幼保计中心主要以妇幼重大公共卫生服务项目开展为依托，重点抓好全县妇幼相关公共卫生项目开展及督导。近三年来，每年陆河县为约11000名35—65周岁农村妇女免费进行宫颈癌、乳腺癌检查，为3500名孕产妇进行"艾滋、梅毒、乙肝"免费检测，为2726名孕妇免费发放叶酸补服，免费为2873多对孕产妇夫妇进行地中海贫血筛查。妇幼重大公共卫生服务的开展，得到各级领导的关心支持，也取得良好的社会效益。

（彭广剑）

公共卫生

【公共卫生】全面推广省基层医疗卫生机构管理信息系统，促进和规范健康医疗大数据融合共享、提升服务水平。全县累计建立档案253092人份，建档率达86.7%。公共服务模式不断优化，各镇卫生院成立国家公共卫生服务队，进村入户，开展老年人免费体检咨询活动；开展慢性病诊断工作、世界防治结核病日宣传活动，普及宣传病防治知识；公共场所卫生监督不断加强，重点加强农村饮用水安全管理；应急能力稳步提升，积极做好疫情防控工作，全面实施一类疫苗接种规范，全年无甲类传染病发生。

持续加强卫生监督执法力度，全年累计派出卫生监督员483人次、车辆114辆次，检查各类医疗机构约161间次，查获违规操作、超出登记诊疗项目范围医疗单位9间，查处无证行医数7户次，2016年罚款金额约3.6万多元；办理销售不合格消字号产品案件1宗；检查公共场所有效许可证持证率达100%，有效健康培训合格证持证率达98%以上。

医疗卫生

【医疗卫生】强化医疗服务监管、医疗安全管理和风险防范，不断提高医疗服务水平，保障医疗质量和安全。

加强医疗服务能力建设 持续开展"群众满意乡镇卫生院评选活动"，努力为人民群众提供安全、有效、方便、价廉的医疗服务，不断提高群众看病就医满意度。按照省卫计委《关于做好2015—2016年度"建设群众满意的乡镇卫生院"活动的通知》（粤卫函〔2014〕938号）精神，螺溪镇卫生院率先被省、市评为"2015—2016年度"群众满意的乡镇卫生院。

完善人才激励机制 加强医务人员选派进修，将全科医师培训和精神医师转岗培训列为基层卫生人才培养重点。2012年至2016年共派出27人参加全科医生培训，每万人口全科医师数为0.95，2016年派出7人参加省精神医师转岗培训。从2016年起，由县人民医院、县妇计中心分别聘任3名和1名专科特岗人才，提升专科服务能力和医疗技术水平。

文化·卫生·体育

继续做好与深圳市坪山区人民医院和妇幼保健院对口帮扶的对接,提升医院综合实力,完善县级医院医师到基层服务激励机制。

完善医疗设施 2016年,县人民医院成功创建二级甲等医院,全面提升陆河县县级公立医院综合服务能力,提高县域内就诊率,力争实现大病不出县的目标,依据省卫计委办公室《关于印发〈广东省加强县级人民医院设备装备建设实施方案〉和〈广东省县级公立医院专科特设岗位计划实施方案〉的通知》(粤卫办〔2016〕34号)文件精神和省、市统一部署,从2016年起,计划为县人民医院配置影像等76种设备,至2016年年末,已配其中52种设备,配置率68.4%。继续完善骨科、血液透析科、ICU等专科扩建建设项目,将胃肠外科、骨科、神经内科定为县临床重点专科。并于2016年完成妇科、产科分科建设。

中医药

【中医药】按照《转发国家中医药管理局办公室关于印发乡镇卫生院 社区卫生服务中心中医综合服务区(中医馆)建设指南的通知》(粤中医办〔2016〕24号)文件精神,河口人民医院,水唇、螺溪、上护镇卫生院于2016年完成中医馆建设并投入使用。

(叶海钗、罗丽琼、陈辉媚)

2016年医疗服务综合信息统计表

项目	单位	数量
1、卫生机构	个	196
其中:医院	个	12
卫生站	个	172
2、病床位数	床	915
3、卫生技术人员	人	960

2016年甲乙丙类传染病发病、死亡情况统计表

单位	病种 数量(合计)	艾滋病 发病数	艾滋病 死亡	肝炎 发病数	痢疾 发病数	肺结核 发病数	肺结核 死亡	猩红热 发病数	出血热 发病数	淋病 发病数	梅毒 发病数	百日咳 发病数	流行性感冒 发病数	流行性腮腺炎 发病数	其他感染性腹泻病 发病数	急性出血性结膜炎 发病数	麻风病 发病数	手足口病 发病数
陆河县	3298	1	0	754	3	137	1	1	2	8	224	1	553	6	1042	8	1	557

附:2016年陆河县卫计局领导名录

局　长:邱学平(12月离任)

　　　罗作庭(12月任职)

其他班子成员:廖伟钦　彭惠丰　黄永坚

　　　　　　　叶海钗　彭　莉　朱振威

体育

【群众体育】 扎实推进群众体育工作，不断创新活动载体，面向群众，组织策划形式多样的体育活动。在陆河公园举行陆河县迎新春乒乓球男子单打比赛，共有47人参加比赛，参赛人员分别为深圳、中山、东莞、龙岗等地及本县乒乓球爱好者；2016年2月10日，在县综合训练馆举办"体彩杯"象棋比赛和围棋比赛，有113人参加；在"全民健身日"和体育节期间，组织举办广场排舞等特色体育活动，营造节日气氛，以满足不同层次和不同人群体育需求；协调开展"氧吧陆河 百里骑行"活动，来自广州、深圳、汕头、港澳、汕尾等1400多名骑行爱好者参加，整个骑行活动历经全县8个镇，全程约125公里，历时11个小时。

【国民体质监测】 为贯彻实施《全民健身条例》和《国民体质监测工作规定》，根据上级工作的要求，积极开展国民体质监测工作，陆河县培训一批国民体质监测人员，建立县国民体质监测工作队，常年积极开展全县国民体质测试活动，推动全县国民体质测定制度的建立。能很好地完成上级下达的国民体质监测工作任务，2016年国民体质监测任务484例，并完成后期的数据审查工作。为制定全民健身计划提供科学依据。

【体育产业】 体育彩票销量不断提升。通过加大宣传，增机扩点，有效地提升陆河县体育彩票的销售总量，2016年体育彩票销售量达1000万元。

陆河

LUHE YEARBOOK

社会生活

人口·生育

综述

【人口】 2016年，全县出生人口3313人，人口自然增长率为6.81‰，政策生育率95.77%，政策外多孩率为1.21%，性别比为118.39。至2016年年末，陆河县户籍人口总户数7.84万户，总人口35.43万人，分别比上年年末增加0.04万户共0.21万人；其中城镇人口15.78万人，乡村人口19.65万人。劳务输出1831人。全县80岁以上高龄老年人共有6300多人，百岁老人有45人。

【异地务工人员管理】2016年，在陆河县工作的异地务工人员有1.9万人。省内户籍10600人，占异地务工人员总数的56%；外省户籍8400人，占44%。本省籍同比上升7.8%，环比上升1.8%。外省异地务工人员前3位分别为湖南（4233人）、四川（2746人）、湖北（1421人）。在城乡结构方面，异地务工人员就业城乡比例为1:4.7，城镇籍2617人，占异地务工人员就业总数的13.8%，农村籍16383人，占86.2%。在性别结构方面，男女比例为5.2:1，男性15829人，占异地务工人员就业总数的83.3%；女性3171人，占16.7%。文化程度方面，小学、初中、高中、中专和大专以上5个学历层次的比例分别为3.8:4.7:0.6:0.8:0.1，占比分别为38.1%、46.7%、6.2%、7.9%、1.1%。

【残疾人】至2016年年末，全县共4191人办理残疾人证。其中视力残疾270人、听力残疾321人、肢体残疾2329人、智力残疾685人、精神残疾378人、言语残疾152人、多重残疾56人。2016年共办465份残疾人证，其中视力37份、听力23份、言语13份、肢体275份、智力52份、精神63份、多重2份。

人力资源·社会保障

【概况】陆河县人力资源和社会保障局（以下简称"县人社局"）是县政府主管人力资源和社会保障行政事务的职能部门。下属陆河县就业服务管理中心、陆河县社会保险基金管理局、陆河县劳动力市场服务中心共3个事业单位。2016年，县人社局以就业和社会保障为重点，深化工资收入分配制度和事业单位人事制度改革，加强人力资源管理规范化建设。

【就业工作】至2016年年末，共举办18场招聘会，100多家企业提供就业岗位近8000个，进场求职人数达7500人次，达成就业意向2000多人，成功招聘600多人。派发各种宣传资料10000多份。通过电视播放招聘信息4场次，实现就业局势总体保持稳定的工作目标。认真落实就业工作目标责任制，各项就业指标稳步增长。全县转移劳动力4429人（其中就地就近就业2559人，劳务输出1870人），完成全年目标任务的100.66%；历年累计转移就业143868人，转移就业率达82.8%；新增城镇就业人员2630人，城镇失业人员实现再就业822人、就业困难人员实现再就业205人，分别完成全年目标任务的100.1%、102.7%、102.5%；城镇登记失业率控制在2.38%。

【劳动监察工作】开展劳动用工年审、工资支付、劳动力市场秩序清理整顿、女职工劳动权益保护、规范劳务派遣等专项检查，共检查用人单位311家，涉及劳动者11327人。受理举报投诉案件54件，涉及人数178人，追回被拖欠工资241203元。加大劳动争议调处力度，至2016年年末，共受理仲裁案件5件，结案5件，结案率100%，完善与司法、法院、工会、行业协会等的联合调处机制。针对复杂多变的劳资关系，创新工作思路和方法，

社会生活

不断提高劳动监察执法水平，健全劳动争议处理机制，着力构建和谐劳动关系。

【社保精准扶贫与就业技能培训工作】一是为实施精准扶贫，全面完成建档立卡、制定帮扶措施工作。二是大力做好农村劳动力技术技能培训工作。至2016年年末，全县共培训2442人，其中已考证1844人，已鉴定1844人，拨付资金补贴1690人，贫困户参加培训约500多人。全年参加劳动力技能培训2442人，完成全年目标任务的97.68%。至2016年年末，陆河县共有专业技术岗位人员5517人。按等级分：副高以上294人；中级2355人；初级以下2868人。按学历分：硕士1人；本科1621人；大专2735人；中高（含中技、高中）951人；初中及以下209人。

【人事管理】进一步深化人事制度和工资制度改革，规范人事管理工作。一是坚持"凡进必考"的制度，做好公开招录工作，经过网上报名、笔试、资格审查、面试、体检、考察等程序，录用新公务员50名，做好岗前培训工作，组织新录用公务员进行初任培训，共计50人次；举办全县行政机关公务员五大发展理念专题全员培训班，参加培训人次达1250人次。同时做好县委、县政府对新任领导的任免发文工作，完成人事任命48人次；二是做好全县事业单位岗位管理工作，管理、督促和指导事业单位按照"按需设岗、竞聘上岗、按岗聘用、合同管理"原则，开展事业单位工作人员公开招聘工作，根据《广东省事业单位公开招聘人员办法》相关规定，通过粤东西北地区乡镇事业单位和2016年广东省集中时间组织事业单位公开招聘149名事业编制人员，其中研究生学历2人，本科学历46人，专科学历85人，中专学历16人。至2016年年末，完成陆河县事业单位年度考核、统计及工作人员变动调动工作；三是切实加强人才服务和全面规范人才档案管理工作，做好对档案的接收、调出工作，使档案管理工作规范化。2016年共接收高校毕业生档案1530份，招募"三支一扶"服务大学生共11人，分布在各个乡镇不同工作岗位，并做好三支一扶大学生的日常管理工作。

【异地务工人员管理】2016年，在陆河县工作的异地务工人员有1.9万人。省内户籍10600人，占异地务工人员总数的56%；外省户籍8400人，占44%。本省籍同比上升7.8%，环比上升1.8%。外省异地务工人员前3位分别为湖南（4233人）、四川（2746人）、湖北（1421人）。在城乡结构方面，异地务工人员就业城乡比例为1∶4.7，城镇籍2617人，占异地务工人员就业总数的13.8%，农村籍16383人，占86.2%；在性别结构方面，男女比例为5.2∶1，男性15829人，占异地务工人员就业总数的83.3%；女性3171人，占16.7%；文化程度方面，小学、初中、高中、中专和大专以上五个学历层次的比例分别3.8∶4.7∶0.6∶0.8∶0.1，占比分别为38.1%、46.7%、6.2%、7.9%、1.1%。

【社会保险工作】至2016年年末，全县参加基本养老保险、失业保险、工伤保险、生育保险、基本医疗保险人数分别达到196748人、16185人、15006人、14515人、315707人。基金收入情况：全年基金收入合计39738万元，其中基本养老保险19089万元（城镇职工14439万元，城乡居民4650万元）；失业保险329万元；工伤保险274万元；生育保险201万元；基本医疗保险19845万元（城镇职工3533万元，城乡居民16312万元）。待遇支付情况：支付8027名离退休人员各项待遇14468万元；支付64人次失业保险待遇72万元；支付15人工伤医疗待遇49万元；支付195人生育保险待遇179万多元；支付1724人次职工医疗保险待遇2438万元；支付18150人次城乡医疗保险费12128万元；支付31063人次城乡养老保险费4271万元。基金累计结存：城镇职工养老保险基金累计结存17970万元，失业保险基金累计结存3352万元，工伤保险基金累计结存1004万元，生育保险基金累计结存847万元，城镇职工医疗保险统筹基金766万元，城乡居民医疗保险基金累计结存13596万元，城乡居民养老保险基金累计结存4661万元。

【重点项目建设】一是按照标准化要求，改善基层经办服务条件，提高基层经办服务水平，为参保人提供整洁、便捷的办事环境，现正申请省级社保

经办服务大厅标准化建设资金。二是为实施精准扶贫,做好陆河县职业技能培训基础设施建设,设立陆河县公共实训基地(精准扶贫实训基地),选址在新河工业园区,建筑面积约8000平方米,总投资员2800万,现已进入施工阶段。(杨瑞造、彭美琼)

附:2016年陆河县人力资源和社会保障局领导名录

局　长:张　洁(12月离任)
　　　　叶光辉(12月任职)
副局长:朱伟接　彭世豪　谢碧涛　杨瑞造
劳动就业中心主任:彭武镇
社保局局长:谢碧涛
社保局副局长:庄东茂　黎德力

市场物价

【概况】2016年,陆河县物价局规范价费管理,积极履行价格服务与管理职能。强化市场价格常态监管,集中力量开展专项整治工作,切实保护经营者和消费者的合法价格权益。

【规范价费管理】一是加强价格监测预警工作。落实重要商品价格监测每日一报制度,切实抓好粮食、生猪、茶叶及市场供应的各类市菜等重要农产品的成本调查工作,为上级物价部门的科学决策提供有力依据;二是做好价格管理工作。结合上级价格主管部门放管的要求,认真执行《广东省定价目录(2015年版)》,特别是涉及与群众生产生活紧密相关的收费事项;三是抓好价费审批工作。认真按照政策和上级有关规定抓好教育、学生宿舍、业务培训、物业服务、机动车停放保管服务和公益性公墓服务等方面定价收费的审批工作;四是抓好收费综合年审和清费治乱工作。会同财政、审计等部门对全县收费单位进行收费年审,切实开展收费许可证换发工作。

【加强价格和收费监管】一是在全县范围内开展医疗、医药价格收费专项检查工作。共检查医疗、医药单位36家,查处违规金额26万元,罚款3.4万元;制止违法收费3家,处理价格投资5宗;二是在全县范围内开展"反价格欺诈"专项整治工作。重点整治药品市场、大中型商场超市,共检查药品零售企业6家,商场超市3家,检查其是否使用欺骗性或误导性的语言、文字、图片、计算单位进行虚假宣传等价格欺诈行为。检查其交易记录,做到原价查实,最低价查准,未发现问题;三是受理价格咨询和信访举报,严格按照法定程序办理价格举报案件,及时有效地处理群众投诉的问题。2016年共受理价格举报、咨询11件,做到"有诉必理、有

【价格认证工作】2016年,价格鉴定业务开展宗总数为166宗,总标的金额2034.05万元。其中价格认证11宗,1748.88万元;车损评估4宗,25.94万元;涉案评估151宗,259.23万元。

【价费调整工作】切实开展阶梯水价和污水处理费调整工作。按照上级工作部署,及时制定陆河县阶梯水价实施方案及污水处理费调整方案,12月26日召开陆河县城供水实施阶梯式计量水价和调整城镇污水处理费征收标准方案听证会。(叶翠女、吕海平)

住房保障

【概况】抓好保障性住房建设,推进保障性安居工程建设、城市棚户区改造项目建设,持续做好租赁补贴发放工作,规范保障性住房管理准入、使用、轮候、退出机制,落实住房保障各项惠民政策。

【租赁住房建设与补贴发放】大力抓好保障性住房续建工作。开展好陆河中学公租房(三期)36套、陆河县职校公租房38套、新田中学公租房32套等公共租赁住房续建项目。廉租住房租赁补贴任务由各镇政府作为实施单位,发放对象为城镇低收入住房困难家庭和中等偏下收入住房困难家庭,2016年,完成全县新增廉租住房租赁补贴200户的补贴任务。

【城市棚户区改造】积极推进河田公产房45套棚户区改造项目,灵活运用实物安置和货币补偿方式推进棚户区改造。拆除横街自编号21至30号,(原河田房管所办公业务用房,属危房。)建设1幢6层公租房,其中项目所需土地不足部分与私人民房约50平方和大街自编号为41号的公产房经具有专业资质的评估公司评估后相互置换,不足部分通过货币进行补贴;拆除横街自编号31至32号(公产房,属危房。)建设1幢6层公租房。2幢建筑面积约3600平方米。按计划可完全解除危险源12间。

民政事务

【概况】陆河县民政局（以下简称"县民政局"）按照"以民为本、为民解困、为民服务"的工作宗旨，着力发挥"保障民生、维护稳定、营造和谐"的职能作用，加强基层政权建设、革命老区建设，做好救灾救助、优抚安置，殡葬改革等工作。为构建和谐陆河，促进全县经济社会又好又快发展发挥积极作用。

【基层建设】陆河县是全省基层治理机制改革试点工作和深入推进农村社区建设试点工作县。全县投入2000多万元，重点推行"4+N"决策机制，推进"3+X"基层服务模式，实施"城乡社区基石计划示范工程项目"，建成县、镇、村三级服务平台，完成8个镇级便民服务中心，127村（社区）公共服务站建设，实现公共服务站全覆盖任务。投入225万元实施家庭服务中心建设项目6个，河田镇、上护镇已完成建设，新田镇、螺溪镇、水唇镇、东坑镇正在建设中。投入资金50多万元实施"一村（居）一公开栏"升级改造，基本实现村（居）务公开"五化"的要求。全县共有95个村（居）委会成为全省村（居）务公开民主管理示范单位，累计创建率达74.8%，提前完成省安排的任务。招聘大学生村官60多人，落实村务监督委员会成员人均550元的补贴。同时做好2017年村级换届选举准备工作，深入基层排查摸底，及早部署谋划落实。

【社会组织】全县已登记成立社会组织共有90个，社团组织60个（其中2016年新成立7个，注销2个），民办非企业单位30个。

【低保、五保与救灾救助】2016年，全县底线民生保障水平均达到省定标准。

低保补差 全县核定城乡低保4788户共9618人，其中城镇低保343户共584人，农村低保4445户共9034人。城乡低保标准为：城镇每人月485元，农村每人月335元；城镇低保补差从人月375元提高到420元，农村低保补差从人月175元提高到195元，全年发放城乡低保补差资金2423.2143万元（其中城镇低保补差资金293.4338万元，农村低保补差资金2129.7805万元）。结合做好精准扶贫工作，对全县低保户进行全面核查审批工作，杜绝人情保、关系保、维稳保以及保人不保户的问题。

五保供养 全县核定五保供养对象2097人，其中集中供养67人，分散供养2030人。全县农村五保供养标准中，分散供养对象从人月452元提高到540元，集中供养对象从人月572元提高到660元，全年发放农村五保供养资金1378.6456万元（其中集中供养57.222万元，分散供养1321.4236万元）。农村五保对象供养标准达到上年度陆河县农村常住居民人均可支配收入60%以上（陆河县2015年农村常住居民人均可支配收入为9118元），并达到省要求（欠发达地区2016年达到6470元/年）。

救助工作 全县孤儿供养286人，分散供养每人月820元，2016年发放资金280多万元；发放医疗救助金1049万元，救助困难群众4160人，救助水平2190元，五保对象、城镇"三无"人员达到100%，其他对象达到70%。资助参合人数14295人；全年下达临时救助资金109万元，自然灾害资金273万元，救助困难群众15280人次；投入100多万元救助流浪人员1200多人次，会同公安、城乡综合执法局等相关职能部门上街联合救助20次；经县政府同意，投资300多万元将河东村十二峡的原骨灰楼改造成县救助站（流浪未成年人救助保护中心），项目占地面积1100平方米，建筑面积700平方米，并投入使用；开展"广东扶贫济困日"活动，全县党政机关、企（事）业单位干部职工自愿捐款32万元。

【优抚安置和"双拥"工作】一是落实各类优抚对象补助资金。全县有各类优抚对象1259人，年补助资金约1100多万元。发放军龄补助85万元给60周岁以上农村籍退伍军人828人；发放138.6万元作为2014、2015年入伍义务兵的198人家庭优待金及退役士兵自主择业一次性补助金，每人每年7000元；投入80万元做好重点优抚对象1117人参加城乡医疗保险工作，解决300多人次生活医疗困难。二是落实优抚安置政策。安置8名2015年转业、复员士官到县林业局各镇林业站工作。做好2014、2015年冬季退役士兵80多人参加汽车驾驶技术短期培训。三是投入200多万元建设激石溪革命烈士事迹纪念馆；为稳步推进"双拥"工作，春节、"八一"建军节等重大节日县政府组织前往市、县驻地部队开展拥军优属慰问活动，走访慰问各镇孤老烈属、孤老复员军人等重点优抚对象。

【纪念英烈活动】革命烈士纪念活动 3月18日上午，河田镇举行悼念"三一八"革命烈士活动。河田镇全体干部职工、村（社区）书记、主任、镇直机关单位负责人、学生代表、烈士后遗等参加了活动。在悼念活动中，河田镇主要领导向革命烈士敬献花圈和花篮，全体人员集中在"三一八"革命烈士纪念碑前默哀三分钟，并向革命烈士三鞠躬，深切缅怀革命烈士。3月31日，河口中学教师代表及高中部全体学生会干部到爱国主义教育基地——河口革命烈士纪念碑开展了主题为"缅怀革命先烈，弘扬爱国精神"的清明节扫墓活动。

烈士纪念日公祭活动 9月30日，陆河县在新田镇激石溪革命烈士纪念园举行公祭活动，深切缅怀革命烈士的丰功伟绩，颂扬革命先烈的崇高精神。县委书记陈德忠、代县长陈壮勇等县四套班子领导成员，纪委副书记、县人武部、消防大队、武警中队及相关部门主要负责人，新田镇政府领导班子成员，新田镇少先队员代表，激石溪村委干部及复退军人、烈属代表约200人参加。

【婚姻登记工作】2016年办理国内结婚登记3044对，离婚登记475对，补领婚姻证530宗；涉外、港澳台、华侨结婚登记1对，离婚登记1对，补领婚姻证2宗；出具（无）婚姻登记记录证明2份，登记合格率达100%。及时做好婚姻档案的归档、装盒、编号、存放工作。

【老龄工作】全县80岁以上高龄老年人共有6300多人，每人每月发放老龄津贴30元。百岁老人有45人，每人每月430元。办发老年人优待证4300多份。投入19万元帮助70周岁以上的老年人18379人参加"银铃安康行动"老年人意外伤害综合保险。

【殡葬改革】2016年火化遗体1506具，平均火化率100%，死亡遗体火化工作走上正轨。查处非法经营丧葬用品3宗，查处违规办丧42宗。累计清理平毁复绿"三道两区"及潮惠高速公路的坟墓78座，其中清理活人墓52穴，查处违规修祖坟26宗，配合高速公路征地迁坟共清点地坟3123座，完成清理3123座；配合河新工业园区清理坟600多座；"三道两区"和县通镇村主要干道新造坟得到有效控制。全年免除低收入群体和城乡居民、无名尸、凶杀案死亡遗体冰冻等殡葬基本服务费用共1506宗，平均每具1200元，总计1807200元。镇级公墓山、骨灰楼不断完善，村级公墓山建设逐步推广，县殡仪馆建设现已完成场地平整、立项、设计，建设工作正有序推进。

【革命老区建设】2016年2月，国家发展改革委把广东海陆丰革命老区贫困县纳入贫困革命老区扶持范围。下达省级农业发展和农村工作专项资金16万元，扶持项目6个，用于修建村道、水圳、村容整治等。

【机关建设】制定《陆河县民政局创建省文明县城实施方案》和《陆河县民政局创文工作责任分工方案》，加强创文宣传，落实亮化工程，确保创文各项任务落到实处。学习中央、省、市、县各级会议及文件精神，深化政务整治、正风肃纪集中行动，开展纪律教育学习月活动，加强党员干部8小时外监督，做好补充党费收缴工作。（彭伟泉、罗伟柳）

附：2016年陆河县民政局领导名录

局　　长：丘伟声

副局长：彭石基　彭益旗　邓伟略

关心下一代工作

【概况】陆河县关心下一代工作委员会,成立于2000年。全县8个镇,中、小学校均已建立关工委组织。

【法制宣传】全县各学校上法制辅导课85场次,出动禁毒宣传车30辆,宣传栏18期,印发禁毒宣传标语、宣传单21000多份。

【红色文化教育】10月开展红色文化教育,举办"红色电影月"和"红色征文"活动,组织电影队和10部红色影片到各校巡回播映121场次。

【留守儿童】11月—12月,组织调研组深入到各镇、部分学校进行调研,摸清全县留守儿童的基本情况,全县留守儿童6818人。

【助学圆梦】2016年,关工委系统集资71.5万元,帮助439名贫困生圆大学梦。(彭木招)

附:2016年陆河县关心下一代工作委员会领导名录
  主 任:彭文岸
  常务副主任:叶振沐
  副 主 任:黄江 彭木招 邱章会 邱九税

陆河

LUHE YEARBOOK

人物

中国共产党陆河县委员会领导成员基本情况

陈德忠，男，1969年9月出生，广东普宁人，汉族，1990年7月参加工作，1994年2月加入中国共产党。学历在职省委党校大学（广东省委党校经济管理专业）。现任陆河县委书记。

领导简历

1988.09—1990.07
华南师范大学政法系政治教育专业学习
1990.07—1992.11
汕尾市城区新港街道办事处教办工作
1992.11—1994.01
汕尾市城区委政法委办公室工作
1994.01—1994.03
任汕尾市城区委政法委调研组副组长
1994.03—1995.03
汕尾市城区委组织部组织组副组长
1995.03—1996.07
汕尾市城区委组织部组织组副组长（正股级）
1996.07—1997.11
汕尾市城区香洲街道办事处副主任
1997.11—1998.08
汕尾红海湾经济开发试验区工作委员会组织部副部长（其间：1995.09—1997.12 在省委党校经济管理专业函授本科班学习）
1998.08—1999.10
汕尾红海湾开发区党工委委员、组织部部长
1999.10—2000.06
汕尾红海湾开发区党工委委员
2000.06—2001.01
汕尾红海湾开发区党工委委员、遮浪街道党委书记
2001.01—2001.08
汕尾市委办公室秘书一科科长
2001.08—2003.04
汕尾市委政策研究室副主任
2003.04—2004.04
海丰县委常委、纪委书记
2004.04—2006.11
海丰县委副书记、纪委书记（2004.06担任市纪委委员）（其间：2004.09—2004.12 参加省委党校中青二班学习）
2006.11—2010.08
海丰县委常委、副县长
2010.08—2012.09
汕尾市农业局党组书记、局长（其间：2011.03—2011.07参加省委党校中青一班学习）
2012.09—2013.04
海丰县委副书记、代县长
2013.04—2016.06
海丰县委副书记、县长
2016.06—
陆河县委书记（六届市委委员）

陈壮勇，男，汉族，广东陆丰人，1968年12月出生，1991年4月入党，1991年10月参加工作，省社科院研究生学历，现任陆河县委副书记，县人民政府县长、党组书记。

简历：

1988.09—1991.06
惠阳师专政史系政治与历史专业学习；

1991.06—1991.10
毕业待安排；

1991.10—1992.10
汕尾市交通局市区交管总站资料员；

1992.10—1995.10
汕尾市交通局资料员；

1995.10—1997.12
汕尾市交通局办公室副主任；

1997.12—2006.05
汕尾市交通局办公室主任（其间：1999.09—2002.07在省社科院在职研究生政治经济学专业学习；2001.09—2003.12在省委党校经济管理专业函授本科班学习）；

2006.05—2007.06
汕尾市交通局党组成员、副局长（试用期一年）；

2007.06—2010.08
汕尾市交通局党组成员、副局长；

2010.08—2011.10
汕尾市港务局党委书记、局长；

2011.10—2016.08
汕尾市交通运输局党组书记、局长；

2016.08—2016.11
陆河县委副书记、县人民政府副县长、代县长、党组书记；

2016.11—
陆河县委副书记、县人民政府县长、党组书记（六届市委委员）。

罗炳新，男，汉族，1975年1月出生，广东海丰人，2002年9月入党，1998年10月参加工作，在职研究生学历。现任陆河县委副书记、政法委书记。

简历：

1993.09—1997.06
广东商学院国际经济学专业本科学习

1997.06—1998.10
在家待分配

1998.10—2000.01
汕尾市工商局办事员

2000.01—2003.01
汕尾市工商局科员

2003.01—2005.03
汕尾市工商局经检支队副支队长

2005.03—2008.01
汕尾市工商局经检支队支队长（正科级）

2008.01—2009.06
汕尾市工商局城区分局局长

2009.06—2011.08
中共汕尾市纪委干部室副主任（正科级）（其间：2010.05—2011.07作为汕尾市县处级副职后备人选，挂任中山市三角镇镇长助理、陆河县河口镇党委副书记）（其间：2008.09—2011.06在华南农业大学农业推广专业在职研究生班学习）

2011.08—2014.12
陆河县委常委、纪委书记

2014.12—2015.01
陆河县委常委、副县长人选

2015.01—2016.10
陆河县委常委、常务副县长、县政府党组副书记

2016.10—
陆河县委副书记、政法委书记

谢威宣，男，汉族，1972年6月出生，广东陆丰人，1999年6月入党，1992年10月参加工作，大学学历。现任陆河县委常委、纪委书记。

简历：

1990.09—1992.07

在广东省民族学院外语系英文专业学习

1992.07—1992.10

毕业待分配

1992.10—1993.12

汕尾市粮油食品进出口公司工作

1993.12—1998.01

广东汕尾外运公司工作

1998.01—1998.12

汕尾市政协办公室干部

1998.12—2002.11

汕尾市政协办公室秘书科科员

2002.11—2004.03

汕尾市委组织部调研室科员、2003.12任干部一科科员（其间：2000.09—2002.12在广东省委党校函授学院行政管理专业本科班学习）

2004.03—2005.12

汕尾市委组织部干部一科副主任科员

2005.12—2008.07

汕尾市委组织部干部一科副科长

（其间：2005.03—2007.07在中央广播电视大学与中国政法大学联合办学法学本科学习）

2008.07—2011.08

汕尾市委组织部人才工作科科长

（其间：2010.04—2010.06在市委党校中青班学习；2010.11新加坡国立大学东亚研究所公共管理课程班学习）

2011.08—2011.09

陆河县委常委、组织部长

2011.09—2014.12

陆河县委常委、组织部长、党校校长

（其间：2012.11—2014.10在华南师范大学民商法专业研究生课程进修班学习）

2014.12—2015.01

陆河县委常委、纪委书记，县委党校校长

2015.01—

陆河县委常委、纪委书记

（其间：2015.09—2015.10在广东省委党校县处一班学习）

庄红琴，女，汉族，1968年3月出生，广东陆丰人，1990年4月入党，1990年7月参加工作，省委党校大学学历。现任陆河县委常委、宣传部部长。

简历：

1988.09—1990.07

惠阳师专英语专业学习

1990.07—1991.03

博罗杨村华侨柑桔场教育科工作

1991.03—1993.06

共青团汕尾市委工作，任干事

1993.06—1997.12

共青团汕尾市委市直机关团委副书记

1997.12—2000.07

共青团汕尾市委城乡部副部长

（其间：1997.09—1999.12参加省委党校函授本科班行政管理专业学习）

2000.07—2003.10

共青团汕尾市委城乡部部长

2003.10—2006.05

共青团汕尾市委办公室主任

2006.05—2007.05

共青团汕尾市委副书记（试用期一年）

2007.05—2014.12

汕尾市妇联副主席、党组成员（其间：

2007.06—2008.06

在省妇联挂职，挂省妇儿工委办副主任、省妇联办公室副主任）

2014.12—

陆河县委常委、宣传部部长

陈良川，男，汉族，1969年1出生，广东惠来人，1994年7月入党，1991年7月参加工作，省委党校研究生学历。现任陆河县委常委、组织部部长、党校校长。

简历：

1989.09—1991.06

在韩山师范专科学校中文系中文专业学习

1991.07—1992.09

汕尾市广播电视大学工作

1992.09—1993.08

汕尾市劳动局办公室工作

1993.08—1998.12

汕尾市劳动局办公室科员（正股级）

（其间：1995.09—1996.07兼修广东省委党校经济学本科同等学力，1995.09—1998.07在广东省委党校经济专业在职研究生学习）；

1998.12—2001.11

汕尾市劳动局工资福利科副科长

2001.11—2010.12

汕尾市劳动和社会保障局劳动工资科科长

2010.12—2012.01

汕尾市人力资源和社会保障局党组成员、副局长（试用期一年）

2012.01—2014.12

汕尾市人力资源和社会保障局党组成员、副局长

2014.12—2015.01

陆河县委常委、组织部部长

2015.01—

陆河县委常委、组织部部长、党校校长。

李招军,男,汉族,1969年9月出生,广东陆河人,1996年1月入党,1990年12月参加工作,大学学历。现任陆河县委常委、县委办主任。

简历:

1988.09—1990.07

广东省暨南大学文学院侨务与外事管理专业学习

1990.12—1993.01

陆河县侨务办公室办事员

1993.01—1994.11

陆河县侨务办公室经济组副组长

1994.11—1998.02

中共陆河县委政研室城镇组组长

1998.02—1999.04

中共陆河县委政研室副主任

1999.04—2001.12

中共陆河县委办公室副主任

2001.12—2011.11

陆河县政府办公室主任、县政府党组成员

(其间:2003.05—2005.07在哈尔滨工业大学公共管理专业本科班学习,2006年市委副处级后备干部)

2011.11—2011.12

陆河县委常委、政法委书记,县政府办公室主任

2012.12—2016.10

陆河县委常委、政法委书记

2016.10—

陆河县委常委、县委办主任

向军,男,汉族,1974年1月出生,湖南洪江人,1991年12月入伍,1994年6月加入中国共产党,本科学历。

简历:

1991.12—1994.07

解放军总后第四后方基地通信站战士

1994.07—1997.07

解放军广州通信学院13队学员

1997.07—2002.05

广州军区第一通信总站光端站排长、站长

2002.05—2005.05

广州军区广州首长服务处助理员

2005.05—2006.07

广州军区司令部第一秘书处秘书

2006.07—2009.02

广东省军区越秀武装部科长

2009.02—2013.03

广东省军区天平架干休所副所长

2013.03—2014.03

汕尾军分区陆河县人武部政委

2014.03—

陆河县委常委、汕尾军分区陆河县人武部政委

叶子美，男，汉族，1967年10出生，广东陆河人，1993年4月入党，1989年2月参加工作，大学学历，现任陆河县委常委，县人民政府常务副县长、县政府党组副书记。

简历：

1989.02—1992.12
陆河县螺溪镇保险站业务员；

1992.12—1994.06
陆河县水唇镇司法所办事员；

1994.06—1996.07
陆河县水唇镇党政办副主任；

1996.07—1999.07
陆河县水唇镇党委委员、党政办主任（其间：1995.09—1998.08广东省委党校经济管理专业函授大专班学习）；

1999.07—2000.09
陆河县水唇镇副镇长；

2000.09—2001.04
陆河县水唇镇党委副书记、副镇长、镇人民政府主要负责人；2001.04—2003.10陆河县水唇镇党委副书记、镇长；

2003.10—2007.11
陆河县螺溪镇党委书记、人大主席；

2007.11—2010.11
陆河县建设局局长（其间：2005.05—2008.05在哈尔滨工业大学公共管理专业本科班学习）；2010.11—2011.11陆河县住房和城乡建设局局长；

2011.11—2016.10
陆河县人民政府副县长、党组成员；

2016.10—
陆河县委常委、县人民政府常务副县长、党组副书记。

彭少轩，男，汉族，1967年12月出生，广东陆河人，1996年5月加入中国共产党，1989年7月参加工作，大学学历。现任广东省汕尾市陆河县委常委、统战部长。

简历：

1987.09—1989.06
广东省惠州教育学院中文系学习

1989.07—1991.07
陆河县河城中学教师

1991.08—1993.08
陆河县政协办公室干事

1993.08—1994.12
陆河县政协办公室副股级干事

1994.12—1999.02
陆河县政协办公室正股级干事

1999.02—2002.02
陆河县政协办公室副主任

2002.02—2003.10
陆河县水产局主要负责人，2003.10任水产局局长

2003.10—2009.04
陆河县上护镇党委副书记、镇长（其间：2004.06通过自学考试于中山大学汉语言文学专业本科毕业）

2009.04—2009.07
陆河县水唇镇党委副书记、镇长人选

2009.07—2011.06
陆河县水唇镇党委副书记、镇长

2011.06—2011.09
陆河县水唇镇党委书记、人大主席人选

2011.09—2014.12
陆河县水唇镇党委书记、人大主席

2014.12—2015.01
陆河县委常委，兼任陆河县水唇镇党委书记、人大主席

2015.01—2015.04
陆河县委常委，兼任陆河县水唇镇人大主席

2015.04—2016.09

陆河县委常委，2015.08任县政府党组成员

2016.09—

陆河县委常委、统战部长

杨学而，男，汉族，1971年3月出生，广东陆河人，1998年8月加入中国共产党，1993年7月参加工作，大学学历。现任陆河县委常委、河口镇党委书记。

简历

1990.09—1993.07

广东省医药学院临床医学系学习

1993.07—1998.02

陆河县人民医院住院医师（其间：1994.09—1994.12广东省人民医院胃镜室进修）

1998.02—2001.04

陆河县人民医院办公室副主任

2001.04—2002.04

陆河县无偿献血办公室主任兼局长助理

2002.04—2003.11

陆河县卫生防疫站副站长（主持全面工作）

2003.11—2006.05

陆河县卫生局副局长（其间：2002.09—2005.07在江西师范大学法学专业学习）

2006.05—2006.08

陆河县人民医院副院长（主持全面工作）

2006.08—2009.05

陆河县人民医院院长

2009.05—2011.07

陆河县卫生局局长

2011.07—2012.01

陆河县委办公室副主任（正科级）

2012.01—2013.12

陆河县文化广电新闻出版局局长

2013.12—2014.07

陆河县河口镇党委书记、人大主席人选

2014.07—2016.07

陆河县河口镇党委书记、人大主席

2016.07—2016.10

陆河县河口镇党委书记

2016.10—

陆河县委常委、河口镇党委书记

屠治明，男，汉族，1968年3月出生，江苏高邮人，1997年11月入党，1992年4月参加工作，省委党校大学学历。现任深圳市坪山新区城市管理局副局长，挂任陆河县委常委、副县长，县政府党组成员。

简历

1984.09—1987.07

江苏省高邮武安中学高中；

1987.09—1992.03

沙头角东和公司鸿兴玩具厂车间主管；

1992.04—1993.04

深圳市公安局消防支队福田中队干警（试用期）；

1993.04—1995.10

深圳市公安局消防支队沙头角中队办事员；

1995.10—2002.07

深圳市公安局消防支队沙头角中队办事员、科员（其中：1999.09—2002.07中共广东省委党校函授学院行政管理专业，大专）；

2002.07—2005.08

深圳市公安局大工业区防火科科员

（其中：2002.09—2005.07中共广东省委党校函授学院法学专业，大学）；

2005.08—2006.08

深圳市公安局大工业区分局防火科副主任科员；

2006.08—2006.09

深圳市公安局燕子岭派出所副主任科员；

2006.09—2007.01

深圳市公安局龙岗分局副主任科员；

2007.01—2009.01

深圳市公安局龙岗分局三级警员；

2009.01—2010.01

深圳市消防局二级警员；

2010.01—2010.04

深圳市坪山新区经济服务局主任科员；

2010.04—2015.03

深圳市坪山新区经济服务局安全监督科科长；

2015.03—2015.08

深圳市坪山新区应急管理办公室安全监督科科长；

2015.08—2016.03

深圳市坪山新区应急管理办公室安全监督科科长；挂任陆河县政府党组成员；

2016.03—2016.07

深圳市坪山新区城市管理局副局长，挂任陆河县政府党组成员；

2016.07—2016.11

深圳市坪山新区城市管理局副局长，挂任陆河县委常委，县政府党组成员；

2016.11—2016.12

深圳市坪山新区城市管理局副局长，挂任陆河县委常委、副县长人选，县政府党组成员；

2016.12—

深圳市坪山新区城市管理局副局长，挂任陆河县委常委、副县长，县政府党组成员。

陆河县人大常委会领导成员基本情况

余加瑞,男,汉族,1964年05月出生,广东陆河人,1984年11月加入中国共产党,1983年07月参加工作,学历在职研究生。现任陆河县人大常委会主任、党组书记。

简历:

1980.09—1983.07

汕头地区农业学校农学专业学习;

1983.07—1988.04

陆丰县螺溪区(镇)农业技术站技术员、站长;

1988.04—1993.03

螺溪镇委委员、副镇长、党委副书记;

1993.03—1994.08

南万镇委书记、人大主席;

1994.08—1996.04

南万镇委书记、镇长、人大主席;

(其中:1995.04—1997.10参加省委党校经济管理在职研究生班学习毕业);

1996.04—1998.04

南万镇委书记、镇长;

1998.04—1998.08

陆河县人民政府副县长、南万镇委书记、镇长;

1998.08—2005.12

陆河县人民政府副县长;

2005.12—2007.06

陆河县委常委、县政府党组副书记、常务副县长;

2007.06—2011.11

中共陆河县委副书记;

2011.11—2011.12

陆河县人大常委会常务副主任、党组副书记;

2011.12—2016.07

陆河县人大常委会常务副主任(正处)、党组副书记;

2016.07—2016.11

陆河县人大常委会代主任(正处级)、党组代书记;

2016.11—

陆河县人大常委会主任、党组书记。

黄汝展，男，汉族，1959年7月出生，广东陆河人，1983年12月入党，1975年9月参加工作，省社科院研究生学历，现任陆河县人大常委会副主任、党组副书记。

简历：

1975.09—1980.09
陆丰县东坑公社石塔小学教师、校长；

1980.09—1982.07
陆丰师范学校中专学习；

1982.07—1983.12
陆丰县水东中学团干；

1984.01—1988.03
陆丰县水东区团委书记、任组织干事、办公室主任（其间：1982.09—1985.12在汕头教育学院政治专业大专班学习）；

1988.04—1996.04
陆河县政府办公室综合组组长、任副主任；

1996.04—1999.02
陆河县河田镇党委书记；

1999.02—2003.05
陆河县委办公室主任（其间：1998.09—2001.07在省社会科学院政治经济学专业在职研究生班学习）；

2003.05—2016　陆河县委常委、办公室主任；

2016.—2016.11
陆河县人大常委会党组副书记；

2016.11—
陆河县人大常委会副主任、党组副书记。

黄丕朕，男，汉族，1963年4月出生，广东陆河人，无党派，1981年7月参加工作，大学学历。现任陆河县人大常委会副主任。

简历：

1979.09—1981.06
陆丰县师范学校学习；

1981.07—1986.08
上护中学教师、数学教研组长
（其中：1982.9-1985.12参加汕头教育学院函授学习）；

1986.08—1988.06
广东教育学院数学系脱产学习；

1988.06—1995.07
陆河县河田中学教师、数学教研组长；

1995.07—2006.11
陆河县广播电视大学教师、教务处副主任、主任，2001.1副校长，2005.12正科级干部；（其中：2001.05-2001.08参加省社会主义学院党外中青年干部培训班学习；2003.10-2003.10参加汕尾市社会主义学院首期民主党派领导人党外干部培训班学习）

2006.11—
陆河县人大常委会副主任（其中：2009.05—2009.07在省社会主义学院 第十四期党外中青年干部培训班学习；2015.11—2015.12省社会主义学院2015县处级党外干部培训班学习）。

叶佐超，男，汉族，1960年7月出生，陆河县上护镇人，1979年12月参加工作，1983年10月加入中国共产党。大专学历。现任陆河县人大常委会副主任、党组成员。

简历：

1979.12—1984.01

解放军38312部队战士；

1984.01—1984.11

吉溪林场工作；

1984.11—1989.02

陆丰县人民法院书记员；

1989.02—1989.06

陆河县人民法院助理审判员（副股级）；（1986.03—1989.02广东省委党校党政干部函授大专班学习）；

1989.06—1990.01

陆河县人民法院办公室副主任；

1990.01—1990.05

陆河县计划生育委员会副股级干部；

1990.05—1994.08

陆河县计划生育委员会人秘股股长；

1994.08—2001.09

陆河县计划生育委员会副主任；

2001.09—2006.06

中共陆河县委政法副书记、610办主任；

2006.06—2011.11

陆河县人口和计划生育局局长；

2011.11—2016.3

中共陆河县纪委副书记；

2016.03—2016.09

陆河县人大常委会副主任；

2016.09—

陆河县人大常委会副主任、党组成员。

彭金迎，男，汉族，1963年5月出生，广东陆河人，1987年12月入党，1988年7月参加工作，大学学历，现任陆河县人大常委会副主任、党组成员。

简历：

1984.09—1988.06

华南师范大学中文专业学习；

1988.07—1989.01

陆河县河田中学教师；

1989.02—1991.02

陆河县委办公室干事；

1991.02—1993.11

陆河县委办公室政策研究室农村组组长；

1993.11—1998.07

陆河县委办公室副主任；

1998.08—2001.12

陆河县东坑镇党委副书记、镇长；

2001.12—2005.06

陆河县东坑镇党委书记、人大主席；

2005.07—2010.04

陆河县河口镇党委书记、人大主席，2007.05副处级；

2010.04—2011.12

陆河县文化广电新闻出版局局长（副处级）；

2011.12—2016.09

陆河县政府办公室主任（副处级）、县政府党组成员；

2016.09—2016.11

陆河县政府办公室主任（副处级）、县政府党组成员、县人大常委会党组成员；

2016.11—2016.12

陆河县人大常委会副主任、党组成员、县政府办公室主任、县政府党组成员。

2016.12—

陆河县人大常委会副主任、党组成员。

陈旋飞，男，汉族，1963年11月出生，广东陆河人，1988年4月入党，1988年4月参加工作，大学学历，现任陆河县人大常委会副主任、党组成员。

简历：

1984.04—1987.07
陆丰县南万区梅角乡政府文书、出纳；

1987.07—1988.03
陆丰县南万乡企业办出纳；

1988.04—1990.08
陆河县南万乡政府资料员；

1990.08—1992.01
陆河县南万乡党政办副主任；

1992.01—1992.03
陆河县南万乡组织干事；

1992.03—1996.03
陆河县南万乡党委委员、组织委员
（其间：1994.11—1995.08参加陆河县国家行政机关工作人员培训）；

1996.03—1996.10
陆河县南万镇党委副书记、组织委员
（其间：1993.09—1996.08在省委党校经济管理专业大专学习）；

1996.10—1998.08
陆河县南万镇党委副书记；

1998.08—2001.12
共青团陆河县委书记（其间：1996.09—1998.12在省委党校经济管理专业本科学习）；

2001.12—2003.11
陆河县文化体育局局长；

2003.11—2007.11
陆河县南万镇党委书记、人大主席；

2007.11—2010.11
陆河县水利局局长；

2010.11—2013.12
陆河县水务局局长；

2013.12—2016.09
陆河县司法局局长；

2016.09—2016.11
陆河县人大党组成员、县司法局局长；

2016.11—2016.12
陆河县人大常委会副主任、党组成员，县司法局局长；

2016.12—
陆河县人大常委会副主任、党组成员。

郑向荣，男，汉族，1964年4月出生，广东陆河人，1988年5月入党，1984年11月参加工作，大专学历，现任陆河县人大常委会副主任、党组成员。

简历：

1984.02—1984.09

陆丰县护东小学任教；

1984.11—1986.10

陆丰县上护区共青团专干；

1986.11—1988.10

陆丰县上护区团委副书记；

1988.10—1989.05

陆河县上护镇团委副书记；

1989.05—1990.02

陆河县上护镇组织干事；

1990.03—1993.04

陆河县上护镇党委委员、组织委员；

1993.04—1999.02

陆河县上护镇副镇长（其间：1990.09—1993.08在省委党校党政干部函授大专班党政管理专业学习）；

1995.05—1995.12

挂职汕尾市财政局农财科副科长；

1999.02—2000.12

陆河县河田镇党委副书记；

2000.12—2003.08

陆河县河口镇党委副书记、镇长；

2003.08—2003.10

陆河县河口镇党委书记、人大主席人选

2003.10—2005.07

陆河县河口镇党委书记、人大主席；

2005.07—2011.07

陆河县民政局局长（2010.10兼任陆河县慈善会会长）；

2011.07—2013.04

陆河县食品药品监督管理局局长；

2013.04—2016.09

中共陆河县委组织部副部长、老干部局局长（2016.03当选县人大常委会委员）；

2016.09—2016.11

陆河县人大常委会党组成员、县委组织部副部长、老干部局局长；

2016.11—2016.12

陆河县人大常委会副主任、党组成员，县委组织部副部长、老干部局局长；

2016.12—

陆河县人大常委会副主任、党组成员、县总工会主席。

陆河县人民政府领导成员基本情况

陈壮勇,男,汉族,广东陆丰人,1968年12月出生,1991年4月入党,1991年10月参加工作,省社科院研究生学历,现任陆河县委副书记,县人民政府县长、党组书记。

领导简历

1988.09—1991.06
惠阳师专政史系政治与历史专业学习;

1991.06—1991.10
毕业待安排;

1991.10—1992.10
汕尾市交通局市区交管总站资料员;

1992.10—1995.10
汕尾市交通局资料员;

1995.10—1997.12
汕尾市交通局办公室副主任;

1997.12—2006.05
汕尾市交通局办公室主任
（其间:1999.09—2002.07在省社科院在职研究生政治经济学专业学习;

2001.09—2003.12
在省委党校经济管理专业函授本科班学习;）

2006.05—2007.06
汕尾市交通局党组成员、副局长（试用期一年）;

2007.06—2010.08
汕尾市交通局党组成员、副局长;

2010.08—2011.10
汕尾市港务局党委书记、局长;

2011.10—2016.08
汕尾市交通运输局党组书记、局长;

2016.08—2016.11
陆河县委副书记、县人民政府副县长、代县长、党组书记;

2016.11—
陆河县委副书记、县人民政府县长、党组书记（六届市委委员）。

叶子美，男，汉族，1967年10出生，广东陆河人，1993年4月入党，1989年2月参加工作，大学学历，现任陆河县委常委，县人民政府常务副县长、县政府党组副书记。

领导简历

1989.02—1992.12
陆河县螺溪镇保险站业务员；

1992.12—1994.06
陆河县水唇镇司法所办事员；

1994.06—1996.07
陆河县水唇镇党政办副主任；

1996.07—1999.07
陆河县水唇镇党委委员、党政办主任（其间：1995.09—1998.08广东省委党校经济管理专业函授大专班学习）；

1999.07—2000.09
陆河县水唇镇副镇长；

2000.09—2001.04
陆河县水唇镇党委副书记、副镇长、镇人民政府主要负责人；

2001.04—2003.10
陆河县水唇镇党委副书记、镇长；

2003.10—2007.11
陆河县螺溪镇党委书记、人大主席；

2007.11—2010.11
陆河县建设局局长（其间：2005.05—2008.05哈尔滨工业大学公共管理专业本科班学习）；

2010.11—2011.11
陆河县住房和城乡建设局局长；

2011.11—2016.10
陆河县人民政府副县长、党组成员；

2016.10—
陆河县委常委、县人民政府常务副县长、党组副书记。

屠治明，男，汉族，1968年3月出生，江苏高邮人，1997年11月入党，1992年4月参加工作，省委党校大学学历。现任深圳市坪山新区城市管理局副局长，挂任陆河县委常委、副县长，县政府党组成员。

领导简历

1984.09—1987.07
江苏省高邮武安中学高中；

1987.09—1992.03
沙头角东和公司鸿兴玩具厂车间主管；

1992.04—1993.04
深圳市公安局消防支队福田中队干警（试用期）；

1993.04—1995.10
深圳市公安局消防支队沙头角中队办事员；

1995.10—2002.07
深圳市公安局消防支队沙头角中队办事员、科员（其中：1999.09—2002.07中共广东省委党校函授学院行政管理专业，大专）；

2002.07—2005.08
深圳市公安局大工业区防火科科员（其中：2002.09—2005.07中共广东省委党校函授学院法学专业，大学）；

2005.08—2006.08
深圳市公安局大工业区分局防火科副主任科员；

2006.08—2006.09
深圳市公安局燕子岭派出所副主任科员；

2006.09—2007.01
深圳市公安局龙岗分局副主任科员；

2007.01—2009.01
深圳市公安局龙岗分局三级警员；

2009.01—2010.01
深圳市消防局二级警员；

2010.01—2010.04
深圳市坪山新区经济服务局主任科员；

2010.04—2015.03
深圳市坪山新区经济服务局安全监督科科长；

2015.03—2015.08

深圳市坪山新区应急管理办公室安全监督科科长；

2015.08—2016.03

深圳市坪山新区应急管理办公室安全监督科科长；挂任陆河县政府党组成员；

2016.03—2016.07

深圳市坪山新区城市管理局副局长，挂任陆河县政府党组成员；

2016.07—2016.11

深圳市坪山新区城市管理局副局长，挂任陆河县委常委，县政府党组成员；

2016.11—2016.12

深圳市坪山新区城市管理局副局长，挂任陆河县委常委、副县长人选，县政府党组成员；

2016.12—

深圳市坪山新区城市管理局副局长，挂任陆河县委常委、副县长，县政府党组成员。

连小珊，女，汉族，1975年4月出生，广东潮阳人，2000年6月加入中国共产党，1996年12月参加工作，大学学历。现任广东省汕尾市陆河县人民政府副县长、党组成员。

领导简历

1993.09—1996.06

广州大学中文系文秘与公共关系专业学习

1996.06—1996.12

在家待分配

1996.12—2003.10

汕尾市妇联办公室科员

2003.10—2006.11

汕尾市妇联办公室副主任

（其间：2003.09—2006.07广东省委党校行政管理专业本科学习）

2006.11—2011.09

汕尾市妇联办公室主任（其间：2010.05—2011.07作为汕尾市县处级副职后备人选，挂任中山市东升镇镇长助理、陆丰市西南镇镇委副书记）

2011.09—2011.10

陆河县人民政府副县长人选、党组成员

2011.10—

陆河县人民政府副县长、党组成员

李小鹏，男，汉族，1971年6月出生，广东陆丰人，1997年3月入党，1992年7月参加工作，大学学历，现任陆河县人民政府副县长、县政府党组副书记，县公安局局长。

领导简历

1990.09—1992.07

广东省人民警察学校公安专业学习；

1992.07—1996.09

汕尾市公安局刑警二队（刑警支队）办事员；

1996.09—2000.12

汕尾市公安局刑警支队科员

（其间：1995.01—1998.12中山大学法律专业自考大专学习）；

2000.12—2003.04

汕尾市公安局刑警支队秘书科副科长（负责全面工作）（其间：2000.09—2002.12在省委党校政法专业本科学习）；

2003.04—2006.02

汕尾市公安局监察科副科长；

2006.02—2006.04

汕尾市公安局法制科副科长（负责全面工作）；

2006.04—2008.04

汕尾市公安局法制科科长（其间：2005.09—2007.07

在中央广播电视大学行政管理专业本科班学习）；

2008.04—2012.02

汕尾市公安局政治处副主任；

2012.02—2013.03

汕尾市公安局党委委员、政治处主任（试用期一年）；

2013.03—2016.05

汕尾市公安局党委委员、政治处主任；

2016.05—2016.09

陆河县人民政府副县长、党组成员、县公安局党委书记、局长、督察长；

2016.09—

陆河县人民政府副县长、党组副书记、县公安局党委书记、局长、督察长。

沈展峰，男，汉族，广东陆丰人，1976年5月出生，1994年6月入党，1997年7月参加工作，大学学历。现任陆河县人民政府副县长、党组成员。

领导简历

1995.09—1997.07

广东广播电视大学英语专业脱产学习；

1997.07—1999.05

汕尾市华侨管理区财政局工作；

1999.05—1999.06

汕尾市华侨管理区财政局文秘股副股长；

1999.06—2000.05

汕尾市华侨管理区劳动人事局劳动工资股副股长（其间：1997.09—1999.07广东省行政学院现代管理专业学习）；

2000.05—2002.08

汕尾市华侨管理区财政局副股长；

2002.08—2002.12

汕尾市华侨管理区财政局预算股副股长；

2002.12—2004.08

汕尾市华侨管理区财政局预算股股长；

2004.08—2006.03

汕尾市华侨管理区财政局副主任科员；

2006.03—2008.01

汕尾市华侨管理区财政局副局长；

2008.01—2012.02

汕尾市华侨管理区财政局主任科员（其间：2009.03—2011.12华南师范大学会计学专业网络教育专升本学习）；

2012.02—2013.03

深汕特别合作区财政局副局长（试用期一年）；

2013.03—2016.09

深汕特别合作区财政局副局长（其间：2016年3月至7月在省委党校中青年领导干部培训二班学习）；

2016.09—2016.11

陆河县人民政府副县长人选、党组成员；

2016.11—

陆河县人民政府副县长、党组成员。

范秉康,男,汉族,1972年1月出生,广东陆河人,1995年5月加入中国共产党,1993年7月参加工作,大学学历。现任广东省汕尾市东陆河县人民政府副县长、党组成员。

领导简历

1991.09—1993.07
华南师范大学数学专业学习

1993.07—1997.02
陆河县河口中学教师

1997.02—1999.07
陆河县螺溪镇党政办资料员

1999.07—2000.01
陆河县螺溪镇党政办副主任

2000.01—2001.01
陆河县南万镇党政办副主任

2001.01—2002.03
陆河县南万镇党政办主任

2002.03—2002.04
陆河县南万镇副镇长

2002.04—2005.01
陆河县南万镇党委委员、副镇长(其间:2003.09—2006.01哈尔滨工业大学公共管理专业学习并大学毕业)

2005.01—2007.11
陆河县南万镇党委副书记

2007.11—2008.12
陆河县科学技术协会主席(试用期一年)

2008.12—2009.04
陆河县科学技术协会主席

2009.04—2010.04
陆河县委办公室副主任(正科级)

2010.04—2010.08
陆河县河口镇党委副书记、镇长人选

2010.08—2011.07
陆河县河口镇党委副书记、镇长

2011.07—2011.09
陆河县南万镇党委书记、人大主席人选

2011.09—2011.12
陆河县南万镇党委书记、人大主席

2011.12—2012.07
陆河县螺溪镇党委书记、人大主席人选

2012.07—2016.03
陆河县螺溪镇党委书记、人大主席

2016.03—2016.04
陆河县人民政府副县长人选、螺溪镇党委书记、人大主席

2016.04—2016.05
陆河县人民政府副县长、螺溪镇党委书记、人大主席

2016.05—2016.07
陆河县人民政府副县长、党组成员、螺溪镇党委书记、人大主席

2016.07—
陆河县人民政府副县长、党组成员

彭武标，男，汉族，1969年1月出生，广东陆河人，1991年4月入党，1989年6月参加工作，大学学历。现任陆河县人民政府副县长、党组成员。

领导简历

1989.06—1992.10

陆河县新田镇办公室资料员；

1992.10—1997.02

陆河县新田镇党委办公室副主任；

1997.02—1998.10

陆河县水唇镇副股级干部（其间：1995.09—1998.08省委党校经济管理专业学习）；

1998.10—1999.08

陆河县水唇镇综治办副主任；

1999.08—2003.10

陆河县水唇镇党委委员；

2003.10—2005.07

陆河县南万镇党委副书记、纪委书记

（其间：2005.01—2005.07在陆河县投资服务中心负责全面工作）；

2005.07—2011.07

陆河县东坑镇党委书记、人大主席

（其间：2004.07—2008.07哈尔滨工业大学公共管理专业高起本学习）；

2011.07—2016.09

陆河县国土资源局局长、党组书记；

2016.09—2016.11

陆河县人民政府党组成员、县国土局局长、党组书记；

2016.11—

陆河县人民政府副县长、党组成员。

陆河县政协领导成员基本情况

陆河县政协领导成员基本情况

黄国生，男，汉族，广东陆河人，1963年1月出生，1980年10月参加工作，1983年7月加入中国共产党。本科学历。现任政协陆河县委员会党组书记、主席。

简历：

1980.10—1984.12

黑龙江阿城县00517部队服役，历任战士、学员、司务长、团装备助理员、运输连指导员（其中1981.03—1982.06黑龙江黑河技校读书）；

1984.12—1986.09

河口镇武装干事；

1986.09—1988.07

中山大学干部专修科工业经济管理专业读书毕业；

1988.07—1991.09

陆河县河口镇干事、副镇长；

1991.09—1992.10

挂任南海县经委副主任；

1992.10—1995.01

陆河县经委副主任；

1995.01—1996.07

陆河县河田镇委副书记；

1996.07—2001.12

陆河县经委主任（县工业局长）；

2001.12—2003.07

陆河县经贸局局长；

2003.05—2005.11

陆河县政协副主席、统战部长；

2005.11—2011.09

陆河县副县长；

2011.09—2014.12
陆河县委常委、常务副县长；
2014.12—2015.02
政协陆河县委员会党组书记；
2015.03—2016.12
任政协陆河县委员会党组书记、主席。

孔金诺，男，汉族，1965年8月出生，广东陆河人，1988年1月入党，1984年7月参加工作，省社科院研究生学历。现任县政协党组副书记，副主席。

简历：

1981.09—1984.07

陆丰师范中师学习

1984.07—1990.09

陆丰县东坑中学任教（其间：1986.09—1988.07在惠州教育学院英语系英语专业大专学习）

1990.09—1993.06

陆河县河田镇政府资料员

1993.06—1993.07

陆河县河田镇计生办主任

1993.07—1996.05

陆河县河田镇党委委员，计生办主任，1996.04镇长助理

1996.06—2000.12

陆河县河田镇副镇长（其间：1997.08—1999.12中央党校函授学院政法专业本科班学习）

2000.12—2002.03

陆河县河田镇党委副书记，2001.12代镇长

2002.03—2003.08

陆河县河田镇党委副书记、镇长（其间：1999.09—2002.07广东省社科院政治经济学专业在职研究生班学习）

2003.08—2007.09 陆河县河田镇党委书记、人大主席

2007.09—2016.09 陆河县副县长、县政府党组成员

2016.09—2016.11

陆河县副县长、县政府党组成员、县政协党组副书记

2016.11—

政协陆河县委员会党组副书记、副主席。

叶步活，男，汉族，1968年6月出生，广东陆河人，1992年5月入党，1989年6月参加工作，大学学历。现任县政协党组成员，副主席。

简历：

1989.06—1990.03
陆河县河口镇政府资料员

1990.03—1992.05
陆河县河口镇计生专干

1992.05—1996.05
陆河县河口镇计生办主任

1996.05—1996.06　陆河县河口镇镇长助理

1996.06—2002.02
陆河县河口镇副镇长（其间：1995.09—1998.08参加省委党校函授大专班经济管理专业学习）

2002.02—2006.06
陆河县计生局副局长（其间：2004.09—2008.07参加哈尔滨工业大学公共管理本科学习）

2006.06—2012.01
陆河县统计局局长

2012.01—2012.02
陆河县计生局局长

2012.02—2013.03　深汕特别合作区经济贸易和科技局副局长（试用期一年）

2013.03—2015.09　深汕特别合作区经济贸易和科技局副局长

2015.09—2016.09
陆河县政府党组成员（副处级）

2016.09—2016.11
陆河县政府党组成员、县政协党组成员（副处级）

2016.11—
政协陆河县委员会党组成员、副主席。

叶佐雄，男，汉族，1964年7月出生，广东陆河人，1991年4月入党，1983年11月参加工作，大专学历。现任县政协党组成员、副主席。

简历：

1983.11—1988.01
部队服兵役

1988.01—1988.03
在家待业

1988.03—1992.07
陆河县新田镇武装部干事

1992.07—1993.04
陆河县新田镇武装部副部长

1993.04—1996.11
陆河县河口镇武装部副部长

1996.11—1998.08
陆河县河口镇党委委员、武装部副部长
（其间：1995.09—1998.08中共广东省委党校经济管理专业学习）

1998.08—2002.04
陆河县河口镇党委副书记、武装部部长

2002.04—2003.10
陆河县河口镇党委副书记、纪委书记、武装部长

2003.10—2005.07
陆河县新田镇党委副书记、镇长

2005.07—2009.04
陆河县委政法委副书记、综治办主任

2009.04—2009.07
陆河县河口镇党委副书记（正科级）

2009.07—2010.08
陆河县河口镇党委副书记、镇长

2010.08—2013.12
陆河县河口镇党委书记、人大主席

2013.12—2016.09
陆河县水务局局长

2016.09—2016.11
陆河县水务局局长、县政协党组成员

2016.11—
政协陆河县委员会党组成员、副主席。

彭俊生,男,汉族,1969年11月出生,广东陆河人,无党派人士,1992年7月参加工作,大学学历。现任陆河县政协副主席。

简历:

1989.09—1992.07
广东医药学院临床医学系临床医学专业学习
1992.07—2001.06
陆河县人民医院内科、急诊科住院医师、主治医师
2001.06—2003.01
陆河县人民医院医教股负责人
2003.01—2005.01
陆河县人民医院医教股副股长
2005.01—2006.03
陆河县人民医院副院长（正股）（其间：2002.09—2005.06在华中科技大学同济医学院临床医学专业学习）
2006.03—2009.04
陆河县人民医院副院长（副科级）
2009.04—2010.08
陆河县人民医院院长（试用期一年）
2010.08—2016.11
陆河县人民医院院长
2016.11—
陆河县政协副主席

郑少琴,女,汉族,1975年1月出生,广东汕头潮南区人,无党派人士,1998年1月参加工作,大学学历。现任陆河县政协副主席。

简历:

1993.09—1997.06
在汕头大学国际经济法专业学习
1997.06—1998.01
毕业待分配
1998.01—2000.12
汕尾市法律培训中心工作
2000.12—2006.09
汕尾市司法局法规科科员
2006.09—2011.08
汕尾市司法局法规科副科长

2011.08—2013.08
汕尾市司法局社区矫正科主任科员
2013.08—2014.08
汕尾市司法局公职律师事务所所长（试用期一年）
2014.08—2014.10
汕尾市司法局公职律师事务所所长
2014.10—2016.09
汕尾市司法局宣传教育科科长（期间：2015年12月—2016年09月在红海湾经济开发区遮浪街道挂职街道副主任）
2016.09—2016.11
陆河县政协副主席候选人
2016.11—
陆河县政协副主席

陆河县纪委领导成员基本情况

谢威宣，男，汉族，1972年6月出生，广东陆丰人，1999年6月入党，1992年10月参加工作，大学学历。现任陆河县委常委、纪委书记。

简历：

1990.09—1992.07
在广东省民族学院外语系英文专业学习

1992.07—1992.10
毕业待分配

1992.10—1993.12
汕尾市粮油食品进出口公司工作

1993.12—1998.01
广东汕尾外运公司工作

1998.01—1998.12
汕尾市政协办公室干部

1998.12—2002.11
汕尾市政协办公室秘书科科员

2002.11—2004.03
汕尾市委组织部调研室科员、2003.12任干部一科科员（其间：2000.09—2002.12在广东省委党校函授学院行政管理专业本科班学习）

2004.03—2005.12
汕尾市委组织部干部一科副主任科员

2005.12—2008.07
汕尾市委组织部干部一科副科长
（其间：2005.03—2007.07在中央广播电视大学与中国政法大学联合办学法学本科学习）

2008.07—2011.08
汕尾市委组织部人才工作科科长
（其间：2010.04—2010.06市委党校中青班学习；2010.11新加坡国立大学东亚研究所公共管理课程班学习）

2011.08—2011.09
陆河县委常委、组织部长

2011.09—2014.12
陆河县委常委、组织部长、党校校长（其间：2012.11—2014.10在华南师范大学民商法专业研究生课程进修班学习）

2014.12—2015.01
陆河县委常委、纪委书记，县委党校校长

2015.01—
陆河县委常委、纪委书记（其间：2015.09—2015.10广东省委党校县处一班学习）

人物

叶君玉，女，汉族，1974年4月出生，广东陆丰人，1995年6月加入中国共产党，1995年12月参加工作，广东省委党校大学学历。现任广东省汕尾市陆河县纪委副书记。

简历：

1993.09—1995.07
华南师范大学思想政治教育专业学习

1995.07—1995.12
毕业待分配

1995.12—2004.10
陆丰市市委党校办事员、教员（其间：1997.09—1999.12在广东省委党校经济管理专业本科学习）

2004.10—2005.12
汕尾市城区委宣传部办事员（临时负责人）

2005.12—2008.12
汕尾市城区委宣传部理论股股长

2008.12—2012.05
汕尾市城区委党校副校长（主持全面工作）

2012.05—2016.09
汕尾市城区委党校常务副校长

2016.09—
陆河县纪委副书记

吴家宾，男，汉族，1976年3月出生，广东海丰人，1997年1月加入中国共产党，1995年7月参加工作，中央广播电视大学本科学历。现任广东省汕尾市陆河县纪委副书记。

简历：

1992.09—1995.07
汕尾师范学校普师班中师毕业

1995.07—1995.09
教育局报到

1995.09—1998.03
汕尾市城区新港街道渔村小学教师

1998.03—1998.10
汕尾市城区新港街道办事处资料员（1998.10定副股级）

1998.10—1999.04
海丰县建设局秘书股工作（副股级）

1999.04—2001.09
海丰县建设局秘书股副股长

2001.09—2002.08
海丰县建设局工会副主席、秘书股副股长

2002.08—2006.08
海丰县建设局秘书股股长（其间：2006.06取得中山大学汉语言文学专业自学考试大专毕业）

2006.08—2010.09
海丰县可塘镇党委委员

2010.09—2011.12
海丰县纪委、监察局派驻第三纪检监察组副组长（副科级）

2011.12—2014.01
海丰县纪委、监察局派驻第六纪检监察组组长（其间：2010.09—2013.01函授中央广播电视大学土木工程专业大学毕业）

2014.01—2016.09
海丰县监察局副局长（正科级）

2016.09—
陆河县纪委副书记

陆河县人民法院院长基本情况

卓俊鸿,男,汉族,1969年12月出生,广东陆丰人。2000年7月加入中国共产党,1991年9月参加工作,大学学历现任陆河县人民法院党组书记、院长。

简历:

1989.09—1991.07

广东省深圳师范专科学校政史系涉外经济法专业学习

1991.07—1991.09

毕业待分配

1991.09—1995.10

广东省陆丰市甲子食品进出口公司办事员

1995.10—1998.09

广东省汕尾市中级法院工作

1998.09—2001.06

广东省汕尾市中级法院助审员(其间:1996.09—1998.10在中山大学法律专业本科学习)

2001.06—2003.03

广东省汕尾市中级法院审判员(副科级)

2003.03—2005.11

广东省汕尾市中级法院行政审判庭副庭长、审判员(副科级)

2005.11—2012.08

广东省汕尾市中级法院行政审判庭副庭长、审判员(正科级)

2012.08—2013.06

广东省汕尾市中级法院执行三庭庭长、审判员(正科级)

2013.06—2019.09

广东省汕尾市中级法院审判委员会委员、执行三庭庭长、审判员(正科级)

2016.09—2016.10

广东省陆河县人民法院党组书记

2016.10—2016.11

广东省陆河县人民法院党组书记、代院长、副院长、审判委员会委员、审判员

2016.11—

广东省陆河县人民法院党组书记、院长、审判委员会委员、审判员

陆河县人民检察院检察长基本情况

邱少瑶，女，汉族，1974年2月出生，广东海丰人。1996年6月加入中国共产党，1996年11月参加工作，大学本科学历，法学学士。现任陆河县人民检察院党组书记、检察长。

简历：

1996.11—1999.03

汕尾市人民检察院侦查监督科工作

1999.03—2003.02

汕尾市人民检察院任助理检察员

2003.02—2007.09

汕尾市人民检察院任检察员

2007.09—2011.07

汕尾市人民检察院任检察员（正科级）

2011.07—2015.07

汕尾市人民检察院任研究室主任

2015.07—2016.09

汕尾市人民检察院任办公室主任

2016.09—2016.12

任陆河县人民检察院党组书记、副检察长、代检察长

2016.12—

任党组书记、检察长

2016年陆河县受省、部级以上表彰的劳动模范工作者名录

姓名	工作单位	荣誉称号	授奖单位	授奖年月
叶龙彪	陆河县人民医院	全国"五一劳动奖章"	中华全国总工会	2016.06

2016年陆河县受省、部级以上表彰的荣誉称号工作者名录

姓名	工作单位	荣誉称号	授奖单位	授奖年月
张汉深	营下小学	南粤七一纪念章	中共广东省委	2016.07
罗松茂	麦湖小学	南粤七一纪念章	中共广东省委	2016.07
叶君华	陆河县螺溪中学	七一纪念奖章	中共广东省委	2016.07
罗素柳	陆河县外事侨务局	侨联工作20年荣誉证书	中华全国归国华侨联合会	2016.09

2016年陆河县受市、厅级以上表彰的荣誉称号工作者名录

姓名	工作单位	荣誉称号	授奖单位	授奖年月
彭丽婷	陆河县实验小学	广东省名班主任	广东省教育厅	2016.09
叶纂妹	陆河县实验小学	广东省特级教师	广东省教育厅	2016.03
叶展宏	陆河中学	省百佳团支部书记	共青团广东省委	2016.05
丘素程	水唇镇文化站站长	广东省基层先进文化工作者	广东省人力资源和社会保障厅、广东省文化厅、广东省新闻出版广电局	2016.12
彭金明	河田镇新城社区	最美家庭	全国妇女联合会	2016.03
黄洪亮	陆河中学	优秀书香家庭	广东省妇女联合会	2016.09

2016年度单位集体获得省、部级荣誉称号名录

单位/集体名称（全称）	奖项名称（全称）	授予单位（全称）	授予年月
陆河县职业技术学校	广东省爱国拥军模范单位	中共广东省委、广东省人民政府、广东省军区	2016.08

2016年度单位集体获市、厅级荣誉称号名录

单位/集体名称（全称）	奖项名称（全称）	授予单位（全称）	授予年月
河田镇河南小学	巾帼文明岗	广东省妇女联合会	2016.03

陆河

LUHE YEARBOOK

各镇概况

1 河田镇
2 南万镇
3 螺溪镇
4 东坑镇
5 水唇镇
6 河口镇
7 上护镇
8 新田镇

河田镇

【概况】河田镇位于陆河县中部，是县人民政府所在地，是全县经济、政治、文化中心。总面积83.33平方千米。2016年河田镇辖砂坑、溪东、岳溪、四中、高砂、河东、上径、甘坪、宝山、河北、大径、宝金、布金、圳口、共联、内洞共16个村委会和河田、新城、城北、河南、城南5个社区居委会。全镇有山地面积61.6平方千米，耕地面积933.3公顷，林地面积5866公顷。户籍人口8.4万人，常住人口12万人。

【资源优势】河田镇自然生态环境优美，历史人文景点众多。境内有火山嶂省级森林公园、鹰嘴峰风景区、御水湾温泉度假区。以商贤家庙、蟠龙祠、九厅十八井等充满神秘色彩的古迹旧址，构建红色旅游和客家民俗文化旅游特色。擂茶、米程、糍粑、黄酒、酿豆腐等客家饮食风味独特；舞狮、耍龙、"河田高景"等民俗文化别具风格。河田以奇特秀丽的自然景观，纯朴真诚的民俗民风，热情周到的服务态度，吸引四海宾朋来河田旅游、做客，体验河田的客俗桃源风光。

【经济社会发展】2016年，实现工农业总产值22.2亿元，同比增长15%。其中，规模以上工业产值10.22万元，规模以下工业产值7.36万元，农业总产值3.62亿元，实现固定资产投资17.13亿元，分别比上年增长24.7%、20.5%、6%、30%。全镇城乡居民医疗保险参保率达到100%，农村养老保险参保率超过80%，全镇1716人享受农村低保待遇，年保障金额达356多万元，非农业人口270人享受城镇低保待遇，年保障金额120多万元；通过镇民政专项经费救济（助）临时困难家庭的有1000多户，救济（助）金额30多万元，发放五保资金170多万元。城镇生活污水集中处理率97%，城镇生活垃圾无害化处理率98%。（彭海滥、彭华伟）

附：2016年河田镇党委、政府、人大领导名录

7月份换届前领导名录
书　　记：叶剑宇
副 书 记：罗伟雄
镇　　长：丘洪楼
副 镇 长：吕金畅　邱洪伟　陈友勇
人大主席：叶剑宇
副 主 席：游晓阳
委　　员：李招栋　吕金畅　谢镇峰
　　　　　邱雪丽　廖仕叨　彭康宏
　　　　　朱伟斌
纪委书记：李招栋
人武部长：廖仕叨

7月份换届后领导名录
书　　记：谢锐潜
副 书 记：彭康宏
政法副书记：李招栋
镇　　长：朱振江
副 镇 长：谢镇峰　邱洪伟　陈友勇　邱雪丽
人大主席：吕金畅
委　　员：谢镇峰　邱雪丽　游晓阳
　　　　　朱伟斌　谢达枢　罗智潜
纪委书记：罗晋富
人武部长：谢达枢

行政村选介

【内洞村】内洞村位于河田镇西部，区域面积3.1平方千米，有耕地109.9公顷，林地318.9公顷，下辖11个自然村，共有572户，总人口3335人。2016年，内洞村建档立卡贫困户有109户482人，在深圳市人社局和汕尾市公共资源交易中心的帮扶下，通过低保五保、城乡居民医疗和养老、小额贷

款、入股园区等政策落实，逐步实现贫困户脱贫。

内洞村完善村委党员活动室，设立党员示范岗，严格落实"三会一课"制度，并启用陆河县首个村级党建网络智能化触屏设备，引领新农村建设。大力推进乡村旅游型新农村建设，开展"三清理三拆除三整治"工作，共投入约90万元，农村人居环境得到提升，获得内洞村广大群众的一致好评；投入资金200万元进行民居外立面改造和新农村建设文化墙工作；基本完成主干道沥青路、两侧广场砖铺设和美化、亮化、绿化工作。

【共联村】陆河县河田镇共联村位于河田镇西北部山区，地处河西走廊末端，区域面积2.3平方千米，有耕地57.6公顷，林地732.7公顷，下辖下圳坝、下楼、石下、明星、竹坡、田心、山下、田坑、下垅、洋石10个村民小组。全村有户籍人口2700人，480户，外出人口1000多人。群众经济收入来源主要靠种植、养殖及外出务工创收，2016年全村人均纯收入4300元。

共联村在改革开放初期就出门务工的人士较多，在外定居的人口约有1000多人。共联人民在深圳、广州、东莞等地取得良好发展，创建深圳市维业股份集团装饰公司、深圳市共联实业有限公司、深圳市三九集团装饰有限公司、深圳市世纪旭源投资集团有限公司等一批优秀企业，外出乡贤都十分关心支持家乡的发展，对家乡的基础建设、教育事业等方面作出贡献。共联村以"山水共联"为发展主题，严格按照产业兴旺、生态宜居、乡风文明、治理有效、生活富裕的总要求，坚持践行"绿水青山就是金山银山"的发展理念，按照河田镇河西片区发展乡村旅游、培育特色产业、打造田园综合体的新农村建设要求，集中开发，同时开展"三清理三拆除三整治"工作，改变村容村貌，与内洞、圳口、布金连片打造"十里荷花堤"为特色亮点，推进新农村建设。

南万镇

综合概况

【概况】南万镇位于陆河县西北部。2016年年末，辖万西、万东、万中、万全、黄福、桂培、杞洋、深渡、长坑、梅角、长营、罗庚坝、南告、长田14个村委。土地面积111.26平方千米，其中镇区面积1.37平方千米。户籍人口1.5994万人，常住人口0.3万人。

【资源优势】南万镇耕地面积0.0758万公顷，粮食播种面积0.0599万公顷，粮食产量0.2517万吨。林地面积9876.6公顷，森林覆盖率80.71%。镇区人均绿地面积21.18平方米。重要资源有国家二级保护植物桫椤、华南锥、樟树、竹柏、土沉香、半枫荷、闽楠、禾雀花、观音坐莲等植物资源，重点保护国家二级保护动物"大鲵"和穿山甲、猫头鹰、蟒蛇、水獭、大壁虎等稀有动物资源，土特产有单丛茶、美人芋丝、腐竹、蜂蜜等，是广东省生态示范镇，主要旅游景点有南万锥涛、神象山公园、岳坑农会旧址等。

【人文优势】该镇有历史遗址——岳坑农会旧址，位于南万镇万西村，始建于清康熙年间（1756年），于2012年重修，同年被陆河县人民政府列入"文物保护单位"，2014年8月被中共陆河县委宣传部授予"陆河县爱国主义教育基地"；该镇有市级非物质文化遗产——吉象歌，是早年依托民间传说所创造的音乐剧。

【经济社会发展】2016年全镇生产总值1.3904亿元。年年末从业人员5051人。全镇参加城乡居民基本医疗保险；参加城乡社会养老保险4872人。

城镇有生活污水集中处，城镇生活垃圾实现无害化处理。

【重点项目建设】一是全面推进南万花海旅游及配套项目。已签订花海项目的租地手续，征地工作接近尾声，该项目的环评工作正在修编当中。二是稳妥推进南万乡村旅游项目。以南告为第一个板块，着力打造以休闲观光度假区为核心的南万镇特色全域旅游，前期各项准备工作正有序推进。

【创文创卫】一是美化环境。形成环境卫生整治常态化机制，不定期对道路、河道两岸、居住区及各村委周边环境卫生进行全面清理；完成南万大道300米主干道样板路的硬底化建设和镇圩生活污水处理管道铺设；南万花香广场的征地工作已完成；增设南告"社会主义核心价值观"宣传长廊。二是亮化道路。完成杞洋至万东、万西主干道195盏路灯及led中国结的安装，为群众出行及休闲散步提供便利。三是绿化镇圩。对道路两旁及公共场所进行花香种植，同时开展生态文明宣传教育，增强群众的节约意识、环保意识、生态意识。至2016年年末，镇圩内主干道两旁新建花池40个，已种植上杜娟花、三叶梅等观赏花；深渡村至万全村主干道两旁及万中村道旁试种波斯菊。

【禁毒工作】对制贩毒违法犯罪采取"零容忍"态度，不断编牢"天网、地网、人网、查网和补网"的5个铁桶措施，形成禁毒专项工作常态化的高压态势，将毒品违法犯罪拒之镇门之外，确保南万平安。南万镇在册登记的吸毒人员有24名，镇村干部保持对吸毒人员的跟踪、监督，镇派出所每个季度对相关监控人员进行尿检。

【教育事业】2016年中考升学率达95%；南万中学2名教师分别获得县"十大最美教师"和市优秀教师称号；2名学生在"CYAA梦想杯"全国青少年美术作品大赛中获得金奖，11名学生获得银奖。

【林业管护】加强林业巡查队伍和护林员队伍建设，聘请专职护林员21名，落实村级护林责任；加强生态公益林保护，推进更新改造残次林、荒山植树造林8000亩，采取严抓严管严查的措施，打击乱砍滥伐林木的行为，杜绝清明期间的火灾隐患。

【道路基础设施】南告至甲坑桥主干道的拓宽拉直改造工程已完工，解决路窄弯多的山路问题，并在危险路段修筑防护墩、防护栏，树立交通警示牌以及路标，减少交通安全隐患，改善交通路况。

【信息公开】开通微信、微博等，拓宽政务公开和政策宣传渠道。2016年，南万公众微信发布平台共发布1218条信息，使群众能更及时、方便了解南万的政务工作。（罗旋、罗杰）

附：2016年南万镇党委、政府、人大领导名录

7月份换届前领导名录

书　　记：罗方俊
副　书　记：黄定宁　叶志帆
委　　员：练永超　陈连宽　邱志雄
　　　　　朱桂燊　叶秋凌　彭超水
镇　　长：黄定宁
副　镇　长：陈连宽　陈志雄
人大主席：罗方俊
副　主　席：彭超水
纪委书记：练永超
武装部部长：朱桂燊

7月份换届后领导名录

书　　记：丘伟忠
副　书　记：叶志帆　陈连宽　叶海鹏
委　　员：陈成业　陈志雄　邱志雄
　　　　　叶秋凌　罗雄辉
镇　　长：叶志帆
副　镇　长：陈志雄　彭超水
人大主席：黄永恒

行政村选介

【万东村】万东村位于南万镇西部，紫金、五华、陆河三个县的交界处，总面积5.1平方千米，下辖世径、中前、红光、各里、高洋5个自然村，共有350户1400人，常住人口约550人。大部分年

轻人都外出经商或者务工，留下的大部分都是老人、妇女和儿童。该村距离县城27.3公里，与镇政府距离3.3公里。耕地面积60公顷，旱地有66.7公顷，生态公益林约有533.3公顷，辖区内有一所教学点和卫生室。村内以种植水稻、果蔬等传统种植业为主要经济来源，由于地理位置和资源限制，集体经济薄弱。在新时期精准扶贫工作中为汕尾农垦局对口帮扶的省定贫困村，并被列入社会主义新农村建设示范村。

螺溪镇

综合概况

【概况】螺溪镇地处汕尾市北部山区，东接揭西，北通五华，西邻紫金，是三县商贸物流节点，区域面积153平方千米，下辖1个社区和15个行政村，共9271户，总人口4.2万人，是广东省固本强基示范镇、文明村镇、生态示范镇。2016年，全镇工农业总产值24752万元，农民人均纯收入9800元。

【产业经济】一是农业方面。螺溪镇盛产青梅、苗竹、乌橄榄、李子，鼓励螺溪镇村民发展深加工，有1间青梅加工厂，多间经济合作社。占地约13.3公顷的正大村生态农业产业园主要种植百香果、番石榴、圣女果、杨桃等时令水果，南和村生态农业产业园盛产油柑。二是旅游方面。借力华侨城乡居旅游项目的开发，带动全镇各村挖掘旅游资源，拉动旅游产业发展。如欧东龟石凹涌莲寺、书村油坑李花、旱硔地下河、淘金坑竹海、龙田廻龙寺等景点都各具特色。

【创文创卫】一是环境整治稳步推进。2016年，螺溪镇推进村庄综合整治工作。开展对主干道两侧的土、石、沙堆放点及加工场和石灰厂进行检查，不符合要求的督促其限期整改，发出《限期整改通知书》12份。通过正面交谈、现场督导、检查跟踪、多部门联合执法，全部业主主动按照要求进行围蔽。二是"三清三拆三整治"基本完成。螺溪镇推进农村人居生态环境综合整治工作，共清理巷道垃圾、房前屋后垃圾、沟渠淤泥等6800多吨，拆除废旧砖瓦房、旧牛栏猪舍、露天茅厕800多间，拆除违章建筑、乱搭乱建、违章广告14处，整治水体

污染17宗。三是环境卫生管理日趋完善。通过近几年来的反复尝试与总结，螺溪镇形成一套切实可行的环境卫生保洁机制。实行环境卫生网格化管理，制定《螺溪镇环境卫生管理制度》《螺溪镇环境卫生巡查制度》《螺溪镇环境卫生奖惩办法》等制度，实现环境卫生长效保洁。同时，根据各村人口数量，按大中小村每年分别给予适当的环境卫生专项经费补贴，对各村聘请的保洁员工资采取镇村各出一半的形式实现队伍稳定。四是"双创"成效明显。活动开展以来，螺溪镇整体工作在市县排名中连续三次排名靠前，获得市奖励表扬，新良、欧田村分别获奖1万元。在汕尾市第二十二轮测评排名中，螺溪镇位列第一名。投入300多万元打造文明样板路，在X004县道螺溪开发区至河田段共6公里的公路全面安装LED路灯、中华灯、市政灯共244座，其中开发区段安装中华结景观灯；沿线路边种植景观树、四季时花。在螺溪镇入口处建造入口小公园，全面提升螺溪镇域的整体面貌。通过"改、拆、建、管、督"五步棋，群众环保意识增强，卫生习惯趋于养成，城乡面貌提升。

【新农村建设】新农村示范片建设基本完工。螺溪镇按照社会主义新农村建设的总体要求，推动社会主义新农村示范村建设。2014年年底，螺溪镇成功列入全省首批14个新农村示范片建设单位之一，通过选取各安、南和、正大、新良、良洞5个村，连片打造省级新农村示范片，投入资金11772.9万元。其中，已累计投入2500多万元对主体村12公里的河道进行整治美化，投入1000多万元进行民居整治工程，投入3000多万元开展农村治污排污工程，投入300多万元进行公共设施建设，投入1000多万元开展绿化美化亮化工程，投入350多万元完成高标准农田建设。省级新农村示范片建设已竣工，待上级验收评估。

【精准扶贫】螺溪镇实现无劳动能力贫困人口100%纳入低保五保；贫困人口100%纳入重特大疾病救助范围；539名60岁以上贫困人口全部享受城乡居民社会养老保险待遇；列入2016年度危房改造计划贫困户95户，全部动工或竣工；核实575名在校贫困生落实生活补助，94户725名贫困人员脱贫计划得到顺利有效实施。深圳坪山新区、深圳帮扶单位已投入帮扶资金497.62万元。其中每个贫困村各100万元入股产业园；投资79.7万元的新溪村农贸市场项目建设已完成两层楼房主体建设；投入49.5万元用于道路建设；投入43.76万元用于修缮老年人活动中心及改善人居、教育环境；投入6.34万元开展科技培训和就业培训；投入20万元协助欧田村成立商务公司；支持3万元用于基层党建工作，筹集62万元用于村委其他建设。

【民生事业】一是农贸市场升级改造已投入营业。螺溪镇农贸市场按照广东省卫生镇的创建标准建设进行升级改造，计划投资69万元，第一期投入资金36万元，已基本完成，投入使用。改造后设31个铺位，其中13个店铺，肉食、海鲜等档口18个；另增加公共卫生间1个，检验室1个。通过改造升级，市场面貌焕然一新，给人民群众创造一个干净整洁、安全卫生的购物环境。二是进一步完善公共服务站建设。16个村级公共服务站完成建设并试用，为群众提供议事、办事、解决问题、志愿服务等"一站式"便民服务。

【综合治理】一是加强信访综治维稳工作。2016年螺溪镇综治维稳中心受理案件22宗，圆满调解17宗。此外，持续打击"涉毒涉枪"违法行为，加大宣传力度，组织督促全镇各村开展网格化、地毯式巡查，形成禁毒专项工作的高压态势。镇派出所共侦破刑事案件6宗，治安案件7宗，通过多措并举，有效维护社会大局的和谐稳定。二是加大对国土、林业、河流等领域违法行为的打击力度，坚持依法执政，执法必严，采取不定时巡查，白天与夜间交叉出巡，出动制止林业、国土、河流违法行为12宗，违法人员移送县执法部门1宗。

【文教卫事业】广泛开展群众性文化活动，民俗文化得到宣传与保护，正大"五星祠"获批省级文物保护单位，欧田闹龙神、欧东坐刀轿、三奶娘屯兵等民俗活动得以传承；在汕尾市首届中学运动会田径比赛中，螺溪中学学子代表陆河县参加竞赛，荣获初中组16金、7银、3铜的优异成绩（金牌总数19枚）；加大医疗卫生投入，进一步改善医疗卫生服务条件，持续推进螺溪镇卫生院标准化建设，书村、新溪、欧田卫生站完成主体建筑。（叶国球、彭康胜）

附：2016年螺溪镇党委、政府、人大领导名录

7月份换届前领导名录

书　　记：范秉康

副 书 记：丘远宣　叶曲芳

镇　　长：丘远宣

副 镇 长：彭少岳　罗烈潭

人大主席：范秉康

副 主 席：罗国栋

委　　员：叶海鹏　彭少岳　罗国栋
　　　　　　叶伟振　叶建光　罗林胜

纪委书记：叶海鹏

人武部长：叶建光

7月份换届后领导名录

书　　记：黄定宁

副 书 记：丘远宣　叶曲芳　叶伟振

镇　　长：丘远宣

副 镇 长：彭少岳　邱锦锋

人大主席：罗烈潭

委　　员：罗林胜　彭少岳　罗国栋
　　　　　　叶剑锋　陈齐营

纪委书记：罗林胜

人武部长：叶剑锋

行政村选介

【书村村】书村村位于螺溪镇北部，与五华、揭西、紫金三县交界，与揭西县上砂镇隔山相邻。区域面积为15.17平方千米，下设坪上、到流、新口、新塘、石下、书田、油坑共7个自然村，全村户籍人口4827人。书村主要经济收入来源为种植、养殖和务工，近年来，两地群众的生产、生活往来越来越频繁。古迹有旱硿地下河。近年来，书村李花基地种植规模扩大，产业优势逐步形成。在上级党政支持及村两委干部的努力下，全村基础设施不断完善。建有书村文体广场，为村民提供休闲场所；主村道、自然村道硬底化完成100%；实现100%通电、通邮，安全饮水覆盖率达100%。建立环卫"四有机制"，垃圾收集实现"户收集、村集中、镇转运、县处理"目标，村容干净整洁。

东坑镇

综合概况

【概况】东坑镇位于陆河县东部，1993年设为镇建制。2016年辖共光、竹园、新东、东坑、福新、高树坪、富口、榕江、大新、大溪、大路、石塔、丰田村委。土地面积78平方千米（其中镇区面积0.4平方千米）。年年末户籍人口2.8万人；常住人口1.8万人，人口自然增长率9.96‰。祖籍东坑的海外华人、华侨和港澳台同胞3千多人。

【资源优势】耕地面积837.9公顷，粮食播种面积0.11万公顷，粮食产量1.7万吨。林地面积0.70万公顷，森林覆盖率79%以上。重要矿产资源有花岗石、钾矿等。土特产有青梅、青柿，是"中国青梅之乡"。主要旅游景点有一庙（神农庙）一庵（石塔观音庵）二寺（聚云寺、尖山寺）二迹（渐逵轩、砻衣屋）三基地（省级爱国主义教育基地、科研基地、青梅基地）四园（共光梅园、石塔梅园、大新梅园、丰田茶园）。

【人文优势】东坑地景，始于清乾隆三十年（1765年），由东坑飞燕村先祖彭简宜从江苏省苏州府引入，已有二百五十多年历史。东坑地景是当地一年一度的闹元宵巡游活动。曾多次参加艺术巡游。2010年申报为广东省非物质文化遗产。彭细强，为陆河县东坑地景省级非物质文化遗产传承人。

东坑粄景，是一种历史悠久的民间文化艺术，始于清朝康熙三十四年（1686年），已有321年历史。三百年前，榕江村祖先玉宏彭公为祈求民康物阜，在元宵节期间进行一次粄景（即村民户户用糯米粉做出各种奇观景色）加上舞狮、舞龙、敲锣打鼓、烟花炮竹大闹元宵活动。

【经济社会发展】2016年全镇生产总值2.6319亿元，社会用电量564万千瓦小时。年年末从业人员230人，城镇登记失业率2.38%。参加城镇职工基本医疗保险覆盖率91%；参加新型农村合作医疗21600人，覆盖率100%；参加新型农村社会养老保险8789人，覆盖率93%。（彭翠、朱雨霏、陈晓丹）

附：2016年东坑镇党委、政府、人大领导名录

7月份换届前领导名录

书　　记：彭云渊
副 书 记：郑晋衡　叶远见
镇　　长：郑晋衡
副 镇 长：黄志凡　叶胜韬
人大主席：彭云渊
副 主 席：彭梁准
委　　员：朱伟雄　黄志凡　彭燕燕
　　　　　廖仕本　彭高拼　彭梁准
纪委书记：朱伟雄
人武部长：彭高拼

7月份换届后领导名录

镇委书记：郑晋衡
副 书 记：黄志祥　廖仕叨　朱武城
镇　　长：黄志祥
副 镇 长：黄志凡　彭永城
人大主席：谢援参
委　　员：朱伟雄　黄志凡　彭燕燕
　　　　　彭高拼　彭汉标
纪委书记：朱伟雄
人武部长：彭高拼

行政村选介

【共光村】共光村位于东坑镇东部，距镇区约7公里，村域面积约5.3平方千米（其中耕地面积41.7公顷，山地面积490公顷），下辖下再、马见、大塘、白石头4个村民小组共281户2000人。在这里

有着远近闻名的共光万亩梅园,是东坑镇三大梅园之一。园区内有创建于明朝的恢弘古刹——聚云寺,寺庙为"上三下三"平房布局,总占地面积8000多平方米。香火鼎盛,灯火不息。梅园基地还是红二师的驻扎地,红军纪念亭与山门遥遥相望,亭的横额上刻着"红军圣地纪念亭"字样,是陆河县爱国主义教育基地、党员教育基地,使共光梅园成为集"梅、红、佛"为一体的休闲旅游胜地。共光梅园经历十余载的精心养护和努力打造,已完成整体规划及路网布局、水电配套、停车场、公厕、各类标牌标识等基础配套设施建设,并有多处可提供游客吃宿的农家乐。吸引众多游客前往共光梅园赏梅。梅园的深厚人文历史文化渊源,使共光梅园的知名度、美誉度大大提高,为广大群众的冬季旅游提供一个好去处。

水唇镇

综合概况

【概况】水唇镇位于广东省汕尾市陆河县东部。2016年辖下社、黄塘、万山、高塘、墩塘、护硋、南进、南跃、中和、螺洞、石船、吉龙、高丰、水唇、新丰共15个村委,水唇社区居委。土地面积121平方千米(其中镇区面积2平方千米)。户籍人口4.7万人,其中城镇人口0.9万人,农业人口3.8万人。

【资源优势】水唇镇自然资源丰富,瓷土质高量多易开发,总储存量2亿多立方米;水力资源可供开发水电装机容量4500千瓦;地表温泉温度高、泉量大。除此之外,还有稀土、花岗石等。耕地面积0.14万公顷,粮食播种面积0.10万公顷,粮食产量1.35万吨。森林覆盖率70.97%,活立木蓄积量33.02万立方米。土特产有青梅、螺洞长寿面。主要旅游景点有罗洞世外梅园旅游风景区、南进寨百米瀑布,佛道儒三教合一的圣地灵山观天嶂、南跃彩霞洞。

【人文优势】拥有省级文化遗产木偶戏、高景、杂技等,客家山歌文化,还有广东省最具建筑特色古村落——墩仔寨围龙屋、广东省最美古村落——莲心湖、和船型古寨——石下坝。

【荣誉称号】水唇镇是广东省生态宜居示范镇、广东省乡村旅游和休闲农村示范镇、汕尾市文明镇、新型城镇化"2511"美丽小镇试点单位。

【经济社会发展】2016年全镇生产总值10.8425亿元,城镇居民人均可支配收入12000元,农村住户人均纯收入7200元。社会用电量1750万千瓦小时。参加城镇居民基本医疗保险39193人,覆盖率

78%；参加新型农村社会养老保险14734人，覆盖率34%。（余雨佳）

附：2016年水唇镇党委、政府、人大领导名录

7月份换届前领导名录

镇委书记：叶涌华

副 书 记：罗国城　彭伟通

镇　　长：彭伟通

副 镇 长：叶国澡　彭汝伟

人大主席：叶涌华

副 主 席：罗国辉

委　　员：彭汝伟　罗柏林　汪敏芝
　　　　　罗国辉　罗志远

纪委书记：罗志远

武装部长：彭汝伟

7月份换届后领导名录

书　　记：叶涌华

副 书 记：彭伟通　彭汝伟　陈成勇

镇　　长：彭伟通

副 镇 长：叶国澡　罗柏林

人大主席：罗国城

委　　员：罗国辉　罗志远　汪敏芝
　　　　　叶国澡　叶晓东

纪委书记：罗志远

人武部长：叶晓东

新丰村经济发展。在发展的逐步探索中，形成以油茶，果树，水稻种植，鱼塘家畜养殖的发展模式。新丰村先后获得广东省卫生村，先进基层党组织等荣誉称号。

行政村选介

【新丰村】新丰村位于水唇镇的东部，共有535户3200人，其中常住人口2900人，贫困户69户，村人均收入约5000元，离镇政府不足1公里，是最近圩镇的村委会。辖区内有11个自然村，分别为竹江、石下、老圩、上大窝、下大窝、上庭前、下庭前、石马、田心、陂下、洋面坑。村内全境多山少地，经济较为薄弱，建设在该村的重信公司有效地解决村内剩余劳动力问题以及增加居民收入，推动

河口镇

综合概况

【概况】河口镇位于汕尾市北部，陆河县南部，距离县城13公里，东邻普宁，南接陆丰，是沿海与山区的结合部，因境内北溪河、南溪河与螺河在此交汇，故名"河口"。河口镇历来是陆河县的交通重地，潮惠高速、天汕高速（陆河段与潮惠高速合并）、省道335线、240线穿境而过。全镇镇域面积169平方公里。河口镇下辖18个行政村和1个居民社区，185个村民小组（其中有空心村25个），全镇总户数10200多户，总人口61000多人（其中农业人口约56000人），全国重点镇、广东省中心镇之一。全镇主要有朱、李、谢、叶、罗等37个姓氏，海外侨胞及港澳台同胞约3.5万人，外来暂住人口约2000人，每年外出务工、经商人士约2万人。

【资源优势】河口镇属平原和丘陵地带，耕地面积4225公顷，其中水田面积为2146公顷，水产养殖面积为136公顷；山地面积12675公顷，其中林地面积8900公顷，森林覆盖率70%。河口镇属亚热带气候，终年气候温和，年均气温21.5℃，雨量充足，年雨量在1300毫米以上，且季节分配均匀。镇内群山环抱，中间丘陵地带，低坡度、土壤肥沃，得天独厚的气候条件和地理位置，是发展"三高"农业及水果种植的理想场所，河口镇主要种植水果有：青梅、荔枝、龙眼、黄榄、油柑、焦梨等，其中青梅、油柑、焦梨在省内享有盛名。

【人文优势】河口镇水资源丰富，螺河、南溪、北溪3条河流纵贯全镇，干渠互通，全镇有唱歌潭、龙口、麦湖、油柑坪、新华和云峰泰丰等6个水电站，总装机容量9180千瓦。河口镇矿产资源丰富，主要为铅锌矿、铜矿、花岗岩、稀土和矿泉水等，具有较高的开采价值。河口镇旅游资源众多，风景优美，主要景点有谢非故居、昂塘时雍楼、剑门与北龙梅园、河口革命烈士纪念碑、剑门唱歌潭、狮子嶂等。

河口镇人杰地灵、贤能辈出，属全省著名的革命老区，是抗日战争和解放战争时期中共地下党领导人叶左恕同志，原中共中央政治局委员、全国人大副委员长谢非同志，原广州军区副司令员欧金谷同志的家乡。（朱学环、叶文燊）

附：2016年河口镇党委、政府、人大领导名录

7月份换届前领导名录

书　　记：杨学而
副 书 记：刘德颂　朱振江　彭晋团
镇　　长：刘德颂
副 镇 长：朱海舵　黄智捷
人大主席：杨学而
人大副主席：欧阳碧绸
委　　员：彭晋团　朱海舵　叶甫东
　　　　　谢志雄　欧　存　叶国潜
　　　　　罗荣乐　罗建东
纪委书记：彭晋团
人武部长：叶国潜

7月份换届后领导名录

书　　记：杨学而
副 书 记：刘德颂　黄智捷　彭晋团
镇　　长：刘德颂
副 镇 长：罗建东　朱海舵　叶甫东
人大主席：余代治
委　　员：朱海舵　叶国潜　罗荣乐　杨金梅
　　　　　叶晋荣　邱耿狄　刘文彬
纪委书记：罗荣乐
人武部长：刘文彬

行政村选介

【新华村】 新华村委位于河口镇南溪片中部,村委下辖14个村民小组,全村有500多户,3500多人,全村耕地面积166.7公顷。在村"两委"班子的带领下,新华村100%道路实现混凝土硬底化、改造扩建新华小学;对全村荒山进行营林种果,造林面积达266.7公顷,发展村民种植以荔枝、龙眼为主的水果,取得较好的农业效益。创建新农村示范村工作启动后,全村开展新农村示范村建设。其中将管屋寮、背头塘及中心岗3个自然村连片规划成新华村北部片区新农村的生活文娱中心和观光村庄。该片区作为新华村新农村示范村建设的先行点,率先启动建设,已扩宽道路1米、长度共计1.2公里,绿化道路600米,完成绿道建设500米,绿化公共场所800多平方米,完成健身器材安装12套,升级改造文化广场400平方米。

上护镇

综合概况

【概况】 上护镇位于陆河县西南部。1988年设为镇建制。2016年下辖13个村委,1个社区居委会。土地面积121平方千米(其中镇区面积2.5平方千米)。年年末户籍人口3.8835万人;常住人口2.3566万人,其中城镇人口0.4108万人。人口自然增长率1.1%。祖籍上护的海外华人、华侨和港澳同胞23人。

【资源优势】 上护镇耕地面积0.1513万公顷,粮食播种面积0.1722万公顷,粮食产量0.798万吨。林地面积12.85万公顷,重要资源有温泉,土特产有火龙果、香蕉、洋岭大米、菠萝、荔枝、龙眼、青梅,主要旅游景点有燕子岩。

【经济社会发展】 2016年全镇生产总值6.8亿元。其中工业总产值2.19亿元,农业总产值2.94亿元;全社会固定资产投资总额2910万元;农民人均纯收入6926元。社会用电量770万千瓦小时。城镇居民人均住房建筑面积20平方米,农村居民人均居住面积50平方米。年年末从业人员18328人,城镇登记失业率0.096%。

【城乡建设】 一是结合"创文""创卫"工作,全镇建立农村生活垃圾"四有"和门前"三包"管理制度,投入100多万整治环境卫生,配备垃圾桶、果皮箱200多个,配备大、小型号的垃圾收集车10辆。通过综合整治,村容村貌大为改观。二是实行镇村干部职工落实包片巡山管理责任制,聘请23名护林员,切实加强林地和生态公益林的保护管理。三是完成农村硬底化公路13.7公里,新建桥梁3座,安装高8米路灯167套，米程岗至下坜5公里道路全程亮化，大大改善上护镇市容市貌。四是完成对S335线樟河段共50多处1200平方米规章建筑物的拆除清理工作。

【社会治理】严厉打击各类暴力和侵财犯罪，社会治安秩序明显好转。落实"三日一巡查"禁毒模式，严厉打击各类涉毒涉枪违法案件，有效化解社会矛盾纠纷和信访积案。2016年，镇综治办共受理矛盾纠纷19宗，已调解17宗，全年未发生进省、进京上访案件及群体性案件；派出所共受理刑事案件12宗、治安案件18宗，刑事拘留9人，行政处罚29人，行政拘留11人，强戒9人，收缴非法枪支2支。

【精准扶贫】完成与省直、深圳帮扶单位的对接。由各驻村干部为成员的指导小组与帮扶单位对接，共同指导所属各村精准扶贫工作，确保上护镇的精准扶贫工作连续性。2016年，共实现脱贫529户1040人。

【行政工作】截至2016年9月末，已圆满完成新一届党委、政府、人大领导班子及县、镇两级"两代表一委员"的选举工作任务；扎实开展"两学一做"学习教育活动，从而有效提高政府行政水平；开展政务整治、正风肃纪活动，精神面貌明显提升、群众满意度明显提高、基层治理能力增强。全力推进农村基层治理机制改革和直联制工作，镇便民服务中心和14个村（社区）服务站建成投入使用，网格化管理机制基本形成。深入推进依法治镇，法律援助和一村（社区）一法律顾问工作，有效提高上护镇、村两级基层治理能力。（陈志远、罗桂林）

附：2016年上护镇党委、政府、人大领导名录

7月份换届前领导名录

镇委书记：谢锐潜

副 书 记：邓兆恕　丘伟忠

镇委委员：刘国锋　丘素兰　朱锦宏

叶石佑　谢俊峰

镇　　长：丘伟忠

副 镇 长：谢俊峰　罗晋富

镇纪委书记：刘国峰

人大主席：谢锐潜

武装部部长：朱锦宏

7月份换届后领导名录

镇委书记：彭东丽

副 书 记：刘兆李　邓兆恕　谢俊峰

委　　员：练永超　丘素兰　刘国锋

朱锦宏　郑　雅

镇　　长：刘兆李

副 镇 长：刘国锋　陈锦银

人大主席：叶云年

纪委书记：练永超

武装部部长：朱锦宏

行政村选介

【洋岭村】洋岭村位于上护镇中部，与硁二村相邻。下辖4个村民组：洋一、洋二、下岭头、上岭头。行政面积6.23平方公里，耕地面积1200多亩，森林资源丰富。全村总人口2750多人。村里人以自耕种为业，洋岭村有一面布满梯田的广阔山坡，遍植水稻、甘薯、甘蔗、蔬菜等农作物，加上当地土壤肥沃，农作物质优产高，远近闻名。改革开放以来，农民生活条件好转，基本迁至县城居住。为响应国家号召，建设社会主义新农村，在村委会主任和外出乡贤的带动下，农家乐、梯田复耕也全面开展。村内以发展旅游业为基础实行全方位开放。特色旅游景点有洋岭火龙果基地、蓝莓基地、洋岭森林公园，是喜欢郊游踏青爱好者的最佳去处。

新田镇

综合概况

【概况】新田镇位于陆河县西南部。1948年冬新田乡政府成立,1958年10月新田乡与河口乡合并成立河口人民公社,1961年从河口人民公社析出置新田人民公社,1984年4月新田公社改为区公所,1987年4月改为新田镇人民政府,设为镇建制。2016年辖新田、屯寨、田心、陂坑、湖坑、激石溪、参城、麻地、新村、横陇、北山、联新、联安村委和新田社区居委会。土地面积182平方千米(其中镇区面积1.5平方千米)。年末户籍人口4.2万人;常住人口3.2万人,其中城镇人口1.57万人。人口自然增长率9.8‰。截至2018年6月,祖籍新田镇的海外华人、华侨和港澳台同胞共1.082万人。

【资源优势】新田镇地势由北向南倾斜,最高处(乌盾山)海拔1232.9米,最低处(咸宜黄格坑)海拔17米,多年平均降雨量达2200毫米,多年平均气温22℃,属华南粤东丘陵地,亚热带季风气候。全镇耕地面积35836.5万公顷,粮食播种面积28601万公顷,粮食产量0.855万吨。林地面积1.016万公顷,森林覆盖率72.57%,活立木蓄积量35.4157万立方米。镇区人均绿地面积10.04平方米。重要资源有锡矿、温泉。土特产有中华蜂蜜、单枞茶叶、火龙果、龙眼、柑、桔、花生等,主要旅游景点有激石溪、湖坑、清霞寺、新田公园等。

【人文优势】新田镇"红色"文化影响深远。"碣石溪"(现激石溪村、湖坑村一带)曾是国内革命战争时期海陆丰农民运动的红色沃土和中国共产党第一支正规部队红二师的革命根据地,老一辈无产阶级革命家周恩来、徐向前、古大存等同志曾在此指导战斗,中共第五届中央委员杨其珊,以及范照南等数以千计的革命先烈埋骨于此。

【经济社会发展】2016年全镇生产总值5.2亿元。社会用电量3969.851万千瓦时。城镇居民人均住房建筑面积17.5平方米,参加城镇居民基本医疗保险27944人,参加新型农村社会养老保险13000多人。(叶国澡、黎志策)

附:2016年新田镇党委、政府、人大领导名录

8月份换届前领导名录

书　　记:彭志洁
副 书 记:彭东丽　蔡新勇
镇　　长:彭东丽
副 镇 长:叶左密　朱玉祥
人大主席:彭志洁
副 主 席:陈天禄
委　　员:彭志洁　彭东丽　蔡新勇　朱玉祥
　　　　　朱笑夫　彭梦苏(2016年4月调离)
　　　　　丘基建　陈天禄
人武部长:丘基建

8月份换届后领导名录

书　　记:彭志洁
副 书 记:罗伟雄　朱笑夫　叶胜韬
镇　　长:罗伟雄
副 镇 长:丘基建　叶左密
人大主席:刘兴熬
委　　员:彭志洁　罗伟雄　刘兴熬　朱笑夫
　　　　　叶胜韬　丘基建　彭苏柳　叶娘星
　　　　　杨兆宣　刘志许
纪委书记:杨兆宣
人武部长:刘志许

行政村选介

【激石溪村】激石溪村位于新田镇西北部,距新

田镇政府约9公里。激石溪村下辖坝仔、上屋、暗径、桥头、上垵、宫排、博背、梅章等8个自然村,现有村民210户1200多人。主要从事种植茶叶、柑桔、经济林木以及养蜂、养家禽等。激石溪村是新田镇人民的母亲河"新田河"的主要发源地,由于水资源丰富、地势落差大,村里建设有多座小(二)型水力发电站,为新田镇乃至全县、全市的生产生活用水用电作出积极贡献。激石溪村曾是国内革命战争时期海陆丰农民运动的红色沃土和中国共产党第一支正规部队红二师的革命根据地,建设有激石溪革命根据地先烈纪念园、红二师纪念亭等,是广东省中共党史教育基地、广东省干部党性教育现场教学基地、汕尾市党员教育基地、汕尾市爱国主义教育基地、汕尾市国防教育基地、陆河县爱国主义现场教学基地等。激石溪村在上级党政的高度重视和有关部门的大力支持下,认真贯彻落实乡村振兴战略,扎实推进"红色村"建设,深入打造激石溪红色旅游特色景区,在发展红色旅游的同时,修缮保护红色革命旧址,弘扬爱国主义精神,并为当地群众提供更多更好的就业创业机会,实现脱贫奔康,共建美好家园。

陆河

附录

LUHE YEARBOOK

陆河县国民经济和社会发展第十三个五年规划纲要

序言

本规划纲要根据《中共陆河县委关于制定陆河县国民经济和社会发展第十三个五年规划的建议》编制，主要明确"十三五"时期陆河经济社会发展的指导思想、基本原则、发展目标、发展战略和主要任务，是战略性、纲领性、综合性规划，是未来五年陆河经济社会发展的宏伟蓝图。

第一章 实现振兴发展的新阶段

"十三五"时期（2016—2020年），是陆河全面建成小康社会的决胜阶段和加快振兴发展的关键时期，必须贯彻落实"四个全面"战略布局，围绕创新、协调、绿色、开放、共享的发展理念，努力为陆河振兴发展开创新局面。

第一节 "十二五"时期发展成就

"十二五"时期，陆河县委县政府带领全县人民深入贯彻落实党的十八大和三中、四中、五中全会精神，全力推进生态文明县建设，加快转变经济发展方式，紧紧围绕"生态发展保障区、特色产业集聚区、绿色崛起新山城"定位要求，按照"园区工业、基地农业、生态旅游、美丽城乡、活力陆河"的发展战略，顺利完成"十二五"规划的主要目标和任务，为陆河"十三五"时期的发展奠定了坚实的基础。

——经济发展不断提速。2015年，全县实现地区生产总值48.8亿元，年均增长9.9%；人均地区生产总值达到17000元，年均增长9.8%；农业总产值17.45亿元，年均增长4.2%；规模以上工业总产值实现翻番目标，年均增长25%；固定资产投资19.72亿元，年均增长23.9%；城乡居民储蓄存款年均增长15.4%；年均增长24.9%；城乡居民储蓄存款年均增长15.4%；社会消费品零售总额31.73亿元，年均增长8.8%；公共财政预算收入2.64亿元，年均增长10.3%；外贸出口总值实现翻一番目标，年均增长21.1%，五年累计引进外商直接投资总额4724万美元，五年出口总额17464万美元；农村常住居民人均可支配收入年均增长11.6%。

——基础设施建设不断完善。2015年，潮惠高速东段建成通车，实现省下达的"县县通高速"目标。全县四级以上公路总里程达到1563公里，公路密度达到每百平方公里158公里，县域主干道网络基本形成。大力发展长短途和农村旅客运输，道路运输能力显著增强，"十二五"期间共完成旅客运输量4372万人，货物运输量3732万吨，全县行政村班车通达率100%。县城污水收集管网、螺河防洪堤围、改河带状公园工程稳步推进，县城配套功能进一步完善。县垃圾无害化处理填埋场投入使用，全县8个镇生活垃圾中转站全部建成。农村小水电及电气化建设投资1.2亿元，获得"中国农村水电之乡"称号。

——产业结构不断优化。三次产业结构由2010年的21.8：29.4：48.8调整为2015年的21.1：19.6：59.3。基地农业不断壮大，被评为"全国油茶产业发展重点县"和"国家有机产品认证示范创建县"，"陆河木瓜"获得国家地理标志产品称号；重信公司获得"国家核准灵芝健字号证书"和"省级现代农业示范园区"称号。园区工业快速发展，新河工业园被纳入省产业集聚区管理，基础设施不断完善，陆河首创企业竣工投产，总投资百亿元的比亚迪等项目动工建设，全县规上工业企业增至22家，规模以上工业总产值达5亿元以上。农村电子商务逐步发展，阿里巴巴农村淘宝项目顺利推进，县级服务中心和21家村淘服务站建成投入运营。科技创新不断加大投入，2015研究与开发经费（R&D）投入占GDP比重提高至0.52%。生态旅游蓬勃发展，"十二五"期间全县接待旅游总人数约202万人次，比期初增长270%；旅游总收入近6亿元，比期初增长280%。

——城镇扩容提质成效明显。编修新一轮县城总体规划（2013-2030年），提升中心城区土地综合利用，优化民生项目配置，调整产业发展布局，突出县城综合服务中心地位。城东新区、岳溪生态博览园、改河带状公园工程初见成效，中心城商住项目、润达花园、螺河湾等重大项目的建设进一步提升县城城市品位。建成县城供水管网65公里，排水管网49公里。县城建成区面积由2010年的8平方公里增加到10平方公里。河口"全国重点镇"规划建设进程加快，"河口镇扩容提质项目"列入2015年省市重点建设项目。

——生态文明建设不断增强。积极创建国家级生态文明先行示范区，立足发展实际和生态优势，注重生态功能定位，以"圈轴联动"的空间开发模式，明确全县功能区布局，走以人为本、集约高效、绿色低碳的新型城镇化道路。"十二五"期间，水唇镇列入省新型城镇化"2511"试点，河口镇扩容提质项目被列为省重点项目并全面启动，螺溪镇省级新农村示范片项目加快推进，全县成功创建4个省级生态示范镇、8个生态示范村。实施"百村百园"工程，全县127个村（居）委全部建成了农村生活垃圾堆放点，并建成了83个生态小公园。至"十二五"期末，单位GDP能耗基本完成市下达任务，污染源100%达标排放，全年环境空气质量优良率保持100%，森林覆盖率保持在73%以上，全县自然保护区面积共8641公顷，森林公园面积共7800公顷，县城建成区绿化率35.4%，城镇生活污水集中处理率81%，全县、城镇生活垃圾无害化处理率分别达到80%、98%，被确定为"农村生活垃圾分类处理工作试点县"。红锥林生态公园入选"汕尾八景"之一。

——社会各项事业稳步发展。逐步构建覆盖城乡居民的社会保障体系，底线民生保障政策有效落实，城乡低保、农村五保、孤儿供养全部达到省定标准。教育工作成效显著，在全市率先通过国家"义务教育发展基本均衡县"和8个镇"教育强镇"的督导验收，教育创强工作走在全市前列。教育园区建设五年来共投入4.6亿元，县职校实训楼、艺术楼、教学楼完工投入使用，党校、电大完成综合楼建设。文体设施不断完善，集"五馆"于一体的县文体综合馆完成基础工程建设，全县8个镇农民体育健身工程建设任务全面完成。医疗卫生服务体系进一步健全，县人民医院综合楼完成主体工程建设，县、镇、村三级医疗预防保健网的三配套建设不断完善。2015年居民人均可支配收入达到13045元。其中农村居民人均可支配收入9118元，五年平均增长11.6%。城乡居民储蓄存款余额40.6亿元，五年平均增长15.4%。

——扶贫开发工作扎实推进。5年来累计投入扶贫资金3.4亿元，实施村级集体帮扶项目1146个，贫困户帮扶项目13471个，53个贫困村4785户26442名贫困人口基本实现脱贫，"两不具备"村庄整村搬迁和水库移民工作有序开展，新一轮扶贫开发任务顺利完成。底线民生有效保障，城乡低保、农村五保、孤儿供养全面提标。全面完成保障性住房建设任务，农村危房改造工作顺利推进，完成住房改造任务3095户；新建了一批贫困村基础设施建设，资助贫困子女838人次就读大中专和高中；加快了产业扶贫步伐，发展了主导产业3.55万亩；推广了智力扶贫，选送免费技工和扶贫勤工俭学贫困生837名，开展了农村种养实用技术和短期专项技能等培训。

——平安陆河建设成效显著。通过强化禁毒缉枪责任，细化分解任务，加强排查管控，宣传教育，落实奖惩和专项打防等措施，大力推进全县禁毒缉枪工作，每年都提前超额完成上级下达的禁毒两项指标任务，5年来共捣毁制毒窝点8个，破获毒品案件149宗，收缴非法枪支118支，有效打击了毒品、非法枪支等违法犯罪活动。

——机制体制改革不断深化。基层治理机制改革试点工作成效显著，县政务服务中心、8个镇便民服务中心和69个村（社区）便民服务站建成投入使用，网格化管理模式、基层治理运行机制基本形成。在全市率先完成农村集体经济组织登记发证和土地所有权确权登记工作，农村土地承包经营权确权登记工作全面铺开，8个镇"三资"交易平台建成投入使用。农村普惠金融试点、行政审批制度、商事登记和公务用车等各项改革任务顺利推进。

陆河县"十二五"规划主要目标完成情况表

指　　标	单位	2010年	"十二五"规划目标		"十二五"实现情况	
			2015年	年均增长率	2015年	年均增长率
1.地区生产总值（当年价）	亿元	32.11	65.72	16	48.8	9.9
第一产业	亿元	6.88	-	-	10.3	4.5
第二产业	亿元	9.39	-	-	9.5	12.9
第三产业	亿元	15.83	-	-	29.0	10.1
2.农业产值	亿元	11.51	16.27	6	17.5	4.2
3.工业总产值	亿元	17.59	47.47	20	28.6	17.7
#规模以上工业总产值	亿元	7.02	31	35	18.0	25
4.地方财政一般预算收入	亿元	1.62	49300	25	2.64	10.3
5.全社会固定资产投资额	亿元	21.76	55.98	20	19.72	23.9
6.社会消费品零售总额	亿元	20.57	49.68	18	31.73	12.3
7.外贸出口总额	万美元	1137	2020	11	4856	18.2
8.外商直接投资	万美元	438	675	12	42	-37.4
9.单位GDP能耗	吨标煤/万元	0.454	-	-	0.278	-
10.符合政策生育率	%	96.47	98	0.02	93.97	-
11.人口自然增长率	‰	6.48	6	-0.04	6.43	-
12.初中毕业生升学率	%	96	100	0.8	98.58	0.52
13.高中阶段教育毛入学率	%	84.9	90	1	87.73	0.57
14.城镇失业率	%	3	-	-	2.38	-0.02
15.农民人均收入	元	6070	8788	8	9118	8.4
16.基本社会养老保险覆盖率	%	63	72	递增1	80	11
17.基本医疗保险覆盖率	%	39	44	递增1	100	-
18.新型农村合作医疗覆盖率	%	100	100	-	100	-
19.农村劳动力转移就业率	%	70.98	83	2.5	82.7	2.35
20.农村养老保险参保覆盖率	%	80	90	2	-	-
21.森林覆盖率	%	67	69.3	0.45	73.27	1.25
22.耕地保有量	万亩	16.2212	15.4965	—	18.7725	—
23.城市环境空气质量优良天数	天	365	365	-	365	-
24.污染物排放#SO2排放总量	吨	580	600	0.6	600	0.6
#COD排放总量	吨	7300	6400	-2.5	6400	-2.5
25.城市人均公共绿地面积	平方米	10.4	15.5	1		
26.城市生活污水处理率	%	75	90	3	81	1.2
27.城镇生活垃圾无害化处理率	%	60	75	3	98	—

第二节 发展机遇与挑战

"十三五"时期，我县将进入全面建成小康社会的决胜阶段。国际经济处于深度转型期和调整期，国内经济步入以速度变化、结构优化、动力转换为特征的新常态，广东省为率先全面建成小康社会作最后冲刺，汕尾市加快全面融珠发展步伐，随着厦深铁路、潮惠高速公路的开通和新河产业集聚区的启动建设，将为我县工业经济带来高速发展机遇，在上述背景下陆河县的发展机遇与挑战并存，必须坚持绿色发展，创新思路，充分发挥现有优势，努力开创陆河生态文明建设新格局。

一、发展新机遇

——国家和省政策提供发展支持。随着国家经济发展方式从粗放向集约转变，在生态文明体制改革的整体部署下，通过利用生态保护补偿制度，加大对重点生态功能区的转移支付力度，逐步提高其基本公共服务水平。陆河可以通过资金补助、产业转移、人才培训、共建园区等补偿方式，加强与珠三角地区在产业、人才、园区等方面的合作，探索一条山区城乡跨越式发展的新型城镇化道路。同时，随着党中央对革命老区开发建设与脱贫的扶持力度逐渐加大，陆河县作为海陆丰革命根据地的重要组成部分，可以通过国家给予革命老区的税收优惠、投资和重大项目支持，加快推进脱贫攻坚工程建设。

——交通改善拓展发展空间。在粤东西北振兴发展战略指引下，随着潮惠高速、天汕高速的建设与通车，陆河县将一改过去"交通盲点"的区位劣势，成为联通珠三角与粤东地区、汕尾新港出海口与粤东北乃至江西地区的"十字枢纽"。有利于陆河县更好地承接珠三角的辐射带动和产业转移，提供生态休闲旅游、绿色健康产品等反向服务；同时依托汕尾新港加强与港澳台地区在特色生态产品的种植、加工等方面的交流合作，进一步拓展地区发展空间。

——全面融珠为发展提供新动力。广东省委省政府明确要求汕尾全面融入珠三角，参与"深莞惠+汕尾、河源"新型都市圈建设。陆河县贯彻实施全面融珠战略，以新河工业园为重要合作平台，创新与深圳合作发展模式，依托比亚迪新能源汽车、绿色环保建材等"重磅级"项目落地投产，促进陆河产业结构优化升级，做大做强绿色工业产品，进一步参与粤港澳大湾区建设乃至"一带一路"倡议中。

——扩容提质建设营造良好环境。随着河口镇"全国重点镇"、河口镇扩容提质、教育园区等重要项目建设取得明显成效，水唇、东坑两镇加快融入县城发展步伐加快，中心城区扩容提质建设有利于拓展城乡发展空间，加快县域金融、文化、医疗、教育等综合服务集聚，完善城乡基础设施建设，促进客家风貌与城镇建设相结合，改善地区产业发展、项目建设、乡贤投资的发展环境。

二、面临的困难和挑战

——经济发展基础薄弱。全县地区生产总值和人均地区生产总值相对于全省平均水平仍有较大差距。第一产业比重较高，整体仍处于工业化的初级阶段。科技创新能力不强，高层次科技人才缺乏，研发平台建设滞后。

——城乡设施建设滞后。电力设施、供排水系统等基础设施建设标准偏低，服务能力有待提高；村镇环境卫生基础设施缺乏，环境监管和污染防控能力还有待进一步加强。

——社会事业发展缓慢。随着陆河产业结构的转型升级，就业结构性矛盾越发突出，技术性失业矛盾增加，就业形势依然严峻，劳资关系的认定和处理日益复杂，社保制度还不健全，现阶段的社保管理服务手段跟不上形势发展的需求，服务体系有待完善。文体设施欠账较多，与新时期人民群众需求矛盾突出，卫生医疗技术落后，较高层次医技人才严重缺少。

——制度建设相对滞后。现有规章制度未能适应新常态下的发展要求，在招商引资、征地拆迁、人才引进等方面缺乏一套行之有效的制度体系。

——发展资金保障不足。财源税源结构单一且缺乏持续稳定税源，民生保障、公共基础设施建设、公车和工资改革等刚性支出日益增多，进一步

影响征地拆迁、用地供需和重大项目建设进程。

第三节 发展目标

到2020年，实现陆河经济社会持续健康发展，产业创新发展取得突破，绿色发展水平明显提高，社会事业建设全面加快，全面深化改革和依法治县达到更高层次，与省同步实现基本建成小康社会，努力实现资源节约和环境友好的国家生态文明先行示范县目标。

一、指导思想

全面贯彻落实党的十八大和十八届三中、四中、五中全会精神，以邓小平理论、"三个代表"重要思想、科学发展观为指导，深入贯彻习近平总书记系列重要讲话精神，坚持发展第一要务，贯彻国家和省关于创新发展、协调发展、绿色发展、开放发展、共享发展的战略要求，落实省委省政府粤东西北振兴发展和汕尾市推进全面融珠的部署，以"一县两园四特色"为统领，紧紧围绕"生态发展保障区、特色产业集聚区、绿色崛起新山城"发展要求，按照"园区工业、基地农业、生态旅游、美丽城乡、活力陆河"的发展思路，实施县域"一轴三圈"发展规划，大力推进"特色工业、特色农业、特色旅游和特色城乡"建设，着力打造整洁有序的城乡环境、优质高效的政务环境、稳定和谐的社会环境和宜居宜业的生态环境，确保如期全面建成小康社会，为陆河加快振兴发展、绿色发展奠定更加坚实的基础。

二、基本原则

实现"十三五"时期发展目标，我们必须牢固树立创新、协调、绿色、开放、共享五大发展理念，以理念和工作方式方法的创新，全力推动县域经济社会加快振兴发展，使全县人民共享改革发展成果。

——坚持改革创新。继续深化改革创新，健全市场在资源配置中起决定性作用的制度体系，积极推进政府职能转变。以经济体制改革为重点，创新完善各方面体制机制，着力引进新产业、新技术、新业态，培育创新企业，集聚创新人才，实现创新发展。

——坚持统筹协调。统筹推进新型工业化、城镇化、信息化、农业现代化进程，积极推进基础设施和公共服务向乡村地区延伸，促进城乡一体化发展，进一步缩小城乡差距，走出具有陆河特色的统筹推进、互为支撑、相互融合、协调发展的新路子。

——坚持绿色发展。充分发挥陆河的生态和资源优势，处理好加快发展与生态"红线"的关系，加强生态建设和环境保护，注重节能减排，完善生态文明制度建设，积极推进绿色低碳的生产和生活方式，实现经济社会、人口、资源环境的有机统一。

——坚持扩大开放。主动落实"融珠"战略，充分利用深莞惠经济圈平台，对接深化深圳全面对口帮扶机制，主动接受珠三角辐射带动，对标学习珠三角先进理念、办事效率和体制机制，积极参与区域协作，全面提升开放发展水平。

——坚持公平共享。坚持以人为本，把保障和改善民生作为经济社会发展的根本出发点和落脚点，着力推进基本公共服务均等化，使广大人民更加公平地共享发展改革的成果，切实增进民生福祉。

三、主要目标

综合考虑陆河实现全面建成小康社会目标的需要和实现经济高速发展的可能性，今后五年经济社会发展的主要目标是：

——经济发展实现全面小康。到2020年，GDP总量达128亿元，比2010年翻两番以上，年均增长16%以上；人均GDP超过30000元，年均增长15%以上；城乡居民人均可支配收入比2010年翻一番以上，年均增长9.5%以上；固定资产投资达到70亿元，年均增长30%；一般公共预算收入年均增长16%以上，到2020年力争达到6亿元以上，对基础设施支撑能力显著增强。

——基础设施建设逐步完善。区域战略性通道建设不断完善，城乡综合客货运服务能力进一步提高。加快完善各镇防灾减灾、供水供电、排污治污等基础设施，抓好河口、螺溪、水唇、新田污水处理厂、水唇110千伏输变电站、新田35千伏输变电站、城镇供水二期工程项目建设。

——产业创新发展取得突破。先进制造业、现代服务业发展水平不断提高，推动旅游业迈向中高端化发展，新产业、新业态发展活跃，基本建成具有区域竞争力绿色化、生态型产业体系。三次产业结构为13.6：36.2：50.2。新河工业园实现总产值300亿元以上。区域创新活力明显增强，全社会R&D投入占GDP比重达到1.0%以上。

——城乡协调格局全面优化。特色城乡建设取得明显成效，宜居社区和新农村示范片建设取得重大进展，实现形成区域交通一体、产城互动、生态共建、民生共享的城乡协调发展格局。到2020年，人口城镇化率达到65%。

——绿色发展水平明显提高。完成一批优美乡镇、生态社区和美丽乡村等生态示范工程，建成全国生态文明先行示范区。森林覆盖率达到75%以上，县城建成区绿化率36%以上；城镇生活污水集中处理率85%以上，城镇生活垃圾无害化处理率98%以上，城区居住小区生活垃圾分类达标率50%以上；单位GDP能耗降低3.48%以上，污染源100%达标排放，全年环境空气质量优良率保持100%；生态文明宣传教育普及率95%以上，生态文明县建设群众满意度95%以上，群众幸福指数达95。

——民生事业建设进程加快。坚持优先保障民生投入，全力做好社会民生工作，使全县人民共享改革发展的成果。强化社会保障体系建设，"十三五"期间，城镇登记失业率小于2.8%，就业率达90%以上，城乡基本养老保险覆盖率达95%，城乡基本医疗保险全覆盖。进一步推进教育创强，实现创建"广东省教育强县"目标，至2020年，全县学前三年入园率达95%以上，适龄儿童小学入学率达100%，初中毕业升学率保持在99%以上，高中阶段毛入学率达92%以上。加快发展公共服务事业，扶贫"双到"工作取得基本成效，确保2018年我县贫困人口全部脱贫。完善基层社会综合治理，扎实推进"平安陆河"建设。

——对外开放格局基本形成。全面落实融珠发展战略，深化对内对外交流合作，加快与深圳坪山新区共建新河工业园，为乡贤回乡创业发展创造良好环境。到2020年，进出口总额年均增长18%。同时实现深化改革取得新突破，着力在重要领域和关键环节改革上取得决定性成果。突出投融资体制改革，大力推进金融创新，扩大金融开放，放宽投资准入，激发经济发展活力。推进以提高司法公信力和执行力为目标的司法体制和运行机制改革，营造公开、公平、公正的法治环境。深化行政体制改革，进一步向市场、社会、基层放权，减少审批事项，简化审批环节。努力使基层治理、农综改革、土地确权等方面改革走在全省前列，推动"改革红利"转化为"发展动能"。

陆河县"十三五"经济社会发展主要指标表

序号	指标		2015年	2020年	年均增长（%）	属性
一、经济发展						
1	地区生产总值（亿元）		48.88	128	16	预期性
2	人均地区生产总值（元）		17000	35000	15	预期性
3	全员劳动生产率（万元）			12	—	预期性
4	城镇化率	常住人口城镇化率（%）	52.49	53.8		预期性
		户籍人口城镇化率（%）	44.7	45.8		约束性
5	服务业增加值比重（%）		19	25		预期性
6	居民消费价格指数（%）		101.3	102.3		预期性
二、创新驱动						
7	研究与试验发展（R&D）经费投入强度（%）		0.52	1.0	—	预期性

续表

		陆河县"十三五"经济社会发展主要指标表			
8	每万人口发明专利拥有量（件）		0.2	0.43	16.5	预期性
9	科技进步贡献率（%）		46	51	—	预期性
10	技术自给率（%）		55	60	—	预期性
11	互联网普及率（%）		54.5	60	—	预期性
12	高技术制造业增加值占工业增加值比重（%）		15	30	—	预期性
三、民生福祉						
13	常住人口（万人）		28.82	29.55	0.5	预期性
14	居民人均可支配收入（元）		13045	20536	9.5	预期性
15	主要劳动年龄人口平均受教育年限（年）			10.5	—	约束性
16	教育发展	高等教育毛入学率（%）	—		—	预期性
		高中阶段教育毛入学率（%）	87.73	92	—	
		九年义务教育辍学率（%）	—	1	—	约束性
17	城镇新增就业人数（万人）		2628	12000	35.5	预期性
18	农村相对贫困人口脱贫（万人）		0.7307	1.9437	—	约束性
19	基本养老保险参保率（%）		80	95	18.7	约束性
20	城镇职工基本养老保险参保人数（万人）		4.98	5.3784	2	约束性
21	城乡居民基本养老保险参保人数（万人）		13.8	14.49	1	约束性
22	城镇安居工程	城镇棚户区住房改造（套）	—	250	—	约束性
		保障性安居工程建设（套）	106	—	—	约束性
23	人均预期寿命（岁）		—	76	—	预期性
四、生态文明						
24	新增建设用地规模（万亩）					约束性
25	万元GDP用水量下降（%）					约束性
26	单位GDP能源消耗降低（%）		完成上级下达任务			约束性
27	非化石能源占一次能源消费比重（%）		完成上级下达任务			约束性
28	单位GDP二氧化碳排放降低（%）		完成上级下达任务			约束性
29	森林发展	森林覆盖率（%）	73.27	75	0.35	约束性
		森林蓄积量（万立方米）	306.03	400	6.2	预期性
30	空气质量	城市细颗粒物（$PM_{2.5}$）浓度下降（%）	完成上级下达任务			约束性
		城市空气质量达标率（%）	100	100%		约束性
31	地表水质量	好于Ⅲ类水体比例（%）	100	100	—	约束性
		劣Ⅴ类水体比例（%）				
32	城镇生活污水集中处理率（%）		81	85	1.2	预期性
33	城镇生活垃圾无害化处理率（%）		98	99	—	预期性
34	主要污染物排放总量减少（%）	化学需氧量	完成上级下达任务			约束性
		二氧化硫				
		氨氮				
		氮氧化物				

第四节 空间发展战略

依据不同城镇的特色以及功能，强化城镇之间的互动联系，促进形成由点带面的城镇发展格局。进一步优化城乡空间资源配置，加快建设生产、生活、生态一体化的发展格局。

一、打造"一轴三圈"县域发展新格局

——培育县域经济发展带动轴。依托潮惠高速沿线打造南北向发展轴线，吸引发展资源向沿线地区集聚发展。加强以县城为中心的现代服务枢纽建设，依托新河工业园培育特色产业集群，加大北部特色农业向第二、第三产业链延伸，构筑中、南、北三大特色发展圈，全面提高地区生态农业、绿色产业和综合服务业服务能力。

——做精做优中部服务发展圈。以县城扩容提质为抓手，提升县城作为政治、经济、文化、商贸中心的集聚能力，加快河田镇"三旧改造"，辐射带动水唇、东坑两镇发展。完善文教卫体等公共服务设施，打造区域公共服务枢纽。发展商住、物流、金融、商务、教育培训等现代服务业与农副产品精深加工产业，大力推进城东新区、教育园区、水唇新型城镇化"2511"试点建设、水唇农业科技园等重要平台建设。到"十三五"期末，县城城市化水平达到65%，县城建成面积达15平方公里，人口规模达15万人以上，建成各项功能基本完善的宜居宜业新型城市。

——做大做强南部产业发展圈。借力河口"全国重点镇"的政策红利以及省级质量检测公共技术服务平台，积极对接珠三角产业转移，加快与深圳坪山共建新河工业园。围绕新能源汽车、建筑装饰新材料、机械设备制造等产业为核心，完善园区产业链布局；完善科技研发、商贸物流、休闲旅游等生产型和生活性服务布局，加快园区快递物流园、河口镇扩容提质项目、河口特色小城镇等配套建设。到"十三五"期末，实现生产总值超过100亿规模，河口、新田两镇中心区和工业园区总人口规模达到8万人，区域总人口规模达到14万人，打造成为省内有一定影响力的集工业化、城镇化、商贸旅游一体化的现代产业新城。

——做特做美北部生态发展圈。以螺溪镇为服务中心镇，联动南万镇、上护镇共同发展。以特色农业基地建设为突破口，推进"一村一品"建设，加快上护香蕉和火龙果、南万中药材等特色生态农业从种植向精深加工、休闲观光体验服务延伸。坚持以生态保护为前提，加强护林造林与水源保护工作；整合螺溪白水寨、书村李花、上护温泉、新田激石溪革命先烈园、南万绿色生态旅游长廊、南万红椎林自然保护区、南告水库、神象山等生态旅游资源，规划建设螺溪、南万北部生态绿色旅游服务中心，发展休闲养生服务。大力推进完善螺溪新农村省级示范片区建设。到"十三五"期末，实现森林覆盖率达到75%以上，螺河水质保持在二类以上水质标准。

二、强化发展空间分区管治。

以划定政策分区为核心，科学确定国土空间开发总体格局，对城乡空间资源配置进行综合调控，以利于协调和指导公共建设的长期计划，形成生产空间集约高效、生活空间宜居、生态空间山清水秀的空间发展格局。

——科学建设城镇发展区。健全完善县城功能和规划，主导陆河县城向东发展，拓宽优化县城空间。推进县城扩容提质，完善和提升公共服务及市政基础设施建设水平，完善城市功能、提升城市品质。采取点式发展的新型城镇建设战略，加强各镇区基本公共服务功能和基础设施建设。探索立体式土地开发利用模式，针对山地高差较大且山体连绵的区块，采用台地式开发，为工业园拓展用地空间提供保障；对坡度相对不大且有一定连续性的地形，采用缓坡式开发，重点促进丘陵山区乡村城镇化。

——合理引导农业发展区。以增强农业综合生产能力作为首要任务，实施耕地质量分级，推进保护红线划定工作，加强耕地和基本农田保护，在不影响主体功能的前提下适度发展非农产业。通过规划分区保证耕地用途，限制大规模、高强度的工业化和城镇化开发，改善农业生产条件，积极推进农业发展规模化和产业化。加强农田与乡村生态保护，加快新农村示范片建设和村庄整治规划，推进

乡村绿化美化建设。

——优先保护生态发展区。以提升生态涵养功能为核心，强化生态修复与水源保护，在保护和发挥林业功能、生态功能的前提下，适度发展生态农业、生态旅游业等生态友好型产业。推动城乡公用设施和服务向生态涵养发展区延伸，促进特色生态社区建设发展。

——提前控制储备发展区。整合陆河现有低效山坡地和荒地，推进存量低效地块复垦复绿和土地整理，盘活低效土地。积极开展土储工作，预留产业园区发展空间。近期参照生态发展区和乡村发展区控制，中远期根据城市空间拓展需求转化为城市发展区。

第二章 推进交通基础设施建设

促进城乡区域互联互通

建设连通区域的交通战略通道，全面融入区域高速公路网，加强与汕尾新港和粤东北地区的交通联系，构建高效便捷的城乡交通运输体系，为地方发展提供高效便捷的交通运输支撑服务。

> 专栏：综合交通运输体系建设工程
>
> **高快速公路工程**：潮惠高速、兴汕高速、樟河及新河工业园高速出口建设工程、陆河—陆丰站快速路新建工程、S240快速路改建。
>
> **区域公路工程**：县道X092、X133、X123、X140、X004线升级建设工程、麦湖至普宁园明公路新建工程、新田联安至陆丰大安公路新建工程。
>
> **综合客货运枢纽工程**：陆河县粤运汽车综合枢纽客运站、陆河县新河工业园客运站、新河工业园区快递物流园、陆河城东汽车客运站。
>
> **城乡公路工程**：陆河县村镇公路、陆河县城至水唇镇公路新建工程、共光至丰田公路新建工程、各上线公路新建工程、河口昂塘麦湖公路新建工程、高（丰）庆（和）公路新建工程、水唇至螺溪公路新建工程、田嶂公路续建工程、河西公路续建工程、河东至森林公园公路新建工程、东坑至水唇红星公路新建工程、东坑石塔至河口西湖公路新建工程、东坑大路至上护樟河公路新建工程、南万深度至罗庚坝公路新建工程、南万万全至螺溪公路新建工程、河口西湖至东坑大溪公路新建工程、陆河大道延伸工程、河西公路规划项目、屯米公路改造扩建工程。
>
> **城乡公共交通工程**：农村客运比亚迪新能源汽车项目、村镇充电桩建设工程。

第一节 加快建设外联内通的区域交通网络

坚持交通优先发展战略，大力推进交通大建设、大发展，加快现代综合客货运体系建设，为经济社会发展提供强有力的交通运输保障。

一、建设区域高快速公路，加快融入珠三角

确保潮惠高速2016年全线通车，加快融入珠三角、接驳汕潮揭步伐，实现3小时可达广州、2小时可达深圳；加快建设兴汕高速陆河段，打通连接汕尾新港、服务梅州乃至江西地区的区域高速疏港通道。规划建设河口—陆丰站快速路，实现与厦深高铁陆丰站的接驳，为发展生态旅游提供人流保障。完善樟河、新河工业园高速出口及其与县城连接线建设扩建改造升级。加快省道S335升级为国道，加快S240线路改造升级为一级公路。升级现有X092、X133等县道，加快推进揭紫公路等公路建设，缩短与周边市县的空间距离。

二、构建城乡客货运枢纽体系

依托潮惠高速出入口，优化快递物流枢纽布局，规划建设新河工业园区快递物流园，为物流服务业提供保障。加快完善汽车客运站布局，规划建设陆河县综合枢纽客运站、陆河城东汽车客运站，满足长途客运和县内农村客运车辆的发展需求。

第二节 提升城乡交通运输能力

着力完善城乡交通运输网络建设，加大农村客运体系建设，推进县城交通设施完善升级，构建服务便捷、绿色高效、安全和谐的城乡交通服务格局。

一、优化镇村公路布局

大力推进相邻镇公路贯通，打通各镇交通节点。

附录

着重升级水唇、东坑、河口、新田等镇的重要旅游景区公路，改善因季节性旅游导致的交通拥堵状况。完善城乡公路安全标识系统建设。到"十三五"期末，完成116.8公里镇村公路新建及改造工程。

二、完善农村客运体系建设

加快县城、工业园区公交枢纽及各镇农村客运站（点）建设，加密农村客运班次，规划新开客运线路5条。依托比亚迪发展新能源公交，规划建设镇村充电桩，完善发展新能源汽车配套设施建设。争取至2017年年底，实现100辆新能源纯电动公交车投入使用。

三、完善县城道路建设

大力实施"畅通工程"，加强县城主次干道、街巷道路的全面维修和维护。重点抓好县城朝阳路路面改造工程建设，打通人民北路连接北环路末端节点，加快陆河大道延伸段开通建设，打通城中村的断头路、瓶颈路，改善城市"微循环"。加大县城公路主次干道亮化、绿化、美化建设力度，实现县城12米以上道路路灯安装、绿化全覆盖。逐步推进城乡盲道系统建设。

四、加强城乡交通管理

加强公路日常巡查，加大交通运输违规经营行为的查处力度和道路运输管理法律法规的宣传力度，大力开展交通秩序专项整治行动，切实维护交通运输市场秩序。

第三章　构建特色产业体系，迈出创新发展新步伐

大力推动绿色经济发展，在保护陆河青山绿水的前提下，落实产业准入负面清单制度，全力发展园区工业，不断壮大基地农业、生态旅游业和现代服务业，结合"互联网+"，培育新模式、新业态，构建现代产业体系，打造绿色产业基地，推动陆河加快振兴发展。

专栏："十三五"时期产业发展重点项目

园区工业：汕尾比亚迪汽车零部件制造生产项目、陆河建筑装饰产业园、太空智能椅生产项目、富正电子器材生产项目、金鲵湾珠宝首饰加工项目、伟泰装饰材料城、维业金属构件设计加工项目、安星建材产业项目、富坤防水保温材料生产项目、抽水蓄能电站项目、光伏发电项目、河口风电场项目、螺溪风电场项目、新田风电场项目。

基地农业：青梅种植基地、木瓜种植基地、油茶种植基地、灵芝栽培加工基地、木薯种植基地、花卉种植基地、木材生产加工基地、中药材种植加工基地、广东华欣有机肥生产基地、鸿海中药材种植加工基地、金鲵湾中药材种植加工基地。

生态旅游业：南万绿色旅游长廊、观天嶂生态旅游区、上护温泉镇、水唇温泉镇、黄金坑温泉度假村改造升级、水唇—东坑共光万亩梅园景区、水唇客家美丽小镇项目、县城星级宾馆项目、新田激石溪旅游区、河口对门旅游区、河田—上护—新田—南万—螺溪绿道网、新田自驾车露营地。

现代服务业：工业园区快递物流园项目、水唇镇智慧城、建筑板材及软包装材料产品省级质量检测公共技术服务平台项目、上护五洲金龙度假村、陆河县社会养老项目。

互联网+："信息惠民"工程、智慧景区建设工程、特色农产品网上交易平台。

第一节　加快发展生态型特色工业

发挥后发优势，避免落后产能的集聚，主动引进战略性新兴产业，承接珠三角地区产业转移，按照"工业园区化"的思路推进产业集聚化发展，以新河工业园为核心平台，做大做强工业经济。

一、培育五大先进制造业集聚区。

——新能源汽车产业。充分发挥比亚迪等龙头企业的带动效应，引进新能源汽车中试、维修、监测等产业环节。带动与新能源汽车配套的充电设备、驱动电机、整车控制和电机控制系统等关键零部件制造产业集聚发展。

——建筑装饰材料产业。推进陆河建筑装饰产业城建设，采用"园中园"模式，打造新型绿色环保型建筑装饰材料生产加工基地、研发创新基地、交易物流基地。发展一批以天花板、玻璃幕墙、龙骨架等新型环保建筑装饰材料为主的建筑装饰材料加工制造企业，配套发展建筑装饰设计培训、绿色建筑装饰技术研发及博览交易等产业。

——新能源产业。加快推进新田三江口抽水蓄能电站项目前期工作，依托河口、新田、螺溪、南万等镇与邻县山脉，开发建设风力发电项目，逐步淘汰小型水电等落后产能。创新土地以及附属建筑的综合利用模式，探索发展立体化、分布式光伏发电项目。

——机械设备及电子器材产业。引进珠三角先进技术，加快发展数控模具和精密铸造、汽车零部件、太阳能光伏设备等。加快电子器材产业集聚，推动电子元器件、数码电子产品等等制造业转型升级，发展可穿戴健康产品。

——珠宝首饰产业。提升珠宝首饰业的研发水平，推动宝石、金银首饰加工等制造业的升级。加快建设陆河县珠宝会展生态园区，形成珠宝展销展贸及交易平台。

二、完善新河工业园配套建设。

——加快园区基础设施及公共设施建设。尽快完成园区规划编制用地手续申报等各项任务；全力加快园区水、电、路、治污、通讯、物流等基础设施建设；加快建设创业中心、金融机构等服务设施。

——完善园区综合服务配套。着力搭建研发、物流、信息、融资、商务、贸易等六大平台。特别是要加快完善建筑板材及软包装产品省级质量检测公共技术服务平台建设，着力打造辐射带动粤东地区装饰产业材料检测服务，吸引珠三角企业转移进园落户。推进园区投资服务中心、科技孵化基地等配套设施，完善生产性和生活性配套服务功能。

——完善园区政策扶持。争取进入省级产业转移园区的笼子，获得享受省相关扶持政策的待遇；运用于深圳先进理念管理建设园区，建立健全扶持企业发展的长效机制。通过坪山共建平台、陆河外出企业平台、企业协会平台，落实"点对点，一对一"精准招商。

第二节 做大做强"生态+"特色农业

加快转变农业发展方式，以农业基地为载体，以提供生态有机产品为核心，提高农业科技含量，培育特色品牌，拓展市场销售渠道，打造全省重要的农产品生产基地、高效特色农业产业基地、生态观光农业基地以及珠三角重要的绿色食品供应基地。到"十三五"期末，农业总产值达到14.14亿元。

一、推动一、二、三产业交叉融合。

——加快优势种植业发展。加强"有机产品认证示范县"建设，不断扩大有机农产品认证规模，建成面向珠三角的有机农产品供应基地。抓好东坑青梅、水唇灵芝、河口油柑、上护火龙果、螺溪毛竹、南万茶叶和中药材何首乌、新田乌盾山茶叶和生宝木瓜、河田铁皮石斛和花卉等十大特色农业基地建设，建设国家级、省级现代农业种植示范园区

——推动农产品加工高端化发展。依托灵芝、青梅、何首乌、铁皮石斛等种植基地，积极推进由种植向生态农业产品精深加工和中药材养生保健品生产为核心的产业链延伸。重点推进灵芝、青梅精深加工和研发试验基地建设，完善集研发、培植、深加工于一体的产业链，发展青梅系列产品和灵芝袍子粉、灵芝保健饮料等健康食品。

——大力发展休闲农业。依托青梅、木瓜、樱花等生态产品种植基地的建设，结合城区近郊以及交通大道沿线布置农业产业观光园，发展农家生态乐园、采摘果园、观光果园以及园艺博览园等郊区型观光农业项目，打造一批集科普教育、旅游观光等功能于一体的旅游景点。支持专业合作社、专业户、种养大户、农村转型合作组织发展现代休闲观光农业。

二、创新农业经营模式。

推行"公司+基地+协会+农户"生产模式；坚持家庭经济在农业中的基础性地位，扶持发展农业龙头企业、农民专业合作社、家庭农场、种养大户等新型农业经营主体。引进社会资本，培育一批集生产、收购、储运、加工、销售与一体的农业产业化龙头企业。拓展和完善农产品流通销售渠道，建设现代化农产品批发市场。实施农业品牌战略，放大陆河青梅和陆河木瓜等产品的的国家地理标志产品效应，对全县的农产品情况进行全面的核查入库，对照绿色、无公害、有机、名牌产品的标准来

种植生产，积极组织产品认证。推进特色农产品市场体系建设，大力发展直供直销、农超对接、连锁配送、网上直销等现代流通业态，组织优秀农业企业和优势农产品参加农产品交易会、农业博览会。到2020年，增加发展龙头企业5家。其中，省级3家；增加发展专业合作社135家，其中省级示范社35家，增加发展家庭农场160家。

三、农业机械化、农业科技推广

研究推广农业机械化操作技术，进一步提高农业机械化水平。在动植物育种、栽培（饲养）技术、病虫害防治、农产品深加工等方面，转化推广一批关键适用技术。完善农产品质量安全检测监管体系，建立农产品质量安全诚信体系和追溯平台。积极开展"农民田间学校""农业科技示范户培育工程"和"新型职业农民培育培训工程"等活动。到2020年，重点培育8个农业科技示范基地，大力推动农村科技培训工作，培训人数达到5000人次以上。

第三节 塑造"生态+"旅游品牌

创新旅游业发展业态与模式，探索全域景区化的发展模式，形成"花泉林歌，悠然陆河"的特色旅游服务体系。到"十三五"期末，接待旅游人次达到95万人次，年均增长率为9.5%，旅游总收入为2.8亿元，年均增长率为9.8%。

一、创新旅游业发展业态。

——发展新型温泉旅游。以陆河县上护温泉度假区、河田御水湾温泉度假区和水唇昶宏温泉度假区为载体，探索"温泉+康复疗养""温泉+水上游乐""温泉+生态农庄"等模式，推进上护、河田、水唇、新田四个温泉镇的差异化、特色化发展。

——发展花卉观光旅游。结合本地气候特点和生态资源，打造"四季花海"。依托东坑共光、水唇罗洞、河口剑门梅花景观，以5A景区标准建设"万亩梅园花道"。进一步完善樱花、茶花、李花基地建设，举办花卉观赏、花卉摄影、花海音乐会、以花聚商引商等活动。

——发展绿水青山休闲旅游。加快南万红椎林、岳溪生态公园、火山嶂森林公园、螺溪白水寨瀑布等景区景点升级改造，建设螺河滨河景观绿廊，完善南天湖景区景观，打造河田—上护—新田—南万—螺溪—河田"百里山花绿道"户外活动线路，加强激石溪5A景区建设，开展长跑、骑行、徒步、溯溪、攀岩等山地运动、野外拓展项目，建成区域知名的户外运动基地；依托观天嶂、尖山寺、神象山等打造山林禅意体验基地。

——发展特色文化旅游。依托河田九厅十八井、河口对门文化广场、水唇古村落、螺溪五星祠、新田激石溪红色革命教育基地、南万万亩红椎林母种基地等，结合客家民俗文化，打造一批特色文化旅游小镇综合体。大力发展乡村旅游，加大对废弃村庄和河口昂塘古洋楼及水唇莲心湖、墩子寨、石下坝等古村落改造开发力度，提取客家传统建筑元素，引入社会与企业资金，大力发展民宿民居、农家客栈或汽车营地。

二、加强旅游设施建设。

强化中心区县城接待能力，推进县城星级宾馆项目建设。突出抓好水唇温泉山庄、上护温泉宾馆和县城星级宾馆建设，加快御水湾温泉度假村、岁宝宾馆的升级改造，鼓励引导家庭旅馆、农家乐建设。完善公共交通和长途客运管理，加强陆河各主要景区至潮惠高速出入口以及汕尾、陆丰高铁站等区域枢纽的交通连接。健全和完善旅游业软硬件基础建设，着力抓好东坑共光梅园、水唇罗洞景区标准化建设，加大旅游景区从业人员培训工作，提高旅游服务水平和服务质量。积极向上争取项目扶持，完善政策措施，不断加大旅游产业扶持力度投入。

第四节 提升现代服务业发展水平

加强与珠三角、粤东沿海与粤北山区的区域联系，以商贸物流为重点，着力推动特色金融、教育培训等业态向价值链高端发展。到2020年，社会消费品零售总额达51亿元，服务业投资达16亿元。

一、加快发展商贸物流业。

依托潮惠高速、兴汕高速出入口交通相对便利的条件，在新河工业园规划建设快递物流园区，重点发展以建筑装饰材料、特色农产品为主的物流服务业。加快完善专业市场布局，培育大型商贸流通企业。发展商贸功能区，改造提升传统商贸业和农村集贸市场，配套大型商业设施、农贸市场、专卖店、步行街、连锁经营店，形成多功能一体化的商贸格局。进一步提升岁宝百货、陆河商贸广场等商业品牌，引进知名商贸企业。到2020年，商贸流通业、物流服务业总量达38.4亿元，增加值占全县GDP总量比例30%。

二、大力发展电子商务。

抓好阿里巴巴"千县万村"电子商务试点县建设，建立健全县级运营中心和村级服务站。依托阿里巴巴电商平台，建成快递企业与电子商务企业的战略联盟，形成商流、物流、信息流乃至资金流整合联动发展格局配套建设现代快递物流基地、电子商务产业园，加快快递、仓储、网络营销等相关产业配套发展。到2020年，实现全县快递乡镇、村网店100%覆盖，达到"乡乡有网店，村村通快递"目标。建设特色农产品网上交易平台，发展生鲜速递、特产专卖等互联网直销运营模式。鼓励电商企业建立集产品展示、网上下单、售后服务、配送于一体的线下体验店。加强鼓励大学毕业生电商创业培训，支持万民创业、大众创业和农民及青年开办网店。

三、壮大金融业。

深入推进农村普惠金融工作，完善城乡金融点布局，健全农村金融服务站和助农取款点建设。"十三五"期末，实现全县村级金融服务站全覆盖，每个村建成2—3个助农取款点，全县居民均可在家门口办理金融、保险业务。争取和引导金融机构加大对农业产业化、项目建设和农村青年创业等的信贷支持力度。支持建立小额贷款公司、村镇银行等新型金融机构。支持龙头企业做大做强，将灵芝生产、小水电站、木业加工等包装上市。

四、发展职业教育培训业。

高标准建设陆河教育园区，积极吸引珠三角及港澳地区的职业教育培训机构、科研服务机构进驻，为本地人口就地城镇化创造条件。推进园区信息化建设，打造智慧化校园。结合比亚迪等重大项目，发展定制式人才培训，重点办好职业教育、外国语教育，培养区域特需人才、技术人才。以职校为平台，加快县建筑装饰学校招生办学进程，加强与企业的产学互动，探索双园教育模式。积极创造条件开办特色职业高等教育。

五、培育养生养老服务业。

引入珠三角乃至港澳专业养老养生服务经验，建设养老产业园，为留守老人提供文化娱乐、日间照顾、临时抚养等方面的服务。依托山地资源发展"智慧养老"，培育养老信息数据分析、医疗健康护理等服务领域，建设老年病特色医院、健康管理中心、老年健康乐园、老年大学等设施。加快发展中医养生保健服务，依托陆河中医药种植基础和良好生态环境，培育养生保健、康复理疗、药膳食疗等业态。

第五节　培育"互联网+"新业态

实施"互联网+"，发展共享经济，推动互联网新理念、新模式、新技术与经济社会各领域深度融合。

一、积极推进工业智能化发展。

推进新河工业园智能化建设，鼓励企业实施"机器换人"在生产环节中大力推广应用新一代信息技术，开发数字化、智能化的新产品。适度发展云计算服务、物联网等产业。鼓励企业运用互联网建立O2O客户服务模式，推动企业建立覆盖产品全生命周期的网上质量溯源体系。

二、引导互联网与现代服务业深度融合。

加快建设新一代通信网络、全光纤网、无线网络等建设、应用和升级，尽快实现整个县城以及乡镇中心区域无线网络全覆盖。建设运输信息服务平台与定位系统，利用物联网、移动互联网等技术，促进提升快递物流业的现代化水平。合理发展互联网金融，探索建设互联网金融服务专区。

附录

三、推进互联网+旅游业态发展。

开展智慧旅游景区建设，推动免费无线网络、智能导游、电子讲解、在线预订、信息推送等功能全覆盖。鼓励开展以旅游需求为导向的在线旅游创业创新。

四、推动互联网与农业融合。

推动精准作业、智能控制、遥感监测、灾害预警及物联网等现代信息技术应用。利用微博、微信等速传媒介推广观光农业园和农副产品。培育农村电商、农产品定制等新业态。

第六节　加快创新创业发展

促进先进地区创新资源与本地产业深度融合，激发全社会创新创业活力，以创新创业驱动跨越发展。

一、加快创业创新载体建设。

——打造产业科技创新平台。推进新河工业园打造新能源汽车、建筑装饰材料研发创新基地，引导、鼓励建设一批以科技咨询、中介服务、成果转化等为主的技术创新服务平台。鼓励专业镇企业积极申报专业镇创新提升、平台创新服务多元化工程、农产品与食品标准化等计划项目。到2020年建立科技企业孵化器1家，建立市级企业研发中心10家以上，力争建立省级工程中心1家。

——营造特色众创空间。整合周边村落生态文化资源，增加商业步行街、酒店旅馆及民宿等设施，以打造休闲目的地的理念建设一批特色小镇综合体。充分利用乡村废旧建筑、特色农舍，打造低成本创客空间，吸引文艺群体落户，打造一批画家村、艺术家园地、设计创意工作室等。营造良好创新创业氛围，支持社会力量举办多样化创业培训活动。

二、强化企业创新主体地位。

重点培育一批科技型中小企业，高新技术企业达到2家以上；加大财税、金融等政策扶持，引导企业成为研究开发投入的主体。推进产学研合作，依托具有较强研究开发能力的科研机构、高等院校等相关部门，推动企业与科研院校联合研究开发新技术；完善技术转移机制，促进企业的技术集成与应用，建立健全知识产权激励机制和知识产权交易制度；大力发展为企业服务的各类科技中介服务机构，促进企业之间，企业与科研院所（校）之间的技术转移；鼓励企业与高校和科研院所签订科技特派员协议，着力发挥先进科技促进企业加快发展壮大的优势作用。

三、加强创新人才引进与培育。

大力发展"人才强县"战略，加强技术创新、研究开发、科技中介服务、田间科技人才和科技企业家人才队伍的建设。重点加强高层次、高技能人才引进；举办系列人才交流活动，进一步优化人才发展环境。注重本地人才培养，依托县职业技术学校，重点培养与我县产业结构相适应的技术人才，培养建筑装饰行业各类技能人才，充实壮大并擦亮我县"建筑装饰之乡"品牌，到2020年，力争完成本地专业技能大专以上人才培养2500人。

第四章　加强城镇扩容提质，构筑特色宜居的城乡环境

落实"一轴三圈"发展战略，明确主体功能区域，构建互动协作、县域发展的特色城乡发展格局，加快县城扩容提质建设步伐，构建城乡宜居社区体系，完善城乡基础设施建设和管理，促进城乡一体化发展。

专栏："十三五"时期特色宜居城乡建设工程
生态县城建设：陆河县商贸广场、螺河半岛商住小区、陆河县城西宜居生态区项目、岳溪生态博览园、陆河县泰安商贸大厦、陆河县文体中心公园、陆河县星级宾馆项目、陆河大道延伸工程、陆河县城东新区建设工程、东坑片区开发项目。
电力工程：水唇110千伏输变电站；新田35千伏输变电站；新能源汽车充电桩项目。
水利工程：自来水村村通、吉龙水闸加固改造、樟河水闸改造、新田河小流域综合治理项目、南告水库供水水源地综合整治和保护、县城镇供水二期工程。

第一节　建设生态新县城

以"一河两岸"、陆河大道、北环路、东环路等重点片区建设为抓手，加快完善"一心一轴一环一带"的城市框架，全面推进县城扩容提质。

一、打造"一河两岸"特色片区。

加快推进螺河湾、螺河半岛等项目建设完工，规划建设螺河亲水公园，完善各项市政设施配套，打造富有生活气息的螺河东岸宜居环境。依托岳溪生态博览园和螺河生态环境，借鉴梅州"客天下"的开发经营模式，规划建设融合民俗文化、生态观光、休闲体验的螺河西岸"客家小镇"，打造"美丽陆河"新名片。

二、加快建设陆河大道商贸中心区。

扎实推进陆河大道延伸段的征地拆迁工作。以陆河大道延伸段建设为契机，推进县城商住服务设施往南拓展，加快建设陆河商贸广场、县文体中心公园、改河带状公园和县电力调度中心等项目，同时完善建设路的拆迁工作，打通建设路与陆河大道连接的梗阻，进一步繁荣县城商贸中心区。

三、推进完善北环路片区建设。

以教育园区建设为重点，加快完善"一园五校五馆"建设，打造县域文化教育服务中心。加快金鲵湾生态园项目建设，发展集铁皮石斛种植加工、珠宝首饰加工为主的生态园产业。推进河东小区征地拆迁工作，加快扩大河东桥与北环路、潮惠高速出口连接线公路建设步伐，整体推进县城东片扩容提质，加快水唇镇融入城东新区发展步伐，推进国防教育训练基地、人防基本指挥所、县武警中队看守所迁建、有机肥料基地等项目建设。

四、高标准规划建设东环路片区。

争取启动碧桂园等大型房地产商住项目及相关配套建设，加快建设东环南（广田）扩容提质项目、陆河县老年人养护院等项目，带动东环路片区开发建设。推进与东坑镇联动发展，增强县城服务能力，带动东坑镇旅游业发展。

第二节　建设特色宜居城乡

推进以人为核心的新型城镇化，引导城乡交通网络、生态网络、公共服务网络向村镇地区延伸，建设富有活力、产城融合、配套完善的城乡宜居社区。

一、建设城乡宜居社区。

依托陆河县"山、水、田、林、城"的空间格局特色，推进产业、生态和城乡三者融合发展，建立具有山区特色的城乡宜居社区体系，依托特色产业升级，推动城乡一体化发展。

——营造富有活力的城镇社区。提升县城老城区和重点城镇社区公共服务水平，加快推进河口镇扩容提质和水唇新型城镇化"2511"试点建设。建立和完善公共交通网络和陆河公园、改河公园等绿色开敞空间，建设集商业休闲、文化教育、医疗卫生等功能于一体的"一站式"服务综合体，以螺河湾、螺河半岛等为重点，培育生活舒适、服务便利的城镇生活社区。推动城乡基本公共服务均等化，促进基础设施、公共服务和社会保障体系等向乡村地区延伸。依托城镇服务业升级推动新型城镇化发展，增强城镇吸纳就业能力，引导农村劳动力向城镇转移。

——建设产城融合的产业社区。依托潮惠高速公路出口，完善新河工业园周边的快递物流设施建设，引导绿色、低碳、循环产业集聚，完善园区内生产服务和生活服务设施配套建设，重点建设河口生态宜居示范片、快递物流园区等职住平衡的产业社区。推进园区或企业开展技能培训、免费推荐就业服务，就近实现城镇化，促进工业化推动新型城镇化发展。

——建设生态宜居的农业社区。加快推进螺溪镇新农村示范片区建设，同时在榕江水源保护地东坑镇、水唇镇选址规划建设社会主义新农村连片。按照现代农业发展理念和社会主义新农村建设的要求，引导发展资源向乡村地区流动。依托特色生态农业基地，进一步拓展特色农产品精深加工，发展农村电商、旅游休闲等服务业，创新农业发展模式，拓宽农民收入渠道，依托农业现代化推动城乡一体化发展。

二、提高城乡管理水平。

抓好县城市容市貌整治，加强城市管理，严厉打击违法违规建筑和乱搭乱建、占道经营、乱贴乱画行为。持续抓好全县环境卫生整治工作，确保农村垃圾全部转运，集中处理，对垃圾进河道的镇、村严格执行"一票否决"，加快环境卫生宣传力度，提高全民清洁家园、爱护环境的自觉意识。

第三节　完善城乡基础设施

建立安全高效、覆盖城乡全域的基础设施网络，以绿色环保为导向加快建立清洁能源体系，以完善水利基础设施和海绵城市建设为抓手，构建现代水利支撑保障体系，完善城乡综合防灾减灾体系建设。

一、建立清洁能源体系。

增强能源供应能力，积极发展农村清洁能源，实施电气化和增效扩容改造项目；大力发展抽水蓄能、风力发电、太阳能光伏发电项目；鼓励利用畜禽粪便发展农村沼气工程建设。推进能源输配网络建设，推进水唇镇110千伏、新田35千伏输变电站建设，优化电网结构；探索智能电网建设，推广智能调度、配电自动化等技术；进一步完善县城管道燃气建设；加快全县新能源汽车充电桩规划，合理布局一批充电桩。到2020年，完成1座220千伏变电站、2座110千伏变电站和2座35千伏变电站扩容建设，新增装机14820千瓦，新增发电量5698万千瓦时，风电、太阳能的装机容量分别达到30万千瓦时、50万千瓦时。

二、完善水利保障体系建设。

提高城乡水利防洪能力，强化山洪灾害防治，加强重要水库监测预警能力，全面开展山塘水库除险加固工作；加快主要江河防洪体系建设，推进城乡防洪治涝工程建设；实施各镇区堤围扩建和加固达标工程。加强水利基础设施建设，坚持节水优先，合理布局引调水工程，积极开发备用水库水源；落实灌区续建配套与节水改造，加快机电灌排体系建设；推进整县小农水工程建设；推进村村通自来水工程建设，加快完善自来水供水改扩建项目，建立多水源、优水质的供水网络。推进"海绵城市"建设，建立生态化城市排水体系，推广低影响开发模式；依托现状水系构建排水、慢行交通、生态景观有机融合的多功能海绵体，加快人行道、露天广场、露天停车场及非重载路面等透水铺装改造。到2020年，农田灌溉有效利用系数达到0.72，节水灌溉面积13.07千公顷，农村自来水普及率达90%以上，城市防洪工程达标率100%。

三、建立综合防灾减灾体系。

提高突发事件预防预警和应急处置能力建设，健全完善陆河县突发事件预警信息发布中心系统，整合应急公安、三防、林业、气象、国土等有关部门的视频监控系统，形成互联互通的应急指挥系统、平台，推进各镇应急管理综合服务站建设，提升应急值守和信息报送水平，规划各镇建设应急避难场所，推进应急救援队伍建设。建立三防应急服务体系，巩固完善人防系统，加强公共消防设施建设，优化消防站布局，继续完善全县基础消防设施及多种形式消防队伍建设，加强消防车辆器材装备建设。扎实做好森林防火和病虫害防治工作。开展防灾减灾知识宣传，提高全民防灾减灾意识。

第五章　推动绿色低碳发展，夯实青山绿水的生态环境

围绕创建生态文明先行示范县总体目标，把资源节约型和环境友好型社会建设作为转变经济发展方式的重要着力点，进一步优化国土空间格局，加强生态修复和环境保护，持续推进低碳循环发展和资源节约利用，大幅提高陆河生态文明水平和可持续发展能力。

> **专栏："十三五"时期国家生态文明先行示范县创建工程**
>
> 生态工程：南万红锥林自然保护区种质资源库建设项目、火山峰森林公园、回龙寺自然保护区、观天嶂自然保护区、花鳗鲡自然保护区、大鲵自然保护区建设、罗洞—共光—石塔—剑门梅园、樱花主题公园、螺河与改河滨江绿道、环城绿道。
>
> 资源节约及低碳发展工程：乡镇生活垃圾收集转运工程、县生活垃圾无公害化处理工程。
>
> 环境保护工程：南告水库供水水源地整治与保护、榕江河水源地整治与保护、螺河陆河段污染综合整治工程、陆河县水源涵养林建设及林分改造、陆河县宜林荒山造林工程、县城污水管网扩建延伸工程、新河工业园污水处理建设项目、全县8个镇污水处理建设项目、乡镇生活垃圾收集转运工程。

第一节 加快推进生态建设

深入贯彻《国家生态文明先行示范区建设方案（试行）》，以推动绿色、循环、低碳发展为基本途径，以生态文明体制机制创新激发内生动力，构建陆河山环水绕的生态城市格局，建设生产发展、生活富裕、生态良好的生态文明先行示范区。

一、推进山林生态屏障建设。

大力实施天然林保护、防护林建设、环城林带建设等工程，加强以莲花山脉为主的山地森林资源的整体联结、质量提升和功能优化，构建陆河北部森林生态屏障。加快生态造林步伐，大力实施碳汇造林项目、森林进城围城工程、乡村绿化美化工程、生态景观林带建设工程等生态工程建设。完成中幼林抚育，推进生态林地建设，着力抓好森林资源管护，健全完善镇、村、组三级山林管护网络。继续推进省级"生态示范镇（村）"和国家"环境优美乡镇"创建活动。到2020年，实现荒山造林面积3万亩，低效林改造面积6万亩，中幼林抚育面积20万亩，森林覆盖率达75%，森林活立木蓄积量达到400万立方米以上，建设自然保护区5处、森林公园4处。

二、推进全域风景化。

依托县城自然山水风貌，建设陆河大道骨架景观走廊，打造火山嶂等地标绿核，串联螺河及改河滨河绿带，完善城市公园绿地系统，形成"四面环山，两水穿城"的城市景观结构。大力推进省级红锥林自然保护区、火山峰森林公园和县级回龙寺、观天嶂等自然保护区建设；充分利用陆河全县青山绿水保护良好的生态环境和资源，打造一批农村公园、居住小区公园等多层次公园体系建设；县城重点规划建设县文体中心公园，完善陆河公园、改河公园、岳溪生态博览园等游憩配套设施，实现全域风景化。构建覆盖城乡的绿道网，打造以螺河、改河为主体的城市滨水绿道；依托县域内的交通干线，建立串联沿线重要森林景区、田园和人文旅游资源的环城绿道网络。到2020年，县城建成区绿化覆盖率、绿地率、人均公园绿地面积分别达到36%、35%和14平方米。

第二节 加强环境保护

坚持保护与治理并重，加强环境综合治理，促进人与自然和谐发展。按照严格保护、有序开发的原则，深入实施治水、护林、净气、保土工程，构建以水生态、林业生态、气候生态为支撑的生态涵养圈。

一、改善大气环境。

严格控制工业废气，新建工业项目需环保部门认证后方可建设投产。加强机动车尾气污染防治，大力发展新能源公交系统。控制扬尘污染，加强建筑材料运输和施工工地管理，严禁随意焚烧垃圾、枯草、树叶等。综合整治餐饮业油烟，控制二氧化硫、氮氧化物排放总量，降低$P_{M2.5}$污染，实现环境空气质量优良率达100%。

二、加强水污染防治。

加强水源保护，推进水源涵养林建设，强化水源地周边农业面源污染防治，严格监控水源地的开发利用，设立必要的隔离防护措施；完善城乡供水管网系统建设，防止水源运送过程受到二次污染。加快推进螺河、榕江河、南北溪河、新田河流域等环境整治，实施农村连片环境综合整治与污水生态化治理，建设螺河、榕江生态缓冲带；逐步建立"河长制"保障体系。开展地下水污染状况调查和评估，取缔地下水污染源。加强水土保持工作。

到2020年，完成中小河流治理长度约39.8公里，水功能区、跨界河流、城镇供水水源水质达标率均达100%，水质监测覆盖率达50%以上，水土流失治理率达100%。

三、加强土壤污染治理。

以基本农田、重要农产品产地、特色农产品基地，特别是"菜篮子"基地为监管重点，开展农用土壤环境监测、评估与安全性划分；防范农药和化肥污染。加强对受重金属污染的土壤的治理技术研究，积极开展土壤污染防治和修复。

四、加强环保基础设施建设。

建设覆盖城乡的环保基础设施体系。加强危险废物污染防治，完善医疗废物收运机制，实施医疗废物统一运送处理。加大化工废渣、建筑废渣等工业固体废物污染防治力度。推进垃圾收集点、转运站和处理设施建设，全面完善"四有"农村生活垃圾管理机制，全面落实环境卫生"门前三包"机制，倡导生活垃圾差别化收集。完善城镇污水收集管网和污水集中处理设施，全面推进村镇污水处理基础设施建设，控制农业面源污染。到2020年，实现城镇生活垃圾无害化处理率达到85%以上，城市生活污水集中处理率达到85%以上，工业废水排放达标率达到95%以上。

第三节 倡导绿色低碳生产生活方式

以节能减排、循环经济、清洁生产、生态环保等为抓手，加强生产、流通、消费全过程资源节约，切实推动绿色发展、循环发展、低碳发展，加快转变发展方式，提高发展的质量和效益，实现绿色经济崛起。

一、促进资源节约利用。

全面推进企业节能减排工作，严禁高污染、高能耗项目，提高市场准入标准。加快企业节能降耗技术改造升级，实施主要污染物总量控制，推广废物排放减量化技术应用。通过实行最严格水资源管理制度，落实"三条控制红线"，以水资源管理方式的转变引导和推动经济结构的调整，积极推广中水回收利用技术；实施水资源梯级利用，推进水价改革。力争到2020年，单位GDP能耗降低不低于3.48%，全县用水总量控制在1.1亿立方米，万元GDP用水量控制在180立方米每万元，工业增加值用水量控制在25立方米每万元，工业用水重复利用率50%以上。

二、大力发展循环经济。

推广清洁生产和再制造生产模式，推行清洁生产审核和ISO14001环境管理体系认证。引导再生资源回收利用向规模化发展，构建废旧资源综合利用产业链，鼓励垃圾厌氧制气、焚烧发电和填埋气发电、餐厨废弃物资源化利用，支持一批技术先进、环保达标、资源回收率高的可再生资源利用企业发展。

三、推广低碳消费。

大力推广绿色建筑技术，公共建筑物率先执行绿色建筑标准，新开工项目严格执行绿色标准。开展全民节能行动，增强全民能源、环境忧患意识，培养良好的节能减排习惯，全面树立文明、节约、绿色、低碳的消费理念。实行政府机关采购绿色产品和节能产品制度。建立节能环保产品使用补贴机制，倡导公共基础设施中采用节能绿色照明替代产品，鼓励城乡居民使用节能绿色照明产品。

第四节 构建生态文明新机制

构建自然资源资产产权制度、国土空间开发保护制度、空间规划体系、资源总量管理和全面节约制度、资源有偿使用和生态补偿制度、环境治理体系、环境治理和生态保护市场体系、生态文明绩效评价考核和责任追究制度等八项制度构成的生态文明制度体系，努力争创国家级生态文明县。建立健全用能权、用水权、排污权、碳排放权初始分配制度，积极开展排污权、水权等交易试点。深化资源性产品价格改革，建立健全居民用电、用水、用气阶梯价格制度。完善政绩评价考核机制，将资源消耗、环境损害、生态效益指标纳入政府考核评价体系，建立生态环境损害责任追究制度。

第六章　加快社会事业发展，营造稳定和谐的社会环境

把提升人民生活水平、提高城乡服务质量作为发展出发点和落脚点，以"重在提质，促进共享"为理念，做好精准扶贫工作，推进新农村建设，增加公共服务供给，健全社会保障体系，使发展成果更多更公平地惠及全县人民，补齐振兴发展、民生社会事业发展、扶贫开发"三大短板"。

专栏："十三五"期间社会事业发展重点项目

新农村建设项目： 8镇农村土坯房改造、农村道路等基础设施建设、螺溪镇新农村示范片建设、"一村一品"建设工程。

社会保障项目： 社保卡"一卡通""一站式"服务平台建设工程、陆河县社会福利院、陆河县救助管理站建设工程、陆河养老产业园建设工程。

教育项目： 县党校（电大）迁建工程、县职校建设工程、县人力资源培训基地、现代教育园区"一园五校五馆多配套"建设工程、河田中学创建广东省国家级示范性高中建设工程、陆河县教育信息化建设工程、东北师范大学（陆河）附属中学建设工程、陆河县特殊教育学校工程。

医疗卫生项目： 县人民医院扩建工程、县中医院住院大楼建设工程、乡镇卫生院配备"五个一"设备工程、县农村接生员和赤脚医生生活困难补助工程。

文化项目： 县文体综合馆建设工程、罗洞木偶文化发展建设工程、梅园生态文化产业园区建设工程、激石溪红色生态文化产业园区建设工程、河口谢非故居建设工程、陆河县革命先烈纪念园建设工程。

第一节　大力实施脱贫攻坚工程

按照精准扶贫、精准脱贫要求，以大幅提高扶贫开发对象收入、减少贫困人口为主要任务，坚持用发展的办法解决贫困问题，创新扶贫机制，配合深圳做好对口帮扶工作，争取中央参照革命老区政策扶持，着力改善贫困地区发展环境，实现贫困农民增收脱贫、贫困农村面貌明显改善的目标。

一、完善扶贫开发长效机制。

——组织开展贫困对象精准摸查识别。按省的扶贫标准及规定，划定省市县重点贫困村，建立摸查识别工作组。对村内识别的贫困户全面建档立卡，实行一户一档，自上而下申报确定被帮扶的对象、规模和分布范围等。建立电子档案，纳入国家和省的扶贫信息系统管理，实行全国、省、市、县（市、区）数据库实时联网监测，全面动态信息化管理。

——加大资金扶持力度。建立与我县经济社会发展相适应的扶贫资金投入增长机制，将每年度安排的专项扶贫资金纳入县级财政预算。引导县本级将交通、水利、农业和卫生等各类资金向重点帮扶村倾斜，统筹安排到村、到户，并严格监管跟踪的扶贫资金和社会扶贫资金的使用情况。

——完善扶贫考核机制。将贫困人口的减少、收入的增加、生产生活条件的改善作为主要指标，并将考核结果与干部选拔任用相结合。强化制度激励作用，以考核带动地方政府扶贫工作主动性、创新性、科学性。将重点帮扶村和村内有劳动能力的贫困户、贫困人口的帮扶任务挂钩到省直、对口帮扶的深圳市和市直、县直机关、事业单位及国有企业、社会团体，实行定点、定人、定责帮扶。

二、创新扶贫开发模式。

加大旅游扶贫工作力度，充分发挥旅游资源优势，利用自然生态、山地森林、河流、地质资源，发展绿色生态旅游、休闲度假旅游和健康养生旅游。开展"一村一基地"建设，发展完整特色农业产业链条，开发提高产品附加值。通过连片集约承包等方式实现每村土地整合建设农业产业基地，成立专业合作社发展特色农业，带动辐射农户发展生产。全面实施扶贫小额贷款贴息政策，健全和完善金融扶贫机制，重点支持有创业潜质、有发展项目、有贷款意愿、信用良好的贫困户。继续采用挂钩帮扶单位的支持资金参股县内小水电站等类似扶贫模式，保证村集体每年固定收入，每年利润分红投入村公共民生工程建设，确保扶贫资金产生良好的经济效益和社会效益。

第二节　推进新农村建设

按照社会主义新农村建设和现代农业发展理念的要求，推动公共服务设施和网络向农村地区延

伸，加强新农村示范片建设，做好危房改造工作，改善村容村貌，提高全县村庄规划覆盖率。

一、优化新农村建设规划。

推动教育、卫生、文化建设等公共服务设施从城镇向农村延伸。加快推进螺溪镇省级新农村示范片建设，推进在上护镇选址规划新农村连片示范建设。"十三五"期间在全县8个乡镇中遴选基础设施比较完善，条件相对成熟的村委，逐步推进新农村连片示范建设。加强对河口昂塘古洋楼、水唇镇墩仔寨围龙屋、高丰莲心湖、石下坝村等省级古村落的保护，坚持"规划先行、统筹指导、整体保护、兼顾发展、活态传承、合理利用、政府引导、村民参与"的原则，不断完善传统古村落的保护修缮，并发挥古村落在新农村建设及旅游资源开发发面的促进带动作用。全面推进农村危房改造工作，按照2015年农村泥砖房核查的3951户最急需改造对象，制定好农村贫困户的泥砖房改造计划，积极争取上级资金支持。

二、加强农村人居环境治理。

开展"一村一品"建设，挖掘有主体、有特色的产业，推动产业富村、科技兴村、企业带村新格局的尽快形成，夯实新农村建设的产业基础。开展山水田林路综合治理，加快推进土地平整、灌溉与排水渠道、田间道路、农田防护与生态环境保持等工程。全面解决农村人口饮水安全问题，按"因地制宜、科学合理、经济可靠"的原则制定投资少、见效快、运行成本低的村居污水收集处理设施建设方案。全面推进农村村容村貌整治，健全农村保洁制度，推行垃圾就地分类减量和资源回收利用，100%实现农村生活垃圾集中无害化处理，因地制宜发展规模化沼气和户用沼气。加强对村镇污染企业的整治，严格控制城镇污染企业向农村地区转移，规范排污标准，杜绝有毒有害污染物不经处理直接排放。

三、全面深化农村综合改革。

进一步深化农村综合改革工作，加强农村基层治理机制改革，全面推进土地确权颁证工作，健全完善县、镇、村三级综合服务综合平台及其配套设施建设，强化农村集体"三资"管理，规范运作。进一步优化镇农村集体"三资"管理服务平台的软硬件建设，强化"三资"管理服务平台电子监察功能。全面建立村务监督委员会，加大村居干部腐败问题查处力度，落实好党委领导、政府主管、纪委监督"三个责任"。完善农村基层自治的民主协商、参与和决策机制，深入推进村级"一事一议"工作。

第三节 完善社会保障体系

力争到2020年，实现全县的人力资源市场稳定，就业比较充分。工资收入分配格局更加合理有序，劳动关系和谐稳定。城乡居民的社会保障体系更加完善，可持续性增加，覆盖面更广。养老服务体系更加完善，社会福利事业更加繁荣，使我县社会保障事业走上规范化、信息化、科学化、专业化发展的道路。

一、提高城乡居民就业与收入水平。

——以经济发展拉动就业。大力发展现代服务业，充分发挥高附加值的劳动密集型企业在吸纳劳动力就业方面的作用；加强新河工业园建设，建立更加具吸引力的人才聚集机制，充分带动起区域内居民的就业；立足本土的生态资源，发展现代农业、精细农业以及生态农业，发挥第一产业的就业潜力，提高农村居民的就业率；开发绿色能源项目建设，吸纳高端人才，提高就业水平，使城镇登记失业率小于2.8%，就业率达90%以上，全县城镇新增就业人数达到12000人，城镇失业人员再就业人数达到4000人，就业困难人员再就业人数达到1000人。

——加强就业培训。发挥城东教育园区的优势，建立完善的职业人才培训平台和机制，提高从业人员的竞争力水平；做好广东省"三大人才"计划申报工作，结合汕尾市"人才驿站"计划，培养城乡居民就业能力和提高素质水平；加大农民工培训力度，创新培训方式，做到因地制宜，突出重点，提高农民工的就业意识、道德水平和文化层次。

——鼓励创业带动就业。营造宽松便捷的准入环境，进一步打破市场垄断，推动创业向更开放平台、更高水平、更大众化发展；培育创业创新公共平台，加快发展众创空间；鼓励农村劳动力创业，整合创建一批农民工返乡创业园，对劳动者创办社会组织、从事网络创业的，给予创业扶持政策。

——完善就业服务。加快整合公共职业介绍和人才交流服务机构，推进公共就业和人才服务平台的均等化、标准化、专业化和信息化；充分利用移动互联网，积极探索实现线上发布就业创业服务信息，平台沟通互动，线下免费服务的就业创业"微模式"，实现高效、便捷、优质的就业服务。

——健全劳动关系协调机制。不断完善劳动合同制度，加强劳动合同管理的有效措施，充分发挥劳动合同制度在规范和协调劳动关系方面的基础性作用，使企业劳动合同的签订率和履约率达到95%以上。提升劳动执法监察水平，不断完善劳动监察网格化信息化管理，建立健全劳动监察的预警机制和县、镇、村三级联动调处机制。加大劳动监察执法力度，推动劳动保障监察执法力量向基层延伸。加强劳动人事仲裁工作，积极推进仲裁标准化信息化建设，加大仲裁工作人员的培训，提高办案质量，劳动人事争议仲裁法定审限内结案率达到100%。

二、建立公平可持续的社会保障制度。

——推进社会保险参保全覆盖。将符合条件的各类群体纳入相应的社会保险制度，重点做好城乡居民、农民工、非公有制经济组织从业人员、灵活就业人员的参保工作。制定城乡社会保险制度衔接办法，完善城乡居民养老保险统一经办管理，促进城乡一体化社会保障体系建设。推进职工医保、城乡居民医保在保障内容、筹资标准、待遇水平等方面的有效衔接。到2020年，城乡居民基本养老保险参保人数达到144900人，城乡基本医疗保险参保人数达到321123人，失业保险参保人数达到18457人，工伤保险参保人数达到16675人，生育保险参保人数达到15525人。

——稳步提高社会保险待遇水平。根据经济社会发展情况和各方面承受能力，稳步提高各项社会保险待遇水平，基本医疗保险政策范围内住院费用支付比例达88%以上。

——健全社会保险制度。完善全民医疗保险体系，提高医疗保险待遇，整合基本医疗保障管理资源，统一目录、签约、监管、结算、培训、信用等级评定、信息系统和保险，建立统一的定点医疗机构和定点药店监管机构，加大医保监督力度。加强工伤预防和康复服务，扩大工伤保险覆盖面，加强工商医疗监管工作，加大对工伤事故频发、高发和高危行业的安全生产监控。进一步发挥失业保险的保障作用，扩大失业保险基金支出范围，推动建立集保障生活、预防失业、促进就业一体的失业保险制度。

——完善社会保障法制建设。要进一步完善社会保障稽查和监察制度，杜绝和防范社会保险基金的管理使用漏洞，开源节流，增强社会保险基金的支撑能力。

三、完善养老服务体系。

加快陆河县区域性敬老院和救助管理站建设，在陆河城东新区新建一所集县区域性敬老院和县救助站、县避护场所、县流浪未成年人保护中心于一体的救助管理中心。力争在"十三五"期间80%以上的村级建成农村幸福院或村级居家养老服务站，到2020年养老服务设施覆盖所有社区，全县每千名老年人养老床位数力争达到35张以上。支持社会力量兴办高端养老服务机构，制定、落实鼓励民间力量兴办老龄事业的政策措施。建立老龄事业投入与经济社会发展相适应的同步增长机制，将老龄事业经费投入纳入财政预算，企业退休人员基本养老金每月2800元以上。

四、发展社会福利慈善事业。

鼓励社会力量兴办多种形式的社会福利服务机构和设施。加强双拥优抚工作，深化退役士兵安置改革，实现城镇退役士兵自谋职业率、自谋职业培训率、推荐就业率达100%。建立义务兵家属和其他重点优抚对象优待金财政保障机制，确保优待标准达到当地人均收入的70%以上。建立和完善社会孤儿的保障机制，健全家庭寄养制度，争取上级财政每年专项资金补助。建立残疾孤儿手术康复和训

附录

练康复工作的保障机制。大力发展残疾人事业，实现残疾人"人人享有康复服务"。大力推进慈善事业发展，建立和健全社会捐赠机构，明确慈善募捐的程序，完善慈善活动的监督机制。建立健全覆盖全县的慈善事业服务网，县建立社会捐赠接收点，尽快实行网上捐赠，建立"慈善超市"。建立慈善事业激励机制，争取财政税务部门的支持，适当提高税收优惠比例。

五、加大住房保障。

培育和发展住房租赁市场，发挥市场在资源配置中的决定性作用，积极推进租赁平台建设，大力发展住房租赁经营机构，完善公共租赁住房制度建设，拓宽融资渠道，推动房地产开发企业转型升级，基本形成渠道多元、总量平衡、结构合理、服务规范、制度健全的住房租赁市场。切实抓好公租房建设，加强监管，确保质量和安全，完成我县保障性住房年度建设目标任务，"十三五"时期新增住房保障（公租房）工作任务规划为500套（户）。同时，加强廉租住房、公租房等保障性住房日常管理工作，进一步规范准入、使用、轮候、退出等机制。

第四节　建设教育强县

实现更大规模的普及教育，建成较为完备的城乡教育体系，全面实现教育发展信息化、现代化。大力深化教育教学改革，稳步提高教育教学质量。

一、加快教育事业发展。

——完善学前教育。积极筹措资金，扩大县一洲幼儿园的办园规模，新建河口镇、上护镇、水唇镇、河田镇4个乡镇附属幼儿园；加强村级幼儿园建设，实现生源较多的村有一所幼儿园的总体学前阶段教育办学目标。至2020年，全县学前三年入园率达到95%以上。

——巩固义务教育阶段办学。加大资金投入，改善义务教育学校办学条件，在县城南部规划建设一所九年一贯制县直属学校，至2020年，全县小学适龄儿童入学率保持100%，小学五年保留率达100%；初中三年保留率达到99%，辍学率控制在1%以内，初中毕业升学率保持在99%以上。逐步扩大高中（职高）阶段办学规模，推进河田中学创建广东省"国家级示范高中"工作，推动普通高中与职业高中协调发展。到2020年，全县高质量、高水平普及高中阶段教育，全面满足初中毕业生接受高中阶段教育需求，普通高中每年招生达到3800人左右，职业高中招生每年达到1200人左右，高中阶段教育毛入学率达92%以上；加大高中（职校）学校经费投入，保障扩大办学规模所需。

——推进教育信息化发展。全面推进教育信息化建设，大力发展智慧教育，到2020年实现全县教育信息化100%覆盖。深化完善积极开展职业教育建设，加强在基础建设、信息资源开发、人员技术培训和管理系统应用等方面的建设。大规模培养掌握信息技术的高素质技能人才。推进职业教育产教融合，深化校企双制，工学一体化办学。依托教育园区职校平台，引进珠三角地区职业教育培训机构，重点培养现代化农业、生态旅游等产业人才培训。加快县党校（电大）与职校有关资源的整合利用，加快建设并不断扩大招生办学规模。

——建立终身教育服务体系。搭建行业企业职工教育培训资源共享和交流服务平台；扩大继续教育优质资源共享，建立引入市场化资源建设和配置机制；利用信息技术，建立继续教育资源中心和资源联盟，探索资源开发与共享机制。

二、推进教育领域综合改革。

积极促进民办教育发展，新建、扩建民办学校，按公益事业用地及建设的有关规定给予优惠。切实加强对民办学校的管理，规范民办学校的办学行为。推进教育信息化和现代化，完成全县教育城域网信息系统建设，建好全县教育信息化指挥系统，实现教育管理、教育教学、教育服务3个领域信息化整合。开展专任教师教育技术能力培训，提高信息化教学的普及率和融合度。大力开展信息化教学应用，加强信息技术与课程教材和学科教学的整合，促进学生学习方式和教师教学方式的改变。

第五节　推进卫生创强

继续深入贯彻科学发展观，坚持党在新时期的卫生工作方针，以提高人民健康水平为目标，坚持以人为本，从实际出发，加快建设卫生强县，推进医药卫生体制改革，加大卫生三级网络建设力度，突出重大疾病防治，推进人才兴医战略，提高医疗服务质量，强化医德医风建设，推进卫生事业全面、协调、可持续发展。

一、提升医疗服务水平。

——加强卫生基本服务设施的建设。加快三级医疗预防保健网的三配套建设，努力扩大城市公共卫生服务的覆盖范围，将免疫规划、传染病防治、健康教育等公共卫生服务逐步覆盖常住人口和流动人口。改善基层公共卫生服务供给条件，提高服务水平，加快陆河县人民医院综合楼扩建工程建设和镇卫生院的改扩建工程，实现2016年年底，县人民医院达到二级甲等医院标准。普及全县乡镇卫生院配置"五个一"设备工作。实施"强基创优"行动计划，力争到2017年，县域内住院率提高到90%左右，每个乡镇都有1所标准化建设的乡镇卫生院，每个村（居）委设置1所标准化社区卫生服务中心。

——完善疾病预防控制体系。推进各级疾病预防控制机构规范化建设，完善疾病预防控制网络，精简优化疾病预防控制人员队伍。完善卫生监督体系，加强卫生监督执法机构基础设施建设，健全运行机制，完善保障措施。加大人才引进，力争到2018年，全省乡镇卫生院专科以上学历比例提高到45%以上；强化人员培训，争取到"十三五"期末，中心职工专科学历达到90%以上。推进综合执法，重点加强医疗卫生、食品卫生、职业卫生和饮用水卫生监督，加快农村饮用水检测中心建成运行，加强对医疗机构、采供血机构和传染病防治的监管，全面提高监督执法水平和能力。加强预防工作，以镇为单位扩大免疫规划十二种疫苗接种率达到95%以上。

二、加强人口计生和殡葬工作。

推动人口均衡化发展，坚持计划生育的基本国策，按照中央和省委省政府的统一部署，实施一对夫妇可生育两个孩子政策。提高出生人口素质，提高生殖健康、妇幼保健、托幼等公共服务水平，全面实行孕期系统化管理，确保高危孕妇检查、监护和专案管理率达100%；完善新生儿缺陷监测和疾病筛查措施，避免或减少残疾新生儿出生。

推进绿色殡葬，抓好县殡仪馆和公墓山建设，殡仪馆建设工程力争早日建成并投入使用，全面抓好8个镇级公益性公墓山建设，保证墓园入葬率达80%以上，有条件的村探索建设村级公益性公墓；巩固提高火化率，火化率保持100%。

三、推进医疗卫生体制改革。

深化医院人事分配制度改革，继续推进医药分开，完善医疗卫生机构的医疗设备、卫生技术人才和基础设施建设；促进基层医疗卫生机构综合改革，放宽乡村医生准入条件，逐步健全县、镇、村三级医疗预防保健网络建设。大力发展民营医疗机构，在"十三五"期间增设1间以上民营综合医院。

第六节　完善公共文化体育服务

以深化文化体制改革为动力，以技术创新为支撑，以文化惠民为目标，充分发挥文化体育阵地的辐射作用，有效引导社会、教育人民、推动发展的重要功能，全面加强文化体系建设，大力繁荣文艺创作，加快文化体育事业发展。

一、加强陆河精神文明建设。

积极培育和践行社会主义核心价值观，抓好省级文明县城创建工作。继续按照《陆河县创建广东省文明县城实施方案》的要求，积极组织开展系列主题活动，稳步推进创建文明县城工作，力争到2017年年底前获得省级文明县城荣誉称号。以创建文明县城为龙头，继续深化文明单位、文明行业、文明村镇、星级文明户和文明窗口等文明创建工作。认真开展好"道德讲堂"建设，逐步形成开展"道德讲堂"活动的长效机制。继续开展以"我推荐、我评议身边好人"活动为载体，做好身边好人和道德模范的评选推荐工作。深化群众性精

附录

神文明创建活动，精心组织好各级文明单位、文明村镇的验收、评选和推荐工作，不断提高我县的文明程度。

二、推进文化体育公共服务体系建设。

实施文化阵地建设工程，完善文化设施，完成聚"五馆"于一体的县文体综合馆、县流动图书馆、体质测定与运动健身指导站建设，加快推进县城文体中心建设。落实每个村"五个有"建设标准，力争早日实现县、镇、村三级文化设施全覆盖。建立健全村、镇文化设施"五个一"长效管理机制。建立配套的文体设施运维体系，确保设施设备运转高效。实施文化惠民工程，精心实施"文化六进"工程。每年举办1—2次文化艺术交流活动，送戏下乡不少于100场。

三、保护和弘扬陆河传统文化。

——加强文化遗产保护力度。加强对五星宗祠、昂塘古洋楼等现有文化遗产保护利用与合理开发。切实抓好非物质文化遗产的理论研究、成果转化工作，实现对文化遗产资源的战略性培育和整体性运用，建设以罗洞木偶、河田高景等非物质文化遗产传承人等稀缺人才队伍。

——实施文化产业促进工程。打造陆河县水唇镇木偶剧团为广东省戏剧传承基地，建设陆河县罗洞木偶文化发展有限公司发展区域特色文化产业项目，使文化产业成为我县国民经济新的增长点。深度发掘激石溪红色革命根据地、九厅十八井、商贤家庙等文化遗产的旅游价值。推进生态陆河文化产业园区建设，以东坑共光和水唇罗洞梅园为基地，打造陆河梅园生态文化产业园区；以南万和新田激石溪为绿色生态走廊，打造红色生态文化产业园区。弘扬客家文化品牌，打造一批具有核心竞争力的文化产品，搭建具有号召力和影响力的文艺作品创作和展示平台。

第七节　保障社会稳定发展

加强社会稳定治安工作，持续推进社会基层治理机制创新，夯实平安稳定基础，构建社会稳定发展格局。

一、推进"平安陆河"建设。

继续深入推进社会矛盾化解工作，加强源头管控，发挥县镇村三级调解机制作用，努力将矛盾问题化解在基层，处理在萌芽状态。加强社会治安综合治理，持续开展"两抢一盗"专项打击行动；全面深入开展禁毒缉枪行动，重拳打击各类毒品犯罪活动。完善信息化、网格化、社会化的立体治安防控体系，推进警务平台前移，加强特殊人群管控，有效防范和打击违法犯罪活动。加快完善社会防控体系，推进平安细胞工程，加快城乡公共安全视频监控系统和社会协同防控机制建设，加强互联网动态管控和舆情应对。加大消防基础设施投入，强化消防安全监管，优化消防站布局，继续完善全县基础消防设施及多种形式消防队伍建设，加强消防车辆器材装备建设。强化安全生产监管、食品药品和农产品质量安全监管，建立完善的应急管理机制。

二、完善城乡基层社会治理机制。

深入推进基层治理机制改革试点工作和村居民自治改革创新工作，建立县镇村三级公共服务平台，探索双向考核制度。进一步落实民主选举、民主决策、民主管理和民主监督，完善村（居）委会选举办法，健全村务公开和民主管理制度，大力推行村务公开和民主管理示范单位创建活动，使100%的乡镇、100%的村达到示范单位标准。抓好村级基层组织换届工作，加强村官培训，完善村监会，规范村委会财务审计制度。建立和完善社区运行机制，以社区党组织、居委会建设为核心，完善各项社区居民自治制度。

第八节　推进依法治县

推进依法行政、严格执法、公正司法，加快构建高效完善的依法行政制度体系，加强法治社会建设，打造优质高效的政务环境。

一、全面加快法治政府建设。

深入推进依法行政，完善行政决策机制、执法程序和各类政务平台建设；以县行政复议委员会试

点工作为抓手，加强行政复议能力建设，畅通行政复议渠道，提高行政复议质量和水平。加快转变政府职能和管理方式，制定和公布政府权责清单，制定对审批权力集中的部门和岗位分事行权、分岗设权、分级授权及定期轮岗的实施意见。严格执行重大事项集体决策制度，把公众参与、专家论证、风险评估、合法性审查、集体讨论作为重大行政决策实施的"必经环节"和"刚性门槛"；推行政府法律顾问制度；落实重大决策终身责任追究制度和责任倒查机制。严格规范公正文明执法，制定完善城市管理执法体制工作的实施意见，强化责任追究，对行政执法中不作为、乱作为以及失职渎职现象，决不手软、坚决惩处。坚持政务公开，推行行政执法公示制度，健全完善网上办事大厅办事范围和职能，加强政府网站信息发布和内容建设，依法依规、详细全面公开信息。

二、着力提升执法司法公信力。

深化司法体制改革，优化司法职权配置，健全司法权力分工负责、相互配合、相互制约的体制机制。全力维护司法权威，建立和落实领导干部干预司法活动、插手具体案件处理的记录、通报和责任追究制度，保证司法机关独立行使司法权。推进严格司法，实行办案质量终身负责制和错案倒查问责制。加大依法强制执行力度，完善司法执行联动机制。加强对人民陪审员和人民监督员的选任和培训，畅通群众参与司法的渠道。完善司法救助制度，探索检察机关提起公益诉讼制度。

三、大力推进法治社会建设。

强化全民法治观念，引导人们自觉履行法定义务、社会责任、家庭责任，形成全民自觉守法、遇事找法、解决问题靠法的良好社会秩序；加强对全县在职工作人员学法用法的组织和考核，持续办好党政领导干部"三纪"教育培训班。强化法治宣传教育，充分运用电视、网络、报刊、手机短信、微信以及公共场所发布法治公益类广告等多种形式，不断扩大普法覆盖面；大力开展法治宣传进机关、进乡村、进社区、进学校、进企业活动，让法治走进千家万户；注重青少年法治教育，全县中小学全面开设法制知识课。完善公共法律服务体系建设，大力推进完善一村（社区）一法律顾问工作。

第七章 深化改革开放，构建融珠发展新格局

落实"全面融珠"发展战略，积极开展与珠三角地区在产业、生态等各领域的合作，充分发挥海外乡贤的纽带作用，积极拓展海外市场，深化重点领域体制机制改革，加快构建区域开放发展新格局。

第一节 拓展区域合作新空间

加快"全面融珠"发展步伐，加强与港澳台地区产业合作，加强区域合作，拓展发展新空间。

一、加快融入珠三角步伐。

——主动做好与深圳坪山新区的合作共建。加强战略性新兴产业项目、企业的引进，围绕重点产业项目强化基础设施配套。推动干部交流学习，选派干部到坪山新区管委会挂职锻炼。扩大合作领域，引进坪山新区园区管理与智慧园区建设经验，搭建对接深圳的产业创新发展信息平台，积极吸引深圳创新资源在陆河孵化。提升深圳对口帮扶陆河发展机制，完善联席会议制度，健全共建产业园区年度考核机制。

——加强公共服务合作。积极引进珠三角职业技术院校合作办学，与本地大型龙头企业合作，共同培训对口急需的高新技术人才、技工。完善与珠三角两地居民医疗转诊制度和社会福利对接。

——积极发展面向珠三角地区的生态休闲服务。围绕潮惠高速出入口物流枢纽，建设面向珠三角市场的特色商品和特色农产品展销转运配送中心。与珠三角的休闲旅游企业合作，发展生态休闲旅游产业，并通过共同营销手段，树立陆河"花泉林歌"生态休闲品牌，打造珠三角休闲后花园。

二、加强与港澳台产业合作。

加强与港澳在物流、教育、旅游等方面开展合

作。加强与港澳航运物流企业交流。引进香港旅游管理品牌，推进生态旅游的共同开发，规划建设高水平生态旅游度假区。加强对港澳客商来陆河投资开展贸易提供政策咨询、信息交流等服务。加强对海外乡贤"反哺"创业的优惠扶持，完善港澳企业的进驻制度，在准入门槛、土地、人才等方面实施优惠措施。

加强大陆与台湾地区的农业合作。推进台湾精致农业、休闲生态旅游、健康养生等产业项目、龙头企业进驻陆河。推动樱花培植与观赏旅游、温泉旅游合作交流。引入台湾农业技术和农业物流流通管理经验，提升陆河农业技术水平。

第二节 提升对外开放水平

加强与珠三角地区合作，推进与珠三角等先进地区的贸易规则接轨，促进外贸转型升级，加快精准招商步伐，提升开放型经济水平。

一、促进外贸转型升级

——优化外贸结构。优化出口商品结构，推动生态产品加工贸易创新发展，建设外贸转型升级服务平台，鼓励优势特色产品建立自主品牌、自主营销网络，推动具有较高技术含量、附加值、高效益产品出口，深化拓展多元化市场。积极扩大进口，促进先进技术、关键设备、重要零部件等进口，合理增加一般消费品进口，加大重要物资储备进口。

——提升外贸竞争力。加大陆河特色产品海外推介力度，鼓励企业通过创立品牌、收购品牌培育外贸品牌，支持企业开展商标和专利的国外注册保护与海外维权。加快提升出口产品技术含量与产品质量，推广采用国际先进质量标准，建立国际认可的产品检测和认证体系，完善出口产品服务体系。加快培育新型贸易方式，积极开展跨境电子商务综合改革试点工作，培育一批跨境电子商务平台和企业，大力支持企业运用跨境电子商务开拓国际市场。

——增创利用外资新方式。完善外商投资市场准入制度，实行对外商投资准入前国民待遇加负面清单的管理模式。推进有利于外商直接投资的招引资平台建设，拓展境外融资渠道。

二、强力推进招商引资

——推进定向招商。充分发挥园区招商载体和坪山新区、行业协会的桥梁作用，全方位开展园区招商、产业招商。以比亚迪项目入驻陆河为契机，瞄准央企、上市公司和行业龙头企业，着力引进新材料、电子信息、智能家居等战略新兴产业，为县域经济跨越发展提供强有力支撑。进一步完善招商引资激励机制和责任机制，坚持小分队、高规格、敲门式、点对点的招商模式，瞄准珠三角发达地区开展招商。通过以商引商的方式，加大对日本等外国企业的招商。大力实施乡贤回归"反哺工程"，动员陆河籍企业家回乡投资兴业；鼓励引导海内外的客属社团、商会组织和商界乡亲以项目回迁、资金回流、技术支援、人才引进等形式回乡创业。到2020年，引进国家500强企业8家，投资额5亿元以上的企业投资项目10个以上，项目累计投资300亿元以上。

——优化营商环境。全面深化商事制度改革，全面实施"三证合一"改革，拓宽"一照一码"登记的范围。稳步推进社会信用体系建设，建设法治化国际化营商环境。切实提升招商引资服务水平，建立项目评审、手续办理、问题协调解决"一条龙"服务体系，为落地企业提供一站式、保姆式服务。深入开展"暖企暖心行动"，走访县内重点企业，全面了解并帮助解决企业的问题与困难。

第三节 推进全面深化改革

坚持社会主义市场经济改革方向，以经济体制改革为重点，全面深化各领域改革，使市场在资源配置中起决定性作用和更好发挥政府作用，为加快振兴发展提供保障。

一、推进行政体制改革。

优化政府职能配置，稳步推进大部制改革。深化乡镇行政体制改革，理顺基层政府条块关系，完善基层治理体系。推进简政放权，深化行政审批制度改革，精简行政审批事项，优化审批流程，压减前置审批环节，推进审批后监管制度化建设。建立并完善县、镇、村三级联动的综合政务服务体系，健全并完善网上办事大厅和实体大厅政务服务平台；大力推进电子政务建设，完善政务云计算中心建设和政务信息安全体系。扎实推进事业单位分类改革，全面完成事业单位分类和布局结构调整工作，积极做好公立医院综合改革试点工作。

二、推进经济体制改革。

增强国有经济与非公有制经济活力，深入实施国有企业股权多元化改革，探索发展混合所有制经济，鼓励民营企业产权制度创新。完善现代化市场监管体系，建立城乡统一的建设用地市场，健全金融市场体系，加快发展技术市场。实施质量强县，培育以技术、标准、品牌、质量、服务为核心的竞争新优势，促进全县质量总体水平明显提高。完善主要由市场决定价格的机制，大幅度缩减政府定价种类和项目，放开竞争性领域和竞争性环节的商品和服务价格。

三、加快建立现代财政制度。

将政府收入和支出全部纳入预算管理，完善预算编制。推进财政专项资金基金化改革，规范公共资源交易平台管理，完善公共资源交易监管体系。落实国家税制改革措施，加强地方税源管控，清理规范税收优惠政策。推进行政事业性收费改革。

四、深化投融资体制改革。

促进政府通过购买服务方式，积极调动社会力量参与公共产品供给。大力推动国家专项债、企业发债、PPP等融资模式。加强担保平台建设，积极稳妥推进风险投资、知识产权质押融资等科技金融工作。

位，加强专项规划与总体规划各项指标的衔接。突出主体功能区规划的总控性地位，探索推行各类空间规划"多规合一"，统筹推动市县空间"一张图"管理。按照规划加强年度实施方案与年度计划的衔接协调。加强市场体系、民生保障、城乡协调等重点领域和关键环节的政策引导。优化财政支出结构和政府投资结构，优化土地资源配置和空间布局，加强要素保障。

第二节 加强载体支撑

积极推进规划实施载体建设，谋划重要改革试点，着力在促转型、调结构、增加公共产品供给等方面实现新突破。建立重大区域发展平台，发挥平台在开发建设、政策实施等方面的引领作用。培育创新发展基地，汇集创新要素资源，切实提升创新能力。加快实施重大项目，继续完善重点项目储备库，优化重大项目投资行业结构和区域分布结构。

第三节 建立科学合理的考核机制

强化对规划有关结构优化、民生改善、资源节约、生态环境、社会环境和基本公共服务等方面目标任务完成情况的综合评价考核。完善规划年度考核和中期评估制度。积极探索创新公众参与形式，拓宽公众参与渠道，完善规划实施的公众参与和民主监督机制。

第八章 加强规划实施保障

创新城乡规划体系，强化要素保障，加强重点项目和载体支撑，加强监督考核，建立保障规划实施的长效机制。

第一节 建立"多规融合"的规划体系

强化国民经济和社会发展总体规划的引导地

陆河县创建广东省文明县城工作实施方案

根据广东省精神文明建设委员会《关于印发〈关于深化文明城市创建工作的指导意见〉的通知》（粤文明委〔2016〕8号）和《广东省县级文明城市测评体系（2016年版）》要求，结合我县实际，制定本方案。

一、总体目标

围绕"经济发展、环境优美、文化繁荣、生态良好、风尚文明、社会和谐"的创建目标，实现2017年上半年获得"省卫生县城"称号，2017年年底进入广东省创建文明县城工作先进县城行列，2019年创建成为广东省文明县城。

二、主要任务

创建县级文明城市是一项长期的系统工程，各单位要对照《广东省县级文明城市测评体系》创建标准，切实加强领导、明确责任、制定规划、扎实推进。

1. 理想信念建设

（1）加强理论学习。在各级党委（党组、总支、支部）中心组和广大党员干部中，深入学习习近平总书记系列重要讲话精神，深入学习宣传"四个全面"战略布局和中国特色社会主义理论，用党的理论创新成果武装头脑，推动各项工作落实。开展"两学一做"学习教育，组织广大党员干部深入学习党史、国史和社会主义发展史，加强中国特色社会主义和中国梦宣传教育，做好形势政策的宣传阐释，进一步坚定干部群众的道路自信、理论自信、制度自信。

（2）培育和践行社会主义核心价值观。推动社会主义核心价值观落细落小落实，使之融入人们生产、生活和工作实践。在公共场所和公共设施采取张贴悬挂、刊登刊播等方式宣传展示核心价值观，落实《中华人民共和国广告法》和《公益广告促进和管理暂行办法》，大力开展"核心价值观"宣传教育活动，提高公益广告覆盖面，按照公共场所公益广告占发布广告比例不低于30%的要求，要补足县城中心区及其主干道公益广告发布数量，县城主干道以及县城通往各镇公路尽快装挂和投放公益广告灯旗杆（灯箱），公园、广场、集贸市场等地设置1—2块大型核心价值观宣传广告牌，利用公交车车身及候车亭加大公益广告宣传力度。推进核心价值观主题公园、广场和示范点建设，抓好县城岳溪广场核心价值观主题广场（公园）的建设，增加建设一批艺术雕塑和文化景观。围绕"车间里的价值观""社区里的价值观""乡村里的价值观""校园里的价值观"等主题，广泛开展"弘扬客家耕读文化、践行核心价值观"主题教育活动。深化开展主题道德实践活动，开展道德模范评选和"身边好人"推荐评选、文明家庭创建等活动。创新发展乡贤文化，发挥新乡贤引领作用，设立善行义举榜、乡贤榜等。大力弘扬中华优秀传统文化，开展"我们的节日"主题活动，开展社会主义核心价值观主题童谣传唱活动。

2. 开展文明风尚建设

（1）加强党风政风建设。落实全面从严治党要求，强化党委主体责任和纪委监督责任，推进党风廉政和反腐教育经常化、制度化。深化"三严三实"和"两学一做"专题教育，大力学习宣传优秀党员干部，培树先进典型。推进政府依法行政，改革行政审批制度，压缩审批时限，减少审批事项，优化审批程序，推进政务公开，公布权力清单，建立健全权力清单动态管理机制。加强各基层党组织建设，维护农村和谐稳定。开展全民普法宣传教育，组织开展群众性法制文化活动，全民法制宣传教育普及率达标。

（2）规范政务行为。坚持依法行政，推进政务

公开信息化，加强互联网政务信息平台和便民服务平台建设，促进优质高效服务。健全公共法律服务体系，建立维护劳动者权益的协调机制，建立健全保护消费者权益机制。推进市民服务热线和法律服务专线高效运行，提高群众政务服务满意度。各窗口服务场所环境整洁，设施齐全，确保"有便民服务措施，有文明提示语，有投诉处理机制"。同时，以"马上就办、办就办好"为准则，有效整治门难进、脸难看、事难办等突出问题，确保无吃拿卡要、慵懒散拖现象。

（3）推动志愿服务制度化、经常化。市民对志愿服务活动广泛参与，开展志愿服务组织和志愿者实名注册，注册志愿者人数比例达标。组织各类志愿服务开展关爱空巢老人、留守儿童、困难职工、残疾人志愿服务活动，开展共产党员志愿服务，组织不文明行为整治、文明旅游、文明交通、文明上网等志愿服务活动。开展邻里守望、扶贫帮困、扶残助残、慈善捐助、科普宣传、义务献血、义演义诊、环境保护、植绿护绿等公益活动。

（4）开展诚信制度化建设。推进社会信用体系建设，在重点领域建立信用记录，推动建设信用信息互联互通、交换共享平台。开展整治虚假违法广告专项行动，依法建立诚信"红黑名单"制度。发掘宣传诚信典型，批评鞭挞失信败德行为。开展文明诚信市场创建活动和"诚信做产品""守合同重信用""3·15"消费者维权日等诚信主题活动。

（5）开展未成年人思想道德建设。坚持以教育引导实践，推进核心价值观进校园、进课堂、进头脑。在重要时间节点，围绕"我的中国梦"主题，以理想信念教育为核心，以树立远大志向为目标，深入开展形式多样、喜闻乐见的教育实践活动。努力健全完善学校、家庭、社会三结合教育网络，关心关爱留守儿童、流动儿童、流浪儿童、孤残儿童、边缘儿童、残缺家庭儿童等特殊群体。扎实推进开展乡村学校少年宫建设，进一步完善各项制度、壮大辅导员队伍，提升辅导员的综合水平，精心设计各功能室活动。加强校外未成年人心理健康辅导站建设。抓好校园周边环境的整治，实行校园重点安全管理，加强集中排查和专项整治工作，大力整治校园周边环境。

（6）开展网上精神文明创建活动，壮大网络文明志愿者队伍，依法打击网络谣言和网上淫秽色情信息。开展文明旅游创建活动，认真落实《游客不文明行为记录管理暂行办法》。

3. 加大经济民生建设

（1）加大公共场所基础设施建设。进一步提升城市公共服务水平，增强城市服务承载力，完善在旅游景点、广场、公园、主次干道等各项服务设施，加大日常公用设施维护力度，邮箱、报栏、座椅、雕塑等公用设施无人为弄脏、损坏现象。推动公共建筑及设施、新建居民建筑及居民区建立无障碍设施，管理、使用状况良好。

（2）推动交通路网改造升级。加大城市路网投入，促进县城面貌提档升级，建设路面整洁、布局合理、规范有序的城市路网环境，加快推进县城断头路、瓶颈路的建设，打通县城交通动脉。硬化县城主次干道、商业街、街巷路面，确保无损坏和被违规占用现象。实施机非分离、人车分离制度，科学合理设置盲道，确保无被占用现象。大力实施城市亮化、美化、绿化工程，道路装灯率、亮灯率达标，设置清晰规范的交通标识，道路红绿灯、护栏、窨井等设施完好。推进地下管线建设，完善地下排水设施，合理布局道路雨水口。加大城市公共绿地建设，营造美观整洁的城市容貌。

（3）促进文化体育设施均等化。统筹安排资金，促进城市公共文化服务均等化、标准化。加大公共图书馆、文化馆建设，街道、乡镇综合文化站建设，社区、村综合文化服务中心建设，实现文化公共服务设施全覆盖。街道体育活动点、人均体育场地面积达标，公共体育场地设施状况良好。开展全民阅读和全面健身活动，推进图书馆、博物馆、文化馆（站）免费开放。开展"三下乡"、文化进万家、文化志愿服务等基层文化服务活动，不断丰富群众文化生活。

4. 开展社会环境建设

（1）社会公共安全和谐稳定。加强社会治安防控体系建设，保障公共安全到位，社会治安良好。建立突发公共事件应急指挥系统和减灾、防灾、救灾综合协调机制和灾害应急管理体系。坚持打击各类违法犯罪行为，预防和打击涉众型经济犯罪、打击传销活动、打击封建迷信和非法宗教组织。

（2）提升城乡和社区环境面貌。加大对县城、城乡结合部的环境卫生整治，落实"门前三包"规定，建立城乡环卫一体化，努力实现农村垃圾"户投、村收、镇运、县统一处理"。无流动摊贩沿街乱摆摊设点，无违章占道经营现象。道路清扫保洁率100%，无积存垃圾，有效遏制城市"小广告"张贴现象。开展文明社区创建活动，推动社区环境绿化、美化、净化、硬化，完善排水设施，做到楼道无堵塞，墙面、玻璃无污秽破损，照明灯完好。规范社区日常管理服务，制定社区居民公约，倡导邻里和睦、守望相助。建立常设警务室，保障社区治安秩序良好。

（3）公共场所管理秩序良好。市场管理到位、秩序良好，环境整洁有序。公厕干净整洁，管理到位。大力实施文明交通行动计划，加大对公交、出租车运营监管，打击非法营运车辆。汽车站环境整洁、服务规范、进出有序、管理到位。工地出入口整洁有序，文明施工，无施工扰民现象。建筑工地卫生、防火、治安制度健全，楼房建筑围挡不占用人行道等公共领域，美化工地围墙。城市无烟草广告，有明显禁烟标识，开展无烟党政机关创建活动。开展不文明行为专项整治，公共场所无乱扔杂物、随地吐痰、损坏花木等不文明行为。

5. 开展生态文明建设

（1）城市生态环境。城市绿地率、人均公园绿地面积、生活垃圾无害化处理率标。县城无黑臭水体，城市空气质量、水环境质量达到有关要求。落实上级耕地、林地保护下达的指标。开展生态环境保护主题活动，大力宣传生态文明理念，推进生活方式绿色化。

（2）推进城乡规划、基础设施和公共服务一体化。制定市县城和建制镇农业转移人口市民化的具体方案和实施细则。落实城乡劳动者平等就业、同工同酬制度。合理安排县域空间布局，新增建设用地不超过上级下达的计划指标。扩大公共财政覆盖农村范围，提高基础设施和公共服务保障水平。促进城乡公共文化服务均等化，在财政预算中列支农村精神文明建设专项经费，社会保险参保计划完成率达到90%以上。

（3）打造美丽乡村。在农村分期分批推进改路、改水、改厕和旧村改造。运用村民议事会、村民讲习所、道德评议会、红白理事会等遏制陈规陋习，积极倡导诚实守信、文明有礼的良好家风、村风、民风，开展星级文明户、文明村、文明乡镇创建活动。实施传统古村落、古建筑保护工程，打造一批有影响的文化名镇、文化名村。

6. 建立长效常态的创建机制

（1）切实加强对精神文明建设的领导。党政一把手亲自抓精神文明建设，把精神文明创建工作纳入各级党委、政府的重要工作议事日程，与经济工作一并研究、部署、落实、考核。建立健全创建文明县城领导机构和办事机构，人员、经费、责任落实。认真制订创建文明县城规划，明确工作责任，落实督查考核制度，完成各项创建任务。

（2）加强城乡基层创建活动。建立和完善文明创建的评选、考核和奖励制度，形成创建文明县城的长效机制，注重总结经验，树立典型，推动群众性精神文明创建活动深入开展。在机关、企事业单位、学校、社区等普遍开展文明创建活动，并延伸到新经济组织、新社会组织。开展"科教、文体、法律、卫生"进社区活动和文明结对、共建和谐活动，努力提升城乡文明程度。

（3）努力实现城乡和谐发展。始终把保障和改善民生，大力促进城乡一体化发展摆在突出位置，以城带乡，联动发展。落实城市支援农村的政策和措施，形成以城带乡的长效机制，最终实现城乡共进、和谐发展。

（4）加大对精神文明建设的投入。把精神文明创建活动经费纳入地方财政预算，并随财政收入增长逐年提高。充分运用文化经济政策，动员社会各界积极参与精神文明建设，形成多元化投入机制，促进精神文明建设和其他各项事业同步发展。

三、工作步骤

具体分5个阶段进行：

第一阶段：再动员再部署阶段（2016年10月）

1. 制定《陆河县全面开展文明创建工作总体方案》和《陆河县创建广东省文明县城测评体系操作手册》（2016年版），明确职责分工和目标任务。

2. 召开创文推进会。召开全面开展文明创建工作推进会，同时启动全面开展创卫工作，对创建工作进行再部署再动员。

3. 开展新闻、社会宣传，印发宣传单和小册子，在全县进行广泛宣传发动，营造浓厚的文明创建氛围，提高市民对创文工作的知晓率、参与率、支持率。

第二阶段：强化组织实施阶段（2016年11月至2017年9月）

1. 各单位根据工作任务，按测评基本指标的要求全面组织实施，形成抓宣传、抓教育、抓建设、抓整治、抓管理、抓督促等全方位推进的创建工作局面，落实创建工作进度月报制度和督查考核制度。

2. 创建"广东省卫生县城"牵头单位、责任单位要按照创建广东省卫生县城测评体系基本指标要求启动实施创建，2017年10月底前取得"广东省卫生县城"称号。

3. 各责任单位按照测评体系指标要求启动实施各创建项目，重点组织城市建设、诚信建设、环境整治、市容卫生、社会秩序、文化发展、道德教育等系列活动，着力解决存在问题和薄弱环节，努力完成测评体系中的指标要求。河田镇按照测评基本指标要求，全面推进创建工作，为创建工作夯实基础，确保县城创建工作达标。

4. 县创文办组织对各责任单位创建工作进行督查，定期考核，抓好落实。月度督查考核情况向全县通报，并报县创文领导小组，季度测评考核情况以《创文简报》形式实行末位通报警告，影响创文工作进度的实行领导干部问责。

第三阶段：迎检阶段（2017年10月—12月创建省文明县城工作先进县城迎检）

1. 各地、各单位按照测评基本指标要求组织自查自评，发现问题及时整改，并按"测评方法"要求做好汇报材料准备，以备检查。

2. 县创文办开展问卷调查，组织检查验收，对各地、各单位创建工作进行考核，总结创建成效，查找存在问题，及时整改，进一步巩固创建成果。

3. 组织迎检工作，准备迎检资料，做好申报工作，迎接省、市检查组的检查验收。

4. 以县委县政府名义向省文明委提交参评广东省文明县城的报告，2017年取得"广东省创建文明县城工作先进县城"称号。

第四阶段：再动员、再部署、再提高阶段（2018年至2019年）。

1. 2018年1月–2019年8月对照《广东省文明县城测评体系》，全面进行查漏补缺，采取有力措施，强力攻坚克难；深化各项创建工作，提高创建水平，以高标准迎接省、市的测评考核。

2. 2019年8月–11月组织迎检工作，准备迎检资料，做好申报工作，迎接省、市检查组的检查验收。

3. 2019年11月，以县委县政府名义向省文明委提交参评广东省文明县城的报告，2019年底进行广东省文明县城行列。

第五阶段：总结表彰阶段（2020年）

1. 适时召开大会，认真总结经验，评选表彰一批创建活动先进单位和先进个人。

2. 启动部署创建全国文明县城提名资格相关工作。

陆河县创建文明镇街工作实施方案

根据省文明委《关于在全省开展文明镇街创建工作的意见》（粤文明委〔2016〕5号）和市创文办《汕尾市全面开展文明创建工作总体方案》（汕创文〔2016〕1号）精神，为推动我县省级文明县城创建进一步向镇街和基层延伸拓展，促进城乡文明协调发展，特制定本方案。

一、指导思想

深入贯彻落实党的十八届五中全会精神和习近平总书记系列重要讲话精神，围绕"四个全面"战略目标，坚持创新、协调、绿色、开放、共享的发展理念，以培育和践行社会主义核心价值观为根本任务，广泛开展群众性文明镇街创建活动，推动全县镇街文明水平不断提升，形成县城、镇街、乡村文明创建全覆盖，为加快推进我县振兴发展、全面建成小康社会提供精神力量和道德支撑。

二、工作目标

深化社会主义核心价值观宣传教育，着力加强思想道德建设，深入推进群众性精神文明创建活动，力争在三年内把我县各镇逐步创建成人文美、风尚美、环境美、文化美的文明镇街。2016年年底，建成河田镇、螺溪镇、水唇镇、东坑镇4个文明镇街，占全县总数的50%；到2017年，实现80%镇街完成创建任务；2018年全面完成，巩固提升。

三、创建内容

（一）开展核心价值观培育行动

1. 做好核心价值观公益广告宣传。提高核心价值观公益广告覆盖面。按照公益广告占发布广告比例不低于30%的要求，各镇要补足镇村（社区）中心区及其主干道公益广告发布数量，陆五公路沿线、各镇区主干道以及县城通往各镇公路尽快装挂和投放公益广告灯旗杆（灯箱）。各镇区主干道、公园、广场、集贸市场等地设置1—2块大型核心价值观宣传广告牌，建设打造一条核心价值观主题宣传长廊。潮惠高速陆河东、陆河南和新田出入口设置大型户外宣传牌，协调户外LED屏播放"社会主义核心价值观""讲文明树新风"公益广告，利用公交车车身及候车亭加大公益广告宣传力度，逐步提升镇街、社区和农村公益广告覆盖率。

2. 建设核心价值观主题公园、广场和示范点。抓好县城岳溪广场、水唇罗洞梅园核心价值观主题广场（公园）的县级示范点的建设，增加建设一批艺术雕塑和文化景观。同时，河田镇、螺溪镇、水唇镇、东坑镇必须在2016年年底前完成1个以上镇级核心价值观主题广场（公园）的选址、规划、设计工作，并组织开工建设。其它各镇要在2017年底前完成核心价值观主题广场（公园）的选址、规划、设计工作，并组织开工建设。

3. 加大核心价值观宣传普及力度。创新宣传方式方法，充分利用各镇微信公众发布平台、镇村广播、宣传栏，大力开展"核心价值观"宣传教育活动；围绕"车间里的价值观""社区里的价值观""乡村里的价值观""校园里的价值观"等主题，开展形式多样的"核心价值观、你我齐践行"教育活动；推动核心价值观融入镇村日常生活生产各方面场景，融入到族规家训、店规厂训、行业规则、村规民约之中，融入镇村文化室、文化祠堂、农家书屋中，融入到民俗节庆、广场文化之中。

（二）开展公民道德建设行动

1. 抓好道德典型挖掘选树。大力挖掘各行各业的先进人物和感人事迹，弘扬社会正能量，继续做好"身边好人""道德模范""最美家庭"和"最美人物"的推荐评议活动，引导镇街群众崇德向上、见贤思齐。利用传统媒体、新媒体以及善行义举榜、乡贤榜等大力宣传凡人善举，展示新时代镇街居民的精神风貌。做好道德模范礼遇和关爱工作，开展走访帮扶活动并做好宣传报道,营造好人有好报的良好社会氛围。各镇坚持每季度开展1次"身边好人""最美家庭""道德模范""广东好人""中国好人"推荐活动,每年开展1次"星级文明户"创评活动,并将活动开展情况及时上报县文明办。今年年底前,各村要在醒目位置设立善行义举榜、道德榜、乡贤榜宣传栏,表扬凡人善举,培育和传播乡贤文化。

2.着力建设良好社会风尚。一是突出家风美,围绕弘扬孝老爱亲、重教知礼、勤劳节俭、诚实守信等传统家庭美德,广泛开展"弘扬客家耕读文化"、讲家风、晒家风、拍家训、展家训等主题创建活动。二是突出镇风村风美,订立乡规民约,加强道德教化,打造家庭和睦、民风淳朴、崇德向善、守望相助的镇风村风。三是突出社会风尚美,组织开展文明餐桌、文明旅游、文明网络、文明机关、文明家庭、文明交通等主题活动,倡导良好社会风尚。四是突出法治美,全面推进依法治县,营造公平正义的法治环境。加强重点领域和重点地区专项整治,加大对涉毒涉枪、涉"两抢一盗"等违法犯罪活动的打击和防范力度,努力创造群众满意的平安环境。加强法制宣传教育,大力实施"七五"普法。深入推进基层治理体制改革,推进人民调解、法律援助和社区矫正工作。在实现"一村(社区)一法律顾问"全覆盖基础上,深入开展信访和社会矛盾纠纷积案化解行动,妥善处理好群众合理诉求,切实把社会矛盾解决在基层、化解在萌芽状态。五是突出诚信美,大力宣传诚信企业和诚信人物。以打造"诚信陆河"为主题,每年开展1次以上"诚信教育宣传月"活动,组织开展信用至上、诚信兴业、履约守信等主题实践活动,坚决打击制假售假、传销等违法犯罪活动,提高经营单位文明经商意识和社会诚信氛围。

(三)开展环境整治行动

1.全力整治"脏乱差"。开展城乡卫生环境专项整治,加强主要镇区、道路、背街小巷和农村环境整治,打造整洁优美的城乡环境。着力解决集贸市场脏乱差、占道经营、乱摆卖等问题,及时查处各类市场违法案件,及时处理消费者投诉,实施对集贸市场的规范管理和动态巡查,确保市场商品质量、食品安全和经营秩序。镇村实行二级保洁机制,落实"门前三包",查处曝光乱丢、乱堆放垃圾不文明行为,开展"垃圾不落地,陆河更美丽"等宣传活动,落实县、镇、村各级管理主体责任,采用"户分类、村集中、镇转运、县处理"模式收运处理生活垃圾,推动镇街环境卫生不断改善。开展违章建筑集中整治行动,严厉打击违法建设,清理占道经营,拆除乱搭乱建,确保违法建筑"零增量"。整治未经审批擅自设置和未按审批许可设置的户外广告、虚假广告及不雅广告,拆除违法广告、整改违规广告。治理"牛皮癣"顽疾,开展清"癣"行动,集中设置"公共信息发布栏"疏导小广告,加强联合执法和群防群治,严厉依法打击"制癣"行为。

2.大力开展交通安全整治。组织开展交通安全集中行动,专项整治无牌无证、酒驾醉驾、闯红灯等违章行为,坚决取缔无牌无证三轮车、摩托车上路,坚决治理车辆乱停乱放,制止驾驶摩托车不戴头盔行为,进一步健全交通管理机制,消除道路安全隐患。落实"0—50公里公交化"政策,到2019年陆河所有具备安全通车条件的行政村100%实现出行公交化目标。

3.大力推进污水治理。实施严格的水资源管理制度,推进水环境综合治理,全面落实水污染防治行动计划和南粤水更清行动计划,狠抓区域河流和镇区内河涌污染治理,突出加强南告水库(含干渠)以及螺河、溶江河及支流水资源保护。加快新一轮生活垃圾和污水处理设施建设,加快推进河口、螺溪镇污水处理厂建设。制定镇街生活污水治理方案,加大对受污染水体的水库、河流、沟渠的水质综合治理。

4.建立督查督导机制。成立环境卫生督导组,设立投诉电话、网上意见箱、行风热线等平台,随时接受群众监督和反馈。发挥新闻媒体舆论监督作用,开设《创文曝光台》专栏,曝光"脏乱差"现象。采取主要领导随机抽查,人大政协定期督查,县委、县政府督查室督办，县创文办巡查相结合，严格落实属地管理责任，对督查中存在突出问题的单位责令整改，加强考评问责力度，确保环境整治各项工作落实到位。

（四）开展绿化美化行动

1. 推动镇街绿化美化。深入开展绿化大行动，切实提升镇街绿视率，绿化美化社区环境，提高绿化用地率，提高人均公共绿化覆盖率。坚持在保护中发展，在发展中保护，着力做好"生态+"文章，推进生态建设和生态修复，建设山林生态屏障，保护生态资源，开展生态文明宣传教育，增强群众的节约意识、环保意识、生态意识。

2. 加强镇街市政公用设施建设。大力实施信息基础设施建设三年行动计划，实施农村通宽带工程，推广超高速无线局域网农村应用。加快构建便捷高效的交通网络，逐步完善城际交通体系建设，重点抓好潮惠高速、兴汕高速、陆河至陆丰高铁站连接线、潮惠高速公路互通口与县城及新河工业园连接线、省道改造升级、县外环公路、镇村公路改造等路网建设。突出抓好县域交通基础设施建设，多渠道筹集资金，重点开辟水唇罗洞至东坑共光、东坑至河口一带"花海观光"旅游线路；加快打通新田、南万、螺溪三镇的交通节点。推进市政交通建设，在全县行政村100%实现公路硬底化基础上，确保路面平整、无坑洼积水，提高街巷路灯装灯、亮灯率。增加城市公厕数量，规划建设一批停车场。

3. 加强特色镇街建设。利用开发历史文化资源，推进古村落、古建筑的保护和提升，围绕"花泉林歌，悠然陆河"的发展思路，以梅花观光、温泉度假为抓手，推进旅游、文化和生态深度融合，进一步发挥"生态+旅游"优势，提升特色旅游发展水平。加快推进螺溪省级新农村连片示范工程和水唇镇省级美丽小镇试点建设。以水唇罗洞世外梅园、东坑共光万亩梅园为抓手，打造集赏梅观光、民俗体验、生态休闲等功能于一体的特色赏梅旅游区。深度发掘客家民俗、红色文化底蕴，启动古建筑的修葺工作，加大墩子寨、莲心湖、石下坝等特色古村落和激石溪、谢非故居等红色革命教育基地的保护开发力度，着力构建以重点景区为核心和红色基地、客家文化为特色的旅游格局。进一步完善旅游配套设施，突出抓好水唇温泉山庄、上护温泉宾馆和县城星级宾馆建设，鼓励引导家庭旅馆、农家乐建设。充分利用自然人文风貌，塑造乡土景观，建设一批集产业、文化、旅游及区域服务的富有乡土韵味和客家特色的旅游镇、特色村。

（五）开展涉毒整治行动

1. 保持"涉毒"严打高压态势。要充分利用镇村广播、悬挂宣传标语、发放宣传资料、进村入户宣传等方式，进一步加大禁毒涉枪法治教育宣传，广泛开展禁毒宣传"六进"活动，切实增强群众防毒拒毒能力。开展禁毒攻坚战，定期组织开展"黄赌毒"专项整治行动，找准"涉黄涉毒"较易发生的场所和区域，实行重点整治、带动全面，狠抓精准打击、常态化清查、不间断追捕、铁桶式堵源截流、广覆盖社区戒毒（康复）、全方位宣传引导等工作，全面提升打击管控水平。

2. 完善长效治理机制。要进一步建立健全涉毒常态化排查机制，深入开展拉网式清理清查，加强对夜总会、KTV、旅店和游戏厅等娱乐场所的严格管控，深入开展拉网式清理清查，建立健全涉毒常态化排查机制。推动将镇街吸毒人员管控纳入网格化管理体系，以点带面，建立辖区责任、巡查报告、基础保障、联合执法等长效机制，逐步推进"无毒镇街"创建活动。

3. 落实责任追究措施。强势推进涉毒整治专项行动，强化属地管理责任，持续保持严打高压态势，标本兼治，齐抓共管，坚决铲除毒瘤。把禁毒工作纳入文明创建、政府绩效考核、党政领导干部考核范畴。开展不定期督导，县对镇级以上领导严格落实责任追究。

（六）开展特色文化建设行动

1. 打造特色文化品牌。开发具有地方特色的民间工艺项目、民间艺术和民俗表演项目，培育乡土文化能人、民间文化传承人，彰显镇街文化特色和魅力。培育镇街特色文化，做好历史文化名镇名村

的保护和利用，广泛开展河田高景、陆河擂茶、东坑地景和罗洞木偶等国家级、省级非物质文化遗产传承展示，弘扬优秀传统文化。发展镇街文化队伍，培育镇街文化骨干和民间文化"达人"，鼓励和扶持各类群众性文艺团体发展，支持民间文艺团队开展经营性文化活动。

2. 开展文化供给服务活动。整合公共文化资源，统筹使用人、财、物，增加镇街文化服务和产品的有效供给。加大文化供给力度，开展流动文化服务，推动文化进社区、进农村，推广文化体育志愿服务，组织各级文艺骨干团队与基层文化中心、文艺队伍"结对子"，为老年人、未成年人、残疾人、异地务工人员和农村留守妇女儿童等群体提供有针对性的文化服务，把文化和欢乐送到镇街群众中去。

3. 开展"我们的节日"主题活动。利用春节、元宵、端午、中秋、重阳等传统节日和元旦、劳动节、建党节、国庆节等重要节庆，开展走访慰问、经典诵读、民俗表演、文艺联欢等文化活动，大力弘扬中华民族优秀传统，打造"一镇一品"的特色节日文化品牌，丰富群众精神文化生活，推动文化惠民、育民和乐民。

（七）开展综合服务优化行动

1. 加大基层文化设施建设。在完善各项建设实用功能的基础上，增添美化、教育、活化、传承等文化功能，彰显镇村文化特色和文明水平。完成县文体综合馆建设并投入使用。各镇要加快推进基层各类公共文化基础设施建设，继续推进完善全县8个镇文化站、127个村农家书屋等文化阵地建设。加大乡村学校少年宫规划建设工作力度，不断扩大乡村学校少年宫建设覆盖面。进一步加强文化市场专项整治，积极营造良好的社会文化环境。

2. 提升综合服务水平。进一步改善镇街公共服务设施，推动城市标配市政设施向镇街延伸，优化村（社区）服务中心、家庭综合服务中心、村（社区）服务平台功能，完善基础设施和公共服务体系，逐步实现镇村公共服务均等化。实施"互联网+"行动计划，推动互联网与政务、教育、医疗卫生、物流等重要领域融合发展，推进智慧城管、智慧环卫、"护林e通"等网格化管理系统建设，打造智慧陆河。以村（社区）综合服务中心为重点，推进政务公开信息化，拓展完善网上办事大厅功能，大力推进"一门式""一网式"政府服务管理模式。加快发展基层医疗卫生事业，健全城乡居民医疗救治制度。加强基层窗口服务规范化建设，以塑造爱岗敬业、开拓创新、服务群众、传递爱心的员工为主要内容，建设优雅形象、优美环境、优良秩序、优质服务、优化管理"五优"服务窗口。

3. 推进志愿服务制度化建设。以群众需求为导向，探索"社工+义工"的镇、村（社区）志愿服务模式，推进镇村（社区）志愿服务站建设纳入镇村（社区）综合服务中心建设，将基层志愿服务组织纳入依法管理范畴，推动志愿服务标准化、规范化、制度化、常态化。推进专业化服务，培育和发展行业志愿服务骨干队伍，定期开展扶弱助残、社区矫正、医疗卫生、法律服务、文化艺术等志愿服务。培育一批村（社区）志愿服务工作示范点和优质项目。每个镇要发展一支以上志愿服务队，形成陆河处处有雷锋的良好氛围。

四、实施步骤

本次文明镇街创建活动从2016年10月起到2018年12月结束，分三个阶段实施。

（一）打造试点阶段（2016年10月—12月）。各镇要结合实际，制定本镇实施方案，抓好试点创建工作，建成一批示范镇街。

（二）全面铺开阶段（2017年1月—2017年12月）。召开创建文明镇街现场会，推广试点经验，采取有力措施，扎实推进创建工作，要求全县60%以上镇街创建成文明镇街。

（三）全面达标阶段（2018年1月—12月）。切实增强创建实效，加强督查指导，认真整改提高，全面完成文明镇街的创建任务。

陆河县全面开展文明创建工作总体方案

为深入学习贯彻落实党的十八届五中全会和习近平总书记系列重要讲话精神,认真贯彻落实胡春华书记粤东考察调研讲话、省文明委粤东文明创建工作座谈会的工作部署和海雄同志的讲话精神,全面贯彻落实市全面开展文明创建推进会的工作部署,促进我县城乡文明协调发展,推动文明创建工作从县城向镇、村延伸,塑造陆河新形象,助推陆河振兴发展,根据省文明委《关于印发广东省文明城市测评体系的通知》(粤文明委〔2016〕11号)、《关于在全省开展文明镇街创建工作的意见》(粤文明委〔2016〕5号)、《关于在全省开展文明村居创建工作的意见》(粤文明委〔2016〕7号)和市创文办《关于汕尾市全面开展文明创建工作总体方案》(汕创文〔2016〕1号)的文件精神,结合我县实际,制定本方案。

一、指导思想

按照"五位一体"总体布局和"四个全面"战略布局,牢固树立创新、协调、绿色、开放、共享发展理念,按照县委、县政府突出"扭住'三大抓手'、狠抓'三大民生'、打造'三大环境',打造钢的班子、铁的队伍"的工作部署,以培育和践行社会主义核心价值观为根本任务,统筹推进基层党建和基层治理,按照"对标准、找差距、补短板、促创建"的工作思路,全面开展文明县城、文明镇街、文明村居创建活动,形成县城、镇街、村居文明创建全覆盖,为打造优雅陆河、实现绿色崛起,建设宜居宜业宜游客家新山城提供精神力量和道德滋养。

二、目标要求

深入开展文明县城、文明镇街、文明村居创建活动,着力破解基层组织建设、基层民生保障中的各类问题,不断提升城市管理能力,提升服务人民群众水平,提升城乡群众的文明素质,实现县城、镇街、村居人文美、风尚美、环境美、文化美,达到"经济繁荣、政治清明、风尚良好、科教领先、文化发达、规划科学、环境优美、管理先进、社会和谐"的目标,树立陆河新形象。具体达到以下目标。

创建省文明县城:2017年年底获得"广东省创建文明县城工作先进县城"称号,2019年创建成为广东省文明县城;2020年启动部署创建全国文明县城相关工作,2023年获得全国文明县城提名资格,力争在2026年创建成为全国文明县城。

创建省文明镇街:2016年底,建成河田镇、螺溪镇、水唇镇、东坑镇四个文明示范镇,占全县总数的50%;2017年年底,完成80%文明镇街创建任务;2018年底全面完成,巩固提升。

创建省文明村居:与创建文明镇街目标同步。2016年底,各镇创建文明村居不少于总数的30%,其中河田镇、螺溪镇、水唇镇、东坑镇不少于总数的40%;到2017年,各镇要实现60%村居完成创建任务;到2018年全面完成,巩固提升。

三、主要任务

按照"统一规划、分类指导、分步实施、整体推进"的原则,通过搭建共创共建机制,形成全县深入推进文明县城、文明镇街、文明村居的"三级文明联创"工作合力。以创建广东省文明县城为龙头,以加强基层组织建设和提升基层治理能力为重点,带动全县文明县城、文明镇街、文明村居创建工作的深入开展。

创建省文明县城:要根据《关于印发〈关于深化文明城市创建工作的指导意见〉的通知》(粤文明委〔2016〕8号)和《广东省县级文明城市测评体系(2016年版)》的要求,加快县城基础设施建设步伐,提升城市经营管理水平,全面推动环境卫生整治，着力整治交通秩序，大力实施最干净最美化最亮化工程，逐步建成具有特色的文明生态县城，把县城打造成为展示陆河新形象的门户和窗口，确保如期完成各项创建任务。

创建省文明镇街：各镇要根据《广东省文明镇街测评体系（2016年版）》的要求，坚持以人民为中心，以乡风文明创建、民主法治建设、基层组织建设、环境卫生整治、基层综治平安建设为重点，广泛动员干部群众参与、支持文明镇街创建，形成共建共享格局。

创建省文明村居：要根据《广东省文明村（社区）测评体系（2016年版）》的要求，结合农村文明示范片和美丽乡村建设等创建活动，坚持对突出问题的综合整治和文明程度的提升相结合，实现村居文明建设质的飞跃。要找准基层存在的矛盾，坚持标本兼治、破立并举、疏堵结合，一手抓德治，一手抓法治，实现德治和法治相得益彰。

四、保障措施

为全面开展文明创建工作，确保如期实现创建目标，需建立创建工作协调机制和管理机制。

（一）成立领导机构。成立以县委书记为组长，县长和县四套班子有关负责同志为副组长，县直有关责任单位和各镇党政主要负责同志为成员的陆河县全面开展文明创建工作领导小组，下设办公室，即陆河县全面开展文明创建工作领导小组办公室（简称"县创文办"），负责全面开展文明创建工作的统筹策划、综合协调和督促指导等工作，同时成立由部分县领导牵头、有关成员单位组成若干工作小组，对相关职责单位的创建工作给予指导。县领导要对分管线条和挂驻镇的文明创建工作加强指导，县直各单位除做好自身创建工作任务外，要对挂驻村（社区）的文明创建工作加以指导。各镇、县直各单位要相应成立文明创建工作机构，精准落实各自工作任务。

（二）建立工作责任制。为加强全面文明创建工作的部署，研究推进文明创建工作的措施办法，县建立"创文"工作联席会议制度，协调解决"创文"工作中存在困难和问题。各镇、村的文明镇街、文明村居创建工作按属地管理原则，由镇党政一把手对本地区创建工作负总责。党委书记是第一责任人，要亲自谋划、亲自推动，强化创建意识和创建工作责任的落实。定期召开党政班子联席会议，进行阶段总结，分析存在问题，研究对策措施，既要做好文明镇街的创建工作，又要组织辖区内各村（社区）开展文明村居创建活动。村（社区）"两委"要提高认识，主动作为，带领基层党员干部群众树立"主人翁"意识，共同参与创建活动。

（三）加强督查考核。将创建文明县城、文明镇街、文明村居工作纳入县委、县政府中心工作督查范围，由县创文办会同县委县政府督查部门进行督查督办，强化工作落实。县创文办根据省的测评体系组织对各创建板块责任单位和县城创建工作，及各镇创建广东省文明镇街、文明村居进行督查，定期考核，督查考核结果视情况向全县通报，并报送县"创文"工作领导小组。县创文办每半个月向全县创文工作领导小组汇报"创文"工作情况。把"创文"工作列入问责范围，对推动工作不力的地区、单位领导按照干部管理权限进行问责，对影响创文活动的个人要严肃处理。需要追究党纪政纪责任的，由纪检监察机关按照有关规定办理。

创建文明镇街、文明村居达标工作实行年度考核制，并实行动态管理。考核工作由各镇党委对照省测评体系有关量化标准和要求组织对辖区内文明镇街、文明村居创建工作进行自评、推荐，县创文办根据各镇自评推荐情况，组织相关部门进行考核、汇总和审核，并将结果呈报县委。考核结果将作为对各地党政领导班子和领导干部综合考核评价的重要依据。

（四）加大经费投入。县财政要将"三级文明"创建工作纳入每年财政预算，核拨文明创建专项工作经费，加大基层"创文"经费投入。各镇也要相应核拨文明创建专项工作经费。

五、工作要求

全面开展文明县城、文明镇街、文明村居创建活动是落实"突出扭住'三大抓手'、狠抓'三大民生'、打造'三大环境',突出打造钢的班子、铁的队伍"的工作部署的一项重要举措,是提升陆河新形象的重要抓手,必须强化领导、统筹协调、真抓实干、稳步有力地加以推进。

(一)加强组织领导,确保取得实效。各镇党委政府、县直各职责部门要把文明创建工作摆上突出位置,坚持"两手抓、两手硬",与社会经济建设同规划、同部署、同落实、同考核,切实解决创建工作中"上热下冷",人、财、物不到位等突出问题,为创建活动提供必要保障。要坚持县、镇、村"三级文明联创",把文明创建活动与推动经济发展、加强基层社会治理、推进基层组织建设、抓好精准扶贫、推动美丽乡村建设等有机结合起来,让创文活动真正融入经济社会发展中、融入补齐城乡建设短板中、融入基层治理中。要强化责任担当,各司其职,各尽其责,形成党政齐抓、部门配合、条块结合、上下联动、群众参与的创建工作格局。要突出问题意识,强化目标导向,制订创建实施方案,明确线路图、任务书、时间表,确保各项目标任务稳步推进、逐项落实。要加强与相关部门沟通协调,整合部门资源,落实工作分工,加强督促检查。各地各部门要因地制宜、因事施策,制订工作方案,层层分解任务,落实责任,形成倒逼机制,确保创建活动取得实效。

(二)加强宣传发动,营造浓厚氛围。深入城乡社区进行全方位、多形式、高密度的创建宣传,用好网络新媒体新技术,开展文明创建微传播,传播正能量,提振精气神。广泛组织开展各类创建主题实践活动,提高群众对创建工作的知晓率、参与率,统一策划、统一设计,大张旗鼓搞好户外宣传。在各类媒体平台开设"创文大家谈""创文在行动"和"创文曝光台"等专题专栏,对创建工作进行持续报道,宣传创建成效,收集社情民意,曝光突出问题,跟踪整改效果,提升群众支持率、满意度,激发群众参与、支持创建的巨大热情,把文明创建活动转化为群众建设美好家园的自觉行动,推动创建工作持久深入开展,形成人人参与、人人共享的生动局面。

(三)改进工作作风,狠抓工作落实。要以抓铁有痕、踏石留印的坚定决心狠抓工作作风,做到眼中有基层、心里有群众,把工作重心向基层下沉,切实解决基层群众普遍关心的实际问题。以核心价值观宣传、基层组织建设、基层治理中存在的突出问题作为工作着力点、突破口,集中力量,大力整改,推动全县面貌在短期内有较大改善。要加强对直接责任干部、业务骨干等的培训,提高认识,开拓思路,提高能力。

社会经济统计资料

2016年陆河县国民经济和社会发展统计公报

2016年,我县全面贯彻党的十八大和十八届三中、四中、五中、六中全会精神,深入学习贯彻习近平总书记系列重要讲话精神,紧紧围绕"打造优雅陆河、实现绿色崛起,建设宜居宜业宜游客家新山城"定位要求,全力推进稳增长、促改革、调结构、惠民生、防风险各项工作,全县经济社会保持平稳健康发展,实现"十三五"良好开局。

一、综合

年年末户籍人口354371人,其中女性171416人,乡村人口196557人;年年末常住人口28.97万人,比2015年增加0.15万人,城镇化率为52.54%。2016年人口出生率11.95‰,死亡率5.14‰,自然增长率6.81‰。

2016年人口数及其构成

指标	年年末人口数(人)	比重(%)
户籍人口	354371	100
其中:城镇	157814	44.5
乡村	196557	55.5
其中:男	182955	51.6
女	171416	48.4
其中:18岁以下	100235	28.3
18—60岁	209600	59.1
60岁以上	44536	12.6

初步核算,2016年全县实现地区生产总值(GDP)625557万元,同比增长15%。其中,第一产业增加值122388万元,增长3.6%,对GDP增长的贡献率为5.2%;第二产业增加值176401万元,增长48.7%,对GDP增长的贡献率为60.0%;第三产业增加值326768万元,增长8.7%,对GDP增长的贡献率为34.8%。三次产业结构比为19.6:28.2:52.2。2016年全县人均GDP为21649元,增长14.4%。

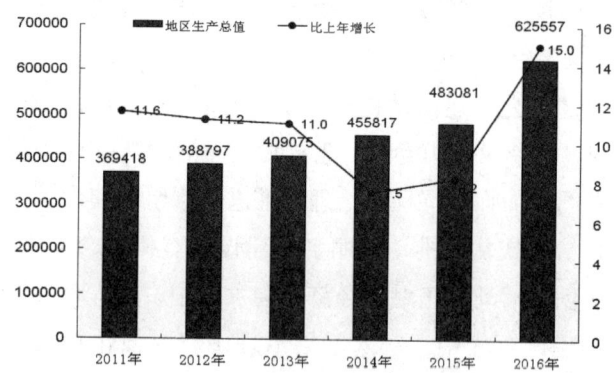

2011—2016年地区生产总值及其增长速度

全年居民消费价格总指数上涨2.9%。

全年新增就业2630人,年年末城镇登记失业人员1571人,城镇登记失业率为2.38%,农村劳动力转移就业率82.8%。

二、农业

全年完成农业总产值207350万元,比2015年增长3.7%。其中,农业产值122373万元,增长4.2%;林业产值20064万元,增长6.5%;牧业产值54397万元,增长1.2%;渔业产值4097万元,增长4.7%;农林牧渔服务业产值6419万元,增长7.5%。全年粮食作物播种面积186360亩,比2015年降0.82%;油料种植面积19520亩,增长2.9%;蔬菜种植面积68302亩,增长10.6%。全年粮食产量55373吨,下降6.58%;油料产量3751吨,增长2.9%;蔬菜产量87835吨,增长13.85%;水果产量96804吨,增长5.3%。全年肉类总产量17906吨,下降1.17%。其中,猪肉产量11604吨,下降2.9%;禽肉产量4026吨,增长0.45%。全年水产品产量4757吨,增长4.24%。其中,淡水产品4757吨,增长5.24%。

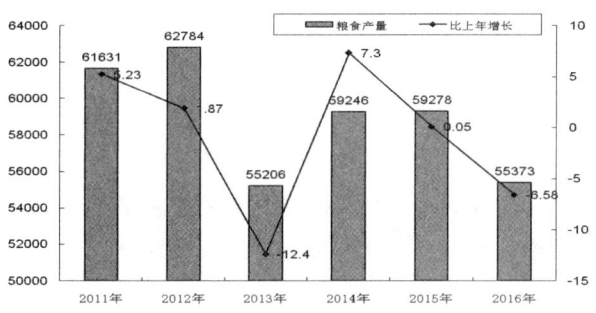

2011—2016年粮食产量及其增长速度

三、工业和建筑业

全年全县规模以上工业共22家,新上企业3家,实现规模以上工业增加值127210万元,增长126.3%。规模以上工业完成总产值521175万元,增长185%。全年完成规模以上工业销售产值501126万元,增长3225.6%;其中完成产品出口交货值30330万元,下降16.5%。

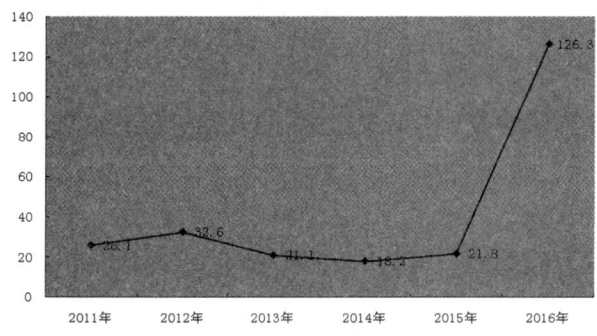

2011—2016年规模以上工业增加值增长速度

全年资质等级以上建筑企业4个,实现增加值33623万元,增长1.0%。

四、固定资产投资

全年全县完成固定资产投资398987万元,比2015年增长38.9%。其中,房地产投资完成43407万元,增长209.3%;项目投资完成355580万元,增长30.2%。分产业看,第二产业投资125627万元,增长171.3%;第三产业投资273360万元,增长81.2%。

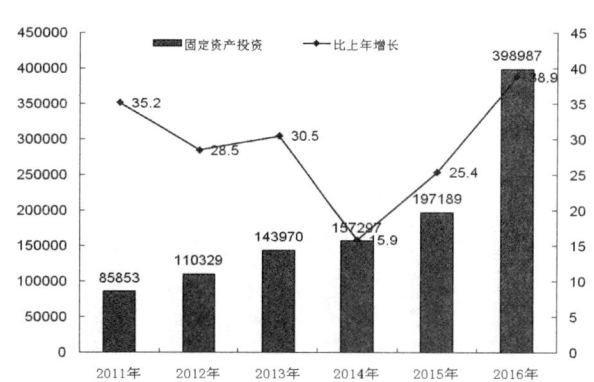

2011—2016年固定资产投资及其增长速度

全年完成基础设施建设投资224283万元,增长176.3%;完成民间投资87370万元,增长22.1%。

全年房地产业完成投资额43407万元,增长209.3%。其中,商品住宅开发投资34608万元,增长247.7%。房屋施工面积229785平方米,增长115.8%;商品房销售面积87748平方米,增长158.5%。

五、国内贸易

全年完成社会消费品零售总额345650万元,比2015年增长9.1%。分行业看,批发业13508万元,增长10.0%;零售业309977万元,增长9.1%;住宿餐饮业22165万元,增长8.7%。

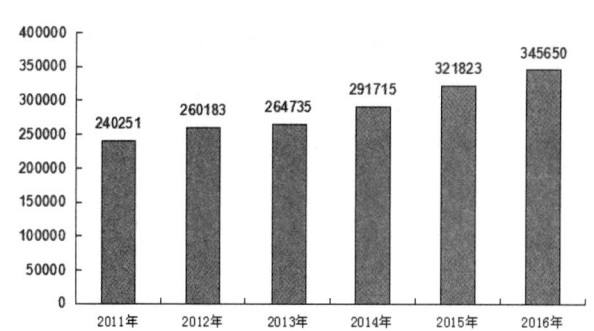

2011—2016年社会消费品总额

六、对外经济和旅游

全年完成进出口总额4671万美元。其中,外贸出口总额3804万美元,增长18.4%;外贸进口总额867万美元,下降47.2%。合同利用外资766万美元,下降41.2%。实际利用外商直接投资128万美元,增长195%。

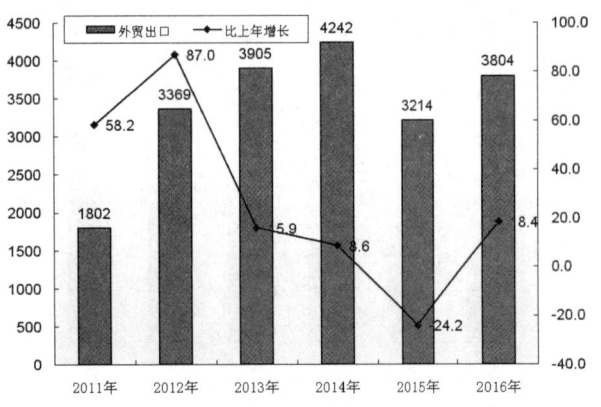

2011—2016年进出口总额及其增长速度

据旅游部门统计，全年旅游接待游客69万人次，增长18%；旅游总收入为19714万元，增长20.0%。

七、交通和邮电业

全年完成货物周转量115507万吨公里，增长19.0%；货运量113万吨，增长15.0%；旅客周转量120988万人公里，增长19.0%；客运量1222万人，增长11.3%。全县年年末公路通车里程1653公里。

2016年完成旅客运输量及其增长速度

指标名称	单位	2016年完成数	2015年完成数	增速（%）
货运量	万吨	1133	987	15.0
货物周转量	万吨公里	11550	97381	19.0
客运量	万人	1222	1097	11.0
旅客周转量	万人公里	120988	101635	19.0

全年完成邮电业务总量16955万元（按2010年不变价格计算，下同），增长2.8%。其中，邮政业务总量1564万元，增长13.7%；电信业务总量15391万元，增长1.8%。年年末本地电话用户3.68万户，其中，城市电话用户1.27万户，乡村电话用户2.41万户。年年末移动电话用户达16.38万户；其中3G移动电话用户7.18万户，4G移动电话用户9.2万户。年年末互联网宽带接入用户3.31万户，增长34.0%。

八、财政金融

全年完成公共财政一般预算收入26550万元，剔除调整因素，实际增长8.0%；其中，税收收入16326万元。公共财政预算一般预算支出216539万元，下降4.6%；其中，一般公共服务支出12982万元，教育支出49033万元，分别比2015年年末增长35.5%、-0.5%。

全年金融机构年年末各项存款余额715518万元，增长20.1%。其中，住户存款451533万元，增长11.2%。各项贷款余额277678万元，增长15.9%。其中，住户贷款189162万元，非金融企业及机关团体贷款88228万元，分别比2015年年末增长26.8%、-2.5%。

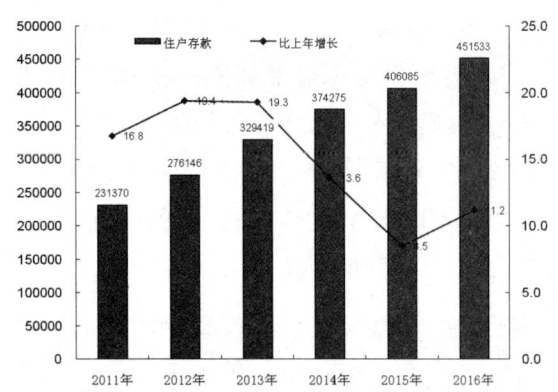

2011—2016年住户存款余额及其增长速度

九、人民生活、社会保障

全县参加城镇职工基本养老保险人数（含离退休）56733人，增长12.5%。参加城镇职工基本医疗保险317500人，增长0.83%；其中，参加城镇职工基本医疗保险32500人；参加城乡居民基本医疗保险285000人。参加工伤保险15006人，增长3.2%。参加失业保险16185人，增长0.8%。参加生育保险14515人，增长7.3%。

2016年全县参加各类保险人数及其增长速度

指　标	参保人数（人）	比2015年年末增长（%）
参加城镇职工基本养老保险（含离退休）	56733	12.5
其中：参保职工	48706	11.0
参加离退休人员	8027	21.8
参加基本医疗保险	317500	14.8
其中：城镇职工基本医疗保险	28500	—

续表

指　标	参保人数（人）	比2015年年末增长（%）
城乡居民基本医疗保险	285000	—
参加失业保险	15006	3.2
参加工伤保险	14515	7.3
参加生育保险	16185	0.8

全县各种社会福利收养性单位数9个，社会福利收养性床位246张。全县共有低保对象9618人，其中城镇584人，农村9034人。全县五保供养2097人。

十、教育和科学技术

全县各级基础教育招生11147人，比2015年下降3.2%；在校学生44861人，下降2.8%。其中，小学在校学生22791人，增长0.5%；普通中学在校学生20385人，下降8.4%；学龄儿童入学率达100%，初中入学率100%，高中升学率为73.5%。

2016年各类学校招生、在校生、毕业生人数

项目	学校（所）	招生（人）	在校生（人）	毕业生（人）
全县学校合计	94	11147	44861	12519
普通高中	5	2761	8825	3133
职业中学	1	531	1669	588
初　中	11	3744	11560	5209
小学	76	4108	22791	3587
特殊学校	1	3	16	2

全年专利申请数64件，下降55.9%；授权数31件，增长55.0%。

十一、文化和卫生

全县广播电视综合覆盖率为98.89%；有线广播电视用户2.7万户；全县广播电视综合覆盖人口达到30万人。剧场、影院1个，公共图书馆图书总藏量30达到千册。

全县共有卫生机构196个，床位915张。各类卫生技术人员960人，其中医生595人，卫生防疫人员13人，注册护士331人，产妇住院分娩比例99.8%。

十二、资源、环境与安全生产

全年县水资源总量283596万立方米；全年平均降水量2885毫米。年年末全县水库蓄水总量3143.18万立方米；全县总用水量约10366万立方米。

单位GDP能耗下降率达2.42%。单位工业增加值能耗下降56.55%。全年全社会用电量25420万千瓦时，增长12.2%。其中工业用电量7463万千瓦时，下降12.0%。

城市生活污水集中处理率81%，比2015年增加1个百分点；城镇生活垃圾无害化处理率达到99%。全年完成荒山荒地造林3573公顷，森林面积68133公顷，自然保护区面积2486公顷，森林覆盖率达到73.49%。

全年共发生安全事故14起；其中，道路交通事故11起。

注：

1. 本公报中2016年数据为初步统计数，统计图中2011-2015年数据为年报数。

2. 从2011年起，规模以上工业统计口径由500万元调整为2000万元及以上；固定资产投资项目统计起点由计划总投资50万元提高到500万元，增速为可比口径。

2013年四季度，我县实施了城乡一体化住户调查，2014年起按照新的调查口径对外发布城乡一体的居民人均可支配收入和分城镇、农村常住居民人均可支配收入数据。由于新老调查方案在调查范围、调查对象、城乡划分标准、样本抽选、计算和汇总方式、指标口径等方面变化较大，改革后新口径数据和旧口径数据存在不可比的差异。

2015年起，"地方公共财政预算收入"更名为"地方一般公共预算收入"，各项存款余额中，"单位存款"更名为"非金融企业存款""储蓄存款"更名为"住户存款"。

3. 地区生产总值、各产业增加值绝对数按现价计算，增长速度按可比价计算。

4.邮电业务总量完成额按2010年不变价格计算。

资料来源：本公报中城镇新增就业、登记失业率、劳动力转移及社会保障数据来自县人力资源和社会保障局；财政数据来自县财政局；货物进出口、外商直接投资数据来自县经信局；旅游数据来自县旅游局；公路里程数据来自县交通运输局；电话用户数据来自通信部门（单位）；银行业金融数据来自人民银行汕尾市陆河分行；教育数据来自县教育局；专利数据来自县科技局；文化数据来自县文广新局；卫生数据来自县卫计局；体育数据来自县体育局；社会福利、社区服务设施数据来自县民政局；各类事故及安全生产数据来自县安全监管局；户籍人口数据来自县公安局；水资源数据来自县水务局；林业数据来自县林业局；其他数据来自汕尾市统计局及上级部门反馈。

索引

"春风行动"招聘会 105a
"两学一做"学习教育 80b
"两学一做"学习教育活动 138a
"青春情暖"走进陆河 106b
"情暖陆河"志愿服务活动 109a
"三证合一、一照一码"制度 87a
"十二五"时期和2015年工作回顾 23b
"十三五"时期奋斗目标和工作要求 26b
"双拥"工作 127a
"双拥"共建 125b
"四上"企业培育 138b
"五公开"工作 55a
"扬帆计划"申报工作 81b
2016年1—10月县换届前人民政府县长、副县长名录 93b
2016年11月县换届后人民政府县长、副县长名录 93b
2016年工作安排 28a
2016年换届后县人大常委会正、副主任名录 89b
2016年换届前县人大常委会正、副主任名录 89b
2016年陆河县第八届人大常委会办公室各工作委员会领导名录 93a
2016年陆河县国民经济和 282a
2016年陆河县监察局局长、副局长名录 102b
2016年陆河县人民政府工作机构设置 93b
2016年政协陆河县委员会正、副主席名录 99b
2016年中共陆河县纪律检查委员会书记、副书记、常委名录 102b
2016年中共陆河县委工作机构设置 72b
2016年中共陆河县委领导名录 72a

A

安全工作 165a
安全管理 164a
安全管理工作 125a
安全生产 164a
安全生产工作 156a
安全生产监督管理 137a
安全生产竞赛 105b
安全事故调查处理 137a

B

按纲建队 126a
办文办会 96a
帮扶困难妇女儿童 110a
帮扶职工行动 105a
保护区建设管理工作 158a
保密工作 79b
保险 149b
便民、高效服务 98a

便民服务 120b
殡葬改革 197b
补齐民生事业短板 77a
不动产权颁证 134b
部署全面参与创文工作 108a

C

财政 139b
财政保障 140a
财政改革 140b
财政管理 140a
财政收入 139b
财政运行 140a
财政支出 139b
财政资金审计 133a
参政议政 114a
残疾人 192a
残疾人事业其它工作 113a
测绘管理 134b
产业调整优化 95a
产业共建 51b
产业经济 231b
潮惠高速公路通车 52a
城市棚户区改造 195b
城乡规划 167a
城乡建设 238b
城乡生态环境 61b
城乡一体化住户调查 138b
惩治腐败 56b
储蓄业务发展 164b
传达学习贯彻党的十八届六中全会精神 108a
创文创卫 230a
创文创卫 231b
创文创卫志愿者服务 58b
创文工作 138b
村镇建设 167b

D

打击刑事犯罪 118a
打击刑事犯罪 119b
打造旅游产业 132b
代表视察 91b
党风廉政建设 117b
党廉建设 142b
党史工作 89a
党史宣教工作 89a
党校工作 88b
党组织管理工作 80a
档案保护和利用工作 185b
档案工作 185b
道德模范 57b
道路基础设施 230b
低保、五保与救灾救助 196a
地方公路 164a
地方公路养护 164a
地方税务 142a
地方志工作 186a
地方志信息化 186a
地理环境 156b
地形地貌 44a
地灾防治 134b
地震测防 182a
地震烈度台网选址成功 182a
电力工业 161a
电视新闻中心 186a
电信 165a
电信设施 165b
调研工作 79b
调研视察 101a
督查考评 58b
督察督办 79a
队伍建设 101b
队伍建设 120b
队伍建设 143a

索引 2017 陆河年鉴

队伍建设 93a
队伍建设工作 104a
对外文化交流活动 184b
墩仔寨 47a

F

发展和改革 130a
发展农机安全生产 159b
发展农业观光旅游 153b
发展情况 151a
发展情况 151b
发展生态旅游 95b
发展现代服务业 132b
法律援助与公证工作 121a
法制宣传 198a
法制宣传 54a
法制宣传教育工作 127b
法治建设 50b
法治政府 53a
防空警报试鸣 127b
房地产管理 167b
房地产建设 167b
房地产业 168b
放管服改革 54b
非物质文化遗产保护 185a
扶贫助残 112b
服务青年创业就业 106a
服务三农 171a
妇女儿童发展规划 110b
妇女儿童节日庆祝活动 110a
妇女维权工作 110b
妇幼保健 188a

G

干部培训工作 80b
干部任用与监督工作 80a

高效节水灌溉工程 159a
高中阶段教育 178b
革命老区建设 197b
个体经济 151a
各类教育 178b
各税种占国内税收收入比例 141b
耕地保护 134a
工业经济发展 132b
公安 119a
公共服务均等化 59b
公共卫生 188a
公共文体建设 184a
公开平台建设 55a
公开制度建设 55b
公路 163a
公路建设 164a
公路养护 163b
公务员培训 88b
共光村 234b
共联村 229a
共青团陆河县委员会 105b
构建和谐供销 171b
构建融珠发展新格局 268b
构筑特色宜居的城乡环境 257b
古驿道普查工作 186a
关心下一代工作 198a
关注民生服务群众 101a
灌区加固改造工程 159a
广播电视"村村通" 186b
广播电视 186a
广东省红领巾示范校创建评审 106b
规范价费管理 133b
规范价费管理 194b
规范行业管理 175b
国地合作示范县 142b
国防动员 124b
国家税务 140b
国民体质监测 190a

·289·

国土信访 134b
国土资源管理 134a
国有资产监督管理 132b
夯实青山绿水的生态环境 259b

H

河塘整治工程 159a
红色文化教育 198a
红锥林自然保护区 156b
后勤保障 125a
后勤保障工作 127a
环境监测 169b
环境污染治理 169a
环境质量 46a
换届工作 85a
婚姻登记工作 197a

J

机构编制 85b
机构人员 135a
机构人员 160a
机构人员 98b
机构设置 137a
机构设置 79a
机构设置 99b
机关建设 127b
机关建设 197b
机关事务 96b
基层党建创新"书记"项目 81b
基层法制建设 53b
基层分会建设 113b
基层管理创新 61a
基层建设 196a
基层团组织建设 105b
基层文体设施建设 184a
基础设施 52a

基础设施建设 113a
基础设施建设 157b
基础设施建设 94b
基础维稳工作 121a
激发振兴发展新活力 77b
激石溪村 240b
吉康商贸大厦项目 168b
吉溪林场 155b
疾病预防控制 187b
计量器具检定 135b
纪念英烈活动 197a
加强档案业务指导 185b
加强价格和收费监管 133b
加强价格和收费监管 194b
加强内部管理 173b
加强未成年人思想道德教育 57b
加强因公出国（境）签证管理 97b
价费调整工作 134a
价费调整工作 195a
价格认证工作 134a
价格认证工作 195a
监督检测工作 136a
检察 118a
检察体制改革工作 118b
检务公开工作 119a
简化许可审批 136a
建设管理 167b
建设美丽城乡 95b
建置区划 44a
建置沿革 44a
建筑工程管理 167b
建筑业 168a
健全招标投标制度 168a
健全质量监管体系 168a
交通 162a
交通安全整治工作 120a
交通管理 162b
交通教育与科技（节能减排、环保）建设 162b

索引

交通设施 52a
交通设施建设 162a
交通生产 162b
交通行业安全生产管理 162b
教育均衡化 60a
教育科研 178b
教育事业 230a
教育园区 178a
节能减排工作 160b
节能减排工作 61b
节日文体活动 184b
今后五年主要工作任务 35b
进出口贸易 174b
禁毒工作 230a
禁毒缉枪工作 119b
经济社会发展 228a 229b 235b 238b 240b
经济体制改革 130a
经济责任审计 133a
精准扶贫 232a
精准扶贫 239a
净化环境凝聚力量 78a
救治救助工作 116b
就业创业机制 60a
就业工作 192b
举办"广东i志愿平台陆河县志愿者管理员"培训班 109b
举办"两学一做"党团知识竞赛 106b
举办粤东西北地区科学家科普报告校园行活动 112a
聚焦4G发展 166a
卷烟打假及市场监管 173a
卷烟营销 172b
军事训练管理 124b

K

开展"圆梦"助学走访活动 107b
开展爱心助学活动 108a
开展城乡环境整治志愿活动 106b
开展扶贫济困活动 107b
开展关爱孤残儿童活动 107a
开展关爱留守儿童活动 107a
开展关爱智障儿童活动 107a
开展技术培训工作 159b
开展家庭教育大讲堂活动 110a
开展禁毒·创文宣传志愿服务活动 109b
开展禁毒宣传活动 107a
开展旅游规划编制工作 175a
开展送金融知识进校园活动 109a
开展应急知识宣讲活动 108b
开展植树护绿活动 106b
开展中秋慰问活动 107b
康复工作 113a
科技成果 51b
科技创新 51a
科技工作 181b
科技攻关课题立项 181b
科技活动 111b
科技示范基地建设 181b
科技宣传培训 182a
科技研发机构建设 51a
科普进校园活动 111b
科研宣教 157a
客户服务 166a
控编减编加强机构编制管理工作 86b
控告申诉工作 118a
矿产资源 45b

L

垃圾收运建设 167a
来访 88b
劳动监察工作 192b
老干部工作 82a
老干部精神文化生活 82a
老龄工作 197a
理论武装 82b

利用外资 174b
莲心湖 47a
联通通信 166b
联谊活动 101b
联谊交流 97a
廉政建设 56a
粮食储备供应 170a
粮食储备与管理 170b
粮食宏观调控 170a
粮食生产 152b
两项津贴补贴 112b
林场体制改革 156a
林业 154b
林业管护 230a
林业生产情况 156a
林业生态建设 62a
林业有害生物防治检疫工作 155b
林业重点生态工程 155a
留守儿童 198a
陆河木瓜 49a
陆河青梅 49a
陆河县妇女联合会 110a
陆河县工商联 113b
陆河县广播电视大学 179a
陆河县河田中学 179b
陆河县纪律教育学习月活动动员会 103a
陆河县科学技术协会 111a
陆河县农村信用合作联社 148b
陆河县文学艺术界联合会 112a
陆河县职业技术学校 180b
陆河县总工会 105a
陆河中学 180a
路政执法管理 163a
旅游宣传推介 175a
罗洞世外梅园景区建设项目 175a
落实"两个责任" 103b
落实老干部生活待遇 82a
落实老干部政治待遇 82a
落实强农惠农政策 159b

M

民办教育 179a
民生实事 96b
民生事业 232b
民生项目资金审计 133a
民事审判 117a
民主监督 101a
民族·宗教 46b
民族 46b
民族宗教 85b

N

内洞村 228b
南告水电有限责任公司 161a
南粤扶残助学工程 113a
年度计划编制与经济运行监测 130b
凝聚全县团员之力深入推进文明创建 108b
农产品质量安全管理 153b
农村产业化经营 152b
农村电影任务 184b
农村公路建设（含县道、乡道）162a
农村集体资产清理核实工作 152a
农村体制改革 152a
农村危房改造 167b
农村综合改革 60b
农田基本建设 153a
农田水利产权制度和创新运行 159a
农业机械化 159b
农业技术推广 153a
农业农村发展 94a
农业品牌建设 153b

P

索引

批发零售业 170a
平安建设 50a
平安陆河 53a
评优选树活动 105b
普法工作 121a
普通公路建设 52a

Q

企业改制改革 132c
企业管理 135a
企业管理 166a
企业监管 132c
企业建设与文化 165b
企业团队建设 166b
企业文化建设 165a
气候特征 44b
气象 160a
气象现代化建设 160a
强化安全科技支撑 137b
强化城乡建设管理 76b
强化市场监管 135b
强化宣传教育培训力度 137a
强化应急管理 137b
强化责任落实 137a
侨务管理 97b
侨乡侨情 46b
侨乡侨情 97a
青梅生产 153a
青少年权益维护工作 106a
清理行政审批中介服务事项 86b
全国农业普查工作 138a
全面落实从严治党 73b
全县领导干部大会 73a
全县统一战线工作会议 85a
全业务发展 166a
群众体育 190a
群众文艺 184b

R

燃气市场管理 167b
人才队伍建设 84b
人大监督 52b
人大监督工作 92a
人防"结建"工作 127b
人口·语言 46a
人口 192a
人口 46a
人民防空 127a
人民武装 124a
人事管理 193a
人文优势 229b
人文优势 234a
人文优势 235b
人文优势 237a
人文优势 240a
日常维护工作和 GPS 基准站道路建设 182a
荣誉称号 235b
融资工作 132c

S

三防工作 159a
森林防火工作 155b
森林防火工作 156a
森林抚育工程 155a
森林资源保护工作 155a
森林资源管护 156a
商会活动 113b
商品供销 171a
商事制度改革 135a
商业集团 172a
社保精准扶贫与就业技能培训工作 193a
社工队伍建设 59a
社会保险工作 193b
社会保障制度 60a

社会公益活动 114a
社会共同参与 55b
社会共治格局深化 136b
社会管理创新 60b
社会民生 49b
社会民生发展 95b
社会体制改革 59b
社会治安防控建设 116b
社会治理 239a
社会主义核心价值观教育 57a
社会组织 196a
社会组织 46b
社会组织管理 59a
社会组织管理制度改革 59b
社会组织监管工作 59b
社会组织行为规范工作 59b
社会组织专项治理 59b
社区建设 157b
申请资金建设旅游项目 175a
深化司法体制改革 117b
深化文化体制改革工作 84b
审计 133a
审判 117a
生活服务业 171b
生态环境保护 169a
生态环境保护 61b
生态建设 50a
生态文明建设 169a
生物资源 45b
省青农会调研活动 107b
石下坝村 47b
石油销售 171a
时雍楼 47a
实施强师兴教工程 178a
实施脱贫攻坚 95b
食品安全监督 61a
食品安全追溯系统的推广和应用 136b
食品药品监督管理 136a

食盐安全宣传 173b
食盐专卖 173a
食药专项整治 136a
市场管理条例 172a
市场和质量监督管理 135a
市场物业管理 172a
市场运营 165b
受理案件情况 117a
书村村 233a
水产品质量安全监管 158b
水产业 157b
水利 158b
水生动物防疫检疫 158b
水资源 157a
水资源 45b
税收法制建设 141a
税收服务 142b
税收管理 141a
税收征管 140b
司法体制改革 116b
司法体制改革 53b
司法行政 121a
司法执法 53a
私营经济 151b
思想道德建设 57b
思想政治建设 124a
思想政治教育和文化建设 126a
送医下乡巡回义诊活动 106a
诉讼监督工作 118b

T

特殊教育 178b
腾讯公司联合中国联通推出腾讯王卡 166b
提案工作 101a
提升服务水平 165a
提升官兵军事素质 126b
提升依法行政意识 54b

索引

体育彩票 184b
体育产业 190a
统计 138a
统计执法工作 139a
统战工作 84b
投诉举报、稽查打假工作 136b
突发事件应对处置工作 99a
土地规划 134a
土地资源 45b
推动妇女创业就业 110a
推动经济建设新发展 75a
推进餐饮企业量化分级管理和"明厨亮灶" 136b
推进教育现代化先进县建设 178a
推进网上名称管理工作 87b
推进文明建设 110b
推进县级行政体制改革 87a
推进信息化建设 121b
推进一门一网式政府服务模式 86a
推开行政审批标准化工作 85b
推行机构编制实名制各项工作 86b
推行下乡办证服务 112b
推行政府工作部门权责清单制度 86a
拓展纳税服务举措 141a

W

外事·侨务 97a
外宣活动 83a
完善事业单位法人登记管理 87b
万东村 230b
网格化建设 116a
网络建设 166a
网络宣传 83a
网上办事 55a
微波站 186b
维护社会稳定 116a
维稳工作 119a
委员发言大会 100a

位置面积 44a
文化产业 184b
文化设施建设 184a
文化市场 185a
文化市场管理 185a
文化遗产保护 185a
文化艺术 184b
文教卫事业 232b
文联文艺活动 112a
文明创建 165b
文明理念培养 57b
文明劝导志愿活动 107a
文明县城、卫生县城创建 58a
文体活动 105a
文体活动 83b
文体设施建设和管理 83b
文物保护 185a
文物和非遗的普查申报、保护及利用 84a
污水处理 169b
污水处理设施建设 167a
五年来工作回顾 32b
五星祠 47b
武警部队履行职责 127a
武警中队 126a
物价管理 133b

X

县八届人大一次会议 89b
县残联 112b
县城设施 49b
县城总体规划 167a
县机构编制委员会成员 88a
县七届人大六次会议 89b
县人大常委会会议 90a
县委八届一次全会 73a
县委工作 79a
县委理论学习中心组（扩大）学习会 73a

·295·

县委七届六次会议 72b
县委七届五次全会 72b
县镇村联创工作 58a
县镇换届任务 92b
县镇换届选举 80b
县政府常务会议 94a
县政府工作机构 93b
县政协工作机构 99b
县政协七届六次会议闭幕 100a
县政协七届六次会议开幕 100a
现代农业 132b
现代农业 153b
乡村绿化美化工程 155a
消防安全管理工作 120b
新城市场 172a
新丰村 236a
新河工业园区 161b
新河工业园区 51b
新华村 238a
新农村建设 152b
新农村建设 232a
信访工作 88a
信息工作 79b
信息公开 230b
信息公开 54b
刑事审判 117a
行政村选介 228b 230b 233a 234b 236a 238a 239b 240b
行政工作 239a
行政区划 44a
行政审判 117b
修订档案馆收集细则 185b
畜牧科技助农 154b
畜牧业 154a
畜牧业面源污染治理 154a
畜牧业生产 154a
畜禽屠宰管理 154a
宣传工作 82b

宣传教育工作 104a
选举任免 91b
学前教育 178b
学校选介 179a
烟草专卖 172b
盐政执法 173b
洋岭村 239b

Y

野生动物 46a
野生动物资源 157a
野生植物资源 156b
医疗卫生 188b
医疗卫生制度改革 60a
医药卫生体制改革 187a
依法履职发挥代表作用 92b
依法行政 54a
依法行政规划 54a
依法治税 142a
依法治县 52b
宜居村镇建设 167b
移动通信 165b
义务教育 178b
义务植树 155a
议案建议办理 91a
议政协商 100b
异地务工人员管理 192a
异地务工人员管理 193b
疫病防控工作 154b
银行 143b
饮用水源保护 61b
隐患排查治理行动 137b
应急保障体系建设 98b
应急管理"一案三制"建设 98b
应急管理 98b
应急抢险 163b
应急知识宣教培训工作 99a

营改增试点改革稳步实施 141b
营商环境 52a
优抚安置和"双拥"工作 196b
邮政 164b
有线电视网络传输中心 186b
渔业经济稳定发展 158a
舆论宣传 58b
舆情回应 55a
舆情引导 83a
语言 46a
预测预警和风险隐患排查评估工作 99a
预防与保健 187b
园区工业建设 94b
园区科技 51a
运输管理 162b
运输生产 162b

Z

造林绿化 62a
召开团务工作会议 106b
争做文明先锋，共建文明县城 108b
整治文化市场 84a
政法队伍建设 116b
政府投资建设项目审计 133a
政府效能建设 96a
政府值班工作 99a
政务督办 96b
政务服务 56a
政务服务中心 98a
政务公开 54b
政务监督 56a
政务整治 56a
政务整治工作 103b
政协陆河县八届一次会议闭幕 100b
政协陆河县第八届委员会第一次会议开幕 100a
知识产权 182a
知识产权宣传与保护 182a

执法监察 134b
执纪审查工作 103b
执勤战备工作 126b
执行工作 117b
职务犯罪查处和预防工作 118a
志愿者服务 57a
制造业 161b
治安管控工作 120a
质量监管体系 135a
中国工商银行陆河支行 146a
中国共产党陆河县第八次代表大会 72b
中国共产党陆河县第八届纪律检查委员会第一次全体会议 103a
中国共产党陆河县第七届纪律检查委员会第六次全体会议 102b
中国建设银行陆河支行 146b
中国农业银行陆河县支行 145b
中国人民财产保险股份有限公司陆河支公司 149b
中国人民银行陆河县支行 143b
中国人寿保险股份有限公司陆河县支公司 150a
中国邮政储蓄银行陆河县支行 147b
中医药 189b
种植业 152b
重大决策 73b
重点工作、重点项目推进会议 94a
重点公路建设 162a
重点项目建设 193b 230a
重点项目建设 50b
重点行业（领域）专项治理 137b
重要工作 91a
重要会议 100a 102b 72b 89b 94a
重要活动 91b
重要决策 94a
主税种三增一降 141b
主题宣传 83a
主要工作 100b 103b 92a
主要职责 98a
助学圆梦 198a

驻点联系工作 81a
专利申请与授权 182a
专项整治工作 58a
专项资金审计 133b
专业镇建设 51a
资源管护 157a
资源物产 45b
资源优势 228a 229b 234a 235b 237a 238b 240a
自来水工程 159a
自然保护区 62a
自然村落历史人文普查 186a
自然地理 44a
自然景观 157a
自身建设 96b

综合概况 229b 231b 234a 235b 237a 238b 240a
综合考核工作 59a
综合行政执法体制改革 87a
综合政务 96a
综合治理 232b
综合治理 53b
租赁住房建设与补贴发放 195b
组织部门自身建设 81b
组织干部学习培训 111a
组织工作 79b
组织收入 141b
做好经常性思想工作 126b